Die Betreuung mit dem Aufgabenkreis Gesundheitssorge

Europäische Hochschulschriften
Publications Universitaires Européennes
European University Studies

Reihe II
Rechtswissenschaft

Série II Series II
Droit
Law

Bd./Vol. 3534

PETER LANG
Frankfurt am Main · Berlin · Bern · Bruxelles · New York · Oxford · Wien

Anja M. Martin

Die Betreuung mit dem Aufgabenkreis Gesundheitssorge

PETER LANG
Europäischer Verlag der Wissenschaften

Bibliografische Information Der Deutschen Bibliothek
Die Deutsche Bibliothek verzeichnet diese Publikation in der Deutschen Nationalbibliografie; detaillierte bibliografische Daten sind im Internet über <http://dnb.ddb.de> abrufbar.

Gedruckt auf alterungsbeständigem,
säurefreiem Papier.

D 355
ISSN 0531-7312
ISBN 3-631-39650-3

Printed in Germany 1 2 3 4 5 7

www.peterlang.de

Vorwort

Die vorliegende Arbeit wurde vom Fachbereich Rechtswissenschaften der Universität Regensburg im Sommersemester 2002 als Dissertation angenommen. Das Manuskript zur Arbeit wurde im Oktober 2001 abgeschlossen. Rechtsprechung und Literatur wurden bis zu diesem Zeitpunkt berücksichtigt.

Mein besonderer Dank gilt meinem Doktorvater Herrn Professor Dr. Walter Zimmermann, sowohl für die Anregung zur Bearbeitung des Themas als auch für seine wertvollen Hinweise und freundlichen Ratschläge, die zum Gelingen der Arbeit beigetragen haben.
Für die zügige Erstellung des Zweitgutachtens danke ich Herrn Professor Dr. Herbert Roth sehr herzlich.

Danken möchte ich auch meinen Eltern, die mir das Studium ermöglichten und die mich stets liebevoll unterstützt haben. Ihnen und meiner Schwester ist diese Arbeit gewidmet.

Ulm, im Sommer 2002 Anja M. Martin

Inhaltsverzeichnis

A. Einleitung

Das nunmehr seit fast 10 Jahren geltende Betreuungsrecht[1] reformierte das Vormundschafts- und Pflegschaftsrecht grundlegend.[2] Die Entmündigung wurde völlig abgeschafft. Die Vormundschaft über Volljährige (§ 1896 a.F. ff BGB) und das Rechtsinstitut der Gebrechlichkeitspflegschaft (§ 1910 a.F. BGB) wurden durch ein neuen Rechtsinstitut, die Betreuung (§1896 ff BGB), ersetzt.
Grundlegendes Anliegen des Betreuungsrechts ist es, den Betreuten in seiner Eigenschaft als kranken oder behinderten Mitbürger ernst zu nehmen und seine Rechte und verfahrensrechtliche Position zu stärken.[3] Demnach kommt eine Betreuung nur dann in Betracht, wenn der Betreute auf Grund einer psychischen Krankheit oder einer körperlichen, geistigen oder seelischen Behinderung seine Angelegenheiten ganz oder teilweise nicht besorgen kann, § 1896 Abs. 1 BGB.
Eine wesentliche Grundlage des Betreuungsrechts ist der Erforderlichkeitsgrundsatz. Dieser durchzieht das ganze Betreuungsrecht und wird in § 1896 Abs. 2 S.1 BGB nochmals betont. Eine Betreuung darf nur für die Aufgabenkreise angeordnet werden, in denen eine Betreuung erforderlich ist. Auch bei der Besorgung der einzelnen Angelegenheiten des Betreuten, sind die Fähigkeiten des Betreuten zu einer selbständigen Lebensführung zu berücksichtigen.
Das Betreuungsgesetz hat ausdrücklich auf eine genaue Aufzählung der Aufgabenkreise verzichtet, um der Gefahr einer pauschalen Betreuerbestellung entgegenzuwirken und dem Einzelfall besser gerecht zu werden.[4]
Nach § 1896 Abs. 2 S.1 BGB ist der Betreuer für einen bestimmten Aufgabenkreis zu bestellen. Dieser Aufgabenkreis bestimmt und begrenzt die vom Gericht dem Betreuer zugewiesene Handlungsmacht.[5] Da es in der Praxis nicht unproblematisch ist, den Aufgabenkreis festzulegen, bestimmt § 68b Abs. 1 S.5 FGG, dass der Gutachter, der die Notwendigkeit einer Betreuung bejaht, auch zur Frage des Aufgabenkreises Stellung nehmen muss. Hierbei ist zu beachten, dass bei der Bestimmung des Aufgabenkreises nicht jede einzelne Besorgung aufzuführen ist, sondern eine typisierende Bezeichnung ausreichend ist.[6]

[1] Das BtG trat am 01.01.1992 in Kraft. Geändert durch das BtÄndG, das am 1.1.1999 in Kraft getreten ist. Dieses enthält aber keine Änderungen der mit dem BtG aufgestellten Grundsätze, sondern dient vielmehr der Verbesserung desselben. Im Wesentlichen trägt es zur Stärkung der ehrenamtlichen Betreuer, der Vereinfachung der Vergütungsregelungen und der Förderung des Institutes der Vorsorgevollmacht bei. Vgl. *Dodegge*, NJW 1998, 3073.
[2] Siehe *Schwab*, FamRZ 1990, 681.
[3] So BT-Drucks. 11/4528 S.52.
[4] Vgl. BT-Drucks. 11/4528 S.121.
[5] *Bienwald*, § 1896 Rnr.191.
[6] Siehe BT-Drucks. 11/4528 S.121.

So erwähnt der Regierungsentwurf selbst den Aufgabenkreis „Sorge für die Gesundheit des Betreuten", der dann nicht zu beanstanden ist, wenn dieser Bereich insgesamt eine Betreuung erfordert.[7]
In der Praxis werden ähnliche Aufgabenkreise, wie beispielweise „Zuführung zu ärztlichen Behandlungen", „Einwilligung in ärztliche Behandlungen", „Zustimmung zu notwendigen Heilbehandlungen", oder auch nur die Zustimmung zu einer speziellen Maßnahme verwendet.[8]
All diesen Aufgabenkreisen ist gemein, dass es sich um einen Teilbereich der Personensorge handelt.[9] Wenn im folgenden vom „Aufgabenkreis Gesundheitssorge" gesprochen wird, so ist damit nicht ein explizit vom Gericht bestimmter Aufgabenkreis gemeint. Mit dem Aufgabenkreis Gesundheitssorge im Rahmen dieser Arbeit soll vielmehr der Aufgabenbereich des Betreuers umschrieben werden, in dem ihm die Sorge für alle medizinischen Bereiche übertragen wurde. Welche Rechte und Pflichten dem Betreuer in diesem Bereich zustehen, wie die Stellung des Betreuten ist, was der Arzt zu berücksichtigen hat und welche Bedeutung dem Vormundschaftsgericht zukommt, ist Thema dieser Arbeit.

Ein Schwerpunkt wird dabei die *Stellung des Betreuers* mit dem Aufgabenkreis Gesundheitssorge einnehmen (1. Kapitel). Welche Personen für eine solche Betreuertätigkeit in Frage kommen, welche Rechte und Pflichten sie übernehmen, welchen Haftungsrisiken sie ausgesetzt sind, welche Aufwendungs- und Vergütungsansprüche ihnen zustehen und wann sie zu entlassen sind.
Eine der Hauptaufgaben des Gesundheitsbetreuers ist die Entscheidung über die Einwilligung in die medizinische Behandlung des Betreuten. Wann dem Betreuer hierfür die Kompetenz zugesprochen wird und für welche medizinischen Maßnahmen er zusätzlich eine gerichtliche Genehmigung einzuholen hat wird ebenso untersucht, wie die Problematik der Zuständigkeit des Betreuers zu Ernährungs- und Behandlungsabbrüchen, sowie deren Genehmigungsfähigkeit. Nur am Rande wird auf die zivilrechtliche Unterbringung eingegangen. Denn der Aufgabenkreis Gesundheitssorge berechtigt allein nicht zu einer (gerichtlich genehmigten) Unterbringung. Allerdings kann nach § 1906 Abs. 1 Nr.2 BGB eine zivilrechtliche Unterbringung auch dann erfolgen, wenn eine Untersuchung des Gesundheitszustandes, eine Heilbehandlung oder ein ärztlicher Eingriff notwendig ist und ohne die Unterbringung nicht durchgeführt werden kann. Notwendig ist neben dem Aufgabenkreis, der zur Unterbringung berechtigt, dass sich der Aufgabenkreis des Betreuers auch auf die Gesundheitssorge erstreckt. Problematisch – und vom

---

[7] Vgl. BT-Drucks. 11/4528 S.121.
[8] Siehe *Pardey*, Rpfleger 1988, 451 und die Auflistung bei *Jürgens/Jürgens* § 1896 Rnr.34.
[9] *MünchKomm/Schwab* § 1904 Rnr.3; *Soergel/Zimmermann*, § 1896 Rnr.55; *Harm*, Rpfleger 1998, 89 [91].

Bundesgerichtshof ablehnend entschieden[10] – ist in diesem Zusammenhang die Frage, ob eine ambulante Zwangsmedikation zulässig und ggf. vormundschaftsgerichtlich zu genehmigen ist.
Auch die Frage, wann eine Betreuung im gesundheitlichen Bereich entbehrlich ist, weil der Betreute selbst anderweitig Vorsorge durch Vollmachten oder Verfügungen getroffen hat, wird zu erörtern sein. Daran anschließend auch die Frage, in wieweit der Betreuer an derartige Verfügungen gebunden ist.

In einem weiteren Teil (2. Kapitel) wird die Betreuung mit dem Aufgabenkreis Gesundheitssorge aus der Position des Betreuten beleuchtet. Insbesondere seine Stellung vor, während und nach dem Verfahren der Betreuerbestellung.

In einem 3. Kapitel wird auf die Stellung des Arztes im Rahmen einer Gesundheitsbetreuung eingegangen. Welche Möglichkeiten stehen ihm bei Meinungsdifferenzen mit dem einwilligungsbefugten Betreuer zur Verfügung und welche Pflichten treffen ihn bei erteilter Einwilligung und bei genehmigungspflichtigen Maßnahmen.

Die Betrachtung der Stellung des Vormundschaftsgerichts im Rahmen einer Gesundheitsbetreuung beschränkt sich auf die Bereiche der Kontrolle, der Genehmigung nach den §§ 1904 und 1906 BGB und der Entscheidungszuständigkeit in Eilfällen (4. Kapitel). Denn grundsätzlich steht die Führung einer Betreuung dem Betreuer in eigener Verantwortung zu, so dass dem Gericht grundsätzlich nicht das Recht zusteht, eine zum Aufgabenkreis eines Betreuers gehörende Entscheidung selbst zu treffen. Nach den Regelungen des Betreuungsgesetzes, hat nur der Betreuer für den Betreuten zu handeln. Er vertritt den Betreuten und erledigt die ihm übertragenen Angelegenheiten selbständig.[11] Das Vormundschaftsgericht ist hingegen – abgesehen von Eilfällen - nur zur Beaufsichtigung des Betreuers berufen.[12]

---

[10] BGH, Beschluss v. 11.10.2000 – XII ZB 69/00, BtPrax 2001, 32.
[11] Siehe *Soergel/Zimmermann* § 1846 Rnr.3.
[12] BT-Drucks. 11/4528 S.114.

B. Hauptteil

1.Kapitel: Die Stellung des Betreuers

I. Die Auswahl des Betreuers

Der Betreuer mit dem Aufgabenkreis Gesundheitssorge hat eine besonders verantwortungsvolle Stellung. Er ist nicht nur zur rechtsgeschäftlichen Vertretung des Betreuten im Rahmen seines Aufgabenkreises befugt, § 1902 BGB, sondern tritt bei Einwilligungsunfähigkeit des Betreuten auch im persönlichen Bereich an die Stelle des Betreuten. Deshalb ist die Auswahl des Betreuers mit großer Umsicht vorzunehmen.

1. Die verschiedenen Betreuerkategorien

Das Gesetz unterscheidet mehrere Arten von Betreuern.

- Eine Betreuung kann zum einen durch eine natürliche Person übernommen werden.
  Bei den natürlichen Personen unterscheidet man Privatpersonen von Vereins- oder Behördenbetreuern. Nach der gesetzlichen Konstruktion sind sowohl der Vereins- als auch der Behördenbetreuer Einzelbetreuer.[13] Sie sind Mitarbeiter eines anerkannten Betreuungsvereins bzw. einer in Betreuungsangelegenheiten tätigen Behörde. Sie werden zwar in eigener Person zum Betreuer bestellt, ihre Betreuungsaufgaben erfüllen sie aber im Rahmen ihrer Dienstpflicht.[14]
  Die Privatpersonen können die Betreuung ehrenamtlich oder aber auch beruflich ausführen.

- Zum anderen kann auch eine Institution zum Betreuer bestellt werden.
  Als Institutionen kommen Betreuungsvereine und Betreuungsbehörden in Betracht.

Nach der Zielsetzung des Betreuungsgesetzes ist vornehmlich eine natürliche Person aus dem Umfeld des Betreuten zum Betreuer zu bestellen, wenn der Betreute nicht eine andere geeignete Person vorschlägt, § 1897 Abs. 5 BGB. Denn die Personen aus dem Umfeld des Betroffe-

---

[13] § 1897 Abs. 2 BGB.
[14] Siehe *MunchKomm/Schwab* § 1897 Rnr.9, 10, 14; *Staudinger/Bienwald* § 1897 Rnr.40.

nen kennen seine Lebensgewohnheiten und seine soziale Umgebung. Hinzukommt, dass Familienangehörige, Freunde oder Nachbarn in der Regel nur eine Betreuung übernehmen und so eine – vom Gesetz geforderte - „persönliche Betreuung" eher gewährleisten können.[15]
Allerdings ist zu bedenken, dass gerade psychisch Kranke oft vor unlösbaren und unaushaltbaren emotionalen Problemen im Verhältnis zu ihren nahen Angehörigen stehen.[16] Nur wenn die Angehörigen in der Lage sind, auf dem schmalen Grat zwischen Nähe und Distanz zu wandern, kommen sie als Betreuer in Gesundheitsangelegenheiten für solche Betroffene in Betracht.

2. Die Rangfolge der verschiedenen Betreuerkategorien

Da das Gesetz mehrere Betreuerkategorien zulässt, stellt sich die Frage, in welcher Reihenfolge sie als Betreuer für eine Gesundheitsbetreuung in Betracht kommen.
Ziel des Betreuungsgesetzes (BtG) war es, die Anonymität vieler Vormundschaften und Pflegschaften abzuschaffen und die persönliche Betreuung zu fördern. Folglich soll die Betreuung grundsätzlich von einer natürlichen Person übernommen werden.
Eine Betreuung durch eine Institution, also einen Betreuungsverein oder eine Betreuungsbehörde kommt nur dann in Betracht, wenn eine Betreuung durch eine oder mehrere natürliche Personen nicht möglich ist, § 1900 Abs. 1 und Abs. 4 BGB.

Inwieweit hinsichtlich der Einzelbetreuer ein Rangverhältnis besteht, ist aus dem Gesetz nicht abschließend ersichtlich.
Unter den Einzelbetreuern ist zunächst der Vorschlag des Betroffenen vorrangig, § 1897 Abs. 4 S.1 BGB.[17]
Macht der Betroffene von seinem Vorschlagsrecht nicht Gebrauch, oder kann dem Vorschlag mangels Eignung dieser Person nicht gefolgt werden, so sind bei der Auswahl des Betreuers verwandtschaftliche oder persönliche Bindungen des Betroffenen zu berücksichtigen, § 1897 Abs. 5 BGB.
Ein Berufsbetreuer ist nach dem neu eingeführten § 1897 Abs. 6 BGB nur dann zu bestellen, wenn keine geeignete Person zur Verfügung steht, die die Betreuung ehrenamtlich führt.[18]
In welchem Verhältnis jedoch der Vereins- bzw. Behördenbetreuer zur ehrenamtlich tätigen Einzelperson steht, ist nicht explizit geregelt.
Auch das BayObLG hat dies offengelassen.[19] Nach einer in der Literatur verbreiteten Ansicht[20] ist der Gesetzessystematik ein verfeinertes Subsi-

---

[15] Vgl. *Damrau/Zimmermann* § 1897 Rnr.16 mit Verweis auf BT-Drucks. 11/4528 S.128.
[16] Vgl. *Sandlos*, BtPrax 2001, 91 [95]; *Ackermann*, FuR 1994, 280; [283].
[17] Naheres zum Vorschlagsrecht des Betroffenen siehe 2. Kapitel II.5.
[18] § 1897 Abs. 6 BGB angefügt durch BtÄndG v. 25.06.1998 (BGBl. I S.1580).

diaritätsprinzip zu entnehmen, wonach dem ehrenamtlichen Betreuer Vorrang vor dem Vereins- und vielmehr noch vor dem Behördenbetreuer zu geben ist. Dies wird unter anderem damit begründet, dass die Betreuungsvereine zwar aus einer gesellschaftlichen Initiative heraus entstehen, aber dennoch in finanzieller Staatsnähe existieren. Hinzu kommt, dass dem mitmenschlichen Engagement der Vorrang vor der professionellen Motivation gegeben werden soll. Dies wird im Gesetz nicht zuletzt durch einige Vorschriften unterstrichen, welche die Gewinnung, Fortbildung und Unterstützung ehrenamtlicher Betreuungen fördern wollen.[21]
Letztendlich wird jedoch die Auswahl des konkreten Betreuers durch dessen Geeignetheit bestimmt, so dass z.B. die Wahl zugunsten eines Berufsbetreuers wegen seiner fachlichen Eignung ausfallen kann.[22]

3. Mehrere Betreuer

Im Regelfall wird dem Betroffenen ein einzelner Betreuer bestellt.[23] Allerdings können Umstände vorliegen, die eine Betreuung durch mehrere Betreuer sinnvoll erscheinen lassen. Anders als im bisherigen Vormundschafts- und Pflegschaftsrecht[24] ist dies nach dem BtG gemäß § 1899 BGB möglich. Nach § 1899 Abs. 1 BGB ist die Bestellung mehrerer Betreuer dann angebracht, wenn die Angelegenheiten des Betreuten hierdurch besser besorgt werden können.
Eine bessere Besorgung der Angelegenheiten ist im Bereich der Gesundheitssorge in verschiedenen Konstellationen denkbar.

- Haben bereits vor Einleitung eines Betreuungsverfahrens mehrere nahestehende Personen den nunmehr Betreuungsbedürftigen gepflegt und versorgt, können sie auch gemeinschaftlich zu Betreuern bestellt werden.
- Ist eine Betreuung nicht nur für den gesundheitlichen Bereich, sondern zudem für andere Aufgabenkreise erforderlich, kann eine Aufteilung der Aufgabenkreise auf verschiedene Betreuer dann sinnvoll sein, wenn für einen die Besorgung aller Aufgabenkreise nicht zumutbar ist oder aber, wenn eine Person für einen Aufgabenkreis mehr, für den anderen weniger geeignet ist.
- Stehen bei dem Betreuungsbedürftigen wegen seines schlechten Gesundheitszustandes ständig medizinische Entscheidungen an und muss der Betreuer deshalb stets erreichbar sein, empfiehlt es sich,

---

[19] BayObLG, Beschluss v. 30.03.1994 – 3 Z BR 4/ 94, FamRZ 1994, 1661.
[20] *Erman/Holzhauer* § 1897 Rnr.5; *Damrau/Zimmermann* § 1897 Rnr.1; *MünchKomm/Schwab* § 1897 Rnr.4; a.A. *Jurgens u.a.*, Das neue Betreuungsrecht, 4.Aufl., Rnr.121 der von einer grundsätzlichen Gleichrangigkeit ausgeht.
[21] Siehe z.B. § 1908 f Abs. 1 Nr.2 BGB, §§ 4 und 5 BtBG.
[22] So auch *Erman/Holzhauer* § 1897, 10.Aufl., Rnr.3 ff.
[23] Siehe BT-Drucks. 11/4528 S.130.
[24] §§ 1775, 1915 und 1897 BGB a.F.

gleich einen Ersatzbetreuer zu bestellen, der die Aufgaben bei Verhinderung des (Haupt-) Betreuers übernimmt. Ist ein Vereins- oder Behördenbetreuer bestellt, der in absehbarer Zeit aus seiner Tätigkeit ausscheiden wird, soll auch in diesem Fall zur Gewährleistung eines reibungslosen Ablaufes ein weiterer Betreuer bestellt werden.[25]

Festzuhalten ist, dass sich auch bei der Mitbetreuung die Auswahl der Betreuerperson nach § 1897 BGB richtet. Demnach ist in erster Linie der Vorschlag des Betroffenen massgeblich.[26]

Werden sich mehrere Betreuer bei einer Meinungsverschiedenheit nicht einig, muss das Vormundschaftsgericht entscheiden, §§ 1908 i Abs. 1 S.1, 1798 BGB. Da das Gericht lediglich die Betreuertätigkeit überwacht (§ 1837 BGB), kommt ihm kein eigenes Entscheidungsrecht zu. Das Gericht hat sich demnach einer Meinung anzuschließen. Hält es beide Meinungen für pflichtwidrig, darf es keine eigene Entscheidung treffen, sondern hat seine Ansicht den Betreuern mitzuteilen.[27]
Bei der Bestellung mehrerer Betreuer ist zwischen gemeinschaftlicher Mitbetreuung, geteilter Mitbetreuung und Ersatzbetreuung zu unterscheiden.

a) **Die gemeinschaftliche Mitbetreuung, § 1899 Abs. 3 BGB**

Als Hauptfall der Mitbetreuung wird von der amtlichen Begründung die Konstellation genannt, bei der beide Elternteile eines volljährig gewordenen geistig behinderten Kindes geeignet und bereit sind, die Betreuung gemeinsam zu übernehmen. Hier soll kein Elternteil gezwungen werden, zugunsten des anderen von der Betreuung zurückzutreten.[28] Im Bereich der Gesundheitssorge ist weiterhin der Fall denkbar, bei dem sich mehrere Angehörige oder sonst nahestehende Personen um den Betroffenen gekümmert haben und nunmehr auch gemeinsam das Amt der rechtlichen Betreuung übernehmen wollen.
Sind mehrere Betreuer mit dem selben Aufgabenkreis betraut, können sie die Betreuungsaufgaben in diesen Angelegenheiten grundsätzlich nur gemeinsam ausüben, § 1899 Abs. 3 BGB. Ihnen steht dann auch die gesetzliche Vertretungsmacht nur gemeinsam zu (sog. Gesamt- oder Kollektivvertretung).[29] Etwas anderes gilt nur, wenn dies vom Gericht be-

---

[25] Zu den genannten Beispielen siehe BT-Drucks. 11/4528 S.130.
[26] Siehe *MünchKomm/Schwab* § 1899 Rnr.8. Einzelheiten zum Vorschlagsrecht des Betroffenen siehe 2. Kapitel II. 5.
[27] Siehe *Soergel/Zimmermann* § 1899 Rnr.25.
[28] BT-Drucks. 11/4528 S.130.
[29] Näheres hierzu *MünchKomm/Schwab* § 1797 Rnr.3, 4.

stimmt wurde oder wenn mit dem Aufschub der Entscheidung Gefahr verbunden ist.[30]
Möglich ist allerdings, dass sich die Mitbetreuer gegenseitig Untervollmachten erteilen und dadurch eine gewisse Aufgabenteilung erreichen. Zu beachten ist jedoch, dass die gemeinsame Verantwortung der Mitbetreuer unverzichtbar ist.[31] Demnach wäre es unzulässig einem Betreuer alle Arten von Einwilligungen in Behandlungsmaßnahmen zu übertragen, einem anderen ausschließlich die Organisation von Krankentransporten und Pflegeleistungen. Möglich und rechtlich zulässig ist es hingegen, wenn bei einer anstehenden medizinischen Maßnahme der Betreute nur von einem Betreuer begleitet wird, der dann im Namen aller Betreuer das Aufklärungsgespräch mit dem Arzt führt und entscheidet.

Anders als bei der geteilten Mitbetreuung führt der Wegfall eines Mitbetreuers bei der gemeinsamen Mitbetreuung nicht zu einer Lücke in der Betreuungstätigkeit. Die verbleibenden Betreuer führen zunächst die Betreuung allein fort, bis das Vormundschaftsgericht entscheidet, ob es den weggefallenen Betreuer ersetzt, oder den Aufgabenkreis den Verbleibenden belassen will.[32]

b) Die geteilte Mitbetreuung, § 1899 Abs. 1 S.2 BGB

Ist eine rechtliche Betreuung nicht nur für den gesundheitlichen Bereich, sondern zudem für weitere Aufgabenkreise erforderlich, kann die Betreuertätigkeit auf mehrere Betreuer derart aufgeteilt werden, dass jeder Betreuer für einen anderen Aufgabenkreis zuständig ist. In diesem Fall arbeitet jeder Betreuer in seinem Aufgabenkreis selbständig und unabhängig von der Zustimmung des Anderen.[33] Allerdings ist zum Wohle des Betreuten eine Bereitschaft zum Zusammenwirken geboten, denn jeder Betreuer hat sich bei seiner Tätigkeit am Wohl des Betreuten zu orientieren, § 1901 Abs. 2 BGB.[34]

---

[30] Die Gefahr muss für wichtige persönliche oder wirtschaftliche Interessen des Betreuten drohen; sie muss gerade aus dem Aufschub erwachsen oder sich verschärfen. Siehe *Staudinger/Bienwald* § 1899 Rnr.9; *MünchKomm/Schwab* § 1899 Rnr.17.
So ist die Einwilligung nur eines Betreuers ausreichend, wenn bei einer dringenden medizinischen Maßnahme in der Kürze der Zeit der andere Betreuer nicht erreichbar ist.

[31] Nachweis bei *MünchKomm/Schwab* § 1899 Rnr.16; § 1797 Rnr.5.

[32] So *MünchKomm/Schwab* § 1899 Rnr.20.

[33] So *MünchKomm/Schwab* § 1899 Rnr.12; *Staudinger/Bienwald* § 1899 Rnr.10, *Jürgens/Jürgens* § 1899 Rnr.2. Zwar verweist § 1908 i BGB nicht auf § 1797 Abs. 2 BGB, wo dies für die Vormünder explizit geregelt ist, jedoch bestimmt § 1899 Abs. 1 S.2 BGB, dass das Gericht festzulegen hat, welcher Betreuer für welchen Aufgabenkreis zuständig ist, damit die Kompetenzen voneinander abgegrenzt werden können.

[34] Vgl. *Jürgens/Jürgens* § 1899 Rnr.2; *Frost*, Arztrechtliche Probleme des neuen Betreuungsrechts, S.86, 87.

Sinnvoll ist eine Aufteilung beispielsweise, wenn sowohl eine Vermögenssorge als auch eine Gesundheitssorge (oder allgemeiner eine Personensorge) erforderlich ist. Die Vermögensverwaltung kann dann von einer in wirtschaftlichen Dingen bewanderten Person übernommen werden und ein geschäftlich unerfahrener Verwandter kann die Angelegenheiten der Personensorge erledigen.[35] Während der nahe Angehörige mangels wirtschaftlicher Kenntnisse für die Vermögenssorge als ungeeignet angesehen werden muss, ist er für den Aufgabenkreis Gesundheitssorge kraft seiner persönlichen Bindung wohl geeigneter, als der die Vermögenssorge übernehmende Steuerberater.[36]
Ergeben sich Meinungsverschiedenheiten zwischen den Betreuern, so erlangen diese nur dann Außenwirkung, wenn die in Frage stehende Angelegenheit sowohl den Aufgabenkreis des einen, als auch den des anderen betrifft. Handelt es sich beispielsweise um die Entscheidung, ob eine kostspielige Operation vorgenommen werden soll, so ist nicht nur der Aufgabenkreis „Gesundheitssorge" betroffen, sondern auch der Aufgabenkreis „Vermögenssorge".[37] Die Betreuer können dann nur gemeinsam entscheiden.[38]
Zu berücksichtigen ist allerdings, dass der Vermögensbetreuer den Abschluss eines Behandlungsvertrages dann nicht verhindern darf, wenn die Maßnahme medizinisch indiziert ist und damit grundsätzlich dem Wohl des Betreuten dient. Etwas anderes kann dann gelten, wenn der Betreute eine nicht indizierte Behandlung wünscht. Dem Vermögensbetreuer obliegt es in einem solchen Fall, die finanzielle Tragbarkeit der Maßnahme zu überprüfen. Kann die Behandlung aus Mitteln des Betreuten ohne weiteres finanziert werden, kann der Vermögensbetreuer seine Mitwirkung nicht verweigern.[39]
Im Hinblick auf die potentielle Gefahr, dass bei einem Konflikt zwischen den Betreuern eine zum Wohle des Betreuten erforderliche Maßnahme unterbleibt, kann das Gericht bei der Bestellung bereits eine Regelung für diesen Fall bestimmen.[40] Tut es dies nicht, kann es in Fällen mangelnder Einigung selbst entscheiden, § 1908 i i.V.m. § 1797 Abs. 1 S.2, § 1798 BGB.[41]
Fällt einer der Mitbetreuer weg, so ist unverzüglich ein neuer Betreuer zu bestellen. Dem verbleibenden Betreuer wachsen insoweit keine Kompetenzen zu.[42] Den Tod des Mitbetreuers hat der andere Mitbetreuer un-

---

[35] Fur eine derartige Aufteilung auch BayObLG, Beschluss v. 11.12.1996 – 3Z BR 277/96, FamRZ 1997, 1502.
[36] Eingehend zur Frage der Eignung siehe 1. Kapitel I. 4. und 5.
[37] Dieser Ansicht auch *Soergel/Zimmermann* § 1904 Rnr.17.
[38] Siehe *Schwab*, FamRZ 1992, 493 [501].
[39] So auch *Frost*, Arztrechtliche Probleme des neuen Betreuungsrechts, S.86.
[40] Vgl. *Staudinger/Bienwald* § 1899 Rnr.7.
[41] Vgl. *Erman/Holzhauer* § 1899 Rnr.14; *MünchKomm/Schwab* § 1899 Rnr.13, § 1797 Rnr.18; *Staudinger/Engler* § 1798 Rnr.3.
[42] Siehe *MünchKomm/Schwab* § 1899 Rnr.15.

verzüglich dem Vormundschaftsgericht anzuzeigen, § 1908 i Abs. 1 i.V.m § 1894 Abs. 2 BGB.

c) **Die Ersatzbetreuung,[43] § 1899 Abs. 4 BGB**

Im Bereich der Gesundheitssorge muss bei einem pflegebedürftigen, auf medizinische Behandlung angewiesenen Betroffenen der Betreuer grundsätzlich jederzeit erreichbar sein, um die diversen Angelegenheiten zu regeln. Da dies für eine einzelne Person kaum durchführbar ist, kann das Gericht einen Ersatzbetreuer bestellen. Die Bestellung eines Ersatzbetreuers kommt in gesundheitlichen Angelegenheiten auch dann in Betracht, wenn der Gesundheitsbetreuer die Pflege des Betreuten selbst übernehmen und zu diesem Zwecke mit dem (geschäftsunfähigen) Betreuten einen Pflegevertrag abschließen will.
Eine Betreuerbestellung gemäß § 1899 Abs. 4 BGB wird in der Weise vorgenommen, dass der Ersatzbetreuer die Angelegenheiten des Betreuten nur zu besorgen hat, soweit der andere verhindert ist oder ihm die Besorgung überträgt. In diesen Fällen hat das Gericht das „Amt" zwar mehreren Betreuern übertragen, es sind aber beide Betreuer nie gleichzeitig in derselben Angelegenheit tätig. Vielmehr nimmt entweder der eine oder der andere die Angelegenheiten des Betreuten war.
Im Falle der Ersatzbetreuung bei Verhinderung tritt der Ersatzbetreuer völlig an die Stelle des verhinderten Betreuers.

(1) Die Verhinderung aus rechtlichen Gründen

Ist der Betreuer aus rechtlichen Gründen verhindert, § 1908 i Abs. 1 i.V.m. §§ 1795, 1796 BGB, so hat er in den sich hierauf beziehenden Angelegenheiten keinerlei Vertretungsmacht. Um die Angelegenheiten des Betreuten dennoch zu besorgen, ist eine Ersatzbetreuung erforderlich. Denn anders als bei der Vormundschaft über Minderjährige, besteht im Betreuungsrecht die Möglichkeit der Bestellung eines Ergänzungspflegers nach § 1909 BGB nicht. Will demnach der Betreuer mit Aufgabenkreis Gesundheitssorge den Betreuten selbst pflegen, so fällt zwar grundsätzlich die Möglichkeit des Abschlusses eines Pflegevertrages in seinen Aufgabenbereich (§ 1902 BGB), ein Vertragsabschluss mit sich selbst scheitert jedoch an dem Selbstkontrahierungsverbot des § 181 BGB.[44] Das Gericht hat folglich einen Ergänzungsbetreuer mit

---

[43] Andere Bezeichnungen für den Betreuer im Sinne des § 1899 Abs. 4 BGB sind: Hilfsbetreuer, Vertretungsbetreuer, Delegationsbetreuer, Nachfolgebetreuer, Ergänzungsbetreuer. Siehe *Soergel/Zimmermann* § 1899 Rnr.18.

[44] Ist der Betreute geschaftsfähig, kann er auch selbst rechtswirksam einen Pflegevertrag mit seinem Betreuer abschließen.

Aufgabenkreis „Abschluß des Pflegevertrages" zu bestellen. Auch bei der Auswahl dieses Ergänzungsbetreuers sind die allgemeinen Kriterien zu beachten. Demnach hat auch hier der Wille des Betreuten grundsätzlich Vorrang, §§ 1897 Abs. 4 S.1, 1901 Abs. 2 S.1 BGB.

(2) Die Verhinderung aus tatsächlichen Gründen

Ob eine Ersatzbetreuung auch im Falle tatsächlicher Verhinderung, z.B. wegen Krankheit oder Urlaub, möglich ist, wird in der Literatur unterschiedlich behandelt. Nach *Schwab* ist dies zu verneinen, da die tatsächlichen Voraussetzungen schwer überschaubar sind, die Fragen gesetzlicher Vertretungsmacht jedoch geklärt sein müssen.[45]
Nach anderer Ansicht ist eine Ersatzbetreuung wegen des praktischen Bedürfnisses einer kontinuierlichen Betreuung auch im Falle tatsächlicher Verhinderung möglich. Den von *Schwab* angemahnten Schwierigkeiten könne mit einer privaten Urkunde des (Haupt-)Betreuers begegnet werden, auf die die §§ 172 ff. BGB entsprechend anwendbar sind.[46]
Folgt man letzterer Auffassung, so stellt sich weiterhin die Frage, ob bei einer grundsätzlich zulässigen Ersatzbetreuung im Falle tatsächlicher Verhinderung auch eine sog. Dauerergänzungsbetreuung möglich ist. Hierbei wird der Ergänzungsbetreuer nicht für den jeweils konkret anstehenden Verhinderungsfall bestellt, sondern auch, wenn sich eine wiederholte tatsächliche Verhinderung des Hauptbetreuers von vornherein abzeichnet. In der Praxis wäre dies zur Vermeidung des jeweils erneut In-Gang zu setzenden Bestellungsverfahrens sicherlich einfacher.[47]
Zu bedenken ist allerdings, dass wegen des Erforderlichkeitsgrundsatzes ein Betreuer nur bestellt werden darf, wenn dies zur Besorgung der Angelegenheiten konkret notwendig ist, § 1896 Abs. 2 BGB. Im Falle einer Dauerergänzungsbetreuung ist der konkrete Verhinderungsfall noch nicht absehbar. Da nach der Intention des Betreuungsrechts, die Einzelbetreuung die Regel und die Betreuung durch mehrere Personen die Ausnahme darstellt, müssen die Fälle einer Ergänzungsbetreuung im Falle einer tatsächlichen Verhinderung des Hauptbetreuers auf konkrete Einzelfälle beschränkt bleiben. Eine Dauerergänzungsbetreuung ist folglich aus Gründen des Wohles des Betreuten nicht mit dem Erforderlichkeitsgrundsatz zu vereinbaren.[48]

---

[45] *MünchKomm/Schwab* § 1899 Rnr.23.
[46] Dieser Ansicht *Damrau/Zimmermann* § 1899 Rnr.12; zustimmend *Staudinger/Bienwald* § 1899 Rnr.11.
[47] Fur eine Dauerergangungsbetreuung: LG Stuttgart, Beschluss v.15.04.1999 – 2T 71/99, BtPrax 99, 200; *Alperstedt*, BtPrax 2001, 106.
[48] So auch LG Frankfurt/Oder, Beschluss v. 26.02.1999- 6[b]T 21/99, FamRZ 1999, 1221 [1222].

Eine Ersatzbetreuung in Urlaubsfällen ist in der Praxis eher selten. Meist erteilt der Betreuer einem von ihm frei ausgewählten Dritten Vollmacht. Als gesetzlichem Vertreter (§ 1902 BGB) steht ihm das Recht, Untervollmacht zu erteilen, auch grundsätzlich zu. Zu beachten ist allerdings, dass das Vormundschaftsgericht den Betreuer gerade wegen seiner fachlichen und persönlichen Eignung ausgewählt hat. Auf die Unterbevollmächtigung hat das Gericht hingegen keinen Einfluss. Zwar ist in untergeordneten vermögensrechtlichen Fragen eine Bevollmächtigung zulässig. Jedoch wird dies in Fällen der für die Gesundheitssorge relevanten Bereiche der Einwilligung in ärztliche Maßnahmen verneint.[49] Im Falle einer tatsächlichen Verhinderung eines Betreuers mit dem Aufgabenkreis Gesundheitssorge ist folglich eine Ersatzbetreuerbestellung nach § 1899 Abs. 4 BGB notwendig.[50]

Wird die Betreuung von einem Vereinsbetreuer oder einem Behördenbetreuer ausgeführt, so bedarf es im Falle einer Verhinderung des Betreuers ebenfalls eines Beschlusses nach § 1899 Abs. 4 BGB. Eine Vertretung zwischen den Mitarbeitern des Vereines untereinander muss aus rechtlichen Gründen ebenfalls abgelehnt werden. Allein der Umstand, dass eine Person Mitarbeiter eines Betreuungsvereines oder einer Betreuungsbehörde ist, befähigt sie noch nicht automatisch für den konkreten Fall, in gesundheitlichen Angelegenheiten für eine Betreuertätigkeit geeignet zu sein. Vielmehr können sich auch in Vereinen oder Behörden die Mitarbeiter auf bestimmte Gebiete spezialisieren. Dann ist aber bei einem vom Betreuer frei gewählten Vertreter auch nicht gewährleistet, dass dieser für die zu erledigenden gesundheitlichen Angelegenheiten geeignet ist.[51]

(3) Die Besorgungsübertragung

Rechtlich möglich ist eine Betreuerbestellung auch in der Form, dass zwei Betreuer zugleich bestellt werden, der zweite jedoch mit der Maßgabe, dass er nur zur Aufgabenbesorgung berechtigt ist, wenn ihm der andere Betreuer dies überträgt. Die Übertragung ist eine formlose empfangsbedürftige Willenserklärung, die vom Hauptbetreuer jederzeit widerrufen werden kann. Mit der Übertragung erhält der Ersatzbetreuer die Gestattung, die Betreuerfunktionen anstelle des Hauptbetreuers auszuüben.[52] Anders als bei einer Bevollmächtigung bleibt dem Hauptbetreuer

---

[49] Siehe *Soergel/Zimmermann* § 1899 Rnr.27.

[50] Siehe zur Vertretung des Betreuers unter 1. Kapitel II. 3.c). In Eilfällen kann das VormG selbst eine Entscheidung treffen, §§ 1908 i i.V.m. 1846 BGB. Näheres siehe 4.Kapitel VI.

[51] Auch *Zimmermann* hält die Möglichkeit, dass sich die Vereinsbetreuer untereinander ohne weiters vertreten konnten für unhaltbar: *Soergel/Zimmermann* § 1899 Rnr.29.

[52] Hierzu siehe *MünchKomm/Schwab* § 1899 Rnr.24; *Damrau/Zimmermann* § 1899 Rnr.12.

die eigene Vertretungsmacht dann aber nicht erhalten.[53] Nach der Vorstellung des Gesetzgebers sollte eine solche Besorgungsübertragung in den Fällen möglich sein, in denen ein unerfahrener Betreuer erst in sein Amt eingeführt werden soll.[54] In der Praxis wird von dieser Möglichkeit jedoch kein Gebrauch gemacht.[55]

d) **Der Sterilisationsbetreuer**

Nach § 1899 Abs. 2 BGB ist im Falle einer Sterilisation eines Betreuten stets ein besonderer Betreuer zu bestellen.[56] Zwar handelt es sich bei einer Sterilisation um einen ärztlichen Eingriff, so dass grundsätzlich der Gesundheitsbetreuer hierfür zuständig wäre. Der Gesetzgeber hatte jedoch insoweit Bedenken, dass der bereits bestellte Betreuer in eine Sterilisation schon deshalb einwillige, um sich künftig einige Probleme zu ersparen.[57] Eine Sterilisationsgenehmigung kann demnach erst erteilt werden, wenn neben dem bereits bestellten Betreuer noch ein zusätzlicher Betreuer mit dem Aufgabenkreis „Einwilligung in die Sterilisation" bestellt wird.

Zu beachten ist, dass nur natürliche Personen zum Sterilisationsbetreuer bestellt werden können. Vereine oder Behörden sind von Gesetzes wegen von einer solchen Betreuertätigkeit ausgeschlossen, § 1900 Abs. 5 BGB.

Ob für die Tätigkeit eines Sterilisationsbetreuers eine besondere Fachkenntnis erforderlich ist, wird in der Literatur uneinheitlich beantwortet. Einige sind der Ansicht, dass der Sterilisationsbetreuer einer besonderen Fachkenntnis bedürfe, die er einzubringen habe. Denn bei einer Einwilligung würden seine Erkenntnisse im Rahmen des Genehmigungsverfahrens von einem sachverständigen Kollegen überprüft werden.[58] *Zimmermann* hingegen geht davon aus, dass solche speziellen Kenntnisse nicht erforderlich seien. Zweck der Bestellung sei schließlich nur, den allgemeinen Betreuer auszuschalten. Die Notwendigkeit einer besonderen Fachprüfung bestehe nicht, da im Genehmigungsverfahren jedenfalls eine gutachterliche Würdigung des Sachverhaltes erfolge.[59]

Zu berücksichtigen ist in der Praxis allerdings, dass nicht nur der bereits bestellte Betreuer ein Interesse an einer Sterilisation haben könnte. Auch ein naher Angehöriger, der grundsätzlich zum Betreuer bestellt werden kann, könnte ebenfalls solche Interessen verfolgen. Folglich ist bei der

---

[53] *Damrau/Zimmermann* § 1899 Rnr.12.
[54] BT-Drucks. 11/4528 S.130, 131.
[55] Vgl. *Soergel/Zimmermann* § 1899 Rnr.23.
[56] Zu den sachlichen Voraussetzungen der Bestellung eines Sterilisationsbetreuers siehe OLG Hamm, Beschluss v. 28.02.2000 – 15W 50/00, FamRZ 2001, 314 [315, 316].
[57] BT-Drucks. 11/4528 S.131.
[58] So *Damrau/Zimmermann* § 1899 Rnr.9; BT-Drucks. 11/4528 S.131.
[59] *Soergel/Zimmermann* § 1899 Rnr.12.

Auswahl des Sterilisationsbetreuers jedenfalls darauf zu achten, dass die Person sich nicht von eigenen Interessen oder emotionalen Wertungen leiten lässt. Vielmehr muss sie mit dem notwendigen erforderlichen Verantwortungsbewusstsein und der Fähigkeit, sich in die Problematik einzuarbeiten an die Sache herangehen können.

Steht ein Einwilligungsunfähiger nicht unter Betreuung und besteht lediglich das Bedürfnis nach einer Sterilisation, so stellt sich die Frage, ob zunächst ein allgemeiner Betreuer bestellt werden muss, um dann einen besonderen Betreuer nach § 1899 Abs. 2 BGB zu bestellen.
Zu beachten ist hierbei, dass der besondere Betreuer im Falle einer Sterilisation den Zweck hat, den allgemeinen Betreuer in diesem Bereich zu ersetzen. Ist gar kein Betreuer vorhanden, der mit einer Sterilisation evtl. eigene Interessen verfolgen könnte, so ist auch kein weiterer Betreuer erforderlich.[60] In einem solchen Fall genügt demnach die Bestellung eines Sterilisationsbetreuers.

Der Betreuer mit Aufgabenkreis Sterilisation ist zur Wahrnehmung aller mit der Sterilisation zusammenhängenden Aufgaben berechtigt. Als besonderer Betreuer darf er aber auch nur diese Aufgaben besorgen. Andere Aufgaben dürfen ihm nicht übertragen werden.[61]

e) Der Gegenbetreuer, § 1908 i Abs. 1 i.V.m. §§ 1792, 1799 BGB

Der Gegenbetreuer unterscheidet sich von den anderen Betreuertypen dadurch, dass er nicht Angelegenheiten des Betroffenen besorgt und nicht sein gesetzlicher Vertreter sein kann. Der Gegenbetreuer hat lediglich Kontrollbefugnisse und dient damit auch der Entlastung der Gerichte. Da ein Gegenbetreuer nach § 1908 i Abs. 1 i.V.m § 1792 Abs. 2 BGB nur im Falle der Vermögenssorge in Betracht kommt, wird hier von einer weiteren Darstellung abgesehen.

4. Die Eignung zum Betreuer

Die Wahl des Betreuers erfolgt durch das Vormundschaftsgericht. Gemäß der Bestimmung des § 1897 Abs. 1 BGB darf das Gericht nur eine Person zum Betreuer bestellen, die für dieses Amt geeignet ist.
Nach § 1897 Abs. 1 BGB hat eine natürliche Person in Bezug auf den konkreten Aufgabenkreis zwei Anforderungen zu erfüllen, um als Betreuer bestellt zu werden.

---

[60] *Soergel/Zimmermann* § 1899 Rnr.13.
[61] Siehe *Soergel/Zimmermann* § 1899 Rnr.14.

a) **Die Eignung zur rechtlichen Besorgung der Angelegenheiten**

Die Person muss geeignet sein, im gerichtlich bestimmten Aufgabenkreis die Angelegenheiten des Betreuten rechtlich zu besorgen.

Dies ist dann der Fall, wenn die Person die dazu notwendigen intellektuellen und emotionalen Kenntnisse und Fähigkeiten besitzt und einsetzen kann oder bereit ist, sich in dem erforderlichen Umfang fortbilden und beraten zu lassen, um der übertragenen Aufgabe gewachsen zu sein.[62] Eine bestimmte fachliche Qualifikation wird vom Gesetz nicht vorgeschrieben. Folglich kann im Grunde jede natürliche Person, unabhängig von einer bestimmten Vorbildung, Betreuer werden.

Welches fachliche Wissen jedoch im Einzelfall vorhanden sein muss, bestimmt sich nach dem konkreten Aufgabenkreis. Denn der Aufgabenkreis bestimmt den Tätigkeitsbereich und damit auch die Anforderungen an den Betreuer.
Im Rahmen der Gesundheitsbetreuung werden weder von Seiten der Literatur noch von Seiten der Rechtsprechung besondere Anforderungen an den Betreuer gestellt. Auch wenn die zu besorgende Angelegenheit die Einwilligung in eine komplizierte medizinische Behandlung umfasst, bedarf der Betreuer keiner besonderen Vorkenntnisse. Anders wird dies im Bereich der Vermögenssorge gesehen. Geht es um die Vermögenssorge eines vermögenden Betreuten, wird eine in finanziellen Angelegenheiten unerfahrene Person grundsätzlich als ungeeignet angesehen.[63] Lediglich bei kleineren Vermögen werden spezielle Fachkenntnisse nicht gefordert. Handelt es sich nur um die Verwaltung des Sparbuches, kann dies auch von einem in finanziellen Angelegenheiten unerfahrenen Betreuer besorgt werden. Hat sich aber der Betroffene zuvor bestimmter Fachleuten bedient, die seine Vermögensverwaltung übernommen haben, so soll die ordnungsgemäße Verwaltung auch nach der Betreuerbestellung sichergestellt sein.
Diese unterschiedliche Bewertung der Anforderungen wirkt zunächst befremdlich. Für den Aufgabenkreis der Gesundheitssorge, der folgenschwere Entscheidungen hinsichtlich der körperlichen Integrität des Betroffenen beinhaltet und nach einer nicht unbedeutenden Ansicht[64] auch die Entscheidung über einen Behandlungs- oder Ernährungsabbruch enthalten kann, kommt demnach grundsätzlich jede Person in Betracht. Für die Verwaltung eines umfangreichen Vermögens werden hingegen gewisse Anforderungen an die wirtschaftlichen Kenntnisse des potentiellen Betreuers gestellt.

---

[62] So *Staudinger/Bienwald* §1897 Rnr.13.
[63] Nachweise bei *Bienwald* § 1897 Rnr.23 a.E.
[64] Siehe unten 1. Kapitel II. 4. a).

Zu beachten ist in diesem Zusammenhang jedoch, dass es sich bei den genannten Aufgabenkreisen um zwei gänzlich verschiedene handelt. Während der vermögende Betroffene, der sich nun nicht (mehr) um seine Vermögensangelegenheit kümmern kann, früher selbst die notwendigen Fachkenntnisse hatte oder diese Angelegenheiten von einem Fachmann bearbeiten ließ, hat jede Person selbst für ihre Gesundheit Sorge zu tragen. Man überträgt im Allgemeinen nicht die Besorgung seiner Gesundheitsangelegenheiten einem Dritten. Die Entscheidung, ob und wie man sich medizinisch behandeln lässt entscheidet jeder für sich selbst – unabhängig davon, welche medizinischen Vorkenntnisse jeder Einzelne hat. Die Grenze dessen, was man sich an Schmerzen, Nebenwirkungen und Behandlungsintensität zumutet, ist individuell unterschiedlich. Anders als in finanziellen Angelegenheiten gibt es keine allgemeinen Handlungsmaßstäbe.[65] Wenn es darum geht, zum Wohle des Betroffenen sein Leben im gesundheitlichen Bereich so zu gestalten, dass er z.B. möglichst beschwerdefrei leben kann, so ist eine dem Betroffene nahestehende Person, die seine Wünsche und Neigungen kennt, jedoch über keine medizinischen Fachkenntnisse verfügt, mindestens genauso geeignet wie ein medizinischer Fachmann. Hat der Betreuer während der Betreuungszeit dann Entscheidungen zu treffen, die nur mit bestimmten Fachkenntnissen möglich sind,[66] hat er die Möglichkeit, sich von der Betreuungsbehörde oder vom Vormundschaftsgericht beraten zu lassen. Auch kann er jederzeit den Rat eines Sachverständigen einholen.[67]

b) Die Eignung zur persönlichen Betreuung

Als weitere Voraussetzung muss die Person geeignet sein, den Betreuten in dem hierfür erforderlichen Umfang persönlich zu betreuen.

Der Begriff „persönliche Betreuung“ ist missverständlich und könnte im ersten Moment dazu verleiten, eine Auslegung im Sinne einer Verpflichtung zur persönlichen Versorgung des Betreuten anzunehmen. Dies ist vom Gesetzgeber jedoch nicht gewollt und kommt auch in der Begründung des Regierungsentwurfes klar zum Ausdruck.[68]
Danach darf persönliche Betreuung nicht mit der Ausübung der Personensorge gleichgesetzt werden. Persönliche Betreuung ist vielmehr der

---

[65] Zwar haben auch verschiedene Finanzexperten unterschiedliche Ansichten, wie man z.B. eine großtmogliche Kapitalmehrung erreicht, darüber, dass eine Vermögensmehrung erreicht werden soll sind sich alle einig.

[66] So muss der Betreuer z.B: Kenntnis der Wirkungen und Nebenwirkungen bestimmter Medikamente haben. Denn nur so kann er abschatzen, ob seine Einwilligung der Genehmigung des Vormundschaftsgerichts nach § 1904 BGB bedarf.

[67] Zu den Beratungsmoglichkeiten siehe *Staudinger/Bienwald* § 1908 i Rnr.164, 166.

[68] BT-Drucks. 11/4528 S.68.

Gegensatz zu einer anonymen Verwaltung von Vormundschafts- und Pflegschaftsfällen. Der Betreuer hat bei der Besorgung der Betreuungsangelegenheiten den persönlichen Kontakt, insbesondere das persönliche Gespräch mit dem Betreuten zu suchen. Nach der Begründung ist eine persönliche Betreuung in allen Fällen sinnvoll. Lediglich das notwendige Maß kann im Verlauf einer Betreuung oder auch von Fall zu Fall unterschiedlich sein. Je höher die Zahl der Angelegenheiten ist, um die sich der Betreuer zu kümmern hat oder je bedeutsamer diese sind, um so stärker wird eine persönliche Betreuung erforderlich sein.[69] Auch wenn der Betreute so krank oder behindert ist, dass er seinen Willen nicht kundtun kann, ist eine persönliche Betreuung angezeigt. Gerade solche Fälle sollen nicht vom Schreibtisch aus verwaltet werden. Hier sollte der Betreuer den Betreuten in angemessenen Abständen aufsuchen, um sich zu vergewissern, dass er die erforderliche Pflege und Hilfe tatsächlich bekommt.[70] Nach *Diercks* reicht die bloße Überprüfung des Befindens nicht aus. Der Betreuer habe auch bei einem Gesprächsunfähigen dieselben Pflichten. Er müsse unter Berücksichtigung der Lebensumstände und Charaktereigenschaften des Betreuten, dessen Vorstellungsbild erschließen.[71]

Die persönliche Betreuung wird um so besser möglich sein, je stärker sich das Vertrauensverhältnis zwischen Betreuer und Betreutem entwickelt. Um diese Vertrauensbildung zu erleichtern und zu fördern, hat der Gesetzgeber in § 1897 Abs. 4 BGB die Möglichkeit vorgesehen, dass der Betroffene selbst eine Person als Betreuer vorschlagen kann.[72]
Ein weiterer Gesichtspunkt für die Eignung einer Person zur persönlichen Betreuung ist die gruppen- und schichtgemäße Zusammengehörigkeit von Betreuer und Betreutem. Vor allem die Herkunft im Hinblick auf die Sprache ist ein entscheidendes Kriterium. Dem hat das BtG Rechnung getragen, indem es die Möglichkeit eine Betreuung zu übernehmen, nicht nur Deutschen vorbehalten hat.[73]
Besonders im Alter sind gemeinsame Muttersprache, ein Dialekt oder aber auch nur landsmannschaftliche Färbungen, wichtige Grundlagen für ein sich entwickelndes Vertrauensverhältnis und dienen damit einer persönlichen Betreuung.[74]

---

[69] In diesem Sinne auch *Jurgens u.a.*, Das neue Betreuungsrecht, 4. Aufl., Rnr.110.
[70] Zum ganzen BT-Drucks 11/4528 S.68.
[71] *Diercks*, Die personliche Betreuung, S.59.
[72] Naheres zum Vorschlagsrecht des Betroffenen siehe 2. Kapitel II. 5.
[73] Anders als im fruher geltende Vormundschafts-und Pflegschaftsrecht, wird nunmehr in § 1908 i BGB nicht mehr auf § 1785 BGB verwiesen. Siehe auch BT-Drucks. 11/4528, S.129.
[74] So *Erman/Holzhauer* § 1897 Rnr.15.

5. Ungeeignete Personen

Wann eine Person ungeeignet zur Führung einer Betreuung ist, kann letztlich nur im Einzelfall entschieden werden.

a) Die Ungeeignetheit aus rechtlichen Gründen

Nach dem Regierungsentwurf war die Ungeeignetheit von Geschäftsunfähigen oder beschränkt Geschäftsfähigen offensichtlich. Im Hinblick auf § 105 Abs. 1 BGB leuchtet das für den Geschäftsunfähigen auch unmittelbar ein. In Bezug auf einen beschränkt Geschäftsfähigen scheint dies auf den ersten Blick zwar nicht so klar, da er nach § 165 BGB als rechtsgeschäftlicher Vertreter fungieren kann. Zu beachten ist jedoch, dass die Rechtsordnung an anderer Stelle eine gesetzliche Vertretung durch einen beschränkt Geschäftsfähigen nicht zulässt (siehe § 1673 Abs. 2 S.2 BGB).[75] Für die Betreuung soll dies nach dem Regierungsentwurf auch gelten.[76] Grundsätzlich kann zwar ein beschränkt Geschäftsfähiger nach § 165 BGB als rechtsgeschäftlicher Vertreter fungieren. Wer allerdings mangels Reife seine eigenen Angelegenheiten nicht vollständig selbst besorgen kann, der sollte auch nicht hoheitlich mit der Besorgung fremder Angelegenheiten beauftragt werden.[77]

Ungeeignet zum Betreuer ist der in § 1897 Abs. 3 BGB beschriebene Personenkreis, solange die Voraussetzungen auf beiden Seiten vorliegen. Danach darf nicht zum Betreuer bestellt werden, wer zu einer Anstalt oder einem Heim oder einer sonstigen Einrichtung, in welcher der Betroffene untergebracht ist oder wohnt, in einem Abhängigkeitsverhältnis oder in einer anderen engen Beziehung steht. Dem Vormundschaftsgericht steht insoweit kein Ermessensspielraum zu. Vielmehr handelt es sich bei § 1897 Abs. 3 BGB um einen absoluten Ausschlussgrund.[78] Zweck dieser Vorschrift ist es, vorhandene oder denkbare Interessenkonflikte zu vermeiden.[79]
Ein Abhängigkeitsverhältnis besteht für den potentiellen Betreuer immer dann, wenn ihn gegenüber der Einrichtung, deren Leitung oder deren Mitarbeiter Pflichten treffen, die im Gegensatz zu einer Geltendmachung der Rechte des Betroffenen stehen könnten, oder aber, dass bei der

---

[75] So *Staudinger/Bienwald* § 1897 Rnr.20.
[76] BT-Drucks. 11/4528 S.125.
[77] So *Erman/Holzhauer*, 10. Aufl., § 1898 Rnr.14.
[78] Vgl. BayObLG, Beschluss v. 04.10.1996 – 3Z BR 148/96, FamRZ 1997; 245; *Bienwald* § 1897 Rnr.72.
[79] Siehe BT-Drucks. 11/4528, S.126. Kritisch hierzu *Wojnar/Bruder*, BtPrax 1993, 50 [51], die darauf hinweisen, dass oftmals das Heimpersonal die wichtigsten Bezugspersonen des Betreuten sind.

Führung der Betreuung Interessen der Einrichtung nicht genügend wahrgenommen werden könnten.
So besteht nach der Rechtsprechung des BayObLG ein die Betreuerbestellung hinderndes Abhängigkeitsverhältnis, wenn der vorgeschlagene Betreuer in einem Heim als Angestellter tätig ist, das der gleichen Leitung unterliegt wie das Heim, in dem der Betreute wohnt.[80] Nicht ausgeschlossen ist hingegen die Bestellung, wenn die Abhängigkeit nur zu deren Trägern gegeben ist.[81]
Auch im Falle eines Betreuungsvereines, der Alleingesellschafter einer GmbH ist, die ein Heim betreibt, darf ein Mitarbeiter des Vereins jedenfalls dann nicht zum Betreuer für Bewohner des Heimes bestellt werden, wenn er dem Geschäftsführer der GmbH disziplinarisch unterstellt ist.[82]
Verwandtschaft oder Ehe mit einer nach § 1897 Abs. 3 BGB ausgeschlossenen Person begründen für sich betrachtet nicht zwingend ein enges Verhältnis zur Einrichtung im Sinne dieser Vorschrift. Es muss bei einer derartigen Konstellation im konkreten Fall geprüft werden, ob eine so enge Beziehung besteht.[83]

Nicht grundsätzlich ausgeschlossen, aber doch als ungeeignet im Sinne des § 1987 Abs. 1 BGB anzusehen, ist der behandelnde Arzt oder der Sachverständige, der das Gutachten über die Notwendigkeit der Betreuung abgegeben hat.[84]
Der Arzt, der den Betreuten behandelt, kann jedenfalls dann nicht als Betreuer tätig sein, wenn zum Aufgabenkreis Angelegenheiten der ärztlichen Versorgung gehören, die ihn selbst betreffen. Denn er wäre dann Ausführender und Kontrollierender in einer Person. Zudem ist das Selbstkontrahierungsverbot des § 181 BGB zu beachten.
Folglich ist ein behandelnder Arzt als Betreuer in Gesundheitsangelegenheiten aus rechtlicher Sicht denkbar ungeeignet.

Ein Beamter oder Religionsdiener, der nach Landesrecht einer besonderen Erlaubnis zur Übernahme einer Betreuung bedarf, soll nach § 1908 i BGB i.V.m. § 1784 Abs. 1 BGB nicht ohne die Erlaubnis zum Betreuer bestellt werden. Gemäß § 1784 Abs. 2 BGB darf die Erlaubnis jedoch nur aus wichtigem Grund versagt werden.

[80] BayObLG, Beschluss v. 04.10.1996 – 3Z BR 148/96, BayObLGZ 1996, 250.
[81] BayObLG, Beschluss v. 04.10.1996 – 3Z BR 148/96, FamRZ 1997, 245 [246] m.w.N.
[82] So BayObLG, Beschluss v. 24.10.1997 – 3Z BR 350/57, BtPrax 1998, 76.
[83] Dieser Ansicht auch BayObLG, Beschluss v. 25.06.1998 – 4Z BR 67/98, FGPrax 180 [181], der dies im konkreten Fall bejahte.
[84] So auch *Bienwald* § 1897 Rnr.14.

b) **Die Ungeeignetheit aus tatsächlichen Gründen**

Aus tatsächlichen Gründen ist eine Person dann ungeeignet, wenn sie ihre Pflichten als Betreuer nicht wahrnehmen will oder kann. So ist ein Betreuer dann als ungeeignet anzusehen, wenn er die den gesetzlichen Vorschriften entsprechende Rechnungslegung nicht vornimmt.[85]
Inwieweit religiöse bzw. weltanschauliche Einstellungen eines potentiellen Betreuers einer Bestellung entgegenstehen, ist wiederum eine Frage des Einzelfalles. Gerade im Bereich der Gesundheitssorge kann es zu Konflikten zwischen Arzt und Betreuer kommen, wenn der Betreuer aus religiösen Gründen bestimmte Behandlungsmethoden ablehnt.
Das AG Meschede[86] hat im Rahmen einer Sorgerechtsentscheidung die Zugehörigkeit eines Elternteils zu den „Zeugen Jehovas" nicht als ausreichend erachtet, ihm das Sorgerecht (teilweise) zu entziehen. In diesem Sinne entschied auch das LG Schweinfurt. Nach seiner Ansicht reicht die abstrakte Gefahr einer in Zukunft möglicherweise auftretenden Interessenkollision nicht aus, um den Aufgabenkreis der notwendigen ärztlichen Behandlung/Gesundheitssorge einem anderen Betreuer als den im übrigen zur Betreuern ihres behinderten Sohnes bestellten Eltern zu übertragen.[87]
Allerdings kann Im Rahmen einer Betreuung mit Aufgabenkreis Gesundheitssorge im konkreten Einzelfall eine andere Entscheidung denkbar sein, wenn eine ärztliche Maßnahme gerade bevorsteht und nicht als eher unwahrscheinlich und hypothetisch angesehen wird.[88]
Eine Ungeeignetheit zur Besorgung der Gesundheitsangelegenheiten ist jedenfalls dann zu bejahen, wenn nur der Betreuer, nicht jedoch der Betreute einer bestimmten Glaubensrichtung angehört und der Betreuer aus diesem Grunde die Behandlung verweigert. Denn einem Betreuten darf eine dringend erforderliche Bluttransfusion nicht deshalb verweigert werden, weil der Betreuer dies aus religiösen Gründen ablehnt. Anders kann der Fall allerdings zu beurteilen sein, wenn sowohl der Betreuer, als auch der Betreute derselben Glaubensrichtung angehören. In einer solchen Konstellation kann der Betroffene einen Glaubensbruder gerade aus diesem Grunde als Betreuer vorgeschlagen haben. Allerdings kann auch hier das Vormundschaftsgericht im Einzelfall aufsichtsrechtliche Maßnahmen nach § 1908 i Abs. 1 S.1 i.V.m. § 1837 Abs. 2 BGB erlassen.
Nach einer Entscheidung des AG Dülmen[89] ist die Bestellung einer Betreuerin, die der Religionsgemeinschaft „Zeugen Jehovas" angehört,

---

[85] BayObLG, Beschluss v. 25.11.1993 – 3Z BR 264/93, MDR 1994, 277.
[86] AG Meschede, Beschluss v.28.01.1997 – 7 F 276/95, FamRZ 1997, 958.
[87] LG Schweinfurt, Beschluss v. 15.02.2000 – 43T 342/99, FamRZ 2001, 313.
[88] AG Meschede, Beschluss v.28.01.1997 – 7 F 276/95, FamRZ 1997, 958.
[89] AG Dülmen, Beschluss v. 13.08.1998 – St XVII 30, FamRZ 1999, 1300.

dann unbedenklich, wenn die Betroffene (Betreute) selbst in einem Patiententestament bestimmte medizinische Behandlungen untersagt hat. Denn wenn keine Anhaltspunkte für einen neueren anderweitigen Willen des Betreuten vorliegen, hat der Betreuer – auch wenn er selbst einer derartigen Behandlung zustimmen würde – den Willen und die Wünsche seines Betreuten gemäß § 1901 Abs.3 S.1 BGB zu berücksichtigen.[90]
Äußerst bedenklich ist die Entscheidung des AG Garmisch-Partenkirchen, wonach ein Betreuer dann als für die Gesundheitsorge ungeeignet anzusehen ist, wenn er – dem Willen des Betroffenen entsprechend – lebensverlängernde Maßnahmen grundsätzlich ablehnt.[91]
Wurde ein Betreuer bestellt, obwohl ihm die Eignung im Sinne des § 1897 BGB fehlt, so ist er vom Vormundschaftsgericht zu entlassen, § 1908 b BGB.

6. Die Bestellung zum Betreuer

Nach § 1898 Abs. 1 BGB ist der vom Vormundschaftsgericht Ausgewählte verpflichtet die Betreuung zu übernehmen, wenn er geeignet ist und ihm die Übernahme der Betreuung zugemutet werden kann.[92] Die Frage der Zumutbarkeit ist unter Berücksichtigung der familiären, beruflichen oder sonstigen Verhältnisse zu beantworten. Unter sonstige Verhältnisse fallen der Gesundheitszustand, das Alter und schon übernommene pflegerische oder soziale Aufgaben.[93]
Mit der Übernahmeerklärung kommt der Ausgewählte seiner Übernahmepflicht nach. Weigert er sich und wird die Weigerung zurückgewiesen, so kann er diese Entscheidung des Vormundschaftsgerichts mit der sofortigen Beschwerde angreifen, § 69 g Abs. 4 Nr. 2 FGG. Denn der Ausgewählte kann zur Übernahme der Betreuung nicht gezwungen werden.[94] Erst wenn sich der Ausgewählte zu der Übernahme der Betreuung bereit erklärt, darf er zum Betreuer bestellt werden, § 1898 Abs. 2 BGB. Dies erscheint auch sinnvoll, da sich zwischen einem sich weigernden Betreuer und einem Betreuten schwerlich das für eine persönliche Betreuung erforderliche Vertrauensverhältnis herstellen lässt.[95]

Die Bestellung des Betreuers erfolgt durch Beschluss des Vormundschaftsgerichts. Dieser muss die Bezeichnung des Betreuers, des Betreuten, den Aufgabenkreis, einen evtl. Einwilligungsvorbehalt, den Zeitpunkt der Überprüfung der Anordnung, eine Rechtsmittelbelehrung

---

[90] Vgl. AG Dülmen, Beschluss v. 13.08.1998 – St XVII 30, FamRZ 1999, 1300.
[91] Siehe AG Garmisch-Partenkirchen, Beschluss v. 02.06.1999 – XVII 43/99, FamRZ 2000, 319.
[92] Zur Frage der Eignung siehe oben 1. Kapitel I.4. und 5.
[93] Nachweis bei *MünchKomm/Schwab* § 1898 Rnr.5-7.
[94] Siehe *Staudinger/Bienwald* Vorbem. zu §§ 1897 – 1900 Rnr.22.
[95] So *Damrau/Zimmermann* § 1898 Rnr.4.

und eine Begründung enthalten, § 69 FGG. Die Entscheidung wird mit der Bekanntmachung an den Betreuer wirksam, § 69 a Abs. 3 S.1 FGG. Das Betreuungsrecht unterscheidet demnach nicht zwischen Anordnung der Betreuung und Bestellung des Betreuers, sondern trifft diese Anordnungen im Rahmen einer Einheitsentscheidung.[96]

---

[96] Statt aller *Zimmermann*, FamRZ 1991, 270 [275].

II. Die Rechte und Pflichten des Betreuers

Die Hauptpflicht des Betreuers ist die Besorgung der Angelegenheiten des Betreuten im Rahmen des vom Gericht bestimmten Aufgabenkreises. Der Aufgabenkreis bestimmt und begrenzt demnach die Pflichten des Betreuers. Allerdings enthält er in der Regel keine abschließende Aufzählung der einzelnen Angelegenheiten. Um die Angelegenheiten des Betreuten zu besorgen, zu denen der Betreute nicht (mehr) in der Lage ist, muss der Betreuer Kenntnis der Lebensumstände des Betreuten haben. Anschaulich wird dies bei Betrachtung des Aufgabenkreises Gesundheitssorge. Nur wenn der Betreuer den aktuellen Gesundheitszustand, die Krankengeschichte und eine evtl. bestehende Medikation kennt, kann er die Angelegenheiten des Betroffenen besorgen.

1. Die Ermittlung der zu besorgenden Angelegenheiten

Abgesehen von eng begrenzten Aufgabenkreisen, ist es in der Praxis unwahrscheinlich, dass der Betreuer mit Aufnahme seines Amtes alle zu besorgenden Angelegenheiten kennt. Er hat zunächst den Umfang seiner Tätigkeit zu ermitteln.
Da die Selbstbestimmungsrechte des Betreuten so weit wie möglich erhalten bleiben sollen, hat der Betreuer den verständigungsfähigen Betreuten hinsichtlich der zu besorgenden Angelegenheiten zu befragen. In Bezug auf wichtige Angelegenheiten hat dies der Gesetzgeber in § 1901 Abs. 3 S.3 BGB ausdrücklich festgelegt.[97]
Von einer Befragung hat der Betreuer nur in Ausnahmefällen Abstand zu nehmen. Dies ist z.B. dann der Fall, wenn der Betreute mit dem die Angelegenheiten betreffenden Lebensbereich traumatische Erinnerungen verbindet. Dann steht das Wohl des Betreuten einer Befragung entgegen.

Im Rahmen der Gesundheitssorge liegt es nahe, den behandelnden Arzt über den Gesundheitszustand und die Fähigkeiten des Betreuten zu befragen. Dies kann sich in der Praxis schwierig gestalten, da mancher Arzt mit Hinweis auf seine ärztliche Schweigepflicht die Auskunft verweigert. Einer solchen uneingeschränkten Schweigepflicht unterliegt der Arzt dem Betreuer gegenüber jedoch nicht. Vielmehr ist er zur Aufklärung in einem gewissen Umfang verpflichtet. Die Aufklärungspflicht des Arztes erstreckt sich bei einer bestehenden Gesundheitsbetreuung aber nur auf die Angelegenheiten dieses Aufgabenkreises. Vergangene Maßnahmen, die in keinem Zusammenhang mit der aktuellen Behandlung

---

[97] Einzelheiten hierzu siehe unten 1. Kapitel II. 3. f).

stehen, muss der Arzt dem Betreuer nicht mitteilen. Insoweit unterliegt der Arzt gegenüber seinem früheren Patienten der Schweigepflicht.[98] Denn die Betreuung umfasst die gegenwärtige und zukünftige Fürsorge für die Gesundheit des Betreuten und nicht die Erforschung der Krankheitsgeschichte des Betreuten allgemein. Allerdings muss der Betreuer, um seinem Amt gerecht zu werden, Kenntnis der den Aufgabenkreis betreffenden Fähigkeiten des Betreuten erhalten. Die sich hierauf beziehenden Informationen hat der Arzt dem Betreuer jedenfalls preiszugeben.[99] Lebt der Betreute bereits in einem Alten- oder Pflegeheim, so hat der Betreuer auch gegen das Heim einen Anspruch auf Einsicht in die Pflegeunterlagen, um sich ein Bild von den Lebensumständen und der Betreuungsbedürftigkeit des Betroffenen zu machen.[100]

Der Umfang der Pflicht zur Feststellung der Angelegenheiten lässt sich nicht abstrakt bestimmen. Er wird aber zu Beginn der Betreuung größer sein als während ihres Verlaufs.[101] Allerdings bleibt die Tätigkeit während der Betreuung nicht konstant. Die Lebensumstände des Betreuten können sich ändern, so dass der Betreuer stets auf Anzeichen einer Veränderung zu reagieren hat. War der Betroffene zu Beginn der Betreuung noch in der Lage in kleinere medizinische Maßnahmen – wie z.B. eine Behandlung anläßlich einer Magenverstimmung – selbst einzuwilligen, so kann sich dies während der Betreuungszeit ändern. Soweit der Aufgabenkreis des Betreuers nicht zu eng gefasst ist, erstrecken sich die Pflichten nunmehr auch auf die Einwilligung in derartige Behandlungen.

Daneben ergeben sich selbständige Nebenpflichten unmittelbar aus dem Gesetz oder den auf gesetzlicher Grundlage beruhenden Geboten und/oder Verboten des Vormundschaftsgerichts. Zu denken ist hier nur an die Verpflichtung zur Einholung einer vormundschaftsgerichtlichen Genehmigung vor Durchführung einer lebensbedrohlichen medizinischen Maßnahme.

Die Art und Weise der Ausführung des Betreueramtes begründet zudem unselbständige Nebenpflichten. Gerade im medizinischen Bereich gibt es unüberschaubar viele Behandlungs- und Therapieformen. Der Betreuer hat bei der Erledigung seiner Betreueraufgaben die einzelnen in Betracht kommenden Möglichkeiten gegeneinander abzuwägen und unter Beachtung der Wünsche des Betreuten die geeignete Maßnahme auszuwählen.

---

[98] Siehe *Staudinger/Bienwald* § 1904 Rnr.17.

[99] Im Verlauf der Betreuung hat der Betreuer als gesetzlicher Vertreter des Betreuten (§ 1902 BGB) ein umfassendes Einsichtsrecht, vgl. *Stalinski*, BtPrax 2001, 54 [57]. Zum Einsichtsrecht des Betreuten siehe 2. Kapitel III. 3. b).

[100] Vgl. *Stalinski*, BtPrax 2001, 54 [57].

[101] Vgl. *Voigt*, Die Pflichten des Betreuers, S. 63.

Hinsichtlich der einzelnen Rechte und Pflichten des Betreuers ist zwischen den allgemeinen Pflichten, die jeden Betreuer unabhängig vom Aufgabenkreis treffen und den aufgabenspezifischen Pflichten zu unterscheiden.

2. Die Inanspruchnahme von Beratung

Der Betreuer ist nach der gesetzlichen Intention mit dem Beginn seiner Betreuungstätigkeit nicht völlig auf sich allein gestellt. Nach § 1837 Abs.1 S.2 i.V.m. § 1908 i Abs.1 BGB wirkt das Gericht bei der Einführung des Betreuers in seine Aufgaben mit. Wie dies zu geschehen hat ist in 69 b FGG näher geregelt. Weiterhin hat die Betreuungsbehörde dafür zu Sorgen, dass ein ausreichendes Angebot zur Einführung der Betreuer in ihre Aufgaben vorhanden ist, § 5 BtBG. Auch der anerkannte Betreuungsverein hat zu gewährleisten, dass die von ihm gewonnenen ehrenamtlichen Betreuer in ihre Aufgaben eingeführt werden, § 1908 f Abs.1 Nr.2 BGB.

Aber nicht nur zu Beginn einer Betreuung, sondern auch in deren Verlauf kann es immer wieder zu Situationen kommen, in denen der Betreuer vor einer eigenen Entscheidung, eine weitere Beratung für erforderlich hält.
Der Betreuer hat dann die Möglichkeit, sich an das Vormundschaftsgericht zu wenden. Denn nach § 1837 Abs. 1 S.1 i.V.m. § 1908 i Abs. 1 BGB ist das Vormundschaftsgericht zur Beratung des Betreuers verpflichtet. Dies mag bei verfahrensrechtlichen Problemen oder aber auch bei Einzelfragen zur Vergütungsfestsetzung sicher erfolgversprechend und praktikabel sein. Allerdings kann der Beratungsanspruch des Betreuers nicht dazu führen, dass ihm eine Entscheidung abgenommen wird. Denn der Betreuer hat die Betreuung selbständig und in eigener Verantwortung zu führen. Die Beratung geht demnach nur soweit, dem Betreuer die Konsequenzen verschiedener Verhaltensweisen darzustellen und über das was rechtlich zulässig oder unzulässig ist zu informieren.

Bei anderen im Betreuungsalltag auftretenden Problemen mag eine Beratung durch die Betreuungsbehörde weit sinnvoller sein. Die Betreuungsbehörden haben gemäß § 4 BtBG die Pflicht, den Betreuer auf dessen Wunsch hin zu beraten und zu unterstützen. Da die Behörde evtl. durch Einbeziehung in das Betreuungsverfahren den Betreuten kennt, kann sie vielfach gezielter zu einer Problembewältigung beitragen. Rechtliche Betreuung bedeutet, nicht die tatsächliche Hilfeleistung im Alltag, sondern vielmehr deren Organisation. Folglich muss sich der Betreuer erst Kenntnis über die in einer Stadt bzw. einem Kreis und Umgebung vorhandenen sozialen Dienste (und deren Finanzierung) verschaffen. Hier bietet die Betreuungsbehörde mit der (idealer Weise) bestehenden Betreuungsinfrastruktur eine wichtige Informationsquelle.[102] Zudem kann ein Behördenbetreuer oder aber die Behörde selbst in einem ähnlichen Fall mit derartigen Problemen konfrontiert worden sein, so dass schon allein aus dem Erfahrungsschatz ein erfolgversprechende Beratung möglich ist.

Weiterhin ist auch der Betreuungsverein verpflichtet die von ihm gewonnenen ehrenamtlichen Betreuer zu beraten, § 1908 f Abs. 1 Nr.2 BGB.

3. Allgemeine Aufgaben, Rechte und Pflichten des Betreuers

a) Persönliche Betreuung als Hauptaufgabe

Wie oben bereits dargelegt ist eines der wichtigsten Ziele des Betreuungsrechts, den Betreuten nicht wie einen anonymen Fall zu verwalten, sondern einen persönlichen Kontakt zwischen Betreuer und Betreuten herzustellen. Die persönliche Betreuung ist demnach eine der Hauptaufgaben jedes Betreuers unabhängig von seinem konkreten Aufgabenkreis.[103] Zu beachten ist jedoch, dass dieser Aufgabe im Rahmen der Gesundheitssorge eine ganz besondere Bedeutung zukommt. Nur dann, wenn der Betreuer den Betreuten durch eine Vielzahl von Gesprächen in seiner natürlichen Umgebung kennen gelernt hat, kann er so sensible Entscheidungen, wie etwa die Einwilligung in ärztliche Maßnahmen, die dem höchstpersönlichen Bereich des Betreuten zuzurechnen ist, im Interesse und zum Wohle des Betreuten treffen.
Selbst wenn aufgrund der Krankheit oder Behinderung eine verbale Kommunikation nicht möglich ist, so muss sich der Betreuer dennoch mit der zu betreuenden Person beschäftigen. Denn auch die Betreuung eines Menschen, der seinen Willen nicht mehr kundtun kann, hat sich nicht ausschließlich an objektiv „sachlich richtigen Kriterien“ zu orientieren, sondern am Wohl des Betreuten. Dieses muss allerdings immer aus der individuellen Situation des Betroffenen beurteilt werden.

Die persönliche Betreuung umfasst nicht Pflegeleistungen (Waschen, Kochen, Pflege usw.) durch den Betreuer selbst. Allerdings kann er, wenn dies von seinem Aufgabenkreis umfasst ist, als Vertreter des Betreuten mit Dritten entsprechende Pflegeverträge abschließen. Dies wird im Rahmen des Aufgabenkreises Gesundheitssorge, jedenfalls bei dem

---

[102] Näheres siehe *Deinert*, Handbuch der Betreuungsbehörde, S.20.
[103] Eingehend hierzu, *Diercks*, Die persönliche Betreuung, S.50 ff.

allgemeineren Aufgabenkreis Personensorge der Fall sein. Ist als Betreuer ein naher Angehöriger, oder sonst eine Person bestellt, welche die Pflege gegen Entgelt selbst übernehmen will, kann sie mit dem Betreuten einen Pflegevertrag abschließen. Ist der Betreute geschäftsunfähig, muss das Vormundschaftsgericht einen Ergänzungspfleger mit dem Aufgabenkreis „Abschluss eines Pflegevertrages" bestellen, da dem Betreuer insoweit § 181 BGB entgegensteht.

b) Die gesetzliche Vertretung des Betreuten durch den Betreuer, § 1902 BGB

Im Rahmen seines Aufgabenkreises vertritt der Betreuer den Betreuten gerichtlich und außergerichtlich, § 1902 BGB. Die Vertretungsmacht des Betreuers entsteht unabhängig von der Geschäftsfähigkeit des Betroffenen. Denn die Bestellung eines Betreuers erfolgt aufgrund des Umstandes, dass der Betroffene seine Angelegenheiten infolge Krankheit oder Behinderung nicht selbst besorgen kann, § 1896 Abs. 1 BGB. Die Frage der Geschäftsfähigkeit hat damit nichts zu tun.[104]

(1) Die Vertretung des geschäftsfähigen Betreuten

Da die Betreuung auf die Geschäftsfähigkeit keinen Einfluss hat, kann der geschäftsfähige Betreute selbst rechtsgeschäftlich tätig werden. Wenn also ein Gesundheitsbetreuer bestellt ist, kann der geschäftsfähige Betreute bei Zahnschmerzen selbst zum Arzt gehen und mit diesem einen rechtswirksamen Behandlungsvertrag abschließen. Gleichfalls ist aber auch der Betreuer als gesetzlicher Vertreter zum Abschluß eines solchen Vertrages berechtigt. Diese Doppelkompetenz kann zu Konflikten führen, wenn sowohl der Betreuer als auch der Betreute ohne sich abzustimmen oder eine Einigung zu erzielen von ihren Rechten Gebrauch machen. Dann kann es zu widersprüchlichen Geschäften kommen. So beispielsweise, wenn der Betreute einen Vertrag mit dem einen Zahnarzt, der Betreuer einen mit einem anderen Zahnarzt abschließt. Im früheren Pflegschaftsrecht wurde in einem solchen Fall zum Teil der Vorrang des Willens des Pfleglings befürwortet.[105] Ein solcher Vorrang des Vertrages des Betreuten kann im Betreuungsrecht dem Gesetz nicht entnommen werden. Vielmehr sind die allgemeinen Regeln bei konkurrierendem Handeln von Stellvertreter und Vollmachtsgeber maßgeblich.[106] Bei Rechtsgeschäften, deren Rechtswirkungen divergieren,

---

[104] *Schwab*, FamRZ 1992, 493; BT-Drucks. 11/4528 S.52.
[105] Nachweis bei *Veit*, FamRZ 1996, 1309 [1315] m.w.N.
[106] So auch *MünchKomm/Schwab* § 1902 Rnr.16; *Lipp*, Freiheit und Fürsorge, S.189 m.w.N.

gilt das Prioritätsprinzip.[107] Bei nicht divergierenden Geschäften, also bei schuldrechtlichen Verträgen, sind beide wirksam.[108] Für den oben dargestellten Fall bedeutet das, dass beide Behandlungsverträge wirksam sind. Hat sich der Betreute von seinem Arzt erfolgreich behandeln lassen, könnte der andere Arzt wegen Unmöglichkeit (Zweckerreichung) Schadenersatz von seinem Vertragspartner, also dem Betreuten verlangen.
Im Innenverhältnis ist jedoch zu berücksichtigen, dass der Betreuer den Wünschen des Betreuten grundsätzlich zu folgen hat, § 1901 Abs. 3 S.1 BGB. Demnach kann sich der Betreuer gegenüber dem Betreuten schadenersatzpflichtig machen, wenn er ohne vorherige Rücksprache derartige Verträge schließt.[109]

Hinsichtlich Geschäften höchstpersönlicher Natur unterliegt die Vertretungsmacht des Betreuers gewissen Beschränkungen.[110] So besteht keine Befugnis des Betreuers den Betreuten bei der Einwilligung zu ärztlichen Maßnahmen zu vertreten, wenn der Betreute dazu selbst in der Lage ist.[111]

(2) Die Vertretung des geschäftsunfähigen Betreuten

Ist der Betreute geschäftsunfähig, § 104 Nr.2 BGB, so kann er selbst nicht rechtsgeschäftlich tätig werden. Seine Willenserklärungen sind nach § 105 Abs. 1 BGB nichtig. Hier kann ein rechtswirksamer Behandlungsvertrag nur von dem Betreuer mit Aufgabenkreis Gesundheitssorge geschlossen werden, § 1902 BGB. Zu divergierenden Vertragsabschlüssen kann es bei geschäftsunfähigen Betreuten nicht kommen.
Auch bei einem geschäftsunfähigen Betreuten kann eine Beschränkung der Vertretungsbefugnis hinsichtlich der Einwilligung in ärztliche Maßnahmen gegeben sein. Denn an die Einwilligungsfähigkeit sind geringere Anforderungen zu stellen als an die Geschäftsfähigkeit.[112] Demnach kann der Geschäftsunfähige in Bezug auf eine einfachere Zahnbehandlung sehr wohl einsichtsfähig sein. Dann hat der Betreuer als gesetzlicher Vertreter den Behandlungsvertrag abzuschließen. Die Einwilligung in die konkrete Maßnahme erfolgt aber durch den Betreuten.

---

[107] *MunchKomm/Schramm* § 164 Rnr.115; so auch *Lipp* , Freiheit und Fürsorge, S.189 m.w.N.
[108] Siehe *MunchKomm/Schramm* § 164 Rnr.116.
[109] Vgl. *Veit*, FamRZ 1996, 1309 [1316].
[110] Eine Übersicht zu den Geschäften höchstpersönlicher Natur oder mit persönlichem Einschlag findet sich bei *MunchKomm/Schwab* § 1902 Rnr.20 ff.
[111] Vgl. *Damrau/Zimmermann* § 1904 Rnr.2; zur Einwilligungsfähigkeit des Betreuten siehe 1. Kapitel II.4.a).
[112] Siehe *Damrau/Zimmermann* § 1904 Rnr.1.

c) Die Vertretung des Betreuers

Vor dem Hintergrund, dass die Betreuungsaufgaben „persönlich" vorzunehmen sind ist eine Delegation von Aufgaben grundsätzlich unzulässig.[113] Andernfalls könnte die vom Gesetzgeber gewollte persönliche Betreuung, die durch die vorrangige Bestellung eines Einzelbetreuers gewährleistet werden soll, nicht in die Realität umgesetzt werden. Zu berücksichtigen ist aber dennoch, dass eine gesetzlich eingeräumte Vertretungsmacht auch die Erteilung von Untervollmachten zulässt, solange das Gesetz nicht höchstpersönliches Handeln vorsieht.[114] In Angelegenheiten der Vermögenssorge sind derartige Untervollmachten wohl eher denkbar und sinnvoll, als in dem persönlich sensiblen Bereich der Gesundheitssorge. Jedenfalls sind generelle Übertragungen - wie etwa die Entscheidung über die Einwilligung in ärztliche Maßnahmen - unzulässig.[115] Bei untergeordneten Tätigkeiten wie z.B. der Abschluss von Behandlungsverträgen wäre eine Vertretung des Betreuers denkbar, jedoch ist in einem derartigen Fall die Stellvertretung von einer stets zulässigen Botenstellung abzugrenzen.

Ist der Betreuer verhindert seine Betreuertätigkeiten auszuführen, z.B. wegen einer Urlaubsreise, so bietet sich im Falle einer Gesundheitsbetreuung eine Unterbevollmächtigung schon aus rechtlichen Gründen nicht an. Wie bereits gesehen, ist eine generelle Übertragung aller Aufgaben auf einen Dritten nicht zulässig. Zudem ist zu beachten, dass die Einwilligung in ärztliche Maßnahmen dem höchstpersönlichen Bereich des Betreuten zuzurechnen ist. Solche Entscheidungen sollen von dem Betreuer nicht einem beliebigen Dritten übertragen werden können. Hinzu kommt, dass im Falle der Gesundheitsbetreuung älterer, gebrechlicher Menschen evtl. eintretende Komplikationen gesundheitlicher Art nicht vorhersehbar sind. Anders als im Bereich der Vermögensfürsorge, wo untergeordnete vermögensrechtliche Fragen auch von einem Bevollmächtigten besorgt werden können, darf die Entscheidungsbefugnis hinsichtlich einer ärztlichen Behandlung nicht in den Händen eines vom Betreuer selbst gewählten Vertreters liegen. In Fällen der tatsächlichen Verhinderung des Betreuers ist in Gesundheitsangelegenheiten demnach ein Ergänzungsbetreuer nach § 1899 Abs. 4 BGB zu bestellen. Dieser ist – wie der erste Betreuer – nach den allgemeinen Kriterien des Betreuungsrechts vom Vormundschaftsgericht auszuwählen.[116]

---

[113] Statt aller *Bienwald* § 1897 Rnr.33.
[114] Siehe *Jurgens/Jürgens* § 1902 Rnr.22.
[115] So *Jürgens/Jürgens* § 1902 Rnr.22.; *Soergel/Zimmermann* § 1899 Rnr.27.
[116] Näheres zum Ergänzungsbetreuers siehe oben 1. Kapitel I. 3. c).

d) Die Bedeutung der Wünsche, § 1901 Abs. 3 S.1 BGB

Das Wohl des Betreuten ist das Ziel und der Maßstab aller Betreuertätigkeit. In § 1901 BGB wird dies konkretisiert. Anders als § 1902 BGB, der die gesetzliche Vertretung und damit das Außenverhältnis regelt, befaßt sich § 1901 BGB mit dem Innenverhältnis zwischen Betreuer und Betreutem.[117] Ausfluß des Betreutenwohls ist die strikte Anweisung an den Betreuer, den Wünschen des Betreuten zu entsprechen, soweit dies nicht dem Wohl des Betreuten zuwiderläuft und dem Betreuer zuzumuten ist, § 1901 Abs. 3 S.1 BGB. Denn die Wünsche des Betreuten sind Ausdruck seines grundgesetzlichen Rechts auf Selbstbestimmung, das auch dem Einsichtsunfähigen und dem Geschäftsunfähigen zusteht und das nicht mit der Betreuerbestellung endet.[118] Dieser Vorrang des natürlichen Willens des Betroffenen ist bei allen Angelegenheiten zu berücksichtigen, egal wie wichtig sie dem Betreuer scheinen mögen.
Die Pflicht, den Wünschen des Betreuten zu entsprechen, kann sich auf alle Lebensbereiche beziehen, also auch auf den Bereich der Gesundheitssorge.
Allerdings kann durch die Wünsche des Betreuten der Aufgabenkreis nicht erweitert werden. Eine Bindung des Betreuers besteht nur im Rahmen seines Aufgabenkreises.[119] Ob der Betreute geschäftsfähig ist oder nicht, ist für die Beachtlichkeit der Wünsche nicht von Belang, da die Wünsche keine Willenserklärung sind.[120] Gerade bei Geschäftsunfähigen kommt den Wünschen des Betreuten besondere Bedeutung zu. Weiterhin ist die Äußerung von Wünschen auch nicht an eine bestimmte Form gebunden. Es genügt jede willensgetragene Handlung, die bestimmte Neigungen des Betreuten erkennen lassen.[121]
Auch Wünsche, die der Betreute vor der Betreuerbestellung geäußert hat, sind für den Betreuer verbindlich, § 1901 Abs. 3 S.2 BGB. Damit sollen insbesondere Wünsche, die in „Betreuungsverfügungen“ geäußert wurden, während der Betreuung Gültigkeit behalten, soweit nunmehr kein anderer Wille des Betreuten erkennbar ist.
Im Rahmen des Aufgabenkreises Gesundheitssorge hat der Betreuer mithin den Wünschen hinsichtlich der Pflege durch einen bestimmten sozialen Dienst, der Auswahl eines bestimmten Krankenhauses oder die

---

[117] H.M., siehe *Schwab* FamRZ 1990, 681 [683]; *Soergel/Zimmermann*, § 1901 Rnr.9; *Palandt/Diederichsen* § 1901 Rnr.4; *Erman/Holzhauer*,10.Aufl. § 1901 Rnr.25;. Dies bedeutet allerdings nicht, dass sich die Wunsche des Betreuten (§ 1901 Abs. 3 BGB) nicht auf das Außenverhaltnis beziehen konnen, sondern dass Wünsche grundsätzlich nicht geeignet sind die Rechtsmacht des Betreuers nach außen zu begrenzen. A.A. *Kuhlmann*, Einwilligung in die Heilbehandlung alter Menschen, S.209 ff., der den Wünschen auch Verbindlichkeit im Außenverhältnis beimisst.
[118] Siehe nur *Maunz/Durig* Art. 1 GG Rnr.20.
[119] Vgl. *MunchKomm/Schwab* § 1901 Rnr.6.
[120] Siehe *Damrau/Zimmermann* § 1901 Rnr.4 ; *MünchKomm/Schwab* § 1901 Rnr.6.
[121] Beispielsweise Zeigen oder Kopfnicken; siehe *MünchKomm/Schwab* § 1901 Rnr.6.

Behandlung durch einen bestimmten Arzt zu entsprechen.[122] Ebenso kann der Betroffene sich dahingehend äußern, dass er von bestimmten Personen oder Organisationen nicht versorgt oder behandelt werden will. Auch der Wunsch, bestimmte Behandlungsverfahren oder -methoden anzuwenden hat der Betreuer grundsätzlich zu berücksichtigen.[123] Bestehen mehrere gleichermaßen wirksame Möglichkeiten eine Krankheit zu behandeln, so hat der Betreuer kein Recht, die von ihm favorisierte Behandlung durchzusetzen, wenn der Betreute auf eine andere Behandlungsmethode „schwört".[124]

(1) Das entgegenstehende Wohl des Betreuten

Zu beachten ist jedoch, dass der Betreuer solchen Wünschen nicht nachkommen darf, die dem Wohl des Betreuten zuwiderlaufen. Was unter dem „Wohl des Betreuten" zu verstehen ist und wann es den Wünschen entgegenzuhalten ist, gehört mit zu den umstrittensten Fragen des Betreuungsrechts.[125] Da der Begriff im Rahmen des §1901 Abs. 3 S.1 BGB zur Begrenzung der Wünsche herangezogen wird, könnte er in dieser Funktion objektiv zu verstehen sein.[126] Unter Berücksichtigung der Tatsache, dass die Betreuung keine Anpassung des Kranken oder Behinderten erreichen will, sondern das Ziel hat, dem Betreuten ein möglichst selbstbestimmtes Leben zu ermöglichen, sind aber auch gewisse subjektive Wertungen nicht zu vernachlässigen.[127] Allerdings ist nicht jeder im Widerspruch zum Wohle des Betreuten stehender Wunsch zu übergehen. Wäre dies der Fall, so müsste der Gesundheitsbetreuer jeglichen Tabak- und Alkoholkonsum „verbieten". So eng kann der Begriff des „Wohles des Betreuten" aber nicht verstanden werden. Denn zum Wohle des Betreuten gehört auch, dass er sein Leben im Rahmen seiner Fähigkeiten nach seinen eigenen Wünschen und Vorstellungen gestalten kann, § 1901 Abs. 2 S.2 BGB.

Wird der Tabakkonsum jedoch solche Formen annehmen, dass der Betroffene wegen chronischen Katarrhs oder Gefäßleiden einer ärztlichen Behandlung bedürfte, wäre der Widerstand des Gesundheitsbetreuers angebracht.[128] Besteht zwischen den Wünschen des Betreuten und dem

---

[122] Vgl. *Epple*, BtPrax 1993, 156 [158] für den Inhalt einer Betreuungsverfügung.

[123] Hinsichtlich der Beachtlichkeit des Wunsches, die Behandlung oder die Ernährung abzubrechen siehe 1. Kapitel II. 3. e).

[124] Vgl. auch *Kuhlmann*, Einwilligung in die Heilbehandlung alter Menschen, S.205; *Jürgen u.a.*, Das neue Betreuungsrecht, Rnr.167.

[125] Siehe *Lipp*, Freiheit und Fürsorge, S.150 ff; *Winkler-Wilfurt*, Betreuung und Heilbehandlung, S.148 f.; *Rottgen*, Das Betreuungsrecht, S.85 f.

[126] *Erman/Holzhauer* § 1901 Rrn.12.

[127] Siehe hierzu *Staudinger/Bienwald* § 1901 Rnr.25 ff. Dieser Ansicht auch *Kuhlmann*, Einwilligung in die Heilbehandlung alter Menschen, S.206; *Esch*, Der Patientenanwalt, S.87; *Marschner*, R & P 1997, 171 [173]; *Reinhardt-Gilmour*, Rechtsfragen der Elektrokrampftherapie, S.134.

[128] Beispiel bei *Erman/Holzhauer*, 10. Aufl. § 1901 Rnr.12.

objektiven Wohl ein deutlicher Widerspruch, weil mit der Erfüllung des Wunsches ein erheblicher Schaden für das Wohl des Betroffenen droht, so muss der Betreuer dem Wunsch nicht nachkommen.[129]
Mit *Prinz von Sachsen Gessaphe* lässt sich daher sagen: „Je mehr die psychische Erkrankung oder geistige Behinderung des Betroffenen zu einer Beeinträchtigung seiner Selbstbestimmungsfähigkeit führt und der wohlwidrige Wunsch Ausdruck dieser krankheitsbedingten Beeinträchtigung ist, desto weniger manifestiert sich darin ein selbstbestimmtes Wollen des Betroffenen und desto eher rechtfertigt es das objektive Wohl, einen solchen Wunsch zu übergehen."[130]
Hoffmann ist der Ansicht, dass das Wohl des Betreuten nicht als verobjektiviertes Wohl eines „Normal-Nichtbetreuten" verstanden und nicht nach allgemeinen Standards und objektiven Kriterien bestimmt werden kann.[131] Maßstab für das Wohl des Betreuten sei nur der Betreute selbst. Folgt man diesem Ansatz, so kann auch der auf den ersten Blick bestehende Wertungswiderspruch von § 1901 Abs. 2 S.2 und § 1901 Abs. 3 S.1BGB aufgehoben werden. So wie das Wohl des Betreuten mehr als nur seine körperliche Unversehrtheit umfasst, beinhaltet es auch mehr als sein Recht auf Selbstbestimmung. Demnach hat der Betreuer bei der Frage nach der Beachtung der Wünsche des Betreuten zwischen den verschiedenen Rechtsgütern des Betreuten abzuwägen und eine am Wohle des Betreuten orientierte Entscheidung zu treffen. Ein Nichtbetreuter trifft diese Entscheidung selbst, bei einem Betreuten, der aufgrund seiner Krankheit oder Behinderung hierzu nicht in der Lage ist, ist es die Aufgabe des Betreuers diese Abwägung vorzunehmen. Die Nichtbeachtung der Wünsche und damit die Übergehung des Selbstbestimmungsrechts des Betreuten im Innenverhältnis ist also nur dann nötig und auch zulässig, wenn die Erfüllung des Wunsches mit erheblichen Gefahren für die Person (oder das Vermögen) des Betreuten verbunden wären.[132]
Wann dies der Fall ist, muss der Betreuer im konkreten Einzelfall entscheiden. Er unterliegt hierbei der Kontrolle des Vormundschaftsgerichts. Der Betreuer ist dadurch in einer schwierigen Lage. Einerseits hat er den Willensvorrang des Betreuten zu beachten, andererseits hat er die Betreuung zum Wohle des Betreuten zu führen. Was letztlich die richtige

---

[129] BT.-Drucks. 11/4528, S.133. So auch *Marschner*, R & P 1997, 171 [173] für Wünsche, die psychiatrische Behandlung betreffend. Nach Ansicht von *Esch*, Der Patientenanwalt, S.90, sollen Wünsche, die zu einer Selbstgefahrdung führen, nur dann unbeachtlich sein, wenn sich der Betreute krankheits- oder behinderungsbedingt der Gefahr nicht bewusst ist. Sei der Betreute allerdings trotzt geistiger Defizite in der Lage, eigene Wunsche und Vorstellungen zu bilden, müssen diese auch Berucksichtigung finden

[130] *Prinz von Sachsen Gessaphe*, S.211, 212. In diesem Sinne auch *Röttgen*, Das Betreuungsrecht, S.89, wonach die Achtung vor dem Selbstbestimmungsrecht einen Beistand erfordere, der durch den Respekt vor dem wahren Willen des Betroffenen getragen und auf dessen Umsetzung gerichtet sein musse.

[131] *Hoffmann*, BtPrax 2001, 60 [63].

[132] In diesem Sinne auch HUK-BUR/*Bauer*, § 1901 Rnr.42 ff.; *Hoffmann*, BtPrax 2001, 60 [63].

Entscheidung war, wird sich in Fällen medizinisch indizierter aber abgelehnter Behandlungsmaßnahmen meist erst im Nachhinein herausstellen. Die Folgen für den Betreuer werden dann im Rahmen einer möglichen Haftung zu erörtern sein.[133]

(2) Die Unzumutbarkeit der Erfüllung

Aber auch Wünsche, deren Erfüllung dem Betreuer unzumutbar sind, muss er nicht erfüllen, § 1901 Abs. 3 S.1 BGB. Verstößt die Erfüllung des Wunsches gegen die Rechtsordnung, so darf der Betreuer ihr nicht nachkommen.[134] Will der Betreute etwa, dass ihm der Gesundheitsbetreuer eine Medikation mit einem in Deutschland nicht zulässigen Arzneimittel ermöglicht, so ist der Betreuer hierzu nicht verpflichtet.
Auch Wünsche, die mit Kosten verbunden sind, müssen dann nicht erfüllt werden, wenn sie aus Mitteln des Betreuten nicht finanziert werden können. Wünscht der Betreute eine sehr kostenintensive Behandlung, die er selbst nicht bezahlen kann und die auch von der Krankenversicherung nicht übernommen wird, so hat der Betreuer nach anderen Behandlungsalternativen zu suchen.[135]

Der Betreuer muss auch solche Wünsche nicht erfüllen, die ihm aus subjektiven Gründen nicht zuzumuten sind. Der Gesetzgeber wollte mit dieser Einschränkung den Betreuer vor überzogenen Anforderungen des Betreuten schützen. So muss der Betreuer dem Wunsch des Betreuten, täglich mehrere Stunden die Betreuungsangelegenheiten zu besprechen, nicht nachkommen.[136]
Was für den einzelnen Betreuer noch zumutbar ist, hängt von verschiedenen Komponenten ab. Nicht zuletzt ist die individuelle „Toleranzgrenze" des einzelnen Betreuers zu berücksichtigen. Zwar ist *Voigt*[137] insoweit zuzustimmen, dass die Qualität der Betreuung nicht von Zufälligkeiten abhängen darf, wie etwa Verwandtschaftsbeziehungen, oder davon, wie weitreichend das soziale Engagement des Betreuers geht. Jedoch kann nicht geleugnet werden, dass die Zumutbarkeit auch eine subjektive Komponente enthält. Während der eine Betreuer den Betreuten auch ohne ausdrücklichen Wunsch mehrmals wöchentlich besucht, z.B weil er in der Nachbarschaft wohnt und sich auch sonst um den Betroffenen kümmert, kann für einen anderen Betreuer ein solcher Wunsch

[133] So *Damrau/Zimmermann* § 1901 Rnr.4.
[134] Siehe *Bienwald* § 1901 Rnr.28.
[135] Sind für den Bereich der Personensorge und der Vermögenssorge verschiedene Betreuer bestellt, muss auch der Vermögensbetreuer bei einer kostspieligen Behandlung mit einbezogen werden.
[136] BT-Drucks. 11/4528 S.134.
[137] *Voigt, Die Pflichten des Betreuers*, S.84.

wegen der räumlichen Entfernung und der anderweitigen Verpflichtungen nicht zumutbar sein.
Bei der Frage der Unzumutbarkeit muss auch berücksichtigt werden, dass der Betreuer die Angelegenheiten des Betreuten nicht im eigenen oder im Interesse Dritter zu besorgen hat. Demnach kann nicht jede Unannehmlichkeit – beispielsweise die erschwerte Umgänglichkeit wegen Nichteinnahme eines bestimmten Medikamentes – eine Ablehnung des Wunsches wegen Unzumutbarkeit rechtfertigen. Da der Betreuer kraft seines Amtes die Angelegenheiten des Betreuten besorgt, sind Entscheidungen, die dem Wohl des Betreuten entsprechen und seine Rechte wahren auch für den Betreuer zumutbar. Wenn die Nichteinnahme eines Medikaments aber medizinisch indiziert und dem Wohl des Betreuten entspricht, kann der Betreuer einen derartigen Wunsch des Betreuten nicht aus eigenen Interessen – der leichteren Umgänglichkeit bei Medikamenteneinnahme – verweigern. Nur wenn der Betreuer in eigenen Rechten betroffen ist, stellt die Zumutbarkeit eine Grenze für die Beachtung der Wünsche des Betreuten dar.[138]
Zu beachten ist stets, dass die Pflicht, den Wünschen des Betreuten zu entsprechen, nur im Rahmen des Aufgabenkreises und nur nach Maßgabe der in der konkreten Situation erforderlichen Betreuung bestehen kann.

Sofern keine der genannten Ausnahmen vorliegt, ist der Betreuer an die vom Betreuten geäußerten Wünsche gebunden. Die Nichtbeachtung gerechtfertigter Wünsche durch den Betreuer stellt eine Pflichtwidrigkeit dar, die aufsichtsrechtliche Maßnahmen des Vormundschaftsgerichts auslösen kann, § 1908 i Abs. 1 S.1 i.V.m. § 1837 Abs. 2 S.1 BGB.[139] Übergeht der Betreuer wiederholt gerechtfertigte Wünsche des Betreuten, so begründet dieser Umstand Zweifel an der Eignung des Betreuers. Dies hat zur Folge, dass eine Entlassung nach § 1908 b Abs. 1 BGB in Erwägung gezogen werden kann.[140] Der Betreuer haftet nach § 1908 i Abs. 1 S.1 i.V.m. § 1833 BGB, wenn dem Betreuten infolge der Nichtbeachtung seiner gerechtfertigten Wünsche ein Schaden entsteht.[141]

---

[138] Vgl. *Jürgens u.a.*, Das neue Betreuungsrecht,, Rnr.168, 169. Nach *Kuhlmann*, Einwilligung in die Heilbehandlung alter Menschen, S.208, muss die Schwelle der Unzumutbarkeit so hoch angesetzt werden, dass sie erst bei ganz erheblichen Umgangsschwierigkeiten – etwa tätliche Angriffe o.ä. -, die nicht auf die konkrete Person bezogen sind, sondern auch bei einem anderen Betreuer zu erwarten sind, überschritten ist.

[139] Der Betreute hat diesbezüglich zwar kein formales Antragsrecht, er kann aber ein Einschreiten beim Vormundschaftsgericht anregen, woraufhin das Gericht gemäß § 12 FGG tätig werden muss.

[140] Auch die Entlassung nach § 1908 b Abs. 1 BGB kann vom Betreuten angeregt werden. Weiterhin steht ihm auch die Möglichkeit offen, eine andere geeignete Person als Betreuer vorzuschlagen, § 1908 b Abs. 3 BGB.

[141] Zu haftungsrechtlichen Einzelheiten siehe 1. Kapitel IV.

Ist eine Beachtung des Wunsches infolge entgegenstehenden Wohles oder aber Unzumutbarkeit nicht möglich, ist der Betreuer gleichwohl in seiner Entscheidung nicht „frei". Er ist insoweit gebunden, als er nach einer Ersatzlösung zu suchen hat, die dem Wunsch des Betreuten möglichst nahe kommt.[142]

e) Wünsche des Betreuten hinsichtlich der Unterlassung von Behandlungsmaßnahmen

Mit den Fortschritten der Intensivmedizin ist es nunmehr möglich, dass die ausgefallenen Vitalfunktionen von Apparaten übernommen werden. Durch künstliche Ernährung oder Flüssigkeitszufuhr über PEG-Sonden kann auch ein bewusstloser Patient jahrelang in einem vegetativen Zustand gehalten werden.[143] Die Unfähigkeit zu schlucken oder selbständig zu atmen führten früher zwangsläufig zum Tode eines Patienten. Erst mit der fortschreitenden Entwicklung der Intensivmedizin stellen sich die Probleme des Behandlungs- bzw. Ernährungsabbruches.

Im Rahmen des Aufgabenkreises der Gesundheitssorge kann der Betreute nicht nur Wünsche nach einer bestimmten medizinischen Behandlung äußern, sondern auch solche, die auf das Unterlassen einer ärztlichen Behandlung gerichtet sind. Problematisch ist, ob der Betreuer an solche Wünsche gebunden ist.

Wünsche im Hinblick auf die Unterlassung ärztlicher Behandlungsmaßnahmen sind meist in einer in früheren Tagen vom Betreuten verfassten Verfügung[144] enthalten, die gemäß § 1901 Abs. 3 S.2 BGB grundsätzlich für den Betreuer beachtlich ist. Nur wenn der Betroffene erkennbar nicht mehr an seiner Verfügung festhalten will, ist auch der Betreuer nicht mehr daran gebunden. Hat der Betreute jedoch nicht Abstand von einem derartigen Wunsch genommen oder äußert er ihn in seiner konkreten Situation, so tritt grundsätzlich die Bindungswirkung des § 1901 Abs. 3 S.1 BGB ein.
Der Gesundheitsbetreuer befindet sich dann in einer Konfliktsituation, wenn das Unterlassen der Behandlung zum Tode führen, oder zu erheblichen und dauerhaften Gesundheitsschädigungen führen kann. Fraglich ist dann, inwiefern der Betreuer an einen solchen Wunsch des Betreuten gebunden ist.

---

[142] So *Epple*, BtPrax 1993, 156 [157].
[143] *Coeppicus*, Sachfragen des Betreuungs- und Unterbringungsrechts, S.132.
[144] Derartige Betreuungsverfügungen sind vom Patiententestament zu unterscheiden. Wahrend die Betreuungsverfügung direkt an den (zukunftigen) Betreuer gerichtet ist, ist die Bindungswirkung eines Patiententestamentes von Arzt oder dem Krankenhauspersonal zu klären. Siehe *Staudinger/Bienwald* § 1904 Rnr.39 m.w.N.

Aufgrund seines Selbstbestimmungsrechts kann jeder entscheidungsfähige, über seine Situation aufgeklärte Patient selbst entscheiden, wie lange er ärztliche Hilfe in Anspruch nehmen will. Eine vom Betreuten in Zeiten der Einsichts- und Einwilligungsfähigkeit abgegebene Erklärung hat für den Betreuer folglich uneingeschränkte Bindungswirkung. Probleme ergeben sich in der Praxis allerdings hinsichtlich der Bestimmtheit solcher Erklärungen, da bei zu ungenauen Äußerungen der Zeitpunkt, ab dem keine Behandlung mehr gewünscht wird, nicht festgelegt werden kann.[145]
Ist der Betreute einwilligungsunfähig, so hat er dennoch sein Selbstbestimmungsrecht nicht (gänzlich) verloren.[146] Zur Menschenwürde nach Art. 1 GG gehört auch das Recht, einer Krankheit ihren Lauf zu lassen. In der finalen Phase des Lebens wandelt sich dieses Recht auf Krankheit, in das „Recht, am Sterben nicht gehindert zu werden".[147] Hat der Betreute den Wunsch, dass sein Leiden nicht weiter verlängert wird, so hat der Betreuer diesen Wunsch rechtlich umzusetzen und gegenüber den behandelnden Ärzten durchzusetzen. Im Rahmen der Sterbephase bleibt für den Begriff des „Wohl des Betreuten", der auf eine Langzeitbetrachtung des gesundheitlichen Zustandes gerichtet ist, kein Raum mehr. Auch die subjektive Zumutbarkeitsgrenze muss in dieser Ausnahmesituation hinter dem Selbstbestimmungsrecht des Betreuten zurücktreten. Gleichwohl darf der Betreuer zur rechtlichen Umsetzung eines derartigen Betreutenwillens nicht gezwungen werden. Kann der Betreuer die Entscheidung des Betreuten nicht mittragen, so kann er vom Vormundschaftsgericht entlassen werden.[148]

---

145 Eingehend hierzu siehe 1.Kapitel III.

146 Nach *Meinolfus* u.a., R & P 2001, 385 [386] haben sich sämtliche Beschlüsse bei der Behandlung von nicht mehr selbst einwilligungsfähigen Patienten, um der Wahrung ihrer Selbstbestimmungsrechte Willen, in erster Linie an deren „mutmaßlichem" oder aber vorausverfügten Willen zu orientieren.

147 Vgl. *Erman/Holzhauer*, 10.Aufl., § 1901 Rnr.22

148 So *Erman/Holzhauer*, 10. Aufl., § 1901 Rnr.22 a.E.

f) Die Erörterungspflicht, § 1901 Abs. 3 S.3 BGB

Anders als hinsichtlich der Wünsche, die bei allen Angelegenheiten zu beachten sind, trifft den Betreuer nur hinsichtlich der wichtigen Angelegenheiten eine Erörterungspflicht, sofern dies dem Wohl des Betreuten nicht zuwiderläuft, § 1901 Abs. 3 S.3 BGB. Was eine wichtige Angelegenheit ist, bestimmt sich nach dem subjektiven Empfinden des Betreuten. Denn es handelt sich um die Erledigung seiner Angelegenheiten. So können Dinge die, objektiv unbedeutend erscheinen, für den Betreuten einen hohen Stellenwert haben. Nach der amtl. Begründung sind jedenfalls die in § 1896 Abs. 4, 1904, 1905, 1906, 1907 BGB genannten Gegenstände als wichtige Angelegenheiten zu verstehen.[149]

Gerade in Gesundheitsangelegenheiten, wenn es um die Einwilligung zu ärztlichen Maßnahmen geht, ist eine Erörterung unerlässlich. Ist im konkreten Einzelfall nicht sofort ersichtlich, ob der Betreute hinsichtlich der bevorstehenden Maßnahme einsichtsfähig ist, so muss der Betreuer im Rahmen eines Gespräches versuchen dies herauszufinden. Der Betreuer kann dem Betreuten die anstehende ärztliche Maßnahme, ihren Nutzen und ihre Risiken aufzeigen und anhand der Reaktionen des Betreuten abschätzen, ob er die Tragweite der Entscheidung erkannt hat.
Zu beachten ist, dass die Besprechungspflicht mehr umfasst als nur die Ankündigung einer bereits entschiedenen Maßnahme. Besprechen bedeutet vielmehr Austausch von Argumenten. Das Ergebnis ist nicht nur dann erreicht, wenn der eine sich mit der Ansicht des anderen einverstanden erklärt, sondern auch dann, wenn gemeinsam neue Lösungsmöglichkeiten entwickelt werden. Jedenfalls ist der Erörterungspflicht dann genüge getan, wenn der Betreute nicht das Gefühl hat lediglich Objekt von Entscheidungsprozessen und Maßnahmen anderer zu sein.[150]
Die Erörterungspflicht ist demnach eine weitere Möglichkeit, den Betroffenen so weit wie möglich an der Gestaltung seiner Lebenssituation teilhaben zu lassen.

Eine Einschränkung hinsichtlich der Erörterungspflicht besteht allerdings dann, wenn eine Besprechung dem Wohle des Betreuten zuwiderläuft. Dies ist der Fall, wenn die Gefahr gesundheitlicher Schädigung besteht.[151] In Betracht kommen hier insbesondere psychisch labile Personen. Wenn die Besprechung der Angelegenheiten mehr Schaden

---

[149] BT-Drucks. 11/4528 S.134.
[150] So *Bienwald* § 1901 Rnr.35
[151] BT-Drucks. 11/4528 S.134.

anrichten, als sie Hilfe für den Betroffenen bietet, ist von der Erörterung zum Wohle des Betreuten abzusehen.

4. Besondere, aufgabenbezogene Rechte und Pflichten

Anders als die allgemeinen, jeden Betreuer unabhängig vom Aufgabenkreis treffenden Aufgaben und Pflichten, gibt es solche, die sich erst aus dem speziellen Aufgabenkreis herleiten lassen.
Das Betreuungsrecht ist ganz entscheidend durch den Erforderlichkeitsgrundsatz geprägt. Eine Betreuung darf nur für die Angelegenheiten angeordnet werden, die der Betroffene krankheits- oder behinderungsbedingt selbst nicht besorgen kann. Demnach muss bei der Bestellung eines Betreuers der Aufgabenkreis so konkret wie möglich angegeben werden, § 69 Abs. 1 Nr.2 b) FGG.[152] Nur wenn der Aufgabenkreis genau bezeichnet ist, können die Rechte und Pflichten des Betreuers festgelegt werden. Dies hat nicht zuletzt im Hinblick auf die Vergütung für den Betreuer eine besondere Relevanz.

a) Der Aufgabenkreis Gesundheitssorge

Der Aufgabenkreis Gesundheitssorge ist ein Teilbereich der Personensorge. Unter Angelegenheiten der Gesundheitssorge fallen grundsätzlich alle Maßnahmen, die im Zusammenhang mit der gesundheitlichen Versorgung stehen.[153] Also nicht nur die Einwilligung in eine konkrete ärztliche Maßnahme,[154] sondern auch der Abschluss von Verträgen über die Behandlung, Sanatoriums- oder Krankenhausaufenthalt und Krankentransporte.[155] Dem Betreuer steht auch die Aufgabe zu, den behandelnden Arzt gegebenenfalls von seiner Schweigepflicht gegenüber Dritten zu entbinden und über die Einsicht Dritter in die Patientenakte zu entscheiden.[156] Da selbst die Weitergabe medizinischer Daten zwischen Ärzten der Zustimmung des Patienten bedarf,[157] ist der Betreuer auch hierfür zuständig.
Der vom Gericht bestimmte Aufgabenkreis „Gesundheitssorge“ ist in der Praxis nicht unproblematisch. Denn der Aufgabenkreis legt den Rahmen der Vertretungsbefugnis gemäß § 1902 BGB und die vergütungsfähigen

---

[152] So die ständige Rechtsprechung des BayObLG, siehe BayObLG, Beschluss v. 17.03.1994 – 3Z BR 293/93, FamRZ 1994, 1059 [1060]; BayObLG, Beschluss v. 19.05.1994 – 3Z BR 70/94, FamRZ 1995, 116 [117].
[153] BayObLG, Beschluss v. 17.03.1994 – 3Z BR 293/93, FamRZ 1994, 1059 [1060].
[154] Dass derartige Einwilligungen, die den höchstpersönlichen Bereich des Betreuten betreffen, zum Aufgabenkreis eines Betreuers gehören können, ergibt sich schon aus der Regelung des § 1904 BGB, der bei bestimmten ärztlichen Maßnahmen zudem eine gerichtliche Genehmigung vorschreibt. So auch *Prinz von Sachsen Gessaphe*, Der Betreuer als gesetzlicher Vertreter, S. 148.
[155] Vgl. *Damrau/Zimmermann* §1896 Rnr.17; *MünchKomm/Schwab* § 1896 Rnr.42.
[156] Siehe *Staudinger/Bienwald* § 1904 Rnr.18.
[157] Nachweis bei *Laufs/Uhlenbruck* § 75 Rnr.1; Laufs NJW 1996, 1571 [1579].

Tätigkeiten fest. In vielen Fällen kann ein so weit gefasster Aufgabenkreis zu unbestimmt sein.[158] Es stellt sich dann die Frage, welche gesundheitlichen Angelegenheiten der Betroffene (noch) selbst entscheiden und welche er krankheitsbedingt nicht wahrnehmen kann. Ist eine Behinderung oder Krankheit nicht derart ausgeprägt, dass der Betroffene offensichtlich nicht in der Lage ist, all seine Gesundheitsangelegenheiten selbst zu erledigen, ist es angebracht, den Aufgabenkreis enger zu fassen. Es empfiehlt sich dann, den Aufgabenkreis auf eine bestimmte ärztliche Maßnahme zu beschränken.[159]

Der Gesundheitsbetreuer hat im Rahmen seines Aufgabenkreises die gesundheitlichen Angelegenheiten zu besorgen, die der Betroffene nicht mehr selbst erledigen kann. Dazu gehört nicht nur die rechtsgeschäftliche Seite mit der Verpflichtung zum Abschluss von Verträgen, sondern auch der persönliche Bereich der Einwilligung in eine medizinische Maßnahme. Da die Wirksamkeit eines Vertrages lediglich von der Geschäftsfähigkeit, die Rechtmäßigkeit einer medizinischen Maßnahme jedoch nur von der Einwilligungsfähigkeit abhängt, sind die beiden Bereiche rechtlich voneinander zu trennen und müssen gesondert betrachtet werden.[160]

(1) Abschluss von Verträgen auf dem Gebiet der Gesundheitssorge

Wie oben bereits dargelegt, ist der Betreuer im Rahmen seines Aufgabenkreises gesetzlicher Vertreter des Betreuten, §1902 BGB. Unabhängig von der Geschäftsfähigkeit des Betreuten kann der Betreuer mit Aufgabenkreis Gesundheitssorge für den Betreuten wirksame Behandlungsverträge abschließen.[161] Je nach Fassung des Aufgabenkreises, ist der Betreuer nicht nur berechtigt Arztverträge abzuschließen, sondern z.B. auch solche mit Krankengymnasten und Pflegediensten.
Zu berücksichtigen ist allerdings, dass die Bestellung eines Betreuers dem Betreuten nicht das Recht nimmt, selbst rechtsgeschäftlich tätig zu werden. Demnach bleibt es dem geschäftsfähigen Betreuten unbenommen auch selbst einen Vertrag mit dem behandelnden Arzt zu schließen.[162] Ist der Betreute geschäftsunfähig, so ist der Betreuer kraft seines

---

[158] So auch *Staudinger/Bienwald* § 1896 Rnr.95.

[159] Vgl. hierzu BayObLG, Beschluss v. 24.03.1994 – 3Z BR 71/94, FamRZ 1994, 1060 [1061]; wo der Aufgabenkreis Gesundheitssorge ohne die Beschränkung auf den nervenärztlichen Bereich als fehlerhaft angesehen wurde.

[160] Siehe nur *Bienwald* § 1904 Rnr.5.

[161] Bei einem Behandlungsvertrag handelt es sich rechtlich in aller Regel um einen Dienstvertrag im Sinne des § 611 BGB. Vertragsinhalt ist hierbei nicht ein bestimmter Behandlungserfolg, sondern das fachgerechte Bemühen des Arztes um Heilung. Nur in Ausnahmefällen, wenn ein ganz bestimmter Behandlungserfolg geschuldet wird, handelt es sich um einen Werkvertrag; vgl. *Röver*, Einflussmöglichkeiten des Patienten, S.40.

[162] Zu Einzelheiten und den Problemen bei mehreren Vertragsabschlüssen durch Betreuer und Betreuten siehe 1. Kapitel II. 3. b).

Amtes verpflichtet, die erforderlichen Verträge abzuschließen, da der Betreute selbst wegen § 105 BGB keine wirksamen Vertragsbeziehungen eingehen kann.

(2) Die Einwilligung in ärztliche Maßnahmen

Eine Besonderheit der Arzt-Patienten-Beziehung besteht darin, dass die beabsichtigte Behandlungsmaßnahme zusätzlich der Einwilligung des Patienten bedarf.
Das Grundgesetz garantiert in Art. 2 Abs. 2 S.1 GG das Recht auf körperliche Unversehrtheit. Demnach verbietet das Recht auf Selbstbestimmung eine ärztliche Behandlung ohne die Einwilligung des Betroffenen.[163] Nach ständiger Rechtsprechung ist jede ärztliche Maßnahme – unabhängig davon, ob sie kunstgerecht durchgeführt wird – tatbestandlich eine Körperverletzung nach § 223 StGB,[164] bzw. eine unerlaubte Handlung nach § 823 ff BGB. Durch die Einwilligung des Patienten wird die (kunstgerechte) Maßnahme zivil- bzw. strafrechtlich gerechtfertigt.[165] Verweigert der Patient die Einwilligung, ist eine ärztliche Behandlung selbst dann unzulässig, wenn ohne sie ein lebensbedrohlicher Zustand herbeigeführt wird oder nicht überwunden werden kann.[166] Inhaltlich muss sich die Einwilligung auf eine konkrete Behandlungsmaßnahme beziehen. Zwar ist es möglich, dass mehrere Einwilligungen auf einmal abgegeben werden, eine Generaleinwilligung oder gar eine totale Freizeichnung ist jedoch nicht zulässig.[167] Wird die Einwilligung erteilt, so rechtfertigt sie den Arzt unabhängig davon, ob der erwartete Erfolg eintritt. Nur wenn die Maßnahme nicht kunstgerecht vorgenommen wird, oder aber von der abgesprochenen Behandlung abgewichen wird, besteht insofern keine Rechtfertigung durch die vorausgegangene Einwilligung des Betroffenen.

---

[163] Zum Teil wird auch vertreten, dass die Patientenautonomie im allgemeinen Persönlichkeitsrecht wurzle. Nachweis bei *Höfling*, JuS 2000, 111 [114], mit Verweis auf die Rechtsprechung des BVerfG.

[164] Nachweis bei *Tröndle/Fischer* § 223 Rnr.9a.

[165] In der strafrechtlichen Literatur gibt es eine beachtliche Zahl von Vertretern der Gegenansicht, Nachweis bei *Schönke/Schröder-Eser* § 223 Rnr.30. Danach ist sowohl der erfolgreiche, als auch der missglückte ärztliche Eingriff schon tatbestandlich keine Körperverletzung, wenn er nach den Regeln der arztlichen Kunst durchgeführt wurde.

[166] Siehe *Sternberg-Lieben*, NJW 1985, 2734 m.w.N.

[167] Siehe *Kuhlmann*, Einwilligung in die Heilbehandlung alter Menschen, S.11.

(a) Die Rechtsnatur der Einwilligung

Bei der Einwilligung zu einem Eingriff in die körperliche Integrität handelt es sich nicht um eine Einwilligung im Sinne des § 183 BGB. Sie ist keine Zustimmung zu einem Rechtsgeschäft und damit keine rechtsgeschäftliche Willenserklärung.[168] Vielmehr handelt es sich um eine Gestattung oder Ermächtigung zur Vornahme tatsächlicher Handlungen, die in den Rechtskreis des Gestattenden eingreifen.[169] Folge dieser rechtlichen Einordnung ist, dass sich die Fähigkeit, in medizinische Behandlungen einzuwilligen, nicht nach den Regeln der Geschäftsfähigkeit richtet. Einwilligungsfähig ist vielmehr derjenige, der Art, Bedeutung und Tragweite – auch die Risiken - der Maßnahme zu erfassen und seinen Willen hiernach zu bestimmen vermag.[170] Wegen der vagen Begriffe „Art und Bedeutung" konkretisiert *Amelung* diese Definition.
Danach ist einwilligungs*un*fähig, wer wegen Minderjährigkeit, geistiger Behinderung oder psychischer Erkrankung *nicht* erfassen kann:

- welchen Wert oder Rang die von der Einwilligungsentscheidung berührten Güter und Interessen für ihn haben,
- um welche Tatsachen es bei der Entscheidung geht,
- welche Folgen oder Risiken sich aus der Einwilligungsentscheidung ergeben,
- welche Mittel es zur Erreichung der mit der Einwilligung erstrebten Ziele gibt, die ihn möglicher Weise weniger belasten.

Das gleiche soll auch gelten, wenn der Minderjährige, geistig Behinderte oder psychisch Erkrankte zwar die erforderliche Einsicht hat, aber nicht in der Lage ist, sich nach ihr zu bestimmen.[171]

Um eine wirksame Einwilliungserklärung abzugeben, muss der Patient also in der Lage sein die ärztliche Diagnose, die therapeutischen Möglichkeiten, einschließlich der denkbaren Alternativen, sowie die jeweils damit verbundenen Behandlungschancen und -risiken abzuschätzen und nach der gewonnen Einsicht auch zu handeln.

Da im medizinischen Bereich dem Patienten die notwendige Sachkenntnis fehlt, setzt eine wirksame Einwilligung eine ärztliche Aufklärung voraus, deren Ziel es ist, dem Patienten Art, Bedeutung und Tragweite des Eingriffs zu erläutern.[172] Denn nur wenn der medizinische Laie über das

---

[168] Siehe *Deutsch,* Medizinrecht, Rnr.105 m.w.N; *Amelung*, R & P 1995, 20.
[169] So BGH, Urteil v. 5.12.1958 in FamRZ 1959, 200 [201]; siehe auch *Kuhlmann*, Einwilligung in die Heilbehandlung alter Menschen, S.19; eingehend hierzu auch *Theodor Zimmermann*, Die Auswirkungen des Betreuungsrechts in der ärztlichen Praxis, S.81 ff.
[170] BT.-Drucks. 11/4528, 71.
[171] *Amelung*, R & P 1995, 20 [26].
[172] Näher siehe *MünchKomm/Mertens* § 823 Rnr.423. Diese Selbstbestimmungsaufklärung gliedert sich in drei Arten: Die Diagnoseaufklärung - Aufklärung über den vom Arzt festgestellten Befund -,

der Behandlung innewohnende Risiko informiert ist, kann er eine rechtsverbindliche Entscheidung treffen.[173]
Da bei Einwilligungsunfähigkeit der Betreuer darüber entscheidet, ob und welchen medizinischen Maßnahmen der Betreute unterzogen werden soll, ist das ärztliche Aufklärungsgespräch mit dem Betreuer zu führen. Fraglich ist hierbei, ob die Aufklärungspflicht gegenüber dem Betreuer dieselbe Qualität besitzt, wie diejenige gegenüber dem Patienten. Denn dem Kranken müssen die Risiken nicht medizinisch exakt und nicht in allen denkbaren Erscheinungsformen dargestellt werden, vielmehr reicht es aus, wenn ihm ein allgemeines Bild von der Schwere und Richtung des Risikospektrums erläutert wird.
Zwar können dem Betreuer nicht mehr Rechte zustehen als dem Betreuten. Jedoch ist zu berücksichtigen, dass die Aufklärungspflicht des Arztes der Schaffung von Entscheidungsvoraussetzungen dient. Der Betreuer muss als gesetzlicher Vertreter des Betreuten eine eigene Entscheidung darüber treffen, ob er der Maßnahme zustimmt oder nicht. Darüber hinaus muss er anhand der Aufklärung abschätzen können, ob die Beteiligung des Gerichts nach § 1904 BGB erforderlich ist. Demnach hat er Anspruch auf die Informationen, die für seine Entscheidung notwendig sind und seinem Aufnahmevermögen und seinem Bildungsstand entsprechen.[174]
Eine Aufklärung eines medizinisch unerfahrenen Gesundheitsbetreuers muss demnach nicht so detailliert gestaltet werden, wie diejenige eines Mediziners, der eine Gesundheitsbetreuung übernommen hat.[175] Andererseits ist eine Aufklärung durch den behandelnden Arzt dann nicht – oder nur in eingeschränktem Maße - erforderlich, wenn der Betreuer selbst über die fachspezifischen Kenntnisse verfügt.[176]
Zu berücksichtigen ist, dass der einwilligungsfähige Patient aufgrund seines Selbstbestimmungsrechts auf die ärztliche Aufklärung im konkre-

---

die Verlaufsaufklärung - Aufklärung darüber, wie die Erkrankung mit oder ohne Behandlung verlaufen wird - und die Risikoaufklarung – Aufklärung über die negativen Folgen, die mit der Behandlung verbunden sein können, vgl. *Kloppenborg*, MedR 1986, 18 [19]; *Kern/Laufs*, Die ärztliche Aufklärungspflicht, S.53 ff.; *Rover*, Einflussmöglichkeiten des Patienten, S.145.

[173] Zu den verschiedenen Arten der Aufklärung siehe *Deutsch*, Medizinrecht, Rnr.112 ff; *Laufs/Uhlenbruck*, Handbuch des Arztrechts, 11. Kapitel; *Mayer*, Medizinische Maßnahmen an Betreuten, S.36 ff.

[174] So auch *Staudinger/Bienwald* §1904 Rnr.52.

[175] Grundsätzlich erfolgt die Aufklärung in zwei Stufen: zunächst hat der Arzt dem Patienten (bzw. Vertreter) die notwendige Basisaufklärung zu geben, an die sich dann eine nähere Aufklärung anhand von Fragen des Patienten anschließen kann, vgl. *MünchKomm/Mertens* § 823 Rnr.432, 441. Folglich wird in aller Regel wegen der gezielteren Fragestellung des medizinisch vorgebildeten Betreuers seine Aufklärung umfangreicher ausfallen, als die eines medizinischen Laien.

[176] Die ärztliche Aufklärung ist kein Selbstzweck, sondern dient dazu dem Patienten eine sinnvolle Wahrnehmung seines Selbstbestimmungsrechts zu ermöglichen. Hat der Betreuer (oder auch der einwilligungsfähige Patient) die nötigen Kenntnisse über Umfang und Risiken der Behandlungsmaßnahme, ist eine Aufklärung entbehrlich. Vgl. *Mayer*, Medizinische Maßnahmen an Betreuten, S.46; *MünchKomm/Mertens* § 823 Rnr.419.

ten Einzelfall verzichten kann.[177] Zwar nimmt der Betreuer als gesetzlicher Vertreter (§ 1902 BGB) die Rechte des Betreuten war, jedoch hat er die Angelegenheiten zum Wohle des Betreuten zu besorgen (§ 1901 BGB). Eine Entscheidung zum Wohl und im Interesse des Betreuten ist aber nur dann möglich, wenn sich der Betreuer über Umfang und Risiken der Maßnahme informiert. Hat der Betreuer nicht die notwendigen Fachkenntnisse, ist er kraft seines Stellung als Betreuer verpflichtet, sich vom Arzt über die Behandlungsmaßnahme aufklären zu lassen.
Der behandelnde Arzt ist aber nicht nur im Vorfeld der Behandlung des Betreuten zur Aufklärung des Betreuers verpflichtet. Auch über die Ergebnisse der Behandlung hat er auf Verlangen des Betreuers Auskunft zu erteilen. Dies gilt auch dann, wenn der Betroffene nunmehr selbst in der Lage wäre die Informationen entgegen zu nehmen. Es stünde einer effektiven und engagierten Betreuungstätigkeit entgegen, wenn der Betreuer zwar um seine Einwilligung ersucht wird, man ihm aber über den Verlauf und das Ergebnis der Behandlung mit Verweis auf das ärztliche Schweigerecht, jede Auskunft verweigern würde.[178]

Da ein Patient bei jeder konkreten Maßnahme die Bedeutung und Tragweite erkennen muss, um sich damit einverstanden zu erklären, ist die Einwilligungsfähigkeit nicht abstrakt zu beurteilen. Vielmehr muss in jedem konkreten Einzelfall neu festgestellt werden, ob der Betreute die notwendige Einsichtsfähigkeit besitzt. So kann es z.B. der Fall sein, dass ein Betreuter zwar hinsichtlich einer Behandlung angesichts einer Magenverstimmung einwilligungsfähig ist, ihm jedoch eine solche im Hinblick auf einen komplizierten chirurgischen Eingriff fehlt.[179] Allerdings ist *Kuhlmann* insoweit zu folgen, als dies nicht bedeutet, dass die Anforderungen an die Einwilligungsfähigkeit bei geringfügigeren Eingriffen niedriger seien, als bei komplizierteren Maßnahmen. Nicht die „Schwere des Eingriffs" sondern die „Verständlichkeit des Behandlungsverlaufs" sind die Kriterien für die Beurteilung der Einwilligungsfähigkeit. Die Anforderungen an die Einwilligungsfähigkeit sind demnach in allen Fällen gleich. Allerdings sind sie im Falle eines geringfügigen, einfachen Eingriffs leichter zu erfüllen, als bei einer schwerwiegenden komplizierteren Maßnahme.[180] Das Erfassen der Krankheit und deren Behandlungsmöglichkeiten

---

[177] Der Patient kann zwar nicht auf sein Selbstbestimmungsrecht als solches verzichen, wohl aber auf dessen Ausübung. Allgemeine Meinung: *Kern/Laufs*, Aufklärungspflicht, S.118; *Münch-Komm/Mertens* § 823 Rnr.445; *Laufs/Uhlenbruck*, Handbuch des Arztrechts, § 64 Rnr.17, 18; *Deutsch*, Medizinrecht, Rnr.148; Nachweise auch bei *Röver*, Einflußmöglichkeiten des Patienten, S.148 ff. Zu berücksichtigen ist allerdings, dass ein „Blankoverzicht" als unzulässig angesehen wird. Der Patient muss zumindest eine vage Vorstellung von den Konturen des Verzichtsgegenstandes haben.

[178] So auch *Staudinger/Bienwald* § 1904 Rnr.15.

[179] Vgl. *Jürgens u.a.*, Das neue Betreuungsrecht Rnr. 200.

[180] Vgl. *Kuhlmann*, Einwilligung in die Heilbehandlung alter Menschen, S.35, 36, 43.

ist bei einer Magenverstimmung leichter, als bei einer Bypass-Operation.[181]
Fehlt dem Betreuten die Einwilligungsfähigkeit, so muss sich der Gesundheitsbetreuer an seiner Stelle beraten lassen und entscheiden, ob er in die Maßnahme einwilligt oder nicht.
Zu berücksichtigen ist, dass nur dem Gesundheitsbetreuer oder einem vom Betroffenen wirksam bevollmächtigten Stellvertreter, das Recht zusteht, an Stelle des Einwilligungsunfähigen in Behandlungsmaßnahmen einzuwilligen. Selbst nahe Angehörige haben nicht kraft ihrer verwandtschaftlichen Verbundenheit das Recht derartige Entscheidungen an Stelle des Patienten zu treffen.[182]

(b) Die Kompetenzverteilung zwischen Betreuter und Betreutem

In der Literatur ist allerdings umstritten, wie hinsichtlich der Kompetenzen zwischen Gesundheitsbetreuer und Betreutem zu verfahren ist. Fraglich ist, ob der Gesundheitsbetreuer in jedem Fall die Einwilligungserklärung an Stelle oder neben dem Betreuten abgeben kann, oder ob er hierzu nur bei Einwilligungsunfähigkeit des Betreuten befugt ist.

(i) Die Ansichten in der Literatur

Die Frage wer im konkreten Einzelfall befugt ist, rechtswirksam in eine medizinische Maßnahme einzuwilligen hat, ist für den Arzt und den Betreuer nicht zuletzt aus haftungs- und strafrechtlichen Gesichtspunkten von Relevanz.

Gitter geht von einer Doppelzuständigkeit von Betreuer und Betreutem aus. Neben dem einwilligungsfähigen Betreuten müsse auch der Betreuer bei ärztlichen Maßnahmen einwilligen, wenn er mit dem Aufgabenkreis Gesundheitsangelegenheiten betraut ist.[183]

Holzhauer ist der Meinung, dass der gerichtliche Beschluss zur Betreuerbestellung es rechtfertige, im Konfliktfall dem Betreuer den Vorrang zu geben. Er begründet dies damit, dass zum einen der Arzt in Fällen zweifelhafter Einwilligungsfähigkeit die Rechtssicherheit genießen würde, sich auf die Handlung des Betreuers zu verlassen. Zum anderen sei ein solcher Vorrang hinnehmbar, weil der Betreuer gemäß § 1901 Abs. 2

---

[181] Beispiel angelehnt an *Kuhlmann*, Einwilligung in die Heilbehandlung alter Menschen, S.43.
[182] Ihre Auskünfte dienen allein dazu, den Willen des Patienten zu ermitteln, ein eigener Erklärungswert kommt ihnen jedoch nicht zu. *Kern*, NJW 1994, 753 [756]; *Olzen*, ArztR 2001, 116 [118]; *Habermann/ Lasch/Gödicke*, NJW 2000, 3389 [3393].
[183] *MünchKomm/Gitter* Vor § 104 Rnr.91.

S.1 BGB im Innenverhältnis - unabhängig von der Einwilligungsfähigkeit - Wünsche des Betreuten zu entsprechen hat.[184]

Auch *Roth* geht bei nicht ausräumbaren Zweifelsfällen von der Entscheidungszuständigkeit des Betreuers aus. Selbst wenn die Aufgabenzuweisung keine konstitutive Wirkung habe, erzeuge sie doch eine prima-facie-Vermutung der Einwilligungsunfähigkeit. Diese Vermutung bestehe so lange fort, bis das Gegenteil festgestellt wird. Zwar müsse der Arzt im Einzelfall die Einwilligungsfähigkeit seines Patienten prüfen. Bei unaufklärbaren Zweifeln ginge dies aber letztlich zu Lasten des Betreuten.[185]

Damrau vertritt die Auffassung, dass der Arzt in Zweifelsfällen sowohl die Einwilligung des Betreuers als auch die des Betreuten einholen soll.[186]

Andere Stimmen in der Literatur schließen eine Doppelzuständigkeit von Betreuer und Betreuten aus. Nur wenn der Betreute selbst nicht in der Lage ist, eine wirksame Einwilligungserklärung abzugeben, ist diejenige des Betreuers maßgeblich.[187]

(ii) Eigene Stellungnahme

Die Ansichten von Gitter, Holzhauer, Roth und Damrau sind mit dem Erforderlichkeitsgrundsatz des Betreuungsrechts nicht zu vereinbaren. Zwar liegt es nahe, aus Praktikabilitätsgründen derart zu verfahren. Jedoch muss berücksichtigt werden, dass es ein Anliegen des Betreuungsrechtes ist, die Rechte des Betreuten zu stärken und nicht die Rechtssicherheit des Arztes zu schützen. Dies kann aber nur dann geschehen, wenn man die Berücksichtigung der Wünsche des Betreuten nach § 1901 Abs. 2 S.1 BGB nicht nur als eine Verpflichtung des Betreuers im Innenverhältnis ansieht, sondern als eine weitere Ausgestaltung des Erforderlichkeitsgrundsatzes. Zum Wohl des Betreuten im Sinne des § 1901 Abs. 2 S.1 BGB gehört auch die Möglichkeit, im Rahmen seiner Fähigkeiten sein Leben nach eigenen Wünschen und Vorstellungen zu gestalten, § 1901 Abs. 1 S.2 BGB.[188] Dies bedeutet

---

[184] *Erman/Holzhauer*, 9.Aufl., § 1904 Rnr.8, 10.

[185] *Erman/Roth*, 10. Aufl. 1904 Rnr.8; *Lachwitz*, FuR 1990, 266 [269] legt ohne weitere Begründung die Vorschrift des § 1904 BGB dahingehend aus, dass bei zweifelhafter Einwilligungsfähigkeit, die Einwilligung des mit der Personensorge beauftragten Betreuers ausreiche.

[186] *Damrau/Zimmermann*, § 1904 Rnr2.

[187] Vgl. *Palandt/Diederichsen* § 1904 Rnr.2,3; *MünchKomm/Schwab* § 1904 Rnr.4; *Soergel/Zimmermann* § 1904 Rnr.10; *Prinz von Sachsen Gessaphe*, S.175, 381; *Mayer*, Medizinische Maßnahmen an Betreuten, S.62, 118; *Theodor Zimmermann*, Die Auswirkungen des Betreuungsrechts auf die arztliche Praxis, S.166 ff; *Reinhardt-Gilmour*, Rechtsfragen der Elektrokrampftherapie, S.132.

[188] Siehe dazu BT-Drucks. 11/4528 S.71.

gleichzeitig, dass der Betreute nicht mehr als notwendig in seinen Entscheidungen beschränkt wird.
Ist der Betreute im konkreten Einzelfall einwilligungsfähig, so muss und kann nur er selbst entscheiden, ob er sich der Untersuchung bzw. Behandlung unterziehen will. Der Betreuer muss diese Entscheidung respektieren. Er hat keinerlei rechtliche Möglichkeiten die Maßnahme zu verhindern, bzw. die Einwilligung zu ersetzen.[189]

Ist der Betreute einwilligungsunfähig, so handelt der Betreuer, dessen Aufgabenkreis sich auf die Gesundheitssorge erstreckt, für ihn. Er erteilt an Stelle des Betreuten die notwendige Einwilligung zu ärztlichen Maßnahmen.[190]
Folglich sind die Handlungskompetenzen des Betreuers im Hinblick auf die Einwilligung zu ärztlichen Maßnahmen weder konkurrierend, wie bei der rechtsgeschäftlichen Vertretung, noch verdrängend wie bei der Aufenthaltsbestimmung, sondern subsidiär.[191] In höchstpersönlichen Angelegenheiten verdrängt demnach die Selbstbestimmung des Betreuten die Fremdbestimmung durch den Betreuer.[192] Nur wenn dem Betreuten in Bezug auf die konkrete medizinische Maßnahme die Einwilligungsfähigkeit fehlt, darf der Betreuer an seiner Stelle handeln. Ist der Betreute einwilligungsfähig, so kommt es allein auf seine Willensäußerung an. Die Aufgabenzuweisung „Gesundheitssorge" o.ä. spricht zwar nach dem ersten Anschein für die Unfähigkeit des Betreuten, diese Angelegenheiten selbst zu besorgen.[193] Die Einwilligungsfähigkeit des Betreuten kann jedoch nur im konkreten Einzelfall beurteilt werden. Da der gesundheitliche und geistige Zustand des Betroffenen sich im Laufe der Zeit verändern kann, ist es nicht möglich von der – evtl. schon Jahre zurückliegenden – Aufgabenzuweisung auf die Einwilligungsunfähigkeit in der konkreten Situation zu schließen.[194]
Lehnt der einwilligungsfähige Betreute eine ärztliche Maßnahme ab, ist der Betreuer nicht befugt an seiner Stelle einzuwilligen. Er kann lediglich

---

[189] Vgl. *Damrau/Zimmermann* §1904 Rnr.2.
[190] So *Damrau/Zimmermann* §1904 Rnr.3.
[191] Siehe *Klüsener/Rausch*, NJW 1993, 617 [619]; so auch die h.M. in der Literatur, HK-BUR/*Rink* vor § 1904 Rnr.4, *Staudinger/Bienwald* § 1904 Rnr.21 ff; *Frost*, Arztrechtliche Probleme des neuen Betreuungsrechts, S.92; *Esch*, Der Patientenanwalt, S.46, 80.
[192] So *Schwab*, FS für Henrich, S.514.
[193] *Damrau/Zimmermann* § 1904 Rnr.2; *MunchKomm/Schwab* § 1904 Rnr.6; *Erman/Roth*, 10. Aufl., § 1904 Rnr.8. Auch *Prinz von Sachsen Gessaphe* legt nahe, die Einwilligungsunfähigkeit zur Schwelle fur die Übertragung des Aufgabenkreises zu machen. Sonst stünde dem Betreuer eine Aufgabe zu, die er mangels Befugnis nicht in Einzelmaßnahmen umsetzen könnte und der Betreute liefe wegen des Rechtsscheins der Bestallungsurkunde Gefahr, bei einzelnen Einwilligungsentscheidungen ubergangen zu werden, *Prinz von Sachsen Gessaphe*, Der Betreuer als gesetzlicher Vertreter, S.381, 382.
[194] *Prinz von Sachsen Gessaphe*, Der Betreuer als gesetzlicher Vertreter, S.382 ff., hält aus diesem Grund eine mehrstufige Prüfung für angezeigt. Im Bestellungsverfahren ist die Einwilligungsfähigkeit für die Zukunft durch eine Prognose festzustellen. In einem zweiten Schritt muss die Einwilligungsfähigkeit bezüglich jeder Einzelmaßnahme erneut überprüft werden

abwarten, bis der Betreute einwilligungsunfähig wird, oder ein Notfall eintritt mit der Folge, dass dann der Betreuer bzw. der Notarzt entscheiden kann.[195]

Problematisch sind letztlich jedoch nur die Konstellationen, in denen sich Betreuer und Betreuter nicht einig sind. Wenn sowohl der Betreuer, als auch der Betreute einwilligen bzw. ablehnen, kann es letztlich offen bleiben, welche Entscheidung nun maßgeblich ist. Divergieren die Entscheidung jedoch, so ist stets die Einwilligungsfähigkeit des Betreuten zu ermitteln. Nur wenn er einwilligungsunfähig ist, ist die Entscheidung des Gesundheitsbetreuers zu beachten.[196] Letztlich ist es immer das Risiko des behandelnden Arztes, ob seine Maßnahmen von einer wirksamen Einwilligung des Patienten getragen wird oder nicht.[197] Setzt sich der Betreuer über den entgegenstehenden Willen des einwilligungsfähigen Betreuten hinweg, so setzt er sich einerseits der Möglichkeit vormundschaftsgerichtlicher Aufsichtsmaßnahmen aus, andererseits kann er bei Schadenseintritt vom Betreuten in Anspruch genommen werden.

Für die Beurteilung der Einwilligungsfähigkeit im Rahmen des Anordnungsverfahrens oder eines Genehmigungsverfahrens nach § 1904 BGB, weist *Roth* zutreffend darauf hin, dass es bei Fällen zweifelhafter Einwilligungsfähigkeit um die Frage der Feststellungslast geht. Sind Zweifel hinsichtlich der Einwilligungsfähigkeit nicht ausräumbar, müsste folglich eine Genehmigung nach § 1904 BGB unterbleiben. Allerdings müsse im Rahmen des Genehmigungsverfahrens die Aufgabenzuweisung berücksichtigt werden. Auch wenn dem Aufgabenkreis „Gesundheitssorge“ keine konstitutive Bedeutung zukomme, würde er dennoch eine prima-facie Vermutung der Einwilligungsunfähigkeit des Betreuten erzeugen.
Diese Vermutung überträgt er auch auf das Arzt-Patienten-Verhältnis. Zwar müsse der Arzt im konkreten Einzelfall die Einwilligungsfähigkeit überprüfen, jedoch gingen Zweifel nach der Betreuerbestellung zu Lasten des Betreuten.[198] Zwar ist diese Sichtweise in der Praxis hilfreich, sie lässt jedoch außer Acht, dass der behandelnde Arzt einen konkreten Einzelfall zu beurteilen hat. Handelt es sich bei den genehmigungspflichtigen Maßnahmen nach § 1904 BGB zumeist um kompliziertere medizinische Sachverhalte, die der Betreute – entsprechend der Prognose im Bestellungsverfahren – wohl nicht zu erfassen vermag, kann es sich bei

[195] Dieser Ansicht auch *Staudinger/Bienwald* § 1904 Rnr.24.
[196] Eine Aufstellung der verschiedenen Konstellationen findet sich bei HK-BUR/*Rink* vor § 1904 Rnr.12,13. Zur Frage der Anwendbarkeit des § 1903 BGB auf die Einwilligung in medizinische Maßnahmen siehe unten 1. Kapitel II. 4. a) (2) (c).
[197] So *Soergel/Zimmermann* § 1904 Rnr.12.
[198] *Erman/Roth*, 10. Aufl., § 1904 Rnr.8.

der nunmehr anstehenden Behandlung um einen wesentlich einfacheren Eingriff handeln. Könnte dann der Arzt wegen der bestehenden Betreuung zunächst von der Einwilligungsunfähigkeit des Betreuten ausgehen, würde man dem Selbstbestimmungsrecht und damit dem Wohle des Betreuten nicht gerecht. Der behandelnde Arzt ist eben gerade nicht im Rahmen eines rechtlichen Verfahrens als Beteiligter involviert. Er hat vor einer Behandlung lediglich festzustellen, ob sein Patient in der Lage ist, in die Maßnahme rechtswirksam einzuwilligen. Hat er Zweifel an der Einwilligungsunfähigkeit des sich weigernden Patienten, muss er die Behandlung unterlassen, eine „prima-facie-Vermutung" kann ihm insoweit nicht zur Entlastung gereichen.

Allerdings bestehen in der Praxis nicht zu übersehende Umsetzungsdefizite. So wird verschiedentlich von Betreuerseite berichtet, dass lediglich aus haftungsrechtlichen Gesichtspunkten, z.B. wegen der Notwendigkeit einer Unterschrift vor einer Operation, eine Gesundheitsbetreuung angeregt, bzw. der Betreuer informiert wird. Bei anderen „alltäglichen" Medikationen wird der Betreuer oftmals nicht gefragt. Es liegt meist an ihm selbst, sich stets über den Gesundheitszustand und die vom Arzt durchgeführte Behandlung auf dem Laufenden zu halten und mit dem Arzt in Kontakt zu treten.[199] *Konrad* stellt im Rahmen einer Untersuchung die Hypothese auf, dass Ärzte in Zweifelsfällen sooft wie möglich von der Einwilligungsfähigkeit ihrer Patienten ausgehen. Denn dann komme weder die Einschaltung eines Betreuers, noch die Einleitung eines Genehmigungsverfahrens nach § 1904 BGB in Betracht.[200]
Nicht zu unterschätzen ist in diesem Zusammenhang auch die Bedeutung des Heimpersonals. Ohne die Nachricht des Heimes über eine aktuelle Erkrankung des Betroffenen, erfährt der Betreuer oftmals lange Zeit nichts von einer Erkrankung und einer medikamentösen Behandlung.[201] Dass der Betreuer eines einwilligungsunfähigen Betreuten jedoch vor jeder medizinischen Maßnahme seine Einwilligung erteilen muss, um ihr die Rechtswidrigkeit einer tatbestandlich erfüllten Körperverletzung zu nehmen, ist aus juristischer Sicht nicht anzuzweifeln. Hier hat die Praxis noch Nachholbedarf. Durch eine bessere Akzeptanz der Betreuer bei den behandelnden Ärzten wird sich hier vieles in Richtung der Verwirklichung der Intentionen des Betreuungsrechts verbessern lassen.
Nur durch eine gelungene Zusammenarbeit von Betreuer, Betreutem und Arzt lässt sich eine erfolgversprechende medizinische Behandlung erreichen. Um so geringer die Fähigkeit des Betreuten, seine Wünsche und seinen Willen zu äußern ist, um so größer muss die Anstrengung

---

[199] Zu diesen Praxisproblemen aus Sicht des Betreuers siehe *Vogel*, BtPrax 1999, 141 [142]; *Stolz*, BtPrax 1999, 98 ff; *Pardey*, BtPrax 1995, 81 [82].
[200] *Konrad*, R & P 1996, 76 [78].
[201] Siehe *Vogel*, BtPrax 1999, [142]; *Pardey*, BtPrax 1995, 81 [83].

des Arztes und des Betreuers sein, diesen Willen zu erkunden und soweit möglich, zum Wohle des Betreuten danach zu verfahren.

(c) Der Einwilligungsvorbehalt im Aufgabenkreis Gesundheitssorge

Geht man davon aus, dass die Einwilligungskompetenz des Betreuers erst einsetzt, wenn der Betreute selbst nicht einwilligungsfähig ist, stellen sich in der Praxis Probleme, wie bei zweifelhafter Einwilligungsfähigkeit des Betreuten oder bei Ablehung der Einwilligung des Betreuten zu verfahren ist.

Diederichsen und *Winkler-Wilfurt* sind der Ansicht, dass in solchen Fällen ein Einwilligungsvorbehalt analog § 1903 BGB angeordnet werden kann. Dies hätte zur Folge, dass der Betreute ohne die Zustimmung des Betreuers nicht wirksam in eine Behandlung einwilligen oder dieser widersprechen könnte, der Betreuer aber analog § 1902 BGB der Behandlung – gegen den Willen des Betreuten – zustimmen könnte.[202]

Problematisch ist allerdings schon die Frage, ob § 1903 BGB auf die Einwilligung in medizinische Maßnahmen angewendet werden kann.[203] Denn nach seinem klaren Wortlaut bezieht sich § 1903 BGB nur auf Willenserklärungen, also rechtsgeschäftlichen Erklärungen. Sein Zweck ist es, den Betreuten vor nachteiligen Folgen seines rechtsgeschäftlichen Handelns zu bewahren.[204] Bei einer Einwilligung in eine medizinische Maßnahme handelt es sich aber nicht um eine Willenserklärung.[205]
Zudem fehlt es für eine Analogie an einem vergleichbaren Sachverhalt und einer Regelungslücke.[206]
Bei der Anordnung einer Betreuung sind Fragen der Geschäftsfähigkeit nicht zu erörtern, da der Betreuer mit seinen Kompetenzen neben die des (geschäftsfähigen) Betreuten tritt. Bei der Anordnung einer Betreuung im gesundheitlichen Bereich ist Voraussetzung, dass der Betreute

---

[202] *Palandt/Diederichsen* § 1904 Rnr.4 a.E.; *Winkler-Wilfurt*, Betreuung und Heilbehandlung, S.111.

[203] Ablehnend *Soergel/Zimmermann* § 1904 Rnr.11; *MünchKomm/Schwab* § 1904 Rnr.4; *Erman/Roth*, 10.Aufl., § 1904 Rnr.5; *Staudinger/Bienwald* § 1903 Rnr.16; *Frost*, Arztrechtliche Probleme des neuen Betreuungsrechts, S.92; *Mayer*, Medizinische Maßnahmen an Betreuten, S.59; *Röttgen*, Das Betreuungsrecht, S.129; *Esch*, Der Patientenanwalt, S.85.

[204] Siehe *Erman/Holzhauer*, 10.Aufl., § 1903 Rnr.2; *Jürgens/Jürgens* § 1903 Rnr.2. Im Bereich der Gesundheitssorge ist ein Einwilligungsvorbehalt nur für die rechtsgeschäftliche Komponente – etwa den Abschluß des Behandlungsvertrages – denkbar; so *Klüsener/Rausch*, NJW 1993, 617 [620].

[205] Selbst wenn man ihr eine, einer Willenserklarung ähnliche Bedeutung beimessen will, so wäre infolge des hochstpersonlichen Charakters der Einwilligung eine Anwendung von § 1903 BGB wegen seines Absatzes 2 abzulehnen. Dieser Ansicht *Frost*, Arztrechtliche Probleme des neuen Betreuungsrechts, S.92, 93; *Esch*, Der Patientenanwalt, S.85; ablehnend auch *Reinhardt-Gilmour*, Rechtsfragen der Elektrokrampftherapie, S.132.

[206] Zu den Voraussetzungen einer Analogie siehe *Larenz/Canaris*, Methodenlehre der Rechtswissenschaft, S.202

grundsätzlich nicht in der Lage ist, seine gesundheitlichen Angelegenheiten selbst zu regeln. Hier wird also schon im Verfahren auf die Einsichts- und Steuerungsfähigkeit eingegangen. Nur wenn der Betroffene grundsätzlich nicht im Stande ist, seine gesundheitlichen Angelegenheiten selbst zu regeln, kommt eine Betreuerbestellung in Betracht und nur wenn der Betreute in der konkreten Situation nicht einwilligungsfähig ist, ist der Betreuer auch einwilligungsbefugt. Anders als im rechtsgeschäftlichen Bereich besteht gerade keine Doppelkompetenz von Betreuer und Betreutem.[207] Im höchstpersönlichen Bereich der Selbstbestimmung über die eigene körperliche Unversehrtheit muss die gesetzliche Vertretungsmacht auf die Fälle beschränkt bleiben, in denen der Betreute selbst nicht wirksam handeln kann.[208]
Mit dem Einwilligungsvorbehalt kann aber nur (bei Vorliegen der übrigen Voraussetzungen) ein Kompetenzkonflikt zwischen dem Betreuten und dem Betreuer entschieden werden. Die Schaffung einer neuen Kompetenz ist auch im Verbund von § 1902 BGB mit § 1903 BGB nicht möglich, da sie letztlich zu Lasten des Selbstbestimmungsrechtes des Betreuten geht.[209]

Mangels Anwendbarkeit des § 1903 BGB auf den gesundheitlichen Bereich ist auch die Ansicht *Kuhlmanns* abzulehnen.
Kuhlmann ist der Ansicht, dass bei angeordnetem Einwilligungsvorbehalt im gesundheitlichen Bereich zwar keine Entscheidung gegen den Willen des Einwilligungsfähigen zulässig ist, eine Einwilligung des Betreuten aber zusätzlich der Zustimmung des Betreuers bedürfe.[210] Der von *Kuhlmann* hervorgehobene Schutz des Betroffenen mit der Anordnung eines Einwilligungsvorbehalts wäre lediglich auf den Bereich beschränkt, der den Betreuten daran hindern würde, selbst einer Behandlung zuzustimmen, die der Betreuer für nicht erforderlich hielte. Zudem will er einen Einwilligungsvorbehalt nur dann angewendet wissen, wenn die in § 1903 BGB aufgeführten Eingriffsvoraussetzungen in entsprechender Weise erfüllt wären.[211] In allen anderen Fällen bliebe es – auch bei zweifelhafter Einwilligungsfähigkeit – bei der Notwendigkeit einer genauen Prüfung durch den Arzt.

---

[207] Aus diesem Grunde auch ablehnend *Erman/Roth*, 10.Aufl., § 1904 Rnr.5.
[208] So *MünchKomm/Schwab* §1904 Rnr.4.
[209] Dieser Ansicht auch *Klüsener/Rausch*, NJW 1992, 617 [619]; *Mayer*, Medizinische Maßnahmen an Betreuten, S.60; *Jürgens/Marschner* § 1904 Rnr.2 ist ebenfalls der Ansicht, dass ein Einwilligungsvorbehalt zum Zwecke der Übergehung des vom Betreuten geäußerten Willen unzulässig ist.
[210] *Kuhlmann*, Einwilligung in die Heilbehandlung alter Menschen, S.168, 170, 173, insbes. 184.
[211] Eine Zustimmung des Betreuers zu der Einwilligungserklärung des Betreuten sei nur dann notwendig, wenn eine Gefahr fur die Gesundheit des Betreuten bei Vornahme der Maßnahme besteht. Allerdings sollen dabei solche Gefahren unbeachtlich sein, die der Patient auch dann einzugehen hatte, wenn er zweifelsfrei einwilligungsfähig wäre, bzw. der Betreuer die Maßnahme zugelassen hatte, weil sie trotz Risiko der Maßnahme dem Wohl des Patienten entsprechen, *Kuhlmann*, Einwilligung in die Heilbehandlung alter Menschen, S.173.

Woraus sich aber dann der Nutzen und der Vorteil eines Einwilligungsvorbehalts im gesundheitlichen Bereich bei einer derart eingeschränkten Anwendung des § 1903 BGB (analog) ergeben soll, wird nicht klar.
Bei „einfacheren" Behandlungen und Eingriffen bliebe es bei der Notwendigkeit der Überprüfung der Einwilligungsfähigkeit. Auch bei notwendigen, nicht zu umgehenden Risiken[212] wäre eine Überprüfung erforderlich. Zudem würde der Einwilligungsvorbehalt nicht bei einer Behandlungsverweigerung des Betreuten greifen. In all diesen Konstellationen bliebe es in Fällen zweifelhafter Einwilligungsfähigkeit bei der hier vertretenen Auffassung, dass die Einwilligungsunfähigkeit immer konkret festgestellt werden muss.
Auch die Vorteile für den behandelnden Arzt halten sich in Grenzen.[213] Denn nur hinsichtlich solcher, die Eingriffsschwelle des § 1903 BGB überschreitenden, Maßnahmen, zu denen sowohl der Betreute seine Einwilligung und der Betreuer seine Zustimmung erteilt hat, muss sich der Arzt über seine Rechtfertigung keine Gedanken machen. Das ist aber auch ohne Einwilligungsvorbehalt gegeben, da es bei übereinstimmenden „Einwilligungserklärungen" letztlich für den Arzt nicht von Belang ist, wer denn nun die rechtserhebliche Erklärung erteilt hat. Selbst in der Konstellation, dass der Betreuer seine Zustimmung verweigert, wäre der Einwilligungsvorbehalt nicht von Vorteil. In einem solchen Fall hätte der Arzt die Behandlung – nach *Kuhlmanns* Ansicht - mangels wirksamer Einwilligung zu unterlassen. Dies wird er aber auch bei zweifelhafter Einwilligungsfähigkeit ohne Einwilligungsvorbehalt tun, um sich nicht der Gefahr einer strafrechtlichen oder zivilrechtlichen Verfolgung auszusetzen.

(3) Die Einwilligung in einen Schwangerschaftsabbruch

Ist ein Betreuer mit Aufgabenkreis Gesundheitssorge bestellt, gehört zu seinen Aufgaben auch die Einwilligung in einen (rechtlich zulässigen[214]) Schwangerschaftsabbruch, wenn die Betreute nicht die notwendige Einwilligungsfähigkeit besitzt. Denn nach dem Regierungsentwurf ist ein Schwangerschaftsabbruch nicht generell dadurch ausgeschlossen, dass die Schwangere nicht einwilligungsfähig ist und unter Betreuung steht.[215]

Fraglich ist allerdings, ob der Betreuer in einen Schwangerschaftsabbruch auch gegen den natürlichen Willen der einwilligungsunfähigen Schwangeren einwilligen kann. Würde man einen Schwangerschaftsab-

---

[212] *Kuhlmann*, Einwilligung in die Heilbehandlung alter Menschen, S.173, 174.
[213] Hierauf (allein) abzustellen wäre bedenklich, da das gesamte Betreuungsgesetz – und auch § 1903 BGB – auf den Schutz des Betreuten und nicht auf den Schutz Dritter ausgerichtet ist.
[214] Eingehender dazu *Mayer*, Medizinische Maßnahmen an Betreuten, S.77 ff. [81].
[215] BT-Drucks. 11/4528, S.141.

bruch auch gegen den natürlichen Willen der Betreuten für zulässig erachten, wäre dies vor allem im Hinblick auf das Widerspruchsrecht[216] des § 1905 Abs. 1 S.1 Nr.1 BGB problematisch. Denn die Regelung des § 1905 BGB könnte dadurch umgangen werden, dass die Mutterschaft sterilisationsunwilliger Frauen durch eine Zwangsabtreibung verhindert wird.[217] Besser ist es demnach auch im Rahmen eines Schwangerschaftsabbruchs den natürlichen Willen der Betreuten grundsätzlich zu beachten, zumal dann, wenn sich die Frau der Schwangerschaft bewusst ist und hierzu Stellung bezieht.[218] Nur in Ausnahmefällen, wenn durch die Fortsetzung der Schwangerschaft für die Frau Lebensgefahr oder die Gefahr einer schweren Gesundheitsbeschädigung besteht, ist zu ihrem Wohle (§ 1901 Abs. 2 S.1 BGB) ein Schwangerschaftsabbruch auch gegen ihren natürlichen Willen zulässig.[219]

Eine vormundschaftsgerichtliche Genehmigung nach § 1904 BGB hat der Betreuer nur in Ausnahmefällen einzuholen, da der Eingriff in aller Regel als nicht gefährlich anzusehen ist.[220]

---

[216] Anders als bei einer Kastration, kommt es bei einer Sterilisation nach § 1905 BGB zwar nicht auf die ausdrückliche Zustimmung des Betroffenen an, wohl aber darauf, dass „sie dem Willen des Betroffenen nicht widerspricht". Siehe hierzu *Amelung*, Vetorechte, S.13 u. 14.

[217] Vgl. *Frost*, Arztrechtliche Probleme des neuen Betreuungsrechts, S.112.

[218] Noch enger sieht dies *Kern*, MedR 1991, 66 [70], der auch bei Einwilligungsunfähigkeit nicht auf die Erklärung des Vertreters, sondern auf die natürliche Zustimmung der Betreuten abstellen möchte.

[219] So auch *Theodor Zimmermann*, Die Auswirkungen des Betreuungsgesetzes auf die ärztliche Praxis, S. 410 f.; *Frost*, Arztrechtliche Probleme des neuen Betreuungsrechts, S.112; *Amelung*, Vetorechte, S.18, 23 f., 29; *Mayer*, Medizinische Maßnahmen an Betreuten, S.81; *MünchKomm/Schwab* § 1904 Rnr.16. A.A. *Coester*, Jura 1991, 1 [8, 9], der nach den derzeitigen gesetzlichen Regelungen eine Zwangsabtreibung für zulässig hält; auch *Palandt/Diederichsen* § 1904 Rnr.9 hält einen Eingriff gegen den Willen der Schwangeren ohne Einschränkungen für zulässig. Etwas unklar *Erman/Roth*, 10.Aufl., § 1904 Rnr.19, der einerseits nach den allgemeinen Grundsätzen den Betreuer für berechtigt hält, bei einer einwilligungsunfähigen Betreuten die Einwilligungserklärung in den Eingriff abzugeben,auf der anderen Seite aber wegen der parallel zu bewertenden Situation der Sterilisation den natürlichen Willen für beachtlich hält.

[220] *Soergel/Zimmermann* §1904 Rnr.39; *Frost*, Arztrechtliche Probleme des neuen Betreuungsrechts, S.113; *Theodor Zimmermann*, Die Auswirkungen des Betreuungsrechts in der ärztlichen Praxis, S.411.

(4) Die Einwilligung in medizinische Forschungsmaßnahmen

Alle Medikamente bedürfen im Rahmen ihrer Entwicklung auch der Erprobung am Menschen. Gerade bei der Entwicklung von Psychopharmaka und Medikamenten gegen typische Alterskrankheiten (z.B. die Alzheimer-Krankheit) hat die Erprobung an kranken Menschen eine besondere Bedeutung.[221]
Das Betreuungsgesetz enthält keine besonderen Regelungen für die Verabreichung von Arzneimitteln. Nur wenn mit der Gabe des Medikaments die Gefahr des Todes oder einer schweren und länger dauernden Gesundheitsbeschädigung begründet wird, ist nach § 1904 Abs. 1 BGB eine vormundschaftsgerichtliche Genehmigung einzuholen.
Unter welchen Voraussetzungen eine klinische Prüfung von Arzneimitteln zulässig ist regelt das Arzneimittelgesetz (speziell §§ 40 – 42 AMG). Dabei wird unterschieden, ob eine klinische Prüfung an einer gesunden (§ 40 AMG) oder an einer kranken (§ 41 AMG) Person vorgenommen werden soll.
Bei der Prüfung von Arzneimitteln an gesunden Menschen spricht man vom klinischen Experiment. Dieses dient nur der Forschung.[222] Die Erprobung von Arzneimitteln an kranken Personen wird auch als Heilversuch bezeichnet. Der sog. Heilversuch steht zwischen der Standardbehandlung und dem Experiment. Hier werden die Zwecke der (Standard)Heilbehandlung mit denen des Experiments kombiniert, da der Heilversuch zum einen der Heilung - wie die (Standard-) Behandlung – und zum anderen der Forschung dient.[223]

An einem gesunden Menschen kann eine klinische Arzneimittelprüfung nur vorgenommen werden, wenn der Proband geschäftsfähig und einwilligungsfähig ist und die Einwilligung selbst schriftlich erteilt hat, § 40 Abs. 1 Nr.2, Abs. 2 AMG. Ist der Proband hingegen nicht in der Lage Wesen, Bedeutung und Tragweite der klinischen Prüfung einzusehen und danach seinen Willen zu bestimmen, kann auch nicht sein gesetzlicher Vertreter für ihn einwilligen,[224] zumal der Proband aus der klinischen Prüfung keinen Nutzen im Hinblick auf die Heilung oder Linderung einer Krankheit zieht.

---

[221] Während bei der Erforschung rein somatischer Erkrankungen in der Erprobungsphase vielfach auf Tierversuche zurückgegriffen werden kann, ist dies bei psychischen Krankheiten wegen fehlender Tiermodelle weitgehend nicht möglich. Deshalb besteht gerade bei psychischen Krankheitsbildern ein patientenbezogener Forschungsbedarf. Siehe *Lammersmann*, R & P 1999, 157. Siehe auch *Rover*, Einflußmöglichkeiten des Patienten, S.25 ff. spezielle zur Problematik der Erforschung von Demenzerkrankungen.

[222] *Richardi*, FS fur Medicus, S.449 [451]; eingehend zur Abgrenzung siehe *Habermann/Lasch/Godicke*, NJW 2000, 3389 [3390, 3391].

[223] Vgl. *Holzhauer*, NJW 1992, 2325 [2326].

[224] Allgem. Meinung, siehe *Richardi*, FS für Medicus, S. 449 [451]; *Holzhauer*, NJW 1992, 2325 [2327];*Sander* Erl. 7. Zu § 40 AMG.

Dies ist auch dann nicht möglich, wenn der Betroffene in einwilligungsfähigen Tagen, seine Einwilligung im Rahmen eines Patiententestamentes erteilt hat, da er vor Abgabe der Erklärung nicht im erforderlichem Maße über die klinische Prüfung aufgeklärt worden ist.[225]

Nicht nur an Gesunden, gerade bei Kranken, hat die Arzneimittelerprobung eine besondere Relevanz. Denn es gibt Krankheiten, an denen nur Einwilligungsunfähige leiden und eine Erforschung von Arzneimitteln auch nur an solchen Patienten sinnvoll ist. Dies sind vor allem Krankheiten, die ihrerseits zum Verlust der Einwilligungsfähigkeit des Betroffenen führen, wie beispielsweise Demenzen, Schlaganfälle, Suchterkrankungen und andere schwere seelische Störungen.[226] Zum einen können so die Heilungschancen des Medikaments besser erkannt werden, zum anderen kann den Patienten eventuell mit dem neuen Medikament geholfen werden.
Nach § 41 Nr.1 AMG ist eine klinische Prüfung an Kranken dann zulässig, wenn das Arzneimittel nach medizinischen Erkenntnissen zur Rettung des Lebens, zur Wiederherstellung der Gesundheit oder zur Leidenserleichterung angezeigt ist.[227] Anders als bei Versuchen mit gesunden Probanden, muss der Kranke bei einem Heilversuch nicht notwendigerweise einwilligungsfähig sein. Ist der Kranke nicht in der Lage, Wesen, Bedeutung und Tragweite der klinischen Prüfung einzusehen und hiernach seinen Willen zu bestimmen, so ist die Einwilligung des gesetzlichen Vertreters erforderlich, § 41 Nr.4 AMG. Bei einem Betreuten ist der Betreuer nach § 1902 BGB im Rahmen seines Aufgabenkreises gesetzlicher Vertreter. Ist dem Betroffenen ein Betreuer für den gesundheitlichen Bereich bestellt, ist dieser für sämtliche medizinisch indizierten Diagnose- und Therapiemaßnahmen zuständig. Dient folglich die klinische Prüfung dem Wohl des Betreuten, weil sie medizinisch indiziert ist – und das ist bei einem Heilversuch Voraussetzung, § 41 Nr.1 AMG -, dann ist der Gesundheitsbetreuer auch für die Einwilligung in die klinische Prüfung zuständig.[228] Nach § 41 Nr.5 AMG ist die Einwilligung des Betreuers nur dann wirksam, wenn er zuvor im erforderlichen Maße über den Heilversuch aufgeklärt wurde. Hat der Proband zwar einen Betreuer für den gesundheitlichen Bereich, ist er aber hinsichtlich der konkreten Maßnahme in der Lage, Wesen, Bedeutung und Tragweite der Maß-

[225] *Sander* Erl. 6. Zu § 41 AMG; a.A. wohl *Freund/Heubel, MedR* 1997, 347.
[226] So *Taupitz/Frohlich*, VersR 1997, 911; *Elzer*, MedR 1998, 122 [125].
[227] Zu Einzelheiten bei der Durchführung von Studien, beispielsweise die Zulässigkeit von kontrollierten Studien mit einer Teilnahme des Betreuten in der Kontrollgruppe und die Zulässigkeit des Einsatzes von Placebos, siehe *Habermann/Lasch/Godicke*, NJW 2000, 3389 [3392].
[228] Vgl. *Holzhauer*, NJW 1992, 2325 [2328]. Zu den Problemen bei vergleichenden Therapiestudien siehe *Richardi*, FS für Medicus, S. 449 [454,455]; *Deutsch*, Medizinrecht, Rnr.457.

nahme zu erfassen, bedarf es neben seiner Einwilligung zudem der Einwilligung des gesetzlichen Vertreters, also des Betreuers.[229]

Nicht nur Arzneimittel, auch Medizinprodukte[230] bedürfen der Erprobung. Ähnlich wie das Arzneimittelgesetz, unterscheidet auch das Medizinproduktegesetz nach klinischen Prüfungen an gesunden oder kranken Personen.
Gemäß § 17 Abs. 1 Nr.2, Abs. 2 MPG darf eine klinische Prüfung von Medizinprodukten bei gesunden Menschen nur bei bestehender Einwilligungsfähigkeit vorgenommen werden. Bei Kranken ist hingegen eine Einwilligung durch einen Stellvertreter – also den Gesundheitsbetreuer – möglich, § 18 Nr.2 und 3 MPG.[231]

Bei anderweitigem medizinischen Forschungsbedarf gibt es keine derartigen spezialgesetzlichen Regelungen, wie sie das AMG und das MPG vorsehen. Dennoch ist z.B. im Rahmen von medizinischer Krankheitsursachen- und Grundlagenforschung[232] oder aber bei der Weiterentwicklung von Operationstechniken und Behandlungsmethoden ein Forschungsbedarf unbestritten.
Inwieweit medizinische Forschung an Nichteinwilligungsfähigen grundsätzlich aus ethischer und rechtlicher Sicht zulässig ist, soll hier nicht näher erörtert werden.[233] [234]
Der Betreuer mit Aufgabenkreis Gesundheitssorge hat bei seiner Tätigkeit jedenfalls das Wohl des Betreuten zu berücksichtigen. Dient demnach das Forschungsprojekt nicht dem Betroffenen, so kann der Betreuer schon wegen der gesetzlichen Bestimmung des § 1901 Abs. 2 BGB nicht einwilligen.[235] Ergibt allerdings die Abwägung

---

[229] Dies stellt einen gesetzlich geregelten Fall der Doppelzuständigkeit dar; vgl. *Schwab*, FS für Henrich, S.521.

[230] Zur Begriffsbestimmung siehe § 3 MPG. Während Arzneimittel ihren Zweck auf pharmakologischem Weg erfüllen, wird der Zweck der Medizinprodukte vorwiegend auf physikalischem Weg erreicht, *Fröhlich*, Forschung wider Willen?, S.89.

[231] Da die Bestimmungen des AMG und des MPG insoweit fast identisch sind, kann auf weitere Ausführungen insoweit verzichtet werden.

[232] *Fröhlich*, Forschung wider Willen?, S.97, nennt hier das eindrucksvolle Beispiel der Aufklärung des Zusammenhangs zwischen Creutzfeld-Jakob-Krankheit mit dem BSE-Erreger.

[233] Siehe hierzu etwa *Fröhlich*, Forschung wider Willen?, S.99 ff. In der Forschungspraxis finden zudem Richtlinien wie etwa die „Marburger Richtlinien zur Forschung mit einwilligungsunfähigen und beschränkt einwilligungsfähigen Personen“ Beachtung. Hierbei handelt es sich nicht um Rechtsquellen im technischen Sinne. Die Richtlinien dienen dazu, die rechtlichen Regeln zu verdeutlichen und zu konkretisieren, um zu ihrer Beachtung beizutragen, siehe *Freud/Heubel*, MedR 1997, 347 [349].

[234] Auch die „Konvention uber Menschenrechte und Biomedizin“ (EMRÜ-Biomedizin) des Europarates enthält Mindeststandards bzgl. medizinischen oder biologischen Forschungseingriffen an einwilligungsunfahigen Personen. Die Vertreter Deutschlands hatten sich bei der Beschlussfassung enthalten und die Bundesrepublik Deutschland hat die Konvention bisher nicht ratifiziert. Siehe hierzu *Lammersmann*, R & P 1999, 157 [159 f.]; *Spranger*, MedR 2001, 238.

[235] Demnach sind fremdnützige Forschungsmaßnahmen an einwilligungsunfähigen Betreuten, entgegen Art. 17 Abs. 2 EMRÜ-Biomedizin, nach dem geltenden Betreuungsrecht nicht zulässig. Vgl.

der Risiken und Chancen, dass die – sonst rechtlich zulässige – Maßnahme dem Wohl des Betreuten entspricht, kann und darf der Betreuer seine Einwilligung erteilen.[236]

Unabhängig davon um welche Art von medizinischer Forschung es sich handelt, hat der Betreuer dann die Genehmigung des Vormundschaftsgerichts nach § 1904 Abs. 1 S.1 BGB einzuholen, wenn die Gefahr des Todes oder einer schweren Gesundheitsschädigung besteht.

(5) Die Einwilligung nach § 18 Abs. 2 und 3 SGB XI

Nicht nur im Rahmen des Arzt-Patientenverhältnisses im engeren Sinne bedarf es der Einwilligung des Patienten zur Vornahme rechtmäßiger Handlungen. Beantragt der Betroffene Pflegeleistungen aus der gesetzlichen Pflegeversicherung (SBG XI), muss er seine Pflegebedürftigkeit durch den Medizinischen Dienst der Krankenversicherungen (MDK) überprüfen lassen.[237] Nach § 18 Abs. 2 S.1, 3 SGB XI hat dies grundsätzlich im Wohnbereich des Versicherten zu geschehen. Hierzu hat der Betroffene sein Einverständnis zu erteilen. Verweigert er dies, kann die Pflegekasse die beantragten Leistungen verweigern, § 18 Abs. 2 S.2 SGB XI.

Bei dieser Einwilligung handelt es sich um eine rechtsgeschäftsähnliche Handlung. Sie kann vom Versicherten (= Betreuten) selbst nur dann wirksam erteilt werden, wenn er die Bedeutung der ihn betreffenden Untersuchung erkennen kann. Ausreichend ist hierfür eine natürliche Einsichtsfähigkeit. Geschäftsfähigkeit nach §§ 104 ff. BGB ist nicht erforderlich.[238] Ist der Betreute einwilligungsunfähig, hat sein gesetzlicher Vertreter für ihn die Einwilligung in die Untersuchung im Wohnbereich zu erteilen. Da es sich hierbei um eine den gesundheitlichen Bereich betref-

---

Lammersmann, R & P 1999, 157 [163]; *Spranger*, MedR 2001,238 [243]; *Lippert*, VersR 1997, 545 [546];
a.A. *Elzer*, MedR 1998, 122 [125], der der Ansicht ist, dass § 1901 BGB einen Forschungseingriff zum Nutzen Dritter zulässt. Denn die Befugnisse gesetzlicher Vertreter würden über das individuelle Wohl des Betreuten hinausreichen, wenn dessen Wohl überragende Interessen der Gemeinschaft gegenüberstünden und dem Einwilligungsunfähigen kein Schaden drohe. Auch *Köhler*, ZRP 2000, 8 [9] hält eine Einwilligung des Betreuers in eine fremdnützige Forschung dann für zulässig, wenn der Betreuer auf eine entsprechende altruistische Einstellung des Betreuten schliessen kann.

[236] So stellen die Regelwerke letztlich auf den potentiell bestehenden Nutzen für den Einwilligungsunfahigen ab und halten eine Forschung ohne unmittelbaren Nutzen für den Betroffenen für nicht zulässig. So etwa die Menschenrechtskonvention zur Biomedizin (die von der BRD bislang nicht unterzeichnet wurde); hierzu *Taupitz/Fröhlich*, VersR 1997, 911; *Höfling/Demel*, MedR 1999, 540; *Frohlich*, Forschung wider Willen?, S.110; sowie der Nürnberger Kodex von 1997, siehe *Fröhlich*, Forschung wider Willen?, S.108, *Spranger*, MedR 2001, 238.

[237] Zur Einstufung in die verschiedenen Pflegestufen und zum Verfahrensgang siehe *Marschner*, MedR 1995, 270 ff.

[238] Vgl. *Spinnarke* in LPK-SGB XI § 18 Rnr.17.

fende Angelegenheit handelt, hat der Betreuer mit Aufgabenkreis Gesundheitssorge die Erklärung abzugeben, § 1902 BGB.

Nach § 18 Abs. 3 S.1 SBG XI soll der MDK die behandelnden Ärzte des Versicherten, insbesondere die Hausärzte in die Begutachtung miteinzubeziehen, wenn der Versicherte hierzu seine Einwilligung erteilt.[239] Da zum Aufgabenbereich des Gesundheitsbetreuers auch die Entbindung des Arztes von seiner Schweigepflicht gegenüber Dritten zählt, ist der Betreuer bei Einwilligungsunfähigkeit des Betreuten zur Erklärung nach § 18 Abs. 3 S.1 SBG XI berechtigt.

(6) Die Entbindung des Arztes von der Schweigepflicht

Wie bereits angesprochen, fallen unter die Angelegenheiten der Gesundheitssorge alle Maßnahmen, die im Zusammenhang mit der gesundheitlichen Versorgung des Betreuten stehen. Dazu gehört unter anderem auch die Entbindung des Arztes von seiner Schweigepflicht. Fraglich ist allerdings, wie eine solche Erklärung rechtlich zu werten ist und wie die Kompetenzen zwischen Betreuer und Betreutem verteilt sind. Würde es sich um eine Willenserklärung handeln, müsste der Patient geschäftsfähig sein, um eine wirksame Erklärung abzugeben. Handelte es sich hingegen um eine vergleichbare Erklärung, wie die Einwilligung zu ärztlichen Maßnahmen, so wäre eine natürliche Einsichts- und Steuerungsfähigkeit ausreichend aber auch notwendig.

Die ärztliche Schweigepflicht dient dem Schutz des Persönlichkeitsrechtes des Patienten.[240] Nur vor dem Hintergrund der ärztlichen Verschwiegenheit kann das Vertrauensverhältnis entstehen, das zu den Grundvoraussetzungen ärztlichen Wirkens zählt, weil es die Chance der Heilung vergrößert und damit im Ganzen gesehen der Aufrechterhaltung einer leistungsfähigen Gesundheitssorge dient.[241]
Sowohl in den einschlägigen Berufsordnungen als auch im Strafgesetzbuch (§ 203 StGB) ist diese Schweigepflicht verankert. Der Arzt kann nur dann sanktionsfrei Befunde o.ä. über seinen Patienten weitergeben, wenn er hierbei gerechtfertigt ist. Ein Rechtfertigungsgrund bildet die wirksame Einwilligung in die Weitergabe der Erklärungen, also die Entbindung des Arztes von der Schweigepflicht.
Der Patient kann darauf vertrauen, dass die dem Arzt anvertrauten Mitteilungen nicht an Dritte weitergegeben werden. Erlaubt der Patient dem Arzt aber, diese Informationen weiterzugeben, so muss er in der Lage

[239] Siehe *Marschner*, MedR 1995, 270 [272].
[240] Siehe *Laufs/Uhlenbruck* § 69 Rnr 11; *Deutsch*, Medizinrecht Rnr.371.
[241] BVerGE32, 373 [379, 380].

sein zu erkennen, welche Wirkung seine Erklärung hat. Geschäftsfähigkeit ist nach einhelliger Ansicht hierfür nicht erforderlich, da es sich um den persönlichen Lebensbereich betreffende Angelegenheiten handelt und nicht um rechtsgeschäftliche Vorgänge.[242] Wie bei einer Einwilligung zu ärztlichen Maßnahmen, muss der Betroffene auch bei der Entbindung des Arztes von der Schweigepflicht der Bedeutung und Tragweite seiner Entscheidung bewusst sein.

Fraglich ist allerdings, wie dann die Kompetenzen zwischen Betreuer und Betreutem hinsichtlich des Rechts, den Arzt von der Schweigepflicht zu entbinden, verteilt sind. Ob der Betreuer kraft seines Aufgabenkreises und seinem Vertretungsrecht (§ 1902 BGB) jederzeit hierzu befugt ist, oder ob – wie bei der Einwilligung in Behandlungsmaßnahmen – eine Zuständigkeit des Betreuers nur dann begründet wird, wenn der Betroffene selbst hierzu nicht mehr in der Lage ist.

Da die Entbindung von der Schweigepflicht, ähnlich wie die Einwilligung in ärztliche Maßnahmen fordert, dass der Betroffene Bedeutung und Tragweite seiner Entscheidung erfassen kann, ist eine gleiche Kompetenzverteilung wie bei der Einwilligung interessengerecht. Nur wenn der Betreute nicht in der Lage ist zu ermessen, welche Auswirkungen eine Einwilligung zur Weitergabe von Informationen hat, ist es das Recht und die Pflicht des Gesundheitsbetreuers diese Angelegenheit für den Betroffenen zu besorgen. Besitzt der Betroffene hingegen selbst die notwendigen Fähigkeiten um eine Entscheidung zu treffen, muss ihm diese Kompetenz infolge des betreuungsrechtlichen Erforderlichkeitsgrundsatzes auch verbleiben.[243]
Dabei ist zu berücksichtigen, dass der Betreuer selbst nicht informationslos gestellt wird. Er selbst hat kraft seines Amtes das Recht auf Mitteilung durch den Arzt. Ihm gegenüber kann der Betreute den Arzt nicht zum Schweigen verpflichten, da ansonsten keine effektive, am Wohl des Betroffenen orientierte Gesundheitsbetreuung möglich wäre.
Vom „Innenverhältnis" zwischen Betreuer, Betreutem und Arzt, ist allerdings das Verhältnis zu Dritten zu unterscheiden. Außenstehenden Personen gegenüber ist der Betreuer nur dann zur Weitergabe von Informationen über den Gesundheitszustand des Betroffenen berechtigt, wenn dieser selbst hierzu nicht mehr in der Lage ist. Kann der Betreute selbst die Bedeutung seiner Erklärungen abschätzen, liegt die Weitergabe von, seine Gesundheit betreffenden, Informationen allein in seinem Ermessen.
Ist der Betreute einsichtsfähig und verweigert er die Zustimmung zu einer Schweigepflichtsentbindung, hat der Betreuer kein, seinem Aufga-

---

[242] Vgl. LK-*Janke* § 203 Rnr.57; *Schonke/Schroder* § 203 Rnr.24.
[243] Dieser Ansicht wohl auch *Palandt/Diederichsen* § 1904 Rnr.2.

benkreis entstammendes, Recht an Stelle des Betreuten zu handeln. Er kann lediglich versuchen, den Betreuten zu einer anderen Entscheidung zu bewegen. Fruchten diese Bemühungen nicht, kann er nur abwarten bis der Betroffene nicht mehr entscheidungsfähig ist, um dann selbst zu handeln.

b) Die vormundschaftsgerichtliche Genehmigung nach § 1904 BGB

Birgt die ärztliche Maßnahme, in die der Betreuer einwilligen will, eine gewisse lebensbedrohende Gefahr in sich, so bedarf die Einwilligung des Betreuers zusätzlich der Genehmigung durch das Vormundschaftsgericht, § 1904 Abs. 1 S.1 BGB.[244]
Zu beachten ist, dass eine vormundschaftsgerichtliche Genehmigung nach § 1904 BGB nur dann in Betracht kommt, wenn der Betreute nicht einwilligungsfähig ist und der Betreuer mit dem Aufgabenkreis Gesundheitssorge in eine derartige ärztliche Maßnahme einwilligen möchte.[245]
Ist der Betreute einwilligungsfähig, hat er selbst darüber zu entscheiden, ob die Maßnahme vorgenommen wird und zwar unabhängig davon, wie gefährlich diese ist.
Ist er hingegen einwilligungsunfähig, hat der Betreuer zu beurteilen, ob eine Untersuchung des Gesundheitszustandes, eine Heilbehandlung oder ein ärztlicher Eingriff genehmigungsbedürftig ist. Die Entscheidung des Betreuers kann jedenfalls nicht durch eine Genehmigung nach § 1904 Abs. 1 S.1 BGB ersetzt werden.[246] Der Betreuer wird sich bei der Entscheidung, ob es sich um eine Maßnahme im Sinne des § 1904 BGB handelt an die Auskünfte des Arztes halten und gegebenenfalls die Beratung des Gerichts in Anspruch nehmen § 1837 Abs. 1 S.1 BGB.[247] Der Betreuer kann zu seiner eigenen Sicherheit die vormundschaftsgerichtliche Genehmigung zu einem konkreten risikoreichen Eingriff beantragen, auf die Gefahr hin, dass das Gericht eine Genehmigung für nicht erforderlich erachtet. Er kann aber auch beim Vormundschaftsgericht die Ausstellung eines Negativattests beantragen.[248]
Als ärztliche Maßnahmen, bei denen eine Genehmigung durch das Vormundschaftsgericht in Frage kommen kann, nennt § 1904 Abs. 1 S.1 BGB die Untersuchung des Gesundheitszustandes, die Heilbehandlung und den ärztlichen Eingriff. Eine Definition dieser Begriffe erfolgt im Gesetz allerdings nicht.

---

[244] Zur Kritik an dieser Vorschrift siehe *Schwab*, FS für Henrich S.518, 519.
[245] Vgl. LG Berlin, Beschluss v. 5.11.1993 – 83 T 423 u. 426/92, FamRZ 1993, 597 [598].
[246] Siehe BayObLG, Beschluss v. 1.3.1999 – 3Z BR 48/99, FamRZ 1999, 1304 [1305].
[247] Vgl. *Bienwald* §1904 Rnr.20.
[248] Siehe *Damrau/Zimmermann* §1904 Rnr.11.

(1) Untersuchung des Gesundheitszustandes

Die Untersuchung des Gesundheitszustandes ist eine diagnostische Maßnahme. Zwar scheint auf den ersten Blick ein Genehmigungsvorbehalt hier nicht notwendig zu sein. Jedoch ist zu berücksichtigen, dass die Vorschrift vor allem bei alten, gebrechlichen Patienten ihren Anwendungsbereich hat. Bei der Annahme einer begründeten Gefahr ist demnach auch deren labile gesundheitliche Konstitution zu berücksichtigen, so dass eine Untersuchungsmethode unter Umständen für den Betreuten eine Gefahr für Leben oder Gesundheit darstellen kann. Es ist folglich in jedem konkreten Einzelfall die Genehmigungspflichtigkeit nach § 1904 BGB zu prüfen, da es auf den Allgemeinzustand, die Empfindlichkeit und das Alter des Betreuten entscheidend ankommt.[249]

(2) Heilbehandlung

Der Begriff Heilbehandlung hat in den einschlägigen Gesetzen keine eigenständige Bedeutung.[250] Nach der Definition von Schreiber ist Heilbehandlung jede ärztliche Maßnahme, die den Gesundheitszustand eines Betreuten wieder oder soweit wie möglich herstellt, also sowohl internistische als auch chirurgische, psychiatrische oder zahnärztliche Tätigkeiten.[251] Die von Schreiber gewählte Definition, kann nicht überzeugen, da sie zu einseitig auf die ärztlichen Maßnahmen abstellt, mit der Folge, dass jedes ärztliche Agieren als Heilbehandlung definiert werden kann. Der Begriff der Heilbehandlung darf aber nicht nur auf den Arzt und dessen Tun abstellen, sondern muss auch die Tätigkeit anderer anerkannter Heilberufe erfassen.[252] Wenn schon das Handeln eines Arztes bei Erfüllung der Voraussetzungen des § 1904 BGB genehmigungspflichtig ist, so muss dies erst recht für die Behandlung durch einen Nicht-Arzt gelten.[253]

Besser ist es daher, unter Heilbehandlung Maßnahmen aller Art zu fassen, die auf die Herstellung der Gesundheit, die Linderung der Krankheit, Beseitigung oder Linderung der Krankheitsfolgen sowie Verhütung von Krankheiten oder deren Verschlimmerung gerichtet sind, wozu auch „alternative" Behandlungsmethoden aller Art zu zählen sind.[254]

---

[249] So auch *Schreiber*, FamRZ 1991, 1014 [1015].

[250] Siehe *Winkler-Wilfurt*, Betreuung und Heilbehandlung, S.14, mit einer Darstellung der verschiedentlich verwendeten Begriffe.

[251] Siehe *Schreiber* FamRZ 1991, 1014 [1016].

[252] Dieser Ansicht auch *Bienwald* in *Staudinger/Bienwald* § 1904 Rnr.34.

[253] Winkler-*Wilfurt*, Betreuung und Heilbehandlung, S.18, nennt hier das Beispiel einer alternativen Krebstherapie an schulmedizinisch austherapierten Patienten.

[254] Vgl. *MünchKomm/Schwab* § 1904 Rnr.10.

Zu den Heilbehandlungen sind also auch chirurgische Eingriffe aller Art, inklusive der erforderlichen Anästhesie, zu rechnen.[255]

Weiterhin ist auch die Verordnung von Medikamenten erfaßt, wenn hiervon eine Gefährdung im Sinne von § 1904 Abs. 1 S. 1 BGB ausgeht.[256] Die Entscheidung des Vormundschaftsgerichts hat sich am Wohl des Bereuten zu orientieren.[257] Das bedeutet, dass eine Genehmigung vom Vormundschaftsgericht dann nicht erteilt werden kann, wenn sie nicht dem Wohl des Betreuten entspricht.[258] Bei medikamentösen Behandlungen ist demnach eine Genehmigung zu versagen, wenn die Nebenfolgen so schwerwiegend sind, dass sie durch den Behandlungserfolg nicht mehr aufgewogen werden. Hier kommt folglich wieder eine besondere Ausprägung des Kriteriums der Erforderlichkeit und der Verhältnismäßigkeit zum Tragen. Wenn eine Maßnahme mehr Gefahren als Nutzen in sich birgt, dient sie nicht dem Wohle des Betreuten und ist folglich auch nicht als erforderlich anzusehen.
Dient die Verabreichung von Medikamenten nicht der Heilung, sondern lediglich der Sedierung (Müdigkeit) oder Muskelrelaxation (Muskelschwäche) zum Zwecke der Beweglichkeitseinschränkung, so kann sie nicht als Heilbehandlung im Sinne von § 1904 Abs. 1 S.1 BGB angesehen werden. Die Maßnahme ist dann als freiheitsentziehend zu qualifizieren. Anders stellt sich die Lage nur dann dar, wenn die Bewegungseinschränkung als unvermeidliche Nebenwirkung einer Therapie zuzuordnen ist.[259]
Eine freiheitsentziehende Medikation kann aber unter Umständen unter den Begriff des ärztlichen Eingriffs im Sinne des § 1904 Abs. 1 S.1 BGB fallen und somit genehmigungspflichtig sein.

Ein großes Problem für den Gesundheitsbetreuer stellt sich in der Praxis dadurch, dass er – meist als medizinischer Laie – nicht abschätzen kann, welches Medikament unter die Genehmigungspflicht des § 1904 BGB fällt. *Schreiber* hat mit seinem Aufsatz den Versuch unternommen, eine Liste mit genehmigungspflichtigen Medikamenten aufzustellen.[260] Diese Liste wurde von medizinischer Seite kritisiert. Zum einen wurde die Liste als zu einseitig empfunden. Zum anderen wurde auf die Gefahr der Veralterung hingewiesen. Zwar mag für den Betreuer und auch für die Gerichte eine solche Auflistung von Vorteil sein, weil sie die Arbeit im Alltag wesentlich erleichtert. Zu bedenken ist jedoch, dass nicht

---

[255] Vlg. *Schreiber* FamRZ 1991, 1014 [1016].
[256] Siehe HK-BUR/ *Rink* vor § 1904 Rnr.1. Eine Aufstellung der von ihm als genehmigungsbedürftig angesehenen Medikamente bei *Schreiber* FamRZ 1991, 1014[1018 ff.]
[257] So auch OLG Hamm, Beschluss v. 8.1.97, FamRZ 1998, 190 = BtPrax 1997, 162
[258] So entschieden auch LG Berlin, Beschluss v. 5.11.1992, FamRZ 1993, 597 [599].
[259] Vgl. *Staudinger/Bienwald* §1904 Rnr.35, *Damrau/Zimmermann* § 1906 Rnr.19
[260] *Schreiber*, FamRZ 1991,1014 ff.

das Medikament an sich gefährlich im Sinne des § 1904 BGB ist, sondern die Verträglichkeit maßgeblich vom Gesundheitszustand des Patienten und Dosierung und Dauer der Einnahme abhängt. Demnach ist der Gesundheitsbetreuer gefordert, sich über die bei seinem Betreuten erforderliche Medikation zu informieren. Nur so wird er sich mit der Zeit ein Wissen über die Wirkungsweisen und Nebenwirkungen der verschiedenen einschlägigen Medikamente aneignen können und ein Gespür für die Notwendigkeit einer vormundschaftsgerichtlichen Genehmigung bekommen. Eine solche Vorgehensweise erschwert die Arbeit eines Gesundheitsbetreuers zwar erheblich, jedoch ist es die einzige Möglichkeit, dem Wohle des Betreuten gerecht zu werden.

(3) Ärztlicher Eingriff

Als ärztliche Eingriffe sind solche Maßnahmen zu bestimmen, die nicht schon unter die Rubrik der Heilbehandlung fallen. Demnach sind es Maßnahmen, die keinen kurativen Zweck verfolgen, aber dennoch eine Beeinträchtigung der körperlichen Integrität darstellen.[261]
Als Beispiele sind hier der nicht medizinisch indizierte Schwangerschaftsabbruch, Schönheitsoperationen, sowie die freiheitsentziehenden Medikationen zu verstehen.[262]

(4) Weitere Voraussetzungen des § 1904 BGB

Problematisch ist in der Praxis vor allem, wann die Voraussetzungen des § 1904 Abs. 1 S.1 BGB tatsächlich vorliegen, d. h., wann eine begründete Gefahr des Todes oder eines schweren oder länger andauernden gesundheitlichen Schaden besteht. Dies hinterfragte *Schwab*[263] bereits vor In-Kraft-Treten des neuen Betreuungsrechtes. Er gab zu bedenken, dass fast jede medizinische Behandlung mit erheblichen Gesundheitsrisiken verbunden ist. Zu denken sei da an das Narkoserisiko oder die Gefahren, die mit der Einnahme massenhaft verbreiteter Medikamente verbunden sein kann. Nach seiner Meinung lässt sich die Dimension der Gefahr am besten mit der Durchsicht der Rechtsprechung zur ärztlichen Aufklärungspflicht ermessen. Zwar kann hieraus ein gewisses Gespür für risikoreiche Eingriffe erlangt werden, zu beachten ist jedoch, dass der Grad der Aufklärung nicht mit dem Grad der begründeten Gefahr gleichzusetzen ist.[264]

---

[261] Siehe *MünchKomm/Schwab* § 1904 Rnr.10
[262] Weitere Beispiele vgl. sinngemäß *Tröndle/Fischer* § 223 Rnr.9 d.
[263] *Schwab* FamRZ 1990, 681[686].
[264] Siehe *Erman/Roth*, 10.Aufl., § 1904 Rnr.9.

Zu fragen bleibt allerdings, wann eine Gefahr begründet, also die Behandlung genehmigungspflichtig ist, und wann sie unbegründet und damit genehmigungsfrei ist.
Von einer begründeten Gefahr im Sinne von § 1904 BGB ist dann auszugehen, wenn eine konkrete und naheliegende Möglichkeit des Schadenseintrittes besteht. Eine überwiegende Wahrscheinlichkeit ist nicht erforderlich. Andererseits wird eine Genehmigungspflicht nicht durch eine nur entfernte Möglichkeit oder rein hypothetische Gefahren ausgelöst. § 1904 BGB ist eine Ausnahmeregelung zur grundsätzlichen Genehmigungsfreiheit. Folglich muss eine, das normale Durchschnittsrisiko jeder medizinischen Maßnahme überschreitende und begründete, Gefahr bestehen damit von einer Genehmigungspflichtigkeit auszugehen ist.[265]
Allerdings verbietet sich eine Katalogisierung von ärztlichen Maßnahmen – z.B. anhand ihrer Komplikationshäufigkeit – in sog. genehmigungspflichtige und genehmigungsfreie Behandlungen. Zwar bedürfen solche Behandlungen oder Eingriffe, die schon unabhängig vom Gesundheitszustand des Patienten als risikoreich bezeichnet werden, stets einer vormundschaftsgerichtlichen Genehmigung nach § 1904 BGB.[266] In der ärztlichen Praxis muss die Gefährlichkeit und damit auch die Genehmigungspflichtigkeit immer im Zusammenhang mit den konkreten Umständen des Einzelfalles beurteilt werden. [267] Denn was für den einen eine Routineuntersuchung darstellt, kann für den anderen schon eine erhebliche Gesundheitsgefährdung beinhalten.

Für die Auslegung des Begriffes „schwerer gesundheitlicher Schaden" kann auf die Wertungen des § 226 StGB abgestellt werden.[268] Allerdings können auch andere als die in § 226 StGB enthaltenen Folgen eine schwere gesundheitliche Schädigung darstellen. *Damrau* nennt hier z.B. schwere nachteilige Nebenwirkungen von Medikamenten oder der Verlust eines inneren Organs.[269] Auch bei Gefahr schwerer psychischer Schäden ist eine Genehmigungspflicht zu bejahen. Psychische Schäden können als Nebenwirkung bei der Einnahme von Medikamenten auftre-

---

265 Nachweis bei *Erman/Roth* § 1904 Rnr.11.

266 *Damrau/Zimmermann* § 1904 Rnr.6 zählt hierunter Herzverpflanzungen, Angiographien, Kobaltbestrahlungen, Bandscheibenoperationen etc.; Zu weiteren Beispielen siehe *Strätling* u.a., MedR 2000, 251 [252].; Jürgens u.a., Das neue Betreuungsrecht, 4.Aufl., Rnr.207 (der fälschlicherweise von „*genehmigungsfähigen* Untersuchungen" spricht. Problematisch ist für den Betreuer aber nur, ob er eine gerichtliche Genehmigung einzuholen hat, also die Frage der *Genehmigungspflichtigkeit*. Ob die Maßnahme genehmigungsfähig ist, hat allein das Vormundschaftsgericht zu entscheiden). Für eine Genehmigungspflicht bei „Risikobehandlungen" und abhängig von der körperlichen Konstitution, auch *Frost*, Arztrechtliche Probleme des neuen Betreuungsrechts, S.144.

267 Vgl. *Jürgens u.a.*, Das neue Betreuungsrecht Rnr.206; *Mayer*, Medizinische Maßnahmen an Betreuten, S.126, 127; *Theodor Zimmermann*, Die Auswirkungen des Betreuungsrechts in der ärztlichen Praxis, S. 309; *Frost*, Arztrechtliche Probleme des neuen Betreuungsrechts, S. 142, 143.

268 Siehe BT-Drucks. 11/4528 S.140; kritisch hierzu *Bienwald* §1904 Rnr.22, der eine Heranziehung des § 226 StGB deshalb für problematisch ansieht, weil die beiden Gesetze (StGB/BGB) andere Zielrichtungen verfolgen.

269 Nachweis bei *Damrau/Zimmermann* § 1904 Rnr.7.

ten. Hierunter fällt auch die Medikamentensucht. Nicht nur ihre körperlichen Auswirkungen, sondern auch die durch sie bewirkten psychischen Veränderungen bedingen eine Genehmigungsbedürftigkeit.[270]
Bei der Beantwortung der Frage, wann von einem länger dauernden gesundheitlichen Schaden gesprochen werden kann, darf auch nicht schematisch vorgegangen werden.[271] Für die Bewertung möglicher Folgen einer Behandlung muss darauf geachtet werden, in welcher Weise sie den Betroffenen in seiner alltäglichen Lebensführung im Vergleich zu einem gesunden Menschen beeinträchtigt. Dabei ist nicht nur maßgeblich, welche Handlungen er nicht mehr wie gewohnt vornehmen kann, sondern auch, wie sich eine Verhaltensänderung auf sein Lebensumfeld auswirken kann.[272]
Zu berücksichtigen ist jedenfalls die Art des Schadens. Bei außergewöhnlichen Schmerzen wird die Annahme eines kürzeren Zeitraumes gerechtfertigt sein. Der Regelfall soll nach dem Willen des Gesetzgebers bei einer Dauer von einem Jahr liegen.[273]
Weiterhin müssen Schwere und Dauer kumulativ vorliegen.[274] Schwere aber nur vorübergehende Beeinträchtigungen sind bei einer Vielzahl von ärztlichen Maßnahmen unumgänglich, können aber insgesamt nicht als riskant angesehen werden. In einem solchen Fall eine vormundschaftsgerichtliche Genehmigung zu fordern wäre genauso überzogen, wie im Falle länger dauernder Schäden, die aber nur eine geringe Beeinträchtigung darstellen.[275]

---

[270] So auch *Schreiber*, FamRZ 1991, 1014 [1017]; *Soergel/Zimmermann* § 1904 Rnr.32.
[271] Vgl. BT-Drucks. 11/4528 S.140.
[272] Hierzu auch *Theodor Zimmermann*, Die Auswirkungen des Betreuungsrechts in der ärztlichen Praxis, S.308; das LG Berlin, Beschluss v. 5.11.1993 – 83 T 423 u. 426/92, FamRZ 1993, 597 [599] nennt hier die Auswirkungen einer Spätdyskinesie, die zu auffälligen Unruhen im Bereich der Mimik führen kann und dadurch Neugier, Distanz oder sogar Abwehr in der Umgebung des Betroffenen hervorrufen kann.
[273] Nachzulesen in BT-Drucks. 11/4528 S.141.
[274] So der eindeutige Gesetzeswortlaut. Siehe auch BT-Drucks. 11/4528 S.140 und LG Berlin, Beschluss v. 5.11.1992, FamRZ 1993, 597 [598].
[275] Zum Ganzen vgl. BT-Drucks. 11/4528 S.140.

c) Einzelne problematische Behandlungsmaßnahmen

Wie bereits ausgeführt wurde, hängt die Genehmigungspflichtigkeit einer medizinischen Maßnahme immer von den Umständen des konkreten Einzelfalles ab. Dennoch sollen einige Behandlungsmaßnahmen genauer beleuchtet werden.

(1) Die Gabe von Psychopharmaka

Problematisch ist im Rahmen von § 1904 BGB vor allem die Behandlung von Betreuten mit Psychopharmaka. Wie oben gesehen, stellt die Gabe von Medikamenten eine Heilbehandlung dar, die unter Umständen genehmigungspflichtig sein kann.
Allerdings kann der (unerfahrene) Gesundheitsbetreuer, der in der Regel kein ausgeprägtes Fachwissen besitzt, nicht schon anhand des Namens eines Medikaments dessen Wirkungsweise und damit seine mögliche Gefährlichkeit erkennen.
Fraglich ist demnach, wie der Betreuer abschätzen kann, ob die vom Arzt für die Behandlung vorgeschlagenen Psychopharmaka unter die Genehmigungspflicht des § 1904 Abs. 1 BGB fallen. Nach der Aufstellung von *Schreiber* ist annähernd jede Behandlung mit Psychopharmaka genehmigungspflichtig.[276]
Zu beachten ist allerdings, dass die Aufstellung von Listen genehmigungsbedürftiger Medikamente aus mehreren Gründen nicht praktikabel ist.[277] Zum einen besteht immer die Gefahr, dass die Liste nicht vollständig bzw. veraltet ist. Viele Wirkstoffe kommen unter unterschiedlichen Namen und in verschiedenen Kombinationen auf den Markt. Zudem werden unter neuem Namen Parallelpräparate angeboten, wirtschaftlich „erfolglose" Präparate vom Markt genommen, oder aber die Inhaltsstoffe unter Beibehaltung des Namens (oder eines verwirrend ähnlich klingenden) ausgetauscht. Nicht zu vergessen ist die Flut von neuen Wirksubstanzen, die jährlich auf dem Markt hinzukommen.[278] Wie sollte sich ein (unerfahrener) Betreuer verhalten, wenn das vom Arzt vorgeschlagene Medikament nicht in der Liste enthalten ist? Könnte er ohne weitere Nachforschungen davon ausgehen, dass hierfür keine Genehmigung er-

---

[276] *Schreiber*, FamRZ 1991, 1014 [1018].
[277] Wie hier *Wolter-Henseler*, BtPrax 1994, 183; *Pardey*, Rpfleger 1995,393 [398]; *Theodor Zimmermann*, Die Auswirkungen des Betreuungsrechts in der ärztlichen Praxis, S.354 f.; *Jürgens/Marschner* § 1904 Rnr.9.
[278] So *Theodor Zimmermann*, Die Auswirkungen des Betreuungsrechts in der ärztlichen Praxis, S.354 ff; *Wolter-Henseler*, BtPrax 1994, 183 [186].

forderlich ist, oder müsste er sich erkundigen, ob dessen Verabreichung nicht doch unter die Genehmigungspflicht fällt?[279]
Zum anderen hängt die Gefährlichkeit eines Medikaments von seiner Wirkungsweise auf den einzelnen Patienten ab. Ein Medikament, das im allgemeinen sicher und gut verträglich ist, kann bei Menschen mit bestimmten Vorerkrankungen äußerst problematisch sein, während Arzneimittel, denen grundsätzlich ein höheres Risiko anhaftet, dann nicht als gesundheitsgefährdend angesehen werden können, wenn aus der Vergangenheit bekannt ist, dass es vom Patienten bei guter Wirksamkeit ohne weitere Einschränkungen verträglich war.[280] Darüber hinaus variiert die individuelle Ansprechbarkeit bei Psychopharmaka sehr. Nicht nur, dass die Zusammenhänge zwischen Dosis und dem Blutspiegel variabel sind, auch bei gleichem Blutspiegel kann die klinische Wirksamkeit ausgesprochen unterschiedlich sein.[281]
Folglich ist bei einer Verabreichung von Psychopharmaka – wie auch bei Gaben von anderen Medikamenten – notwendig, dass anhand des konkreten Einzelfalles geprüft wird, ob die Gefahr des Todes oder einer länger dauernden, schweren Gesundheitsbeschädigung besteht.
Demnach ist es immer eine Frage des Einzelfalles, ob die Behandlung mit Psychopharmaka der vormundschaftsgerichtlichen Genehmigung bedarf.[282]

(2) Die Elektrokrampftherapie (EKT)

Die Elektrokrampftherapie (EKT) oder Elektrokonvulsionsbehandlung ist auch heute noch sowohl in der Medizin[283] als auch in der Öffentlichkeit umstritten. Sie ist mit alten Vorurteilen behaftet, so dass eine nüchterne Betrachtung dieser Therapie insbesondere bei der Anwendung an nicht einwilligungsfähigen Patienten wesentlich erschwert ist.[284] Vor der Behandlung mit Psychopharmaka wurde die EKT praktisch bei allen psychiatrischen Krankheitsbildern angewandt. Mit der Verbreitung von Psychopharmaka ging eine fast vollständige Verdrängung dieser Behandlungsmethode einher.[285] Ihr gegenwärtiges Hauptanwendungsge-

---

[279] Gerade in letzerem Fall wird aber schon deutlich, dass eine solche Liste nicht den gewünschten Zweck erfüllen kann.

[280] Dies muss vor allem für eine Behandlung mit Clozapin (Leponex) gelten, vgl. auch *Theodor Zimmermann*, Die Auswirkungen des Betreuungsrechts auf die ärztliche Praxis, S.375.

[281] Nachweis bei *Wolter-Henseler*, BtPrax 1994, 183 [187].

[282] Siehe *Theodor Zimmermann*, Die Auswirkungen des Betreuungsrechts auf die ärztliche Praxis, S.375.

[283] Nachweise bei *Reinhardt-Gilmour*, Rechtsfragen der Elektrokrampftherapie, S.15 ff.

[284] Siehe nur *Folkerts*, Deutsches Ärzteblatt 93 (1996), A-193, der bemerkt, dass in belegbaren Einzelfallen wegen des Bezuges zum Nationalsozialismus die Einführung der EKT behindert wurde; siehe auch *Zinkler/Schneeweiß*, R & P 2000, 12 [13].

[285] Zur Entwicklung der EKT siehe *Reinhardt-Gilmour*, Rechtsfragen der Elektrokrampftherapie, S.13.

biet liegt bei schweren Depressionen, Stupor jeder Art, Katatonie und akuten psychotischen Erregungszuständen.[286]

(a) Die Behandlungsmethode

Die Behandlung erfolgt heute lege artis durch die Gabe eines kurzzeitigen Stromstoßes, der einen Krampfanfall auslöst. Der Patient wird zuvor narkotisiert und erhält ein muskelentspannendes Medikament.[287] Die Elektrodenplazierung erfolgt entweder bilateral oder unilateral. Bei der seit einigen Jahren bevorzugten unilateralen Anwendung werden die Elektroden nur an der nicht dominanten Hemisphäre des Schädels aufgesetzt.[288] Damit wird die dominante Hemisphäre weniger belastet und die Nebenwirkungen stark reduziert.[289] Auch die Entwicklung von EKT-Geräten auf der Basis einer Kurz- oder Ultrakurzpulstechnik führten zu einer Verminderung der Nebenwirkungen.[290] Der ausgelöste Krampfanfall dauert nur einige Sekunden, so dass die ganze Behandlung in einigen Minuten vorüber ist. Der Patient kommt nach ca. ½ Stunde wieder zu sich. Die EKT-Behandlungen werden in einer Serie im Abstand von 2-3 Tagen durchgeführt und umfassen in der Regel 10 Einzelbehandlungen.[291]
Nicht eindeutig geklärt ist die Wirkungsweise der EKT-Behandlung. Während die Kritiker davon ausgehen, dass die Patienten aufgrund einer konsekutiven Hirnschädigung mit manifester Gedächtnisstörung schlichtweg den psychosozialen Auslöser bzw. Promotor der Psychose vergessen, wird von anderer Seite vermutet, dass der Krampfanfall ein gestörtes Transmittermuster als Wurzel psychiatrischer Verhaltensauffälligkeiten löscht und dies dann korrekt neu aufgebaut wird.[292]

---

[286] Siehe *Peters*, S. 161; *Batra u.a.*, Der Nervenarzt, 1999, 657; *Müller*, Der Nervenarzt, 1998, 15 [19]; *Zinkler/Schneeweiß*, R & P 2000, 12 [13]; *Reinhardt-Gilmour*, Rechtsfragen der Elektrokrampftherapie, S.24 ff.

[287] Zur Verwendung der verschiedenen Narkotika und muskelentspannenden Medikamente, *Müller*, Der Nervenarzt 1998, 15 [20].

[288] *Reinhardt-Gilmour*, Rechtsfragen der Elektrokrampftherapie, S.33; *Dodegge*, FamRZ 1996, 74 [75].

[289] Siehe *Peters*, S.161; *Reinhardt-Gilmour*, Rechtsfragen der Elektrokrampftherapie, S.37.

[290] *Batra u.a.*, Der Nervenarzt, 1999, 657.

[291] So auch die Studie von *Müller*, Der Nervenarzt 1998, 15 [20], siehe auch *Dodegge*, FamRZ 1996, 74 [75].

[292] Siehe *Dodegge*, FamRZ 1996, 74 [75]; *Reinhardt-Gilmour*, Rechtsfragen der Elektrokrampftherapie, S.29 f.

(b) Die Frage der Genehmigungspflichtigkeit

Die EKT stellt einen Eingriff in die körperliche Integrität des Betroffenen dar. Liegen die Voraussetzungen einer Betreuerbestellung nach § 1896 BGB vor und wird bzw. ist bereits ein Gesundheitsbetreuer bestellt, fällt die Einwilligung in eine derartige Behandlung in seinen Tätigkeitsbereich, wenn dem Betroffenen die notwendige Einsichtsfähigkeit fehlt.

Problematisch ist allerdings, ob eine EKT einer vormundschaftsgerichtlichen Genehmigung nach § 1904 BGB bedarf. Dies wird in der Literatur zum Teil bejaht.[293] Aufgrund der Einzelfallbezogenheit der vormundschaftsgerichtlichen Genehmigung kann dem jedoch in dieser Absolutheit nicht gefolgt werden. Die Elektrokrampfbehandlung setzt sich aus mehreren Komponenten zusammen und bietet dadurch verschiedene Anknüpfungspunkte für eine mögliche Genehmigungspflichtigkeit.

Da die Behandlung am narkotisierten Patienten vorgenommen wird, ist eine Vollnarkose erforderlich. Zwar ist eine Vollnarkose heute allgemein nicht der Genehmigungspflicht zu unterstellen.[294] Jedoch kann bei Risikogruppen eine Genehmigungspflicht zu bejahen sein.

Weiterhin könnte an den ausgelösten Krampfanfall angeknüpft werden. Medizinische Untersuchungen haben ergeben, dass Todesfälle bei Elektrokrampfbehandlungen äußerst selten sind. Da zudem mit der modernen Medizintechnik eine bessere Überwachung des Patienten möglich ist, erscheint die Gefahr des Todeseintritts als ausgeschlossen.[295]

Der Anfall selbst dauert aber nur wenige Sekunden, so dass bei einer separaten Betrachtungsweise die Voraussetzung einer länger dauernden Gefahr nicht erfüllt sind. Allerdings können die durch die Behandlung möglichen Nebenwirkungen zu einer Genehmigungspflicht führen. Da die Gefahr von Frakturen und Luxationen infolge der neuen Technik nicht mehr vorkommen, wird das Problem der Genehmigungspflichtigeit einer EKT nunmehr an den möglichen mnestischen (= das Gedächtnis betreffenden) Einbußen festgemacht.

Dabei werden antero- und retrograde Gedächtnisstörungen unterschieden. Anterograde Störungen betreffen Gedächtnisverluste in der Zeit nach der Durchführung der EKT. Retrograde Störungen bezeichnen Ausfälle in der Zeit vor Durchführung der EKT. Hierbei handelt es sich um

---

[293] So *Jürgens u.a.*, Das neue Betreuungsrecht Rnr.206; *Jürgens/Marschner* § 1904 Rnr.8; *Reinhardt-Gilmour*, Rechtsfragen der Elektrokrampftherapie, S.153. In der älteren Literatur wurde z.T. vertreten, dass Elektroschockbehandlungen nur in Notsituationen genehmigungsfähig seien, bzw. die Einwilligung des Betroffenen nicht ersetzbar sei, vgl. Jürgens, 1. Aufl., § 1904 Rnr.11 a.E.

[294] Siehe *Schreiber* FamRZ 1991, 1014 [1016], klarstellend ders., FamRZ 1993, 26 [27]; verneinend auch LG Hamburg, Beschluss v. 31.03.1994 – 301 T 369/93, FamRZ 1994, 1204; *Reinhardt-Gilmour*, Rechtsfragen der Elektrokrampftherapie, S.148.

[295] *Reinhardt-Gilmour*, Rechtsfragen der Elektrokrampftherapie, S.149

einen Zeitraum von etwa sechs Monaten vor der Behandlung. Die anterograden Gedächtnisverluste entfallen in einigen Wochen, spätestens in einigen Monaten nach der Behandlung. Sie können demnach eine Genehmigungspflicht nicht auslösen.[296]

Anders wurde die Genehmigungspflichtigkeit hinsichtlich der retrograden Störungen vom LG Hamburg[297] bewertet. Wegen der sich erst nach sieben Monaten zurückbildenden retrograden Gedächtnisstörungen hat es eine Genehmigungspflichtigkeit nach § 1904 Abs. 1 S.1 BGB angenommen. Denn das Risiko bleibender retrograder Gedächtnisstörungen auch für biographische Ereignisse stelle sich als eine nicht zu vernachlässigende Gefahr einer schweren und länger andauernden gesundheitlichen Schädigung des Patienten dar. Daran ändere nach der Ansicht des Gerichts auch der Umstand nichts, dass nach einem Zeitablauf von sieben Monaten nach der Behandlung diese Störungen sich erheblich zurückgebildet haben. Denn bei diesen Erinnerungsstörungen, die die Persönlichkeit des Betroffenen unter Umständen auf das Schwerste beeinflussen könnten, liege bereits bei einer Dauer über sechs Monaten eine derart einschneidende Beeinträchtigung vor, die eine Genehmigungspflicht notwendig erscheinen lasse.[298]

Zu beachten ist allerdings, dass die Entscheidung des LG Hamburg auf einem Sachverständigengutachten beruht, das sich auf zwei Untersuchungen aus den Jahren 1981 und 1992 bezieht. Die Bedingungen, unter denen die EKT zur Zeit dieser Untersuchungen durchgeführt wurden, sind mit der heutigen therapeutischen Situation nicht mehr vergleichbar.[299] Während früher noch eine bilaterale Stimulation mit Sinuswellen erfolgte, ist heute die unilaterale Stimulation mit Kurz- oder Ultrakurzpulstechnik möglich. Hierbei werden nunmehr die Elektroden nur noch auf der nicht dominanten Hemisphäre aufgesetzt. Bei dieser Behandlungsform werden retrograde Gedächtnisstörungen nur noch sehr selten beobachtet. Treten sie dennoch auf, bestehen sie nicht länger als vier Wochen. Bei der Bewertung der retrograden Störungen ist auch zu berücksichtigen, dass sie auch als Nebenwirkungen einer bereits vorangegangenen Medikamentenbehandlung bestehen können und auch häufig dem Krankheitsbild entspringen. Weiterhin ist heute mit dem Einsatz des Monitoringverfahrens eine bessere Überwachung des Patienten möglich.[300]

---

[296] *Reinhardt-Gilmour*, Rechtsfragen der Elektrokrampftherapie, S.38 f., die allerdings das alleinige Abstellen auf die unilaterale oder bilaterale Elektrokrampftherapie, bei der Frage der Genehmigungspflichtigkeit kritisiert, S.153 ff.

[297] LG Hamburg, Beschluss v. 31.03.1994 – 301 T 369/93, FamRZ 1994, 1204.

[298] LG Hamburg, Beschluss v. 31.03.1994 – 301 T 369/93, FamRZ 1994, 1204.

[299] Nachweis bei *Batra u.a.*, Der Nervenarzt 1999, 657 [660]; *Reinhardt-Gilmour*, Rechtsfragen der Elektrokrampftherapie, S.149 f.

[300] *Batra u.a.*, Der Nervenarzt 1999, 657 [660]. Kritisch hierzu *Reinhardt-Gilmour*, Rechtsfragen der Elektrokrampftherapie, S.154.

In einer neueren Entscheidung hat nunmehr auch das LG Hamburg eine lege artis vorgenommene EKT mit unilateraler Stimulation der nicht dominanten Hirnhälfte als
nicht genehmigungspflichtig angesehen.[301]
Reinhardt-Gilmour diskutiert zudem dir Frage, ob eine vormundschaftsgerichtliche Genehmigung wegen der Gefahr von hirn- und persönlichkeitsverändernden Folgen einer EKT erforderlich sei. Solange keine gesicherte und kontrollierte Studie den Gegenbeweis der Unschädlichkeit erbringen kann, solle nach ihrer Ansicht sowohl die bilaterale als auch die unilatereale Elektrokrampftherapie einer gerichtlichen Genehmigung unterliegen.[302] Noch weitergehend fordert sie - mit einem Vergleich der Rechtslage bei der Psychopharmakabehandlung, der Sterilisation und der Unterbringung – eine konkrete gesetzliche Regelung der Elektrokrampftherapie.[303] Eine solche Forderung muss allerdings als zu weitgehend angesehen werden. Zu bedenken ist, dass es sich bei der EKT „nur" um eine einzelne medizinische Behandlungsmethode handelt, die nicht annähernd so weit in die Rechte des Betroffenen eingreift, wie es bei freiheitsentziehenden Unterbringung oder aber bei einer Sterilisation der Fall ist. Der Schutz des Patienten darf nicht dazu führen, dass für jede, in ihrer Wirkungsweise umstrittene Behandlungsmethode eine gesetzliche Regelung eingeforderr wird.

Hält der Gesundheitsbetreuer eine EKT nach einer ärztlichen Aufklärung für angezeigt, kann er seine Einwilligung zu dieser Behandlungsmethode erteilen. Dem kann auch nicht mit dem Argument widersprochen werden, dass es dem (auf medizinischem Gebiet nicht versierten) Gesundheitsbetreuer nicht überlassen werden kann, aus einer Vielzahl von medizinisch kontroversen Ansichten die Behandlung realistisch einzuschätzen.[304] Denn es ist gerade die Aufgabe des Betreuers, sich an Stelle des Einwilligungsunfähigen über die Risiken der Behandlung zu informieren. Hierzu dient nicht zuletzt das ärztliche Aufklärungsgespräch, das der Arzt dem Wissensstand und dem Informationsbedürfnis seines Gesprächpartners anzupassen hat.
Einer vormundschaftsgerichtlichen Genehmigung für die Einwilligung in eine EKT bedarf der Betreuer infolge fortgeschrittener Technik und bei Anwendung neuer Methoden im Allgemeinen nicht. Handelt es sich im

---

[301] LG Hamburg, Beschluss v. 25.05.1998, - 301 T 194/98, R & P 1999, 42. Eine bilaterale Stimulation halt das Gericht, wegen der Gefahr von Nebenwirkungen, nach wie vor für genehmigungspflichtig. Anders das AG Wolfshagen in seinem Beschluss v. 07.12.200 – 4 XVII 264/2000, BtPrax 2001, 84 [85]. Es halt eine EKT unabhängig davon, ob sie mittels unipolarer oder bipolarer Behandlungsform durchgefuhrt wird, für nicht genehmigungspflichtig.
[302] *Reinhardt-Gilmour*, Rechtsfragen der Elektrokrampftherapie, S.151 ff.
[303] *Reinhardt-Gilmour*, Rechtsfragen der Elektrokrampftherapie, S.171.
[304] So aber *Reinhardt-Gilmour*, Rechtsfragen der Elektrokrampftherapie, S.171.

Einzelfall nicht um einen Risikopatienten, so sind die tatbestandlichen Voraussetzungen des § 1904 Abs. 1 S.1 BGB nicht gegeben.[305]

(3) Die künstliche Ernährung

Die künstliche Ernährung kommt dann in Betracht, wenn der Patient nicht mehr, oder nicht mehr genug essen und trinken kann oder will. Sie ist medizinisch auch dann indiziert, wenn sich der Patient leicht verschluckt. Das Verschlucken von Speisen kann zu einer Lungenentzündung führen, die gerade bei alten Menschen lebensbedrohlich ist. Die künstliche Ernährung kann auf parentalem oder enteralem Weg erfolgen. Während bei den parentalen Methoden die Ernährung über einen (Venen)Katheter erfolgt,[306] geschieht dies bei den enteralen Methoden über eine Sonde. Eine Art der enteralen Ernährung ist die mittels einer sog. PEG-Sonde. Im Rahmen des Betreuungsrechts wurde ihr Einsatz aus juristischen Kreisen wiederholt kritisiert.[307] Da sie eine pflegerisch leichtere Versorgung des Patienten ermöglicht und selbst über Jahre hinweg eine künstliche Ernährung sicherstellt, kommt sie in der Altenpflege immer häufiger zum Einsatz. Es stellt sich demnach die Frage, ob das Legen der Sonde eine Betreuerbestellung erfordert und ob bei bestehender Gesundheitsbetreuung eine vormundschaftsgerichtliche Genehmigung nach § 1904 Abs. 1 S.1 BGB erforderlich ist.

PEG ist die Abkürzung für perkutane endoskopisch kontrollierte Gastrostomie.[308] Mit dieser Ernährungssonde ist es möglich unter Umgehung der natürlichen Wege der Nahrungsaufnahme, die täglich notwendigen Kalorien und erforderliche Flüssigkeit direkt über die Bauchdecke in den Magen zu bringen. Die Sonde wird gelegt, indem dem sedierten Patienten ein Endoskop durch den Mund in den Magen geschoben wird. Das Licht des Endoskops ist auf der Bauchhaut zu sehen. An dieser Stelle wird nach einer örtlichen Betäubung mit einer Punktionsnadel die Sonde von außen durch die Bauchdecke direkt in den Magen geführt. Damit die Sonde nicht herausrutschen kann, wird sie beidseitig durch Platten gesichert.[309]

---

[305] Zu diesem Schluss kommend auch *Dodegge*, FamRZ 1996, 74 [79]; *Batra u.a.*, Der Nervenarzt 1999, 657 [660]; *Coeppicus*, Sachfragen des Betreuungs- und Unterbringungsrechts S.126.

[306] Siehe Pschyrembel, S. 459.

[307] *Coeppicus*, Sachfragen des Betreuungs- und Unterbringungsrecht, S.125; Hubert-*Fehler/Hollmann*, DtArzteblatt 95 (1998), A-805 ff; dies. BtPrax 1996, 210 ff.

[308] Pschyrembel, S. 550.

[309] Zur genaueren Beschreibung der Methode siehe *Zenk* u.a., HNO 1998, 660 [661 ff.].

(a) Die Notwendigkeit einer Betreuerbestellung zum Legen einer PEG-Sonde

Das Legen der Sonde ist ein Eingriff in die körperliche Unversehrtheit des Betroffenen, die seiner Einwilligung bedarf. Fehlt dem Betroffenen krankheits- oder behinderungsbedingt die notwendige Einwilligungsfähigkeit, so ist ihm grundsätzlich ein Betreuer zu bestellen, der diese Entscheidung für ihn treffen kann, § 1896 Abs. 1 BGB.

Dodegge hingegen ist der Ansicht, dass die Ärzte und Krankenhäuser zum Teil hypersensibel mit dem Thema PEG-Sonde umgehen. Als Beispiel nennt er, dass nach seiner Erfahrung Krankenhäuser per Fax einstweilige Betreuungen beantragen, um eine PEG-Sonde legen zu können.[310] Nach seiner Ansicht ist für diesen Eingriff die mutmaßliche Einwilligung oder auch der rechtfertigende Notstand nach § 34 StGB, für ein rechtmäßiges Handeln des Arztes ausreichend.[311] Dem schließt sich auch *Coeppicus* an, mit dem Verweis darauf, dass in der Praxis beim Legen eines Venenkatheters oder einer Kanüle nie eine Betreuerbestellung beantragt würde, obwohl hier die Gefahr von Thrombosen und Infektionen wesentlich höher sei.[312]

Dem kann auf dem Gebiet des Betreuungsrechtes nicht uneingeschränkt zugestimmt werden. Die Notwendigkeit einer Betreuerbestellung kann nicht dadurch bestimmt werden, wie die Dinge in der Praxis gehandhabt werden. Gerade auf dem Gebiet der Gesundheitsbetreuung besteht insofern erheblicher rechtlicher Aufklärungsbedarf.[313] Zwar ist es richtig, dass bei einem Patienten, der zur Zeit des Eingriffs seinen Willen nicht kundtun kann auf den mutmaßlichen Willen zurückgegriffen wird. Auch in Notfällen, wo keine Zeit zur Ermittlung des Willens bleibt, ist der Arzt – der ja auch zur Hilfe verpflichtet ist – über § 34 StGB gerechtfertigt. Würde man aber im Rahmen von Gesundheitsangelegenheiten jeweils den mutmaßlichen Willen oder auch nur den hypothetischen Willen genügen lassen, bedürfte es das Mittel der Gesundheitsbetreuung nicht. Der Arzt wäre unter Berufung auf den mutmaßlichen Patientenwillen gerechtfertigt. Die von der Rechtsprechung ermöglichte Ausnahme für den Einzelfall würde im Betreuungsrecht zur Regel. Dies lässt sich aber nicht mit dem Schutzgedanken des Betreuungsrechts vereinbaren.
Kann eine volljährige Person aufgrund ihrer Krankheit oder Behinderung ihre Angelegenheiten nicht besorgen, so ist eine Betreuung erforderlich,

---

[310] *Dodegge*, BtPrax 1996, 8 [9].
[311] *Dodegge*, DtArzteblatt 95 (1998), A-1754.
[312] *Coeppicus*, Sachfragen des Betreuungs- und Unterbringungsrechts, S.124.
[313] Siehe hierzu den eindrucksvollen Bericht eines Gesundheitsbetreuers von *Stolz*, BtPrax 1999, 98 ff.

§ 1896 Abs. 1 BGB. Die Erforderlichkeit ist nur dann zu verneinen, wenn die Besorgung der Angelegenheiten durch andere Hilfe ebensogut möglich ist, § 1896 Abs. 2 S.2 BGB. Hat der Betroffene einen Bevollmächtigten bestellt, der für ihn seine Gesundheitsangelegenheiten erledigt, bedarf er keines Betreuers.[314] Auch wenn durch anderweitige Hilfen der Betroffene „versorgt" werden kann, ist eine Betreuerbestellung entbehrlich. Ein Vorrang anderer Hilfen ist jedoch nur dann gegeben, wenn durch sie die Angelegenheiten des Betroffenen ebensogut besorgt werden können. Wer also nur einen „tatsächlichen" Pfleger für Waschen, Kochen, Körperpflege usw. braucht, benötigt keinen Betreuer.[315] In dem Moment, wo jedoch rechtsgeschäftliche Willenserklärungen oder rechtserhebliche Zustimmungen zu ärztlichen Behandlungen zu leisten sind, ist eine Betreuung erforderlich, weil wegen der rechtlichen Qualität der Erklärungen diese durch andere Helfer nicht wirksam abgegeben werden können.[316]

Geht es demnach um die Einwilligung zum Legen einer PEG-Sonde, ist bei einer Person, die aufgrund ihrer Krankheit oder Behinderung nicht einwilligungsfähig ist, ein Betreuer zu bestellen. Lediglich der Zeitfaktor kann zu einem anderen Ergebnis führen.

Das Verfahren der Betreuerbestellung kann einige Monate in Anspruch nehmen. Diese Zeit wird im Falle einer notwendigen künstlichen Ernährung meist nicht vorhanden sein. Allerdings ist es auch möglich, in Eilfällen einen vorläufigen Betreuer nach § 69 f FGG zu bestellen. Ist auch hierdurch eine Entscheidung des Betreuers nicht rechtzeitig zu erlangen, besteht nach § 1908 i Abs. 1 S.1 i.V.m. § 1846 BGB die Möglichkeit, dass das Vormundschaftsgericht selbst eine solche Entscheidung trifft. Eine solche Eilentscheidung ist in aller Regel binnen weniger Stunden zu erreichen.

Nur in den Fällen, in denen auch das Abwarten einer gerichtlichen Eilentscheidung für den Betroffenen eine Gefahr bedeutet und ein umgehendes Handeln medizinisch notwendig erscheint, können die von *Dodegge* genannten Rechtfertigungsgründe eingreifen. In anderen Fällen bleibt im Rahmen des Betreuungsrecht hierfür kein Raum.

(b) Die Notwendigkeit einer vormundschaftsgerichtlichen Genehmigung

Eine andere Frage ist, ob ein bereits bestellter Betreuer für die Einwilligung in die Sondenlegung einer vormundschaftsgerichtlichen Genehmigung nach § 1904 Abs. 1 S.1 BGB bedarf. Dies wäre dann der Fall,

---

[314] Früher war strittig, ob ein Bevollmächtigter auch an Stelle des Betroffenen in ärztliche Maßnahmen einwilligen darf. Dass dies nunmehr jedenfalls möglich ist, stellt der durch das BtÄndG eingeführte § 1904 Abs. 2 BGB ausdrücklich klar.

[315] Dies wurde schon im Regierungsentwurf klargestellt, BT-Drucks. 11/4528, S.122.

[316] So auch *Bienwald* § 1896 Rnr.89; *Erman/Holzhauer*, 10.Aufl., § 1896 Rnr.35.

wenn mit dem Eingriff die Gefahr des Todes oder eines schweren und länger andauernden Gesundheitsschadens einhergehen würde. Eine begründete Gefahr des Todes besteht bei diesem Eingriff nicht.[317] Auch schwere und länger andauernde gesundheitliche Schäden physischer Art treten im Allgemeinen nicht auf. Wenn es zu Komplikationen infolge des Legens einer PEG-Sonde kommt, so handelt es sich meist um lokale Entzündungen, die durch eine medikamentöse Versorgung nach wenigen Tagen zu heilen sind.[318]

Allerdings gibt es Stimmen in der Literatur, die vor allem wegen der psychischen Folgen für die Betroffenen eine Genehmigungspflicht befürworten, jedenfalls eine Überprüfung durch das Vormundschaftsgericht für notwendig erachten.[319]
Mit der Sondenernährung ist der Kalorien- und Flüssigkeitsbedarf des Patienten gedeckt. Ein Zufüttern ist bei bestehender Schluckfähigkeit zwar möglich aber nicht notwendig. Dies führe bei dem vorhandenen Pflegemangel in der Praxis dazu, dass die mit dem Füttern verbundene Ansprache des Patienten nunmehr wegfallen würde. Der Patient hätte durch die stetig tropfende PEG ein Völlegefühl und würde mit der Zeit das Gefühl für Hunger und Sättigung verlieren. Der Mund würde infolge mangelnder Benutzung trocken und bliebe geöffnet. Die Mund-, Zungen- und Kiefermuskulatur verkümmere, mit der Folge, dass die Sprache schwer verständlich wird. Der alte Mensch würde immer weniger angesprochen und infolge dieser „Zwangsernährung" immer mehr vereinsamen.[320]
Diese Schilderungen der Folgen einer PEG wurde von medizinischer Seite zu Recht als zu einseitig kritisiert.[321] Denn die Autoren gehen davon aus, dass die Anlage einer PEG automatisch mit der Beendigung jeglicher anderer Zuwendung verbunden ist.

Eine solche zwingende Schlussfolgerung kann in dieser Allgemeinheit jedoch nicht getroffen werden. Neben diesen möglichen Folgen müssen auch die Vorteile einer PEG und vor allem die Alternativen berücksichtigt werden. Die PEG ermöglicht eine ausreichende Ernährung des Patienten. Das Anlegen ist relativ komplikationsarm. Die Handhabung ist einfach und kann auch von Angehörigen zu Hause übernommen werden. Die Sonde kann versteckt unter der Kleidung getragen werden und gegen das Entfernen durch den Patienten gesichert werden. Auch ist ein „Zufüttern" technisch möglich.

---

[317] Zu diesem Ergebnis kommt auch die Langzeitstudie von *Zenk* u.a., HNO 1998, 660 [663].
[318] Vgl. *Zenk* u.a , HNO 1998, 660 [663].
[319] *Hubert-Fehler/Hollmann*, BtPrax 1996, 210 [213]; dies. DtÄrzteblatt 95 (1998), A-805.
[320] So *Hubert-Fehler/Hollmann*, DtÄrzteblatt 95 (1998), A-805 [808].
[321] Siehe Leserbriefe in DtÄrzteblatt 95 (1998), A-1754 ff.

Im Gegensatz dazu haben die alternativen Ernährungsverfahren weit höhere Komplikationsraten. Anders als bei der PEG, wo mögliche Probleme im wesentlichen bei der Applikation auftreten, steigt die Rate der Verlaufskomplikationen bei anderen Formen der künstlichen Ernährung mit der Anwendungsdauer. So kann es bei der von den Autoren als Alternative genannten Nasensonde zu Druckstellen und Irritationen des Verschlussmechanismus am Mageneingang kommen.[322] Weiterhin besteht die Gefahr, dass sich der Patient die Nasensonde selbst entfernt. Dies kann dazu führen, dass die Sondenkost in die Lunge gelangen kann. Wird die Sonde aus ihrer Position gebracht, muss sie wieder neu gelegt werden. Auch ein Kau-Schluck-Training wird durch die Nasensonde wesentlich behindert. Zudem wird sichtbar getragene Nasensonde von den Betroffenen als stigmatisierend empfunden.[323]
Die von den Kritikern der PEG genannten psychischen Folgen sind nicht auf die PEG an sich, sondern auf unser Pflegesystem und damit verbundene Mängel zurückzuführen. Auch wenn auf eine PEG verzichtet wird, werden die pflegerischen Probleme nicht gelöst. Bei einer zunehmenden Vereinsamung alter Menschen und der Verschlechterung der Pflegesituation hat ein Verzicht auf eine PEG in vielen Fällen den Entzug notwendiger Flüssigkeitszufuhr und Ernährung zur Folge.
Die mögliche Vereinsamung der künstlich ernährten Betreuten und die sich hieraus ergebenden psychischen Folgen sind folglich keine mit der PEG unmittelbar zwingend verbundenen Schäden, die eine Genehmigungspflichtigkeit nach § 1904 Abs. 1 S.1 BGB auslösen können. Anders als z.B. bei der Einnahme bestimmter Medikamente, führt nicht das Legen der Sonde zu diesen Nebenwirkungen.

Wie bei jedem medizinischen Eingriff, so muss auch für das Legen einer PEG-Sonde eine medizinische Notwendigkeit vorliegen. Es muss ausgeschlossen werden, dass die PEG nur einer Arbeitserleichterung dient.[324] Die Erforderlichkeit für eine künstliche Ernährung – gleich welcher Art – ist dann zu verneinen, wenn dem Betroffenen die Nahrungsaufnahme auf natürlichem Wege möglich ist. Auch wenn diese einen gewissen Zeitaufwand erfordert, kann daraus noch keine medizinische Indikation für eine künstliche Ernährung abgeleitet werden. Der Gesundheitsbetreuer ist auch in diesem Bereich wieder gefordert herauszufinden, ob eine natürliche Ernährung noch ausreichend ist. Dies kann er aber wiederum nur, wenn er seinem Auftrag zur persönlichen Betreuung nachkommt. Dazu ist es notwendig, dass er sich ein Bild von der Situation des Betroffenen macht und die Empfehlungen des Arztes oder des Heimpersonals zur Legung einer PEG-Sonde kritisch hinterfragt. Auch

---

[322] *Dauch*, DtArzteblatt 95 (1998), A-1760; vgl. auch *Müller-Bohlen/Paape*, BtPrax 2000, 183 [184, 186].
[323] So *Zenk u.a.*, HNO 1998, 660.
[324] In diesem Sinne auch *Muller-Bohlen/Paape*, BtPrax 2000, 183 [187].

infolge dieser Kontrollfunktion ist eine Betreuerbestellung - abgesehen von der rechtlichen Notwendigkeit – bei der Legung einer PEG als erforderlich anzusehen.

Handelt es sich demnach bei dem Betreuten nicht um einen besonderen Risikopatienten, so bedarf der Betreuer zur Einwilligung in die Ernährung mittels einer PEG-Sonde keiner Genehmigung durch das Vormundschaftsgericht nach § 1904 Abs. 1 S.1 BGB.[325]

Soll die Sonde wieder entfernt werden – weil der Patient wieder in der Lage ist, auf natürlichem Wege Nahrung aufzunehmen – so richtet sich die Frage der Genehmigungspflichtigkeit dieses Eingriffs wiederum danach, ob im Einzelfall die Voraussetzungen des §1904 Abs. 1 BGB vorliegen.
Kann der Patient ohne Sonde nicht ausreichend ernährt werden, so bedeutet das Entfernen der PEG-Sonde gleichzeitig den Abbruch der Ernährung des Patienten. Inwieweit dies zulässig und vormundschaftsgerichtlich zu genehmigen ist, muss im Folgenden erörtert werden.

(4) Die Genehmigungsbedürftigkeit eines Ernährungs- oder Behandlungsabbruchs

Infolge des medizinischen Fortschrittes ist es heutzutage möglich, das Leben eines Menschen selbst bei irreversiblen Erkrankungen und Bewusstlosigkeit künstlich zu erhalten. Dies hat zur Folge, dass in manchen Fällen der Zeitpunkt des Todes durch die Benutzung oder Abschaltung der medizinischen Apparate bestimmt wird.
Damit gehen auch im Betreuungsrecht weitere Probleme einher. Es stellt sich die Frage, ob die Entscheidung über den Abbruch der Behandlung oder der Ernährung ebenfalls vom Aufgabenkreis eines Gesundheitsbetreuers umfasst ist und ob eine solche Entscheidung der Genehmigungspflicht des § 1904 BGB unterliegt.[326] Mit dem Behandlungs- oder Ernährungsabbruch wird der Sterbeprozess eingeleitet, so dass es sich bei derartigen Maßnahmen um Sterbehilfe im weiteren Sinne handelt.

Schon unabhängig von einer Betreuung wird in der Gesellschaft das Thema der – wie auch immer gearteten – Sterbehilfe kontrovers diskutiert. Zu klären ist aber zunächst, was man unter dem Begriff „Sterbehilfe“ versteht.

---

[325] Dieser Ansicht im Ergebnis auch *Coeppicus*, Sachfragen des Betreuungs- und Unterbringungsrechts, S. 125; *Dodegge*, DtÄrzteblatt 95 (1998), A-1754.

[326] Zur Frage der Genehmigungspflichtigkeit des Abbruchs einer bereits nach § 1904 BGB genehmigten Behandlung siehe 1. Kapitel II. 4. c) (6).

Nach den strafrechtlichen Definitionen ist zwischen den verschiedenen Formen der „Sterbehilfe“ zu unterscheiden. Während die aktive Sterbehilfe, als gezielte Tötung des Kranken, stets strafbar ist,[327] sind Formen der passiven oder indirekten Sterbehilfe straflos. *Passive Sterbehilfe* liegt dann vor, wenn bei einem Todkranken, dessen Grundleiden mit aussichtsloser Prognose einen irreversiblen Verlauf genommen hat, die der Lebensverlängerung dienende medizinische Behandlung eingestellt wird.[328] Von *indirekter Sterbehilfe* spricht man, wenn nicht auszuschließen ist, dass die ärztlich gebotene schmerzlindernde oder bewusstseinsdämpfende Medikation bei einem Todkranken oder Sterbenden als unbeabsichtigte, aber unvermeidbare Nebenfolge möglicherweise den Todeseintritt beschleunigt.[329] Die Zulässigkeit der beiden letztgenannten Formen der Sterbehilfe beruht auf der Anerkennung des Selbstbestimmungsrechts des Patienten, ob, wie und wie lange er ärztlich behandelt werden will.[330]
Die beschriebenen Arten der Sterbehilfe haben jedoch als Voraussetzung gemein, dass der Sterbeprozeß durch die tödliche Erkrankung seinen vorgezeichneten Weg bereits begonnen hat.[331] Es handelt sich demnach um „Hilfe im Sterben“.
Mangels unmittelbarer Todesnähe handelt es sich im Falle eines Ernährungs- oder Behandlungsabbruchs um „Hilfe zum Sterben“, da es um den Abbruch einer lebenserhaltenden Maßnahme geht. Es handelt sich demnach nicht um eine Hilfestellung im schon begonnenen Sterbeprozess, sondern um eine Maßnahme, die ein Sterben erst ermöglicht.
Wie oben bereits gesehen kann mit Hilfe einer PEG-Sonde auch ein schluckunfähiger Patient über Jahre hinweg künstlich ernährt und damit am Leben erhalten werden. Leidet ein (bewusstloser) Betreuter an einer irreversiblen Schädigung und wird er durch die verschiedensten medizinischen Maßnahmen oder mit Hilfe künstlicher Ernährung am Leben erhalten, so stellt sich die Frage unter welchen Voraussetzungen der Betreuer mit Aufgabenkreis Gesundheitssorge befugt ist, in den Abbruch der Ernährung oder Behandlung einzuwilligen. Zu beachten ist, dass - anders als z.B. beim Abschalten eines Beatmungsgerätes – beim Ernäh-

---

[327] Allgemeine Meinung, siehe nur *Tröndle/Fischer* Vor § 211 Rnr.14.
[328] *Tröndle/Fischer* Vor § 211 Rnr.16.
[329] *Tröndle/Fischer* Vor § 211 Rnr.15.
[330] Vgl. dazu *Kutzer*, NStZ 1994, 110 [113].
[331] *Höfling* JuS 2000, 111 [113] unterscheidet „Sterben“ und „Tötung“ dahingehend, dass von „Sterben“ die Rede sei, wenn sich der Organismus, dem die Tendenz innewohnt, seine Teile und Subsysteme fortwahrend zu einer Einheit zu integrieren, in einen Prozeß innerorganismischer Auseinandersetzungen von integrativer und desintegrativer Tendenzen gerät und dieser Prozeß schließlich in eine Phase der irreversiblen Desintegration des Organismus eintrete. Eine „Tötung“ sei hingegen dann gegeben, wenn der Organismus von einer äußeren Einwirkung gleichsam „uberwältigt“ werde. In der Folge kann man dann von Sterbenlassen sprechen, wenn einem bereits begonnenen, innerorganismischen Desintegrationsprozess sein Lauf gelassen wird, ohne dass die zentralen Lebensfunktionen gestützt bzw. substituiert werden.

rungsabbruch der Tod nicht sofort, sondern erst nach Tagen bzw. Wochen eintritt.

Zunächst ist fraglich, ob eine lebensbeendende Maßnahme überhaupt vom Aufgabenkreis eines (Gesundheits-)Betreuers erfasst werden kann. Bejaht man dies, so stellt sich die weitere Frage nach der Genehmigungspflichtigkeit und vor allem aber auch der Genehmigungsfähigkeit einer solchen Handlung.
Die Beantwortung dieser Frage ist sowohl in der Rechtsprechung wie auch in der Literatur heftig umstritten.

(a) Die Argumente für eine Genehmigungsfähigkeit

Der Bundesgerichtshof[332] hatte im Jahre 1994 darüber zu entscheiden, ob die von einem Betreuer erteilte Aufforderung an das Krankenhauspersonal zur Einstellung der künstlichen Ernährung als versuchter Totschlag zu qualifizieren war. Hierbei vertrat er die Auffassung, dass der Betreuer bereits deshalb rechtswidrig handelte, weil er nicht die Genehmigung des Vormundschaftsgerichts eingeholt hatte. Daraus schloss das OLG Frankfurt[333] – und weitere Gerichte -, dass ein Ernährungsabbruch nicht nur genehmigungspflichtig, sondern auch nach § 1904 Abs. 1 S.1 BGB analog genehmigungsfähig sei. Dabei wird unterstellt, dass derartige Entscheidungen vom einschlägigen[334] Aufgabenkreis erfasst sind.
Für diese Auffassung wird vorgebracht, dass eine ex-post-Betrachtung durch die Strafgerichte für den Betreuten keinen Schutz mehr entfalten könne.[335] Der Staat könne sich seiner Schutzpflicht gegenüber dem Bürger in Grenzentscheidungen zwischen Leben und Tod nicht entziehen.[336] Zwar werde ein Behandlungs- oder Ernährungsabbruch mit der Folge des baldigen Todeseintritts vom Wortlaut des § 1904 BGB nicht erfasst. Jedoch müsse er nach Sinn und Zweck erst recht Anwendung finden.[337] Mit der analogen Anwendung des § 1904 BGB stehe ein rechtsstaatliches Verfahren zur Verfügung, welches Verfahrenshandlungen wie z.B.

---

332 BGH, Urteil v. 1309.1994 – 1 StR 357/94, NJW 1994, 204.
333 OLG Frankfurt a.M., Beschluss v. 15.07.1998 – 20W 224/98, FamRZ 1998, 1137. Für eine analoge Anwendung des § 1904 BGB auch LG Duisburg, Beschluss v. 09.06.1999 – 22T 22/99, NJW 1999, 2744; offengelassen OLG Düsseldorf, Beschluss v. 27.03.2001 – 25Wx 128/00, da ein eindeutiger Wille der Betreuten nicht feststellbar war.
334 Aufgabenkreise, die das gesundheitliche Wohl des Betreuten umfassen.
335 *Knieper*, NJW 1998, 2720.
336 Siehe bei *Saliger*, JuS 1999, 16 [18].
337 Dieser Ansicht auch *Esch*, Der Patientenanwalt, S.104; *Theodor Zimmermann*, Die Auswirkungen des Betreuungsrechts in der ärztlichen Praxis, S.305.

die Einholung von Sachverständigengutachten, Zeugenvernehmungen und die Bestellung eines Verfahrenspflegers ermögliche.[338]

(b) Die Argumente gegen eine Genehmigungsfähigkeit

Nach anderer Ansicht kann § 1904 BGB schon deshalb nicht herangezogen werden, weil das „Sterbenlassen" nicht als eine vom Betreuer zu besorgende Angelegenheit angesehen wird. Als ein höchstpersönliches Recht des Betreuten, könne es nicht auf den Betreuer übertragen werden.[339]

Andere sind zwar der Auffassung, dass auch solche Rechte vom Aufgabenkreis des Betreuers erfasst sind, dass ein Behandlungs- oder Ernährungsabbruch aber nicht nach § 1904 BGB vom Vormundschaftsgericht genehmigt werden kann.[340] § 1904 BGB diene gerade dem Schutz und dem Erhalt des Lebens und der Gesundheit, so dass die Herbeiführung des Todes nicht mehr vom Tatbestand erfasst werden könne.[341]

Schwab gibt auch zu bedenken, dass viele Krankheiten nach einem längeren Leidensweg zum Tod führen und der Patient vor dem Tode oft einen Zustand getrübten Bewusstseins erreiche, in dem er zur Selbstbestimmung nicht mehr in der Lage ist. Bei einer Anwendung des § 1904 BGB auf den Behandlungs- oder Ernährungsabbruch, wäre diese Regelung aber nicht Ausnahmefällen vorbehalten, sondern müsste – bei konsequenter Anwendung – den stationären Alltag darstellen. Das „gerichtlich genehmigte Sterben" würde dann zum Massenphänomen.[342]

Höfling stellt zudem fest, dass ein menschenfreundlicher Umgang mit Kranken und Sterbenden jedenfalls die Menschenwürde besser wahrt als die schnelle Beendigung des Lebens. Die sich in der Gesellschaft verbreitende Ansicht, dass ein menschenwürdiges Sterben bei der heutigen Intensivmedizin nicht mehr möglich sei, fördere auch die Tendenz, immer mehr fremdbestimmte Entscheidungen über Leben und Tod zu treffen. Damit würde sich aber der Übergang zur „aktiven Sterbehilfe" immer schneller vollziehen. „Mitleidstötungen" bei alten, multimorbiden Menschen und schwerstbehinderten Neugeborenen könnten – ggf. mit gerichtlicher Genehmigung – zur gängigen Praxis werden, da sie sowohl in der Judikatur als auch in der Praxis auf „Toleranz" stießen.[343]

---

[338] Siehe *Olzen*, ArztR 2001, 116 [120] m.w.N. Auch *Spickhoff*, NJW 2001, 1757 [1765] ist der Ansicht, dass wegen der Kontrollfunktion des Gerichts der Wortlaut des § 1904 BGB insoweit geändert werden sollte.

[339] *Soergel/Zimmermann* § 1904 Rnr.42.

[340] So u.a. LG Munchen, Beschluss v. 18.02.1999 – 13T 478/99, Rpfleger 1999, 330; LG Augsburg, Beschluss v. 04.08.1999 – 5 T 2780/99, NJW 2000, 2363; *Bienwald*, FamRZ 1998, 1137; *Seitz*, ZRP 1998, 417; *Soergel/Zimmermann* § 1904 Rnr.42.

[341] Siehe hierzu eingehend LG Augsburg, Beschluss v. 04.08.1999 – 5 T 2780/99, NJW 2000, 2363.

[342] *Schwab*, FS fur Henrich, S.524.

[343] So *Hofling*, Jus 2000,111 [114 ff.].

Die Ablehnung einer analogen Anwendung des § 1904 BGB wird auch damit begründet, dass der Gesetzgeber in Kenntnis der Problematik, weder bei der Einführung des Betreuungsrechts, noch im Rahmen des BtÄndG eine Regelung getroffen hat.[344]

(c) Die eigene Ansicht

So verständlich in der Praxis der Wunsch nach einem geregelten Verfahrensablauf in solchen Fällen sein mag, aus juristischer Sicht sind die damit einhergehenden Schwierigkeiten nicht zu übersehen. Es erscheint fraglich, ob mit dem Aufgabenkreis „Gesundheitssorge" oder „Zuführung zur ärztlichen Behandlung" auch die Lebensbeendigung erfasst werden kann. Eine Betreuung wird im gesundheitlichen Bereich erforderlich, wenn der Betroffene seine Gesundheitsangelegenheiten nicht mehr selbst besorgen kann. Der Betreuer hat dann dafür Sorge zu tragen, dass die medizinische Versorgung des Betreuten gewährleistet ist. Würde man die Entscheidung über die Lebensbeendigung als zum Aufgabenkreis gehörend ansehen, so hätte dies weitreichende Folgen. Der Gesundheitsbetreuer wäre damit auch immer zugleich für die Entscheidung über die Beendigung des Lebens zuständig, wenn sich der Zustand des Betreuten derart verschlechtert.
Wollte man den Bereich der Gesundheitssorge als nicht so weitreichend ansehen, so müsste der Aufgabenkreis im Hinblick auf die lebensbeendende Maßnahme konkretisiert werden. Ein solcher Aufgabenkreis lässt sich allerdings schwerlich mit den verfassungsrechtlichen Regelungen der Art. 2 Abs. 2 S.1 GG und Art. 1 Abs. 1 GG vereinbaren.[345]
Weiterhin stellt sich das Problem, wie sich eine solche Aufgabe mit den Pflichten des Betreuers verbinden lässt. Ziel und Intention des Betreuungsrechts ist es, dem Betroffenen in seinem - so weit wie möglich selbst gestalteten - Leben Hilfestellungen zu bieten. Der Betreuer hat nach § 1901 Abs. 4 BGB innerhalb seines Aufgabenkreises dazu beizutragen, dass Möglichkeiten genutzt werden, die Krankheit oder Behinderung des Betreuten zu beseitigen, zu bessern, ihre Verschlimmerung zu verhüten oder ihre Folgen zu mildern. Das Betreuungsgesetz will demnach den Betroffenen in seinem Leben unterstützen – nicht jedoch in seinem Sterben.[346]

---

[344] Siehe *Jurgens*, BtPrax 1998, 159 [160]; *Laufs*, NJW 1998, 3399 [3400].
[345] Vgl. *Seitz*, ZRP 1998, 417 [420].
[346] Dieser Ansicht auch LG München I, Beschluss v. 18.02.1999 – 13 T 478/99, MedR 2000, 89 [90]; *Bienwald*, FamRZ 1998, 1138.

Die Entscheidung über Leben und Tod ist eine, jedem Mensch verbleibende, höchstpersönliche Entscheidung.[347] Sie ist Ausdruck des Selbstbestimmungsrechtes und der Menschenwürde. Dem Gesetzgeber und auch der rechtsprechenden Gewalt steht es nicht zu, diese Rechte auf Dritte zu übertragen. Der eindeutig erklärte Wille des Betroffenen entscheidet auch im Rahmen des Betreuungsrechts über Fortführung oder Abbruch von Behandlung oder Ernährung. Der Betreuer mit Aufgabenkreis Gesundheitssorge hat jedoch zumindest die Aufgabe, den Wünschen des Betreuten insoweit Rechnung zu tragen, als sein Wille in jeder Lebenssituation Beachtung findet.[348] Ist der Betreute nicht mehr in der Lage, seinen Willen und seine Wünsche zu artikulieren, so hat der Betreuer die Aufgabe, den mutmaßlichen Willen des Betreuten zu ermitteln. Hierzu wird er auch meist besser in der Lage sein, als der behandelnde Arzt, der den Patienten evtl. nur von einigen früheren Behandlungsmaßnahmen her kennt. Ein *eigenes* Entscheidungsrecht bezüglich lebensbeendenden Maßnahmen steht dem Betreuer aber kraft seines Amtes nicht zu.

---

[347] Insoweit muss *Coeppicus,* NJW 1998, 3381[3384] widersprochen werden. Der Betreuer mit Aufgabenkreis Gesundheitssorge hat das Recht und die Pflicht in alle lebenserhaltenden Maßnahmen einzuwilligen. Die höchstpersönliche Entscheidung über Leben und Tod kann ihm jedoch nicht übertragen werden. Zwar ist es richtig, dass der Betreuer die Wünsche – auch des einwilligungsunfähigen - Betreuten zu beachten hat, jedoch besteht diese Pflicht nur im Rahmen des jeweiligen Aufgabenkreises. Gegen eine „Verfügungsbefugnis" des Betreuers auch AG Garmisch-Partenkirchen, Beschluss v. 02.06.1999 – XVII 43/99, FamRZ 2000, 319 [320]; LG München I, Beschluss v. 18.02.1999 – 13 T 478/99, MedR 2000, 89 [90];*Seitz*, ZRP 1998, 417 [420].

[348] Siehe zur Beachtlichkeit von Wünschen oben 1. Kapitel II. 3. d). Der 25. Zivilsenat des OLG Düsseldorf hat in seinem Beschluss v. 27.03.2001(25 Wx 128/00) offengelassen, ob die Genehmigung eines Ernahrungsabbruchs zulassig ist. Maßgeblich sei jedenfalls, dass der Wille des Betroffenen hinsichtlich eines Ernahrungsabbruchs eindeutig feststellbar sei. Ist ein dahingehender Wille des Betreuten nicht feststellbar, stehe dem Betreuer auch keine Entscheidungskompetenz, weder hinsichtlich eines eigenverantwortlichen, noch hinsichtlich eines vormundschaftsgerichtlich genehmigten Ernährungsabbruchs zu.

(5) Die Organspende

Bei der Frage der Zulässigkeit von Organspenden und deren Genehmigungspflichtigkeit nach § 1904 Abs. 1 S.1 BGB ist zunächst zu unterscheiden, ob der Betreute Organspender oder Organempfänger sein soll.

(a) Der Betreute als Organspender

Die Zulässigkeit von Organspenden regelt nunmehr das seit 1997 bestehende Transplantationsgesetz (TPG). Der rechtliche Handlungsrahmen des Gesetzes bezieht sich auf die Organspende und Organentnahme zum Zwecke der Übertragung auf andere Menschen, § 1 TPG.[349]
Das TPG unterscheidet die Organentnahme bei toten Organspendern (§ 3 – 6) von der Organentnahme bei lebenden Organspendern (§ 7).
Bei lebenden Spendern kommt es neben bestimmten allgemeinen Voraussetzungen auf die Einwilligungsfähigkeit des Spenders an (§ 7 Abs.1 a TPG). Hat der Betroffene im Zustand der Einwilligungsfähigkeit in eine Organspende eingewilligt und wird er später einwilligungsunfähig, so stellt sich die Frage, ob seine Erklärung fortwirkt. Dies ist bei Willenserklärungen zwar grundsätzlich der Fall, bei einer Lebendspende von Organen ist jedoch § 7 Abs. 2 TPG zu berücksichtigen. Danach ist der Spender durch den Arzt über Art und Risiken des Eingriffs umfassend aufzuklären (S.1), hierbei hat ein weiterer Arzt und ggf. andere sachverständige Personen anwesend zu sein (S.2) und der Inhalt der Aufklärung sowie die Einwilligungserklärung sind niederzuschreiben und von aufklärenden Person, dem weiteren Arzt und dem Spender zu unterzeichnen (S.3). Da diese Voraussetzungen bei einer antizipierten Erklärung nicht erfüllt sein werden, liegt grundsätzlich keine wirksame Einwilligung vor. Bedenkt man zudem, dass sich die Erklärung – abgesehen von den genannten Erfordernissen – auf einen ganz bestimmten Eingriff beziehen muss, was bei einer vorweggenommen Erklärung meist nicht der Fall sein wird.

Fraglich ist, ob bei bestehender Gesundheitsbetreuung eines Einwilligungsunfähigen der Betreuer in eine Organentnahme einwilligen kann. Problematisch ist bereits, ob eine Stellvertretung – gewillkürt oder gesetzlich – nach dem Transplantationsgesetz überhaupt zulässig ist. Zwar äußert sich das Gesetz nicht ausdrücklich. Jedoch wird vertreten, dass das Transplantationsgesetz die Einwilligungserklärung als absolut

---

[349] BT-Drucks. 13/4355, S.2. Auch die „Konvention über Menschenrechte und Biomedizin“ (EMRÜ-Biomedizin) enthält in Art. 20 Bestimmungen über die Organentnahme bei einwilligungsunfähigen Personen. Die Bundesrepublik Deutschland hat die Konvention aber nicht ratifiziert. Siehe hierzu *Lammersmann*, R & P 1999, 157 [162].

höchstpersönlich ansehen würde, da es in § 7 Abs. 1 S.1 Nr.1 a und b TPG auf die *Person* des Organspenders abstellt.[350]

Aber auch wenn man das Transplantationsgesetz nicht so eng auslegt, wird eine Organspende zumeist auch an entgegenstehenden betreuungsrechtlichen Normen scheitern. Nach § 1901 Abs. 2 S.1 BGB hat der Betreuer die Angelegenheiten des Betreuten so zu besorgen, wie es seinem Wohl entspricht. Eine Organtransplantation wird in aller Regel aber nicht dem Wohl des Spenders, sondern dem Wohl des Empfängers dienen. Nur in ganz speziellen Konstellationen zwischen Spender und Empfänger – beispielsweise, wenn durch die Organspende des Betreuten das Leben seines Kindes gerettet werden kann – ist eine andere Wertung denkbar.[351] Da es sich bei einer Organtransplantation um einen erheblichen Eingriff handelt, ist jedenfalls eine vormundschaftsgerichtliche Genehmigung nach § 1904 Abs.1 S.1 BGB erforderlich.

Nach dem Transplantationsgesetz ist die Zulässigkeit der Organentnahme bei toten Organspendern grundsätzlich von deren lebzeitigen Einwilligungserklärung abhängig, § 3 TPG. Nur wenn dem Arzt weder eine schriftliche Einwilligungserklärung noch ein schriftlicher Widerspruch des möglichen Organspenders vorliegt, werden die nahen Angehörigen zur Entscheidung herangezogen, § 4 Abs.1 S.1, Abs. 2 TPG.
Für eine Entscheidungskompetenz des Betreuers ist somit grundsätzlich kein Raum, zumal seine Aufgabe mit dem Tod des Betreuten endet.

Gemäß § 4 Abs. 2 S.5 TPG steht dem nahen Angehörigen zwar eine volljährige Person gleich, die dem möglichen Organspender bis zu seinem Tode in besonderer persönlicher Verbundenheit offenkundig nahe stand. Mit dieser Regelung wollte der Gesetzgeber aber offensichtlich nicht die (Gesundheits-)Betreuer mit einbeziehen. Vielmehr sollten dadurch Personen, die dem Betroffenen infolge einer gemeinsamen Lebensplanung nahestanden, den nahen Angehörigen gleichgestellt werden.[352]
Ein Indiz für eine solche enge Verbundenheit, kann nach der Gesetzesbegründung die Begleitung des Verstorbenen im Verlauf der vorangegangenen ärztlichen Behandlung und beim Sterben sein. Der Gesundheitsbetreuer begleitet den Betreuten zwar insoweit bei der ärztlichen Behandlung und beim Sterben, als er die rechtlichen Angelegen-

[350] Vgl. *Walter*, FamRZ 1998, 201 [203]. Nach anderer Ansicht ist zwar eine Betreuerentscheidung möglich, wenn es dem Wohl des Betreuten entspricht, da es sich aber zumeist um einen schwerwiegenden Eingriff handelt, muss eine vormundschaftsgerichtliche Genehmigung nach § 1904 Abs. 1 S.1 BGB eingeholt werden.
[351] So *Soergel/Zimmermann* § 1904 Rnr.43.
[352] BT-Drucks. 13/8027, S.11. Genannt werden neben dem Verlobten auch Personen die nicht nur befristet in häuslicher Gemeinschaft leben.

heiten des Betroffenen besorgt. Dem Begriff „rechtliche Betreuung" ist aber zu entnehmen, dass der Betreuer gerade nicht zu persönlichem Beistand verpflichtet ist. Auch wenn nahestehende Personen – was vom Betreuungs-
recht ja gewünscht ist – eine Gesundheitsbetreuung übernommen haben, entstammt ihr Recht auf Zustimmung zur Organentnahme nicht ihrem Amt als Betreuer, sondern ihrer persönlichen Verbundenheit dem Betreuten gegenüber. Einem Betreuer, der kein solches Näheverhältnis zum Betreuten hat – etwa ein dem Betreuten nicht näher bekannter Rechtsanwalt, oder ein Krankenpfleger – kommt kraft seines Amtes als Gesundheitsbetreuer kein Zustimmungsrecht nach § 4 Abs. 2 S.6 BGB zu.[353] Die Frage nach einer Genehmigungspflicht nach § 1904 BGB stellt sich demnach nicht.[354]

(b) Der Betreute als Organempfänger

Ist eine Organtransplantation zur Erhaltung des Lebens des Betreuten notwendig, ist dies eine den gesundheitlichen Bereich betreffende Maßnahme, so dass bei Einwilligungsunfähigkeit des Betreuten der Betreuer für die Organisation und Einwilligung zuständig ist. Da es sich zumeist um erhebliche Eingriffe handelt – wie beispielsweise Leber- oder Herztransplantationen – wird auch eine vormundschafts-gerichtliche Genehmigung nach § 1904 Abs. 1 S.1 BGB erforderlich sein.[355]

(6) Die Verweigerung von Behandlungsmaßnahmen und der Abbruch bereits genehmigter Maßnahmen

Fraglich ist, ob der Betreuer auch dann eine vormundschaftsgerichtliche Genehmigung nach § 1904 Abs. 1 S.1 BGB einzuholen hat, wenn er seine Einwilligung zu einer medizinischen Maßnahme nicht erteilen will, bei Nichtvornahme der Behandlung allerdings die Gefahr des Todes oder einer schweren Gesundheitsbeschädigung besteht.
Von einigen Autoren wird dies bejaht. Sie begründen dies damit, dass wegen des Schutzzweckes des § 1904 BGB die Ablehnung einer Behandlung als actus contrarius ebenfalls genehmigungspflichtig sei.[356]

---

[353] Anders wohl *Deinert*, BtPrax 1998, 60, [63].
[354] Darüber hinaus wäre § 1904 BGB schon nicht einschlägig, da es bei einem Toten zu keiner Gesundheits- oder Lebensgefahr kommen kann.
[355] So auch *Erman/Roth*, 10.Aufl., § 1904 Rnr.20.
[356] *Kuhlmann*, Einwilligung in die Heilbehandlung alter Menschen, S.149; *Winkler-Wilfurt*, Betreuung und Heilbehandlung, S.139.

Richtigerweise bietet § 1904 BGB für eine derartige Anwendung keinen Raum. Der Wortlaut stellt eindeutig auf die *Einwilligung* in abschließend aufgezählte Behandlungsmaßnahmen ab, die – in Ausnahme zur Regel – genehmigungspflichtig sein sollen. Bei Verweigerung der Einwilligung des Betreuers hält das Betreuungsrecht andere Möglichkeiten bereit.[357] Denn zu bedenken ist, dass der Betreuer verpflichtet ist, seine Aufgaben zum Wohle des Betreuten zu besorgen, § 1901 Abs.2 S.1 BGB. Erteilt er seine Einwilligung nicht, obwohl bei Unterlassung der Behandlung die Gefahr des Todes oder einer schweren Gesundheitsbeschädigung besteht, so begeht er eine Pflichtverletzung. Eine derartige Pflichtverletzung kann mehrere Folgen haben. Zum einen kann sich der Betreuer nach § 1908 i Abs. 1 i.V.m. § 1833 BGB gegenüber dem Betreuten schadensersatzpflichtig machen. Zum anderen kann das Vormundschaftsgericht dem Betreuer gebieten, die Einwilligung zu erteilen, § 1908 i Abs. 1 i.V.m. § 1837 Abs. 2 S.1 BGB.[358] Verweigert der Betreuer ohne sachliche Begründung die Einwilligung, so hat das Vormundschaftsgericht auch zu prüfen, ob der Betreuer noch als geeignet anzusehen ist, oder ob er nicht zu entlassen und ein neuer Betreuer zu bestellen ist, § 1908 b BGB, § 69 f Abs. 3 BGB.[359]
Hält der behandelnde Arzt die Einwilligungsverweigerung für unsachgemäß, kann er das Vormundschaftsgericht hiervon unterrichten und die oben genannten Schritte anregen.[360]

Wurde die medizinische Maßnahme genehmigt, muss der Betreuer auch vor Beginn und während der Durchführung der genehmigten Behandlung stets prüfen, ob diese zum Wohle des Betreuten noch erforderlich ist. Ist er der Ansicht, dass eine Behandlung nicht (mehr) dem Wohl des Betreuten entspricht, hat er den Abbruch der Behandlungsmaßnahme zu veranlassen. *Kuhlmann*[361] vertritt in diesem Zusammenhang die Ansicht, dass auf den Abbruch einer bereits genehmigten Maßnahme ebenfalls § 1904 Abs. 1 S. 1 BGB Anwendung finden soll.
Dies ist jedoch abzulehnen. Einerseits ist der Betreuer bei erteilter Genehmigung nicht verpflichtet, die Maßnahme auch tatsächlich durchführen zu lassen. Denn gerade bei einem Betreuten, bei dem sich der gesundheitliche Zustand rasch ändern kann, hat der Betreuer auch nach

---

[357] Dieser Ansicht auch *Soergel/Zimmermann* § 1904 Rnr.26; *Erman/Roth,* 10. Auflage, § 1904 Rnr.24, so auch *Holzhauer* in der Vorauflage § 1904 Rnr.25.

[358] Die weitergehende Möglichkeit, dass das Vormundschaftsgericht bei unsachgemäßer Weigerung des Betreuers, die Einwilligung gemaß §§ 1837 Abs. 4, 1666 ersetzen kann, ist abzulehnen, da § 1908 i Abs. 1 S.1 BGB nur auf § 1837 Abs. 1 bis 3 BGB verweist, nicht aber auf Abs. 4. Für eine Anwendung des § 1837 Abs. 4 BGB ohne weitere Begründung, *Erman/Roth*, 10 Aufl., § 1904 Rnr.24.

[359] Einzelheiten zur Entlassung siehe unten, 1. Kapitel VI. In dem Zeitraum zwischen Entlassung des alten und Bestellung des neuen Betreuers kann das Vormundschaftsgericht bei Dringlichkeit selbst in eine medizinische Maßnahme einwilligen, §§ 1908 i Abs. 1 S.1, 1846 BGB, siehe 4.Kapitel VI.

[360] Zu den diesbzgl. Pflichten des Arztes siehe 3.Kapitel IV.

[361] *Kuhlmann*, Einwilligung in die Heilbehandlung alter Menschen, S.149.

erteilter Genehmigung noch zu überprüfen, ob die Behandlung noch zum Wohle des Betreuten erforderlich ist.[362]
Andererseits ist aber auch die Praktikabilität und der Nutzen einer derartigen Anwendung des § 1904 BGB äußerst fraglich. Wäre bei Anwendung des § 1904 BGB auf einen Abbruch der Betreuer bei erteilter Genehmigung noch vor Behandlungsbeginn verpflichtet, eine weitere Genehmigung einzuholen um die Maßnahme doch nicht durchzuführen? Müsste dann bei einer genehmigten Herzoperation weiteroperiert werden, obwohl die Aussichtslosigkeit des Eingriffs feststeht, nur weil keine Genehmigung für den Abbruch vorliegt und die Voraussetzungen des § 1904 Abs. 1 S.2 BGB nicht gegeben sind? Müsste mit der Behandlung mit Psychopharmaka fortgefahren werden bis das langwierige Genehmigungsverfahren abgeschlossen ist, weil sich ursprünglich die Durchführung der Maßnahme „trotz ihres Risikos (als) die bessere Alternative zu ihrem Unterbleiben" darstellte?[363]
Würde man § 1904 Abs.1 S.1 BGB in dieser Weise anwenden, so würde sein eigentlicher Zweck, nämlich den Betreuten vor gesundheitlichen Gefahren zu schützen, in sein Gegenteil verkehrt. Es muss demnach dabei bleiben, dass § 1904 BGB nur auf die *Einwilligung in* die dort genannten Maßnahmen anzuwenden ist. Bei einer Verweigerung der Einwilligung oder bei der Zustimmung in den Abbruch einer (bereits genehmigten) Maßnahme, ist allein die Entscheidung des Betreuers maßgeblich, soweit eine derartige Entscheidung noch von seinem Aufgabenkreis umfasst ist.[364]

d) **Rechtsmittel**

Hat das Gericht antragsgemäß entschieden kann der Betreuer im eigenen Namen mangels Beschwer kein Rechtsmittel einlegen. Wurde eine vom Betreuer beantragte Genehmigung abgelehnt, kann der Betreuer sie nur anfechten, wenn er in seinen Rechten verletzt ist, § 20 FGG. Hat das Gericht mit der ablehnenden Entscheidung lediglich festgestellt, dass die Behandlungsmaßnahme keiner Genehmigung nach § 1904 Abs. 1 S.1 BGB bedarf, ist der Betreuer nicht beschwert, da nunmehr feststeht, dass er selbst - ohne Beteiligung des Gerichts – rechtswirksam in die Maßnahme einwilligen kann. Erfolgte die Ablehnung allerdings, weil das Gericht die Behandlung wegen ihrer Gefährlichkeit für nicht ge-

---

[362] Vgl. *Deinert/Schreibauer*, BtPrax 1993, 185 [186]. Siehe hierzu auch unten 1. Kapitel IV 1.b) (1).
[363] So aber die Argumentation von *Kuhlmann*, Einwilligung in die Heilbehandlung alter Menschen, S.151, für eine Genehmigungspflichtigkeit.
[364] Zur Problematik der Einwilligung in einen Ernährungs- oder Behandlungsabbruch der letztlich zum Tod des Betreuten führt siehe 1. Kapitel II. 4. c) (4).

nehmigungsfähig ansieht, steht dem Betreuer ein Beschwerderecht zu.[365]

e) Die Entbehrlichkeit der vormundschaftsgerichtlichen Genehmigung, § 1904 Abs. 1 S.2 BGB, Notfälle

Da eine vormundschaftsgerichtliche Genehmigung nicht sofort zu erlangen ist, sondern infolge der verschiedenen Verfahrenshandlungen eine gewisse Zeitspanne in Anspruch nimmt, sieht § 1904 Abs. 1 S.2 BGB die Entbehrlichkeit der Genehmigung in Ausnahmefällen vor. Ein solcher Ausnahmefall ist dann gegeben, wenn mit dem Aufschub Gefahr verbunden ist. Zwar ist der Begriff Gefahr nicht näher qualifiziert, jedoch ergibt sich aus dem Zusammenhang, dass es sich um eine ernstliche und dringliche Gefahr für Leib oder Leben handeln muss.[366] Die Gefahr muss gerade in dem Aufschub, der mit der Einholung der vormundschaftsgerichtlichen Genehmigung einher geht, begründet sein. Die Entbehrlichkeit hängt demnach nicht nur von der Dringlichkeit der medizinischen Maßnahme, sondern auch von der erwarteten Verfahrensdauer, also der Belastung des Gerichts, der Verfügbarkeit eines Sachverständigen u.ä. ab.[367]
Wurde unter den Voraussetzungen des § 1904 Abs. 1 S.2 BGB ohne die erforderliche vormundschaftsgerichtliche Genehmigung gehandelt, so muss diese auch nicht nachgeholt werden. Nach der amtlichen Begründung wäre eine Nachholung nicht sinnvoll, da sich die vollzogene Heilmaßnahme in der Regel nicht rückgängig machen lässt.[368]
Zu beachten ist, dass § 1904 Abs. 1 S.2 BGB nur das Erfordernis der vormund-schaftsgerichtlichen Genehmigung entfallen lässt, nicht aber die Einwilligung des Betreuers.[369] Denn mit § 1904 Abs. 1 S.2 BGB sind nicht ärztliche Notfallmaßnahmen gemeint. Eine vormundschaftsgerichtliche Genehmigung ist nicht erst dann entbehrlich, wenn es „auf jede Minute ankommt", sondern dann, wenn ein Abwarten der Genehmigungsentscheidung eine Gefahr für die Gesundheit des Betreuten darstellt.

Wann selbst die Einwilligung des Betreuers entbehrlich ist, richtet sich nicht nach § 1904 Abs. 1 S.2 BGB, sondern nach den allgemeinen Grundsätzen. Hierzu enthält das Betreuungsrecht keine Regelung. Ohne eine Einwilligung kann eine medizinische Maßnahme nur aufgrund der

---

[365] Zum Ganzen siehe *Bienwald* § 1904 Rnr.35.
[366] Vgl. *Schwab*, FamRZ 1991, 681 [686].
[367] So *Erman/Roth*, 10.Aufl., § 1904 Rnr.30; *Damrau/Zimmermann* § 1904 Rnr.13.
[368] BT-Drucks. 11/4528 S.141.
[369] Einhellige Meinung siehe *MünchKomm/Schwab* § 1904 Rnr.19; HK-BUR/*Rink* § 1904 Rnr.30; *Staudinger/Bienwald* § 1904 Rnr.64.

strafrechtlichen Rechtfertigungsgründe rechtmäßig und damit zulässig sein. Bei Unfall- oder Notfallhilfen wird das Handeln des Arztes infolge einer mutmaßlichen Einwilligung als gerechtfertigt angesehen.[370] Der Arzt hat in einem solchen Fall aus allen ihm zur Verfügung stehenden Erkenntnisquellen zu ermitteln, wie sich der Betroffene entscheiden würde, wenn er zur Willensbildung und -äußerung noch in der Lage wäre. Einer mutmaßlichen Einwilligung kommt nur dann der Charakter eines Rechtfertigungsgrundes zu, wenn die Behandlungsmaßnahme unaufschiebbar ist. Dies ist lediglich dann der Fall, wenn wegen der Dringlichkeit des Eingriffs ein Betreuer nicht mehr bestellt, bzw. nicht mehr erreicht werden kann und auch eine unmittelbare Entscheidung des Vormundschaftsgerichts nach § 1846 BGB nicht mehr herbeigeführt werden kann.[371]

Will der Arzt für seine Notfallmaßnahmen eine Vergütung verlangen, so braucht er hierfür eine Rechtsgrundlage. Da in einem solchen Eilfall meist niemand einen Behandlungsvertrag abschließt, richtet sich die schuldrechtliche Seite der Notfallmaßnahme nach den Regeln der Geschäftsführung ohne Auftrag, § 677 ff BGB.

f) Die Unterbringung nach § 1906 BGB

§ 1906 BGB gibt dem Betreuer die Möglichkeit den Betreuten freiheitsentziehend unterzubringen. Seit es Anstalten zur Erziehung, Verwahrung, Heilung oder Besserung gibt, hatten sowohl Familienangehörige als auch die Obrigkeit die Möglichkeit Geisteskranke oder Gefährliche darin unterzubringen.[372] Dieser Dualismus von privatrechtlicher und öffentlich-rechtlicher Unterbringung ist bis heute beibehalten worden. Durch das BtG wurden die Voraussetzungen der zivilrechtlichen und der öffentlich-rechtlichen Unterbringung stärker voneinander abgegrenzt. Die landesgesetzlich geregelte Unterbringung erfordert nach wie vor eine mehr oder minder unmittelbar bevorstehende Gefahr für die eigene Person des Betroffenen oder Rechtsgüter anderer. Hingegen darf eine Unterbringung nach § 1906 BGB nur zum Wohle des Betroffenen vorgenommen werden. Eine Unterbringung zum alleinigen Schutz Dritter oder der Allgemeinheit ist nach § 1906 BGB nicht möglich.[373]

Eine Unterbringung des Betreuten durch den Betreuer ist nur dann zulässig, wenn sie vom Vormundschaftsgericht genehmigt wird, § 1906 Abs. 2 BGB. Bereits 1960 hat das Bundesverfassungsgericht[374]

---

[370] Siehe *Trondle/Fischer* § 223 Rnr.9.
[371] Siehe *Theodor Zimmermann*, Die Auswirkungen des Betreuungsrechts in der ärztlichen Praxis, S.80.
[372] Nachweis bei *Erman/Roth*, 10.Aufl., § 1906 Rnr.1.
[373] Vgl. *Bienwald* § 1906 Rnr.13.
[374] BVerfG, Beschluss v. 10.02.1960 – 1 BvR 526/53, 29/58, NJW 1960, 811.

entschieden, dass für eine Unterbringung eines volljährigen Entmündigten in einer geschlossenen Anstalt eine richterliche Entscheidung nach Art. 104 Abs. 2 S.1 und 2 GG erforderlich ist. Nicht nur die Fälle strafrechtlicher Unterbringung werden demnach von Art. 104 Abs. 2 GG erfasst, sondern auch solche Freiheitsentziehungen mit fürsorgerischem Charakter. Eine Unterbringung eines volljährigen Geisteskranken durch den Vormund darf nicht als lediglich privatrechtliche Beziehung zwischen Staatsbürgern gewürdigt werden. Denn der Staat kann sich von der Grundrechtsbindung nicht dadurch befreien, dass er einen Privatmann zur Wahrung einer öffentlichen Aufgabe bestellt und ihm die Entscheidung über den Einsatz staatlicher Machtmittel überlässt.[375] In der Folgezeit wurden die Voraussetzungen einer freiheitsentziehenden Unterbringung durch die Rechtsprechung immer mehr konkretisiert.[376]
Nach nunmehr geltendem Recht erfolgt eine Genehmigung nur dann, wenn bestimmte Voraussetzungen erfüllt sind. So muss ein Betreuer mit ausreichendem Aufgabenkreis bestellt sein, ein gesetzlicher Unterbringungsgrund muss vorliegen und es muss sich um eine Freiheitsentziehung im Rechtssinne handeln, die zum Wohle des Betreuten erforderlich ist.
Die Genehmigungsentscheidung des Vormundschaftsgerichts muss zwar die Art der Unterbringungsmaßnahme angeben, § 70 f Abs. 1 Nr.2 FGG. Das Vormund-schaftsgericht darf jedoch nicht eine bestimmte Einrichtung angeben, da die Auswahl der Einrichtung, in welcher der Betreute untergebracht werden soll, dem Betreuer und nicht dem Vormundschaftsgericht obliegt.[377]

(1) Der maßgebliche Aufgabenkreis für die zivilrechtliche Unterbringung

Zuständig für die Entscheidung der Unterbringung ist nach dem Wortlaut des § 1906 Abs. 1 BGB der Betreuer. Das Gericht hat lediglich das Handeln des Betreuers zu überprüfen und gegebenenfalls zu genehmigen. Allerdings ist die Handlungskompetenz des Betreuers auf den vom Gericht übertragenen Aufgabenkreis beschränkt. Nur im Rahmen des übertragenen Aufgabenkreises kann der Betreuer rechtswirksam für den Betreuten handeln.[378] Bei der Unterbringung handelt es sich um den Bereich der Aufenthaltsbestimmung. Der Betreuer hat dann die Befugnis zur Unterbringung, wenn ihm das uneingeschränkte Aufenthaltsbestim-

---

[375] BVerfG, Beschluss v. 10.02.1960 – 1 BvR 526/53, 29/58, NJW 1960, 811 [813].
[376] Ein Überblick bietet *Jürgens u.a.*, Das neue Betreuungsrecht, Rnr.482 ff.
[377] BayObLG, Beschluss v. 07.10.1993 – 3Z BR 222/92, FamRZ 1994, 320 [322]; OLG Düsseldorf, Beschluss v. 29.07.1994 – 3 Wx406/94, FamRZ 1995, 118
[378] Eine Kompetenzüberschreitung stellt eine Pflichtverletzung im Sinne des § 1833 BGB dar und kann zu haftungsrechtlichen Konzequenzen führen. Eingehend zur Haftung des Betreuers siehe 1. Kapitel IV.

mungsrecht zusteht.[379] Ob dieses Aufenthaltsbestimmungsrecht in der Personensorge enthalten ist, oder ob ein eigenständiger Aufgabenkreis der „Aufenthaltsbestimmung“ oder „Unterbringung“ notwendig ist, wird in der Literatur nicht einheitlich entschieden.
Nach der Ansicht von *Schwab* muss die Befugnis zur Unterbringung ausdrücklich eingeräumt werden. Die Aufenthaltsbestimmung des Betreuers schiebe den Willen des Betreuten beiseite, wirke also ähnlich wie der Einwilligungsvorbehalt. Dieser müsse aber gemäß § 1903 BGB auch ausdrücklich angeordnet werden.[380] Nach anderer Ansicht umfasst auch der allgemeinere Aufgabenkreis der Personensorge die Befugnis zur freiheitsentziehenden Unterbringung.[381] Dem Argument, der Aufgabenkreis müsse eingeschränkt werden, um Missbrauch zu verhindern, wird entgegengehalten, dass eine freiheitsentziehende Unterbringung nur mit Genehmigung des Vormundschaftsgerichts möglich sei.[382]
Weber gibt zudem zu bedenken, dass bei einer Sonderzuweisung eines Aufgabenkreises die Unterbringung betreffend der Eindruck entstehen könnte, die Entscheidung über die Notwendigkeit der Unterbringung sei bereits vorweggenommen und eine Unterbringung könne nur bei einer Besserung des psychischen oder geistigen Zustandes des Betreuten wieder aufgehoben werden.[383]
Einig ist sich die Literatur und die Rechtsprechung aber darüber, dass der Aufgabenkreis Gesundheitssorge, als Teilbereich der Personensorge, nicht zu einer Unterbringung des Betreuten berechtigt.[384] Wurde der Betreuer lediglich mit dem Aufgabenkreis Gesundheitssorge bestellt, ist er zur Unterbringung des Betreuten nicht befugt. Beantragt er dennoch eine Unterbringung, macht er sich nach § 1833 BGB schadensersatzpflichtig.[385] Rechtmäßiger Weise kann der Betreuer mit Aufgabenkreis Gesundheitssorge erst dann eine Unterbringung beantragen, wenn sein Aufgabenkreis vom Vormundschaftsgericht auf die Aufenthaltsbestimmung erweitert wurde.[386]

---

[379] Siehe BayObLG, Beschluss v. 07.10.1993 – 3Z BR 222/93, FamRZ 1994, 320.
[380] *MünchKomm/Schwab* § 1906 Rnr.4; *ders.* in FamRZ 1992, 493 [497]; dieser Ansicht auch *Jürgens/Marschner* § 1906 Rnr.2, § 1896 Rn.24; *Röttgen*, Das Betreuungsrecht, S.204.
[381] HK-BUR/*Rink* § 1906 Rnr.10; *Staudinger/Bienwald* § 1906 Rnr.20; *Damrau/Zimmermann* § 1906 Rnr.6.
[382] So *Damrau/Zimmermann* § 1906 Rnr.5; *Staudinger/Bienwald* § 1906 Rnr.20. Für diese Ansicht spricht, dass eine im ersten Diskussions-Teilentwurf vorgesehene Regelung, eine Entscheidung über eine Unterbringung sei nur zulässig, wenn das Gericht diese dem Betreuer ausdrücklich als Aufgabenkreis zugewiesen habe, vom Gesetz nicht übernommen wurde, BT-Drucks. 11/4528 S.124.
[383] *Weber*, Der Einfluß des Betreuungsgesetzes auf die freiheitsentziehende Unterbringung, S.79. Zu diesen Bedenken auch BT-Drucks. 11 /4528, S.124.
[384] *Palandt/Diederichsen* § 1906 Rnr.5; *Soergel/Zimmermann* § 1906 Rnr.13; *MünchKomm/Schwab* § 1906 Rnr.4; *Staudinger/Bienwald* § 1906 Rnr.20; RGRK-*Dickescheid* § 1906 Rnr.2.; BayObLG, Beschluss v. 05.02.1998 - 3Z BR 45/96, 186/97, FamRZ 1998, 1327; OLG Hamm, Urteil v. 09.01.2001 – 29U 56/00, FamRZ 2001, 861.
[385] So OLG Hamm, Urteil v. 09.01.2001 – 29U 56/00, FamRZ 2001, 861.
[386] *Damrau/Zimmermann* § 1906 Rnr.6.

(2) Der Begriff der freiheitsentziehenden Unterbringung

Eine freiheitsentziehende Unterbringung liegt dann vor, wenn der Betroffene gegen seinen Willen am Verlassen eines bestimmten räumlichen Bereichs gehindert wird.[387] Von einer Freiheitsentziehung kann begrifflich nicht die Rede sein, wenn sich der Betroffene freiwillig in die Einrichtung begibt oder dort verbleibt. Maßgeblich für eine wirksame Einwilligung des Betreuten ist, dass er die Tragweite der Maßnahme zu erfassen vermag.[388] Ein bloßes Erdulden der Maßnahme stellt hierbei noch kein Einverständnis dar. Andererseits bedarf es keiner verbalen Äußerung, wenn der Wille des Betreuten auf andere Weise zweifelsfrei feststellbar ist. Hat der Betreute die notwendige Einsichtsfähigkeit und willigt er in die Unterbringung ein, so bedarf es der vormundschaftsgerichtlichen Genehmigung nach § 1906 BGB nicht.[389]

Räumlich liegt eine Unterbringung mit Freiheitsentziehung dann vor, wenn sie in einer geschlossenen Einrichtung oder einer geschlossenen Abteilung stattfindet. Aber auch in sog. halboffenen Einrichtungen kann eine Unterbringung erfolgen, wenn dort keine Möglichkeit des freien Zutritts und keine Möglichkeit des Ausgangs ohne Aufsicht besteht.[390] Maßgeblich ist hierbei nicht die Bezeichnung der Einrichtung, sondern allein der Umstand, dass die Einrichtung baulich oder organisatorisch darauf ausgerichtet ist, dass die Bewohner auch gegen ihren Willen festgehalten werden können.[391]

(3) Die gesetzlichen Unterbringungsgründe des § 1906 BGB

Der Betreuer darf von seiner Unterbringungsbefugnis nicht schon dann Gebrauch machen, wenn er der Ansicht ist, es diene dem Wohl des Betreuten. Eine freiheitsentziehende Unterbringung ist ein so schwerer Eingriff in die Rechte des Betroffenen, dass sie nur bei Vorliegen eines Unterbringungsgrundes zulässig ist. § 1906 BGB nennt zwei Unterbringungsgründe. Zum einen § 1906 Abs. 1 Nr.1 BGB, die Gefahr der Selbstschädigung. Zum anderen § 1906 Abs. 1 Nr.2 BGB, die Notwendigkeit der Unterbringung zur Heilbehandlung.

---

387 Vgl. *Damrau/Zimmermann* § 1906 Rnr.1.

388 BT-Drucks. 11/4528, S.146.

389 Siehe *Bienwald* § 1906 Rnr.25; *Coeppicus*, FamRZ 1992, 741; *Holzhauer*, FuR 1992, 249 [255]. BayObLG, Beschluss v. 14.02.1996 – 3Z BR 15/96, FamRZ 1996, 1375 [1376].

390 *Jurgens u.a.*, Das neue Betreuungsrecht, 4.Aufl., Rnr.493.

391 Vgl. *Erman/Roth*, 10.Aufl., § 1906 Rnr.9.

(a) § 1906 Abs. 1 Nr.1 BGB

Eine Unterbringung zum Wohle des Betreuten kommt nach § 1906 Abs. 1 Nr.1 BGB dann in Betracht, wenn aufgrund der psychischen Krankheit oder geistigen oder seelischen Behinderung die Gefahr besteht, dass sich der Betreute tötet oder einen erheblichen gesundheitlichen Schaden zufügt.[392]
Diese Alternative spielt im Rahmen des Aufgabenkreises Gesundheitssorge grundsätzlich nur eine geringe Rolle. Wie bereits dargestellt berechtigt der Aufgabenkreis Gesundheitssorge nicht zur Unterbringung. Zudem ist zu berücksichtigen, dass eine Unterbringung nach § 1906 Abs. 1 Nr.1 BGB für sich gesehen noch nicht beinhaltet, den Untergebrachten zu behandeln. Der Betreute soll nur vor den genannten Gefahren bewahrt werden, indem er in eine geschlossene Einrichtung verbracht wird. Wenn nun aber die Gefahr eines erheblichen Gesundheitsschadens darin besteht, dass der Betreute eine notwendige Behandlung ablehnt, so ist § 1906 Abs. 1 Nr.2 BGB einschlägig. Danach ist die Unterbringung auch dann möglich, wenn sie einer notwendigen Untersuchung, Heilbehandlung oder einem ärztlichen Eingriff dient. Ein psychisch Kranker oder geistig oder seelisch Behinderter kann also nicht nur nach § 1906 Abs. 1 Nr.1 BGB wegen der in seiner Krankheit oder Behinderung begründeten Gefahr der Selbsttötung oder erheblichen Gesundheitsbeschädigung, sondern auch zu einer notwendigen Behandlung seiner Krankheit oder Behinderung untergebracht werden.[393]

(b) § 1906 Abs. 1 Nr.2 BGB

Nach § 1906 Abs. 1 Nr.2 BGB ist eine Unterbringung des Betreuten möglich, wenn dies zur Untersuchung des Gesundheitszustandes, einer Heilbehandlung oder eines ärztlichen Eingriffes notwendig ist, da die Maßnahmen ohne Unterbringung nicht durchgeführt werden können und der Betreute die Notwendigkeit einer Unterbringung nicht erkennen oder nicht nach dieser Einsicht handeln kann.
Unabhängig von der Frage welcher Aufgabenkreis den Betreuer zur Unterbringung seines Betreuten berechtigt, ist im Falle des § 1906 Abs. 1 Nr.2 BGB jedenfalls erforderlich, dass der Betreuer – gegebenenfalls zusätzlich - mit dem Aufgabenkreis Gesundheitssorge betraut wurde. Denn nur dann sind die medizinischen Maßnahmen rechtmäßig durchführbar.[394]

---

[392] Zum Gefahrbegriff im Unterbringungsrecht siehe *Alperstedt*, FamRZ 2001, 467.
[393] Siehe *Erman/Roth*, 10.Aufl., § 1906 Rnr.17.
[394] So *Staudinger/Bienwald* § 1906 Rnr.21; *Damrau/Zimmermann* § 1906 Rnr.8.

Die „Notwendigkeit" bezieht sich auf den Gesundheitsschaden, der dem Betreuten ohne die medizinische Maßnahme droht. Ob die medizinische Maßnahme der Anlasskrankheit gilt, also der Krankheit oder Behinderung, die die Betreuungsbedürftigkeit begründet, oder einer davon unabhängigen Krankheit, ist ohne Belang.[395]
Maßgeblich für eine Unterbringung nach § 1906 Abs. 1 Nr.2 BGB ist die Weigerung des Betreuten, die erforderliche Maßnahme stationär vornehmen zu lassen. So ist eine Unterbringung dann erforderlich, wenn der Betreute zwar mit der Maßnahme einverstanden ist, er sich aber aufgrund seiner psychischen Krankheit oder seiner geistigen oder seelischen Behinderung gegen die stationäre Unterbringung wendet.[396] Dem Betreuten muss die Einsicht fehlen, dass die Heilbehandlung nur durch eine Unterbringung (= stationäre Behandlung) möglich ist.[397]
Nicht erforderlich ist, dass sich die fehlende Einsicht oder das Unvermögen, danach zu handeln auf die Notwendigkeit der Untersuchung, der Heilbehandlung oder des Eingriffs bezieht. Ein Betreuter, der sich nach seinem natürlichen Willen ein Bild über seine Krankheit und deren Behandlung machen kann, darf nicht zwangsweise behandelt werden und auch nicht zum Zwecke der Krankheits- oder Behandlungseinsicht untergebracht werden.[398] In weniger gravierenderen Fällen muss auch dem psychisch Kranken in gewissen Grenzen die „Freiheit zur Krankheit" belassen und mit Rücksicht auf den Verhältnismäßigkeitsgrundsatz eine Unterbringung unterbleiben.[399] Eine freiheitsentziehende Unterbringung, mit dem Ziel der Einsicht in die Notwendigkeit der Behandlung, wird ohne die Möglichkeit der zwangsweisen Behandlung kaum von Nutzen sein.[400] Zudem wird in der überwiegenden Zahl der Fälle die fehlende Krankheitseinsicht mit der fehlenden Einsicht der Unterbringungsbedürftigkeit verbunden sein.[401]
Zu berücksichtigen ist allerdings, dass der nach § 1906 Abs. 1 Nr.2 BGB Untergebrachte nur dann mit Einwilligung des Betreuers medizinisch behandelt werden darf, wenn es ihm selbst an der erforderlichen Einwilligungsfähigkeit mangelt. Ist schon bei Einleitung des Genehmigungsverfahrens ersichtlich, dass der Betroffene einwilligungs-

---

[395] *MunchKomm/Schwab* §1906 Rnr.14; *Erman/Roth*, 10.Aufl., § 1906 Rnr.17;*Weber*, Der Einfluß des Betreuungsgesetzes auf die freiheitsentziehende Unterbringung, S.90.

[396] So der eindeutige Wortlaut des § 1906 Abs. 1 Nr.2 BGB und die amtliche Begründung BT-Drucks. 11/4328 S.147. A.A *MünchKomm/Schwab* Rnr.16, der meint, dass es primär nicht um die Einsicht in die Notwendigkeit der Unterbringung geht, sondern der durch diese möglichen medizinischen Behandlung.

[397] So BayObLG, Beschluss v.24.10.1995 – 3Z BR 300/95, FamRZ 1996, 511.

[398] Allgem. Meinung: *MünchKomm/Schwab* § 1906 Rnr.16; *Erman/Roth*, 10.Aufl., § 1906 Rnr.20; *Weber*, Der Einfluß des Betreuungsrechts auf die freiheitsentziehende Unterbringung, S.94; *Jürgens u.a.*, Das neue Betreuungsrecht, 4.Aufl., Rnr.511; OLG Schleswig, Beschluss v.03.11.1999 – 2W 173/99, FamRZ 2000, 1122.

[399] Vgl. BVerfG, Beschluss v. 23.03.1998 – 2 BvR 2270/96, NJW 1998, 1774; *Erman/Roth*, 10.Aufl., § 1906 Rnr.20.

[400] Dieser Ansicht auch *Damrau/Zimmermann* § 1906 Rnr.10.

[401] Dies wurde bereits im Entwurf erkannt, BT-Drucks. 11/4528 S.147.

fähig ist, sollte auch der Betreuer von einer freiheitsentziehenden Unterbringung absehen, da die beabsichtigte Behandlung nicht durchführbar ist.[402]

Weiterhin ist eine Unterbringung nach § 1906 Abs. 1 Nr.2 BGB dann nicht erforderlich, wenn die beabsichtigte Heilbehandlung wegen des mangelnden Einverständnisses des Betroffenen keine hinreichende Erfolgsaussicht hat.[403] Die Erforderlichkeit einer Unterbringung ist dann zu verneinen, wenn die beabsichtigte Heilbehandlung (Alkoholentziehungskur) keine Erfolgsaussichten bietet, weil der Betroffene eine Behandlung vehement ablehnt.[404] Ist eine Behandlung (z.B. bei Suchterkrankungen) nur erfolgversprechend, wenn sie mit dem Einvernehmen des Betroffenen vorgenommen wird und weigert sich dieser, ist eine freiheitsentziehende Unterbringung nicht zulässig. In derartigen Fällen kommt eine (privatrechtliche) Unterbringung nur unter den Voraussetzungen des § 1906 Abs. 1 Nr.1 BGB in Betracht.[405]
Soll ein Betreuter wegen einer Behandlung mit Neuroleptika untergebracht werden und wurde eine Genehmigung nach § 1904 BGB mangels Genehmigungsfähigkeit abgelehnt, so kommt auch eine Unterbringung nach § 1906 Abs.1 Nr.2 BGB zur Durchführung dieser Behandlung nicht in Betracht.[406]

Nach dem Wortlaut des § 1906 Abs. 1 Nr.2 BGB ist die Gefahr eines „schweren Gesundheitsschadens" nicht Voraussetzung einer Unterbringung. Dies wird in der amtlichen Begründung damit gerechtfertigt, dass der Eingriffstatbestand auch für unterbringungsähnliche Maßnahmen gilt.[407] Weiterhin könne eine Untersuchung auch dann notwendig sein, wenn der Gesundheitszustand des Betreuten geklärt werden müsse. Ob dem Betroffenen ein schwerer Gesundheitsschaden drohe werde sich oft erst nach der Untersuchung herausstellen.[408] Eine Heilbehandlung ist nach der Rechtsprechung dann als zum Wohle des Betreuten erforderlich anzusehen, wenn sie geeignet ist, den Zustand des Betreuten zu stabilieren, etwa indem der Chronifizierung einer gewichtigen Krankheit entgegengewirkt werden soll.[409]
Gleichwohl ist offensichtlich, dass eine derart in die Rechte des Betroffenen eingreifende Maßnahme, wie sie die Unterbringung darstellt, nicht

---

[402] Vgl. *Soergel/Zimmermann* § 1906 Rnr.50.
[403] LG Frankfurt a.M., Beschluss v. 12.11.1992 – 2/9 428/92, FamRZ 1993, 478 [479].
[404] So BayObLG, Beschluss v. 08.08.1994 – 3Z BR 209/94, FamRZ 1994, 1617; LG Regensburg, Beschluss v. 18.12.1992 – 7T 343/92, FamRZ 1994, 125 [126]; LG Frankfurt a.M., Beschluss v. 12.11.1992 – 2/9 428/92, FamRZ 1993, 478 [479].
[405] Vgl. BayObLG, Beschluss v. 08.08.1994 – 3Z BR 209/94, FamRZ 1994, 1617.
[406] LG Berlin, Beschluss v. 05.11.1992 – 83T 423 u. 426/92, R&P 1993, 39. Zum Verhältnis der Genehmigungen nach § 1904 und § 1906 BGB siehe unten 1. Kapitel 4. f) (6).
[407] Siehe BT-Drucks. 11/4528 S.147.
[408] Vgl. BT-Drucks. 11/4528 S.147
[409] Siehe OLG Karlsruhe, Beschluss v. 0404.2000 – 11Wx 28/00 m.w.N.

wegen einer Lappalie vorgenommen werden kann.[410] Eine Unterbringung nach § 1906 Abs. 1 Nr.2 BGB ist dann erforderlich, wenn bei Unterlassung der Unterbringung ein gewichtiger gesundheitlicher Schaden droht.[411] Diese Sichtweise wird auch dadurch gestützt, dass das Bundesverfassungsgericht[412] jedem einzelnen die Freiheit zur Krankheit zugesteht. Würde man nun einen psychisch Kranken bei nicht erheblicher Gefahr gegen seinen Willen zwangsweise behandeln, so würde ihm seine Freiheit zur Krankheit genommen.

Da der Zweck der Unterbringung entfällt, wenn die Heilbehandlung beendet oder undurchführbar geworden ist, muss im Rahmen der Genehmigung Art, Inhalt und Dauer der Heilbehandlung genau festgelegt werden.[413] Wird die Freiheitsentziehung beendet, weil der Betreute beispielsweise – mit Zustimmmung des Betreuers - von einer geschlossenen Station einer psychiatrischen Klinik auf eine offene Station verlegt wird, wird die erteilte vormundschaftsgerichtliche Genehmigung wirkungslos. Der Betreuer bedarf dann für eine Rückverlegung in die geschlossene Station oder aber für eine weitere Behandlung, die eine Unterbringung erfordert, einer neue gerichtlichen Genehmigung.[414]

(4) Die Unterbringung ohne vormundschaftsgerichtliche Genehmigung

Hält der behandelnde Arzt die freiheitsentziehende Unterbringung für erforderlich und trifft der Betreuer die dafür notwendige Unterbringungsentscheidung, so kann der Betreute auch ohne Genehmigung des Vormundschaftsgerichts untergebracht werden, wenn mit dem Aufschub Gefahr verbunden ist, § 1906 Abs. 2 S.2 BGB. Allein der Betreuer mit entsprechendem Aufgabenkreis kann die Unterbringung des Betreuten veranlassen, nicht jedoch der Leiter einer Unterbringungseinrichtung. Eine eigenmächtige Verlegung eines Betreuten in eine geschlossene Abteilung oder eine andere freiheitsentziehende Maßnahme durch andere Personen als den Betreuer können nur unter dem Gesichtspunkt der Notwehr bzw. Nothilfe gerechtfertigt sein.[415] Anders als bei § 1904 BGB ist in diesem Falle die vormundschaftsgerichtliche Genehmigung unverzüglich nachzuholen. Folglich hat der Betreuer in der Regel am nächsten Werktag, notfalls fernmündlich oder per Telefax das Ersuchen an das Gericht zu richten. Dieses hat die notwendigen Verfahrenshandlungen

---

[410] Zur Kritik an § 1906 Abs. 1 Nr.2 BGB siehe *Weber*, Der Einfluß des Betreuungsrechts auf die freiheitsentziehende Unterbringung, S.90 ff.

[411] So *Weber*, Der Einfluß des Betreuungsrechts auf die freiheitsentziehende Unterbringung, S.92, *MunchKomm/Schwab* § 1906 Rnr.14

[412] BVerfG, Beschluss v. 23.03.1998 – 2 BvR 2270/96, NJW 1998, 1774.

[413] OLG Dusseldorf, Beschluss v.29.07.1994 – 3 Wx 409/94, FamRZ 1995, 118.

[414] Allg. Meinung, siehe nur OLG Hamm, Beschluss v. 18.08.1999 – 15W 233/99, R & P 2000, 83.

[415] Nachweis bei HK-BUR/*Rink* § 1906 Rnr.35.

umgehend einzuleiten und evtl. durch eine einstweilige Anordnung über die Genehmigung einer vorläufigen Unterbringung nach §§ 70 h Abs. 1, 69 f Abs. 1 FGG zu entscheiden.[416]
Zu beachten ist, dass der Betreuer auch im Falle der – zunächst – genehmigungslosen Unterbringung die Unterstützung der Behörde in Anspruch nehmen kann. Denn § 70 g Abs. 5 FGG, der auf § 70 Abs. 1 S. 2 Nr.1 FGG verweist, gilt ausdrücklich für § 1906 Abs. 1 bis 3 BGB und damit auch im Falle des § 1906 Abs. 2 S.2 BGB. Allerdings darf die Behörde bei ihrer Unterstützung ohne gerichtliche Entscheidung keine Gewalt anwenden. Dies ergibt sich aus § 70 g Abs. 5 S.2 FGG. Diese Entscheidung ist jedoch von der Genehmigung nach § 1906 BGB zu trennen. Demnach kann das Gericht über die Gewaltanwendung entscheiden, bevor es die Unterbringung des Betreuten genehmigt.[417]

(5) Freiheitsentziehende Maßnahmen gemäß § 1906 Abs. 4 BGB

Nicht nur die freiheitsentziehende Unterbringung des Betreuten bedarf der vormundschaftsgerichtlichen Genehmigung, sondern auch die Entziehung der Freiheit des Betreuten auf andere Weise, wenn er in einer Anstalt, einem Heim oder sonstigen Einrichtung lebt ohne untergebracht[418] zu sein.[419] Als freiheitsentziehende Maßnahmen nennt das Gesetz explizit mechanische Vorrichtungen und Medikamente.[420]

Eine Medikamentengabe ist nur dann nach § 1906 Abs. 4 BGB genehmigungspflichtig, wenn sie gezielt eingesetzt wird um den Betreuten am Verlassens seines Aufenthaltsortes zu hindern.[421] Es handelt sich dem-

---

[416] Siehe HK-BUR/*Rink* §1906 Rnr.36.
[417] Vgl. *Bienwald* § 1906 Rnr.49.
[418] Wie dies zu verstehen ist, ist in der Literatur umstritten: *Holzhauer*, FuR 1992, 249 ff geht von einer engen Auslegung aus und sieht Abs.4 dann nicht als anwendbar an, wenn der Betreute förmlich in einem Heim o.ä. untergebracht ist. Nach der weiten Auslegung ist jede weitere Maßnahme am Untergebrachten, die nicht wesensmäßig zu jeder Unterbringung gehört zusätzlich genehmigungspflichtig; dieser Ansicht *Soergel/Zimmermann* § 1906 Rnr.73; *Schwab*, FamRZ 1990, 681 [687]; *Jürgens u.a.*, Das neue Betreuungsrecht, 4.Aufl., Rnr.516; *Weber*, Der Einfluß des Betreuungsrechts auf die freiheitsentziehende Unterbringung, S.101; *Marschner*, R & P 2001, 132 [134]. Auch *Erman/Roth*, 10.Aufl., Rnr.26 will danach differenzieren, ob die unterbringungsähnliche Maßnahme als bloße Umsetzung der gerichtlich genehmigten Unterbringung darstellt, oder aber als weitere eigenständige Freiheitsentziehung in den Schutzbereich des Art. 104 Abs. 2 GG fällt und damit genehmigungspflichtig ist.
[419] Zu den im Gesetz genannten Anstalten, Heimen und sonstigen Einrichtungen sind Krankenhäuser, psychiatrische, gerontopsychiatrische Abteilungen, Sanatorien, Rehabilitationskliniken, Altenheime, Pflegeheime, Seniorenanlagen u.ä. zu rechnen, siehe *Dodegge*, MDR 1992, 437.
[420] Mechanische Vorrichtungen sind Schlösser, insbesondere Trickschlösser, aber auch das Eingittern des Bettes oder das Festgurten an Bett oder Rollstuhl. Bei derartigen Maßnahmen durch die Einrichtung bedarf es nicht der Beteiligung des Gesundheitsbetreuers, so dass von einer eingehenderen Betrachtung abgesehen wird. Zu einzelnen mechanischen Vorrichtungen siehe *Soergel/Zimmermann* § 1906 Rnr.77.
[421] OLG Hamm, Beschluss v.080.01.1997 – 15W 398/96, FGPrax 1997, 64; *Palandt/Diederichsen* § 1906 Rnr.20.

nach nur um Medikamente mit sedierender Wirkung, also solchen, die den Bewegungswillen des Betroffenen dämpfen. Nach der überwiegenden Ansicht in der Literatur liegt dann kein Fall des § 1906 Abs. 4 BGB vor, wenn das Medikament Heilzwecken dient und nur als Nebeneffekt der Bewegungsdrang des Patienten eingeschränkt wird. Eine Abgrenzung nach dem subjektiven Begriff des „Heilzwecks" sieht sowohl *Holzhauer*[422] als auch *Roth*[423] als problematisch an. Denn auch ein zur Dämpfung krankhaften Bewegungsdrangs gegebenes Psychopharmakon verfolgt einen Heilzweck, wirkt aber, wenn es einen Willen zum Aufenthaltswechsel verhindert, unterbringungsähnlich.[424]

Die Abgrenzung ist im Einzelfall schwierig und kann u.U. aus der Dokumentation der Anstalt entnommen werden.[425] Wegen dieser Schwierigkeiten will *Roth* nicht auf den Begriff des „Heilzwecks" abstellen. Das subjektive Kriterium des „Heilzweckes" könnte nämlich auch dann vorliegen, wenn einer Gesundheitsbeschädigung lediglich vorgebeugt werden soll – etwa bei einer Fixierung, die verhindern soll, dass der Betreute aus dem Bett fällt. Besser ist es seiner Ansicht nach, man unterscheidet aus welchem Anlass die Maßnahme vorgenommen wird. Gilt die Maßnahme der Krankheit, deretwegen der Betreute untergebracht wurde, so fällt sie nicht unter Abs. 4. Wird hingegen ein weitergehender Zweck verfolgt, ist eine Genehmigung erforderlich.
Da jede Gabe von Medikamenten der Einwilligung des Patienten bedarf, ist bei einwilligungsunfähigen Betreuten der Gesundheitsbetreuer auch vor der Behandlung mit einem sedierenden Medikament einzubeziehen. Birgt die Gabe dieses Medikamentes zudem die Gefahr der schweren Gesundheitsbeschädigung, so muss der Betreuer zudem die Genehmigung des Vormundschaftsgerichts nach § 1904 BGB einholen.

Zwar kann begrifflich nicht von einer Freiheitsentziehung gesprochen werden, wenn die Maßnahme mit der Einwilligung des Betroffenen erfolgt. Jedoch ist eine Einwilligung des Betreuten in eine sedierende Medikation problematisch. Maßgeblich ist auch hier die natürliche Einsichts- und Steuerungsfähigkeit und nicht die Geschäftsfähigkeit.[426] Die medikamentöse Ruhigstellung wird aber in aller Regel Einfluss auf die natürliche Einsichtsfähigkeit des Betroffenen haben. Abgesehen davon, dass es schwerlich mit der Menschenwürde zu vereinbaren ist, einen Willen dahingehend zu äußern, etwas in Zukunft nicht zu wollen,[427] besteht bei

---

[422] *Holzhauer,* FuR 1992, 249 [256, 257].
[423] *Erman/Roth,* 10.Aufl., § 1906 Rnr.31.
[424] Beispiel bei *Holzhauer,* FuR 1992, 249 [257].
[425] So *Soergel/Zimmermann* § 1906 Rnr.78.
[426] Siehe nur *Dodegge*, MDR 1992, 437 [439].
[427] So *Erman/Roth*, 10.Aufl., § 1906 Rnr.38; *Weber*, Der Einfluß des Betreuungsgesetzes auf die freiheitsentziehende Unterbringung, S. 106.

vielen sedierenden Mitteln die Gefahr der Abhängigkeit. Folglich kommt die Gabe von sedierenden Medikamenten nur mit Einwilligung des Betreuers und Genehmigung des Vormundschaftsgerichts in Betracht.[428]

(6) Verhältnis zur Genehmigung nach § 1904 BGB

Will der Betreuer den Betreuten zum Zwecke einer Untersuchung, einer Heilbehandlung oder eines ärztlichen Eingriffs unterbringen und besteht bei der ärztlichen Maßnahme zugleich die Gefahr des Todes oder einer schweren Gesundheitsbeschädigung, so treffen die Genehmigungserfordernisse der §§ 1904 und 1906 BGB zusammen.[429] Das Genehmigungserfordernis im Rahmen des § 1904 BGB betrifft die Gefährlichkeit der ärztlichen Maßnahme. Bei § 1906 BGB ist die Genehmigung wegen der Autonomieverletzung erforderlich.[430] Die Genehmigungen haben folglich unterschiedliche Regelungsinhalte, so dass die eine nicht durch die andere ersetzbar bzw. in ihr enthalten ist. Treffen die beiden Genehmigungserfordernisse zusammen müssen zwei Genehmigungen eingeholt werden, wenngleich dies in demselben Verfahren geschehen kann.[431] Sind für die verschiedenen Aufgabenkreise „Gesundheitssorge" und „Aufenthaltsbestimmung" unterschiedliche Betreuer bestellt, müssen beide Betreuer eine Genehmigung – der eine nach § 1904 BGB, der andere nach § 1906 BGB - beantragen.[432]

(7) Die Beendigung der Unterbringung

Liegen die Voraussetzungen einer Unterbringung nicht mehr vor, ist diese nicht mehr im Sinne von §1906 Abs. 1 BGB erforderlich. Ist beispielsweise die medizinische Behandlung beendet, ist der Betreuer verpflichtet, die Unterbringung zu beenden, § 1906 Abs. 3 BGB. Der Anstalt selbst steht kein Entlassungsrecht zu.
Da nur vor Anordnung der Unterbringung ein ärztliches Gutachten gefordert wird (§ 70 e Abs. 1 FGG), entscheidet der Betreuer in eigener Verantwortung ohne ärztliche Stellungnahme über die Beendigung der

---

[428] So auch *Jürgens u.a.*, Das neue Betreuungsrecht, 4.Aufl., Rnr.520; *Erman/Roth*, 10.Aufl., § 1906 Rnr.38; *Weber*, Der Einfluß des Betreuungsgesetzes auf die freiheitsentziehende Unterbringung, S.106. Sowohl *Weber*, als auch *Dodegge*, MDR 1992, 437 [439] weisen darauf hin, dass eine beim Einzug in ein Heim unterschriebene „Einverständniserklärung", dann keine Wirkung entfaltet, wenn der Betroffene zu diesem Zeitpunkt nicht die nötige Einsichtsfähigkeit besitzt, oder aber mangels inhaltlicher Unbestimmtheit oder fehlender Aufklärung keine rechtliche Bedeutung zukommen kann.

[429] So auch OLG Hamm, Beschluss v. 06.04.2000 – 15S 76/00, FGPrax 2000, 113 [116].

[430] Siehe *Schweitzer*, FamRZ 1996, 1317 [1321].

[431] *MünchKomm/Schwab* § 1906 Rnr.32; *Erman/Roth*, 10.Aufl., § 1906 Rnr.22; *Frost*, Arztrechtliche Probleme des neuen Betreuungsrechts, S.71; *Weber*, Der Einfluß des Betreuungsrechts auf die freiheitsentziehende Unterbringung, S.126.

[432] Vgl. *MünchKomm/Schwab* § 1906 Rnr.32.

Unterbringung. Folglich kann er die Beendigung der Unterbringung auch gegen den Willen des behandelnden Arztes durchsetzen.[433] Allerdings steht er dann in der Haftung, wenn sich seine Entscheidung als pflichtwidrig herausstellt, § 1833 BGB.

g) Die Zulässigkeit ambulanter Zwangsbehandlungen

Um die Symptome ihrer Krankheit möglichst gering zu halten, müssen manche Betroffene kontinuierlich mit einem Medikament versorgt werden. Da die Einnahme der Medikamente mit unangenehmen Nebenwirkungen verbunden sein können oder die Betroffenen die Notwendigkeit einer Behandlung mit der Zeit nicht mehr als notwendig erachten, werden die Medikamente oft eigenmächtig abgesetzt. Die Folge ist, dass die Krankheit wieder ausbricht und unter Umständen eine Unterbringung erfolgen muss. Diesem Problem könnte dadurch begegnet werden, dass dem Betroffenen im Rahmen einer ambulanten Zwangsbehandlung die notwendigen Medikamente gegen seinen Willen zugeführt werden.
Fraglich ist, inwieweit der Gesundheitsbetreuer zu Zwangsmaßnahmen greifen kann, um einen entgegenstehenden Willen des Betreuten zu überwinden.

Zwangsmaßnahmen sind unter Berücksichtigung der in Art. 2 Abs. 2 S.2 GG garantierten Freiheit der Person kritisch zu betrachten. Nach der in ständiger Rechtsprechung betonten Ansicht des Bundesverfassungsgerichts steht dieses Grundrecht unzweifelhaft auch nicht voll Geschäftsfähigen zu.[434] Eine Einschränkung dieses Grundrechts ist daher stets der strengen Prüfung am Grundsatz der Verhältnismäßigkeit zu unterziehen. Dies darf jedoch nicht dazu führen, dass dem Staat die Möglichkeit zu Schutzmaßnahmen zum Wohle des Betroffenen genommen wird. Bei psychisch kranken Menschen kann die Fähigkeit zur Selbstbestimmung erheblich eingeschränkt sein. In solchen Fällen ist dem Staat das fürsorgerische Eingreifen auch dort erlaubt, wo bei einem Gesunden Halt geboten wäre. Nach Ansicht des Bundesverfassungsgerichts schließt die Fürsorge der staatlichen Gemeinschaft auch die Befugnis ein, den psychisch Kranken, der infolge seines Krankheitszustandes und der damit verbundenen fehlenden Einsichtsfähigkeit die Schwere seiner Erkrankung und die Notwendigkeit von Behandlungsmaßnahmen nicht zu beurteilen vermag oder trotz einer solchen Erkenntnis sich infolge der Krankheit nicht zu der Behandlung entschließen kann, zwangsweise in einer geschlossenen Anstalt unterzubringen, wenn sich dies als unumgänglich erweist, um eine drohende gewichtige gesundheitliche Schädi-

---

[433] *Erman/Roth*, 10.Aufl., § 1906 Rnr.56; *Soergel/Zimmermann* § 1906 Rnr.95.
[434] BVerfG, Beschluss vom 10.02.1960 – 1BvR 526/53, 29/58, NJW 1960, 811.

gung von dem Kranken abzuwenden.[435] Dies kann allerdings allein schon aus Verhältnismäßigkeitsgründen nicht allgemein gelten. Bei weniger gewichtigen Fällen muss auch dem psychisch Kranken in gewissen Grenzen die „Freiheit zur Krankheit" belassen bleiben.[436]

(1) Der entgegenstehende Wille des Einwilligungsfähigen

Ist der Betreute einwilligungsfähig, was bedeutet, dass er der ärztlichen Aufklärung folgen und Nutzen und Risiken der Behandlung für sich abschätzen kann und entscheidet er sich dennoch gegen eine Behandlung, so ist sein Wille zu respektieren. Gemäß § 1901 Abs. 2 S.1 BGB hat der Betreuer die Angelegenheiten des Betreuten so zu besorgen, wie es dessen Wohl entspricht. Zum Wohl des Betreuten gehört es danach auch, dem Betreuten die Möglichkeit zu lassen, im Rahmen seiner Fähigkeiten sein Leben nach seinen eigenen Wünschen und Vorstellungen zu gestalten, § 1901 Abs. 2 S.2 BGB. Verfügt der Betreute über die natürliche Einsichtsfähigkeit, muss der Betreuer den Willen des Betreuten respektieren, selbst wenn dieser Wille sachlich auf die Verweigerung eines medizinisch an sich gebotenen Eingriffs richtet. Dem Willen des Betreuten gebührt absoluter Vorrang, eine Zwangsbehandlung kommt in derartigen Fällen nicht in Betracht.[437]

(2) Der entgegenstehende Wille des Einwilligungsunfähigen

Andererseits darf einem kranken oder behinderten Menschen nicht wegen einer in der Behinderung oder Krankheit begründeten Abwehr eine medizinische Behandlung versagt werden.[438] Zwar kann nach § 1906 Abs. 1 Nr.2 BGB ein Einwilligungsunfähiger in diesen Fällen untergebracht werden. Ob er aber auch ambulant zwangsweise behandelt werden darf und wie der Gesundheitsbetreuer hierbei zu verfahren hat, regelt das Betreuungsrecht nicht.[439]

In der Praxis scheint es durchaus sinnvoll, Maßnahmen auch gegen den Willen des Betroffenen durchzusetzen, bevor sich die Notwendigkeit der Unterbringung mit den dort geregelten Zwangsmaßnahmen ergibt.[440]

---

[435] BVerfG, Beschluss v. 07.10.1981 – 2 BvR 1194/80, NJW 1981, 691 [693].

[436] BVerfG, Beschluss v. 07.10.1981 – 2 BvR 1194/80, NJW 1981, 691 [693]; BVerfG, Beschluss v. 23.03.1998 – 2 BvR 2270/96, NJW 1998, 1774.

[437] So auch LG Kassel, Beschluss v. 05.01.1996 – 3T 859/95 und 860/95, FamRZ 1996, 1501 [1501,1502].

[438] BT-Drucks. 11/ 4528 S.72.

[439] Siehe BT-Drucks. 11/4528 S.141.

[440] *Schweitzer*, FamRZ 1996, 1317, nennt hier als Beispiel die Verabreichung von Psychopharmaka, insbesondere eines Depotneuroleptikums. Gerade von psychiatrischer Seite werde ein solcher Bedarf zur Vermeidung des sog. „Drehtüreffektes" angemahnt.

Zwar steht dabei die vom Betreuungsrecht gewährte notwendige Hilfe im Gegensatz zu den geschützten Freiheitsrechten des Betroffenen. Jedoch ist zu bedenken, dass ein solcher Respekt vor den Freiheitsrechten und eine damit verbundene Ablehnung ambulanter Zwangsmaßnahmen zu einem erheblich gravierenderen Eingriff einer stationären Unterbringung führen kann. Folglich muss eine ärztliche Maßnahme auch gegen den natürlichen Willen eines einwilligungsunfähigen Patienten möglich sein.[441]

(a) Die Notwendigkeit einer Ermächtigungsgrundlage

Ob aber auch die Zulässigkeit der Durchsetzung der Maßnahme mit Gewalt gegen den Widerstand des Betroffenen bejaht werden kann, ist damit noch nicht gesagt. Das „Brechen" des natürlichen Gegenwillens mit dem Einsatz von körperlicher Gewalt bedarf einer weiteren rechtlichen Grundlage. Allein die Ermächtigung des Betreuers mit dem Aufgabenkreis „Gesundheitssorge" – selbst mit der Präzisierung „Zuführung zur ärztlichen Heilbehandlung" – gibt dem Betreuer keine Befugnis zur gewaltsamen Durchsetzung der Heilbehandlung.[442]
Auch ein allgemeiner Verweis auf die § 1904 BGB und § 1906 BGB kann als Ermächtigung nicht genügen. § 1904 BGB betrifft nur die Gefährlichkeit einer ärztlichen Maßnahme und enthält keine Regelungen bezüglich einer Autonomieverletzung. § 1906 BGB regelt zwar den Eingriff in die Freiheitsrechte zum Zwecke der Heilbehandlung, jedoch dies ausdrücklich nur für den stationären Bereich und nicht für ambulante Maßnahmen.[443]
Auch eine analoge Anwendung der Vorschriften über die zwangsweise Vorführung des Betreuten,[444] muss allein schon wegen der fehlenden Vergleichbarkeit abgelehnt werden. Bei diesen Vorschriften handelt es sich um solche, die der Aufklärung eines Sachverhalts dienen, während vorliegend eine Rechtsgrundlage für die ambulante Zwangsbehandlung als endgültige Maßnahme notwendig wäre.
Weiterhin kann auch § 33 Abs. 2 FGG als allgemeine Vollstreckungsnorm im Rahmen der Freiwilligen Gerichtsbarkeit eine ambulante Zwangsmaßnahme nicht rechtfertigen. Denn nach allgemeiner Ansicht, gibt § 33 Abs. 2 FGG keine selbständige Ermächtigungsgrundlage, sondern setzt selbst eine gerichtliche Anordnung voraus, die ihrerseits einer Ermächtigungsgrundlage bedarf.[445]

---

[441] So die h.M. in der Literatur, vgl. *Damrau/Zimmermann* § 1904 Rnr.3; HK-BUR/*Rink* vor § 1904 Rnr.18; *MünchKomm/Schwab* § 1904 Rnr.8.
[442] So *Schweitzer*, FamRZ 1996, 1317 [1321]; *Marschner*, R & P 2001, 132 [135].
[443] Siehe *Schweitzer*, FamRZ 1996, 1317 [1321].
[444] Z.B. §§ 68 Abs. 3 oder 68 b Abs. 3 FG.
[445] Siehe *Damrau/Zimmermann* § 1901 Rnr.3 b. *Jürgens u.a.*, Das neue Betreuungsrecht, Rnr.245.

Naheliegender ist jedoch eine analoge Anwendung von § 70 g Abs. 5 S.2 FGG. Danach darf zur Durchsetzung einer gerichtlich genehmigten Unterbringung nach § 1906 BGB die zuständige Betreuungsbehörde ggf. mit polizeilicher Unterstützung Gewalt anwenden.
Zu beachten ist allerdings, dass es vorliegend um die Einschränkung von Freiheitsrechten geht. Der Eingriffsbereich ist hierbei eng auszulegen und damit einer Ausweitung durch eine Analogie nicht zugänglich.[446] Zudem darf die Intention des Betreuungsrechts nicht vergessen werden, wonach Zwangsbefugnisse gegen den Betreuten bewusst zurückhaltend geregelt wurden. Nach altem Recht wurden die §§ 1915 i.Vm. 1631 BGB als notwendige Ermächtigungsgrundlage für das Vormundschaftsgericht angesehen, über § 33 FGG mit Hilfe des Gerichtsvollziehers den Betreuer zu unterstützen.[447] In der betreuungsrechtlichen Verweisungsvorschrift des § 1908 i BGB wurde jedoch auf eine Verweisung auf § 1631 BGB verzichtet. Aus dieser restriktiven Regelung der Zwangsbefugnisse folgt, dass ein Analogieschluss von der zwangsweisen Zuführung zur Unterbringung auf eine ambulante Zwangsbehandlung nicht zulässig ist.
Zu berücksichtigen ist weiterhin, dass das gesamte Betreuungsrecht vom Erforderlichkeitsgrundsatz geprägt ist. Nicht nur bei der Bestellung eines Betreuers ist auf einen möglichst geringen Eingriff in die Rechte des Betroffenen zu achten, sondern auch bei der Ausübung der Betreuung.

(b) Die Ansicht der Literatur

Nach *Schweitzer*[448] wäre ein vollständig anderer Ansatz, eine ambulante Zwangsmaßnahme als „geringeren Eingriff" zur Abwendung einer sonst notwendigen geschlossenen Unterbringung anzusehen. Dies wäre allerdings nur dann möglich, wenn die Voraussetzungen des § 1906 BGB erfüllt wären. Anders als bei einem Analogieschluss, wo verschiedene Sachverhalte wegen ihrer Ähnlichkeit miteinander verglichen werden, handelt es sich hierbei um einen Schluss vom Größeren zum Kleineren[449] Möglich ist ein solcher Schluss jedoch nur, wenn die Eingriffe von gleicher Qualität sind und sich lediglich hinsichtlich ihrer Intensität unterscheiden. Nach *Schweitzer* kann dies im Falle einer einmaligen ambulanten Maßnahme bejaht werden, da bei einer stationären Zwangsbehandlung nach § 1906 Abs. 1 BGB nichts wesentlich anderes geschieht, als bei einer ambulanten Zwangsmaßnahme.

---

[446] BVerfG, Beschluss v. 13.10.1970 – 1BvR 226/70, BVerfGE, 29, 183 [195 f.].
[447] Nachweis bei HK-BUR/*Rink* vor § 1904 Rnr.19; *Schweitzer*, FamRZ 1996, 1317 [1321].
[448] *Schweitzer*, FamRZ 1996, 1317.
[449] Argumentum a maiore ad minus.

Problematischer erscheint allerdings der Fall einer regelmäßigen ambulanten Zwangsbehandlung über einen gewissen Zeitraum. Eine Vergleichbarkeit der Qualität dieser Eingriffe mit der – auch zwangsweise möglichen – Zuführung zur Unterbringung nach § 70 g FGG ist nach seiner Ansicht nicht mehr gegeben. Demnach müsse eine ambulante Zwangsbehandlung auf die Fälle einer einmaligen und in ihrer Wiederholung jeweils angeordneten Maßnahme beschränkt bleiben. Wie oft eine richterliche Anordnung – unter Beachtung der Verfahrensvoraussetzungen – im Rahmen eines bestimmten Zeitraumes wiederholt werden kann, beantwortet *Schweitzer* allerdings nicht.[450] Anders als *Rink*,[451] hält *Schweitzer* nur die einmalige ambulante Zwangsmaßnahme für zulässig. Die in der Praxis wichtigen Fälle der Verabreichung von Depot-Spritzen fallen seiner Ansicht nach nicht darunter. Er gesteht allerdings selbst ein, dass die praktische Bedeutung dadurch stark eingeschränkt ist. Denn der einmalige Zwangszugriff muss ausreichen, um den Behandlungserfolg zu erreichen.[452]

Aber auch wenn man der Ansicht *Schweitzers* folgt und unter den Voraussetzungen des § 1906 Abs. 1 BGB einmalige, ambulante Zwangsmaßnahmen als zulässig ansieht, stehen dem Betreuer selbst keine Befugnis zur Anwendung körperlicher Gewalt zu.[453] Vielmehr muss unter Beachtung aller verfahrensrechtlicher Garantien, die dem Betreuten im Rahmen einer zwangsweisen Unterbringung zustehen, die Hilfe der Betreuungsbehörde und evtl. der Polizei in Anspruch genommen werden, § 70 g Abs. 5 S.2 FGG.[454]

Nach der Ansicht von *Marschner* ist das Betreuungsrecht kein geeignetes Instrument zur Durchsetzung von Zwangsmaßnahmen gegen den Betroffenen. Diese Ansicht mag in der Praxis im Einzelfall unbefriedigend sein. Aus den verfassungsrechtlichen Vorgaben, den grundlegenden Prinzipien des Betreuungsrechts und einer sachgerechten Abgrenzung von zivilrechtlicher und öffentlich-rechtlicher Unterbringung sei eine andere rechtliche Sichtweise aber nicht möglich.[455]

---

[450] *Schweitzer*, FamRZ 1996, 1317 [1323].

[451] HK-BUR/*Rink* vor § 1904 Rnr.19, der sowohl die Fälle einer einmaligen Zahnbehandlung, als auch die einer regelmäßig notwendigen Verabreichung einer Depot-Spritze miteinbezieht.

[452] *Schweitzer*, FamRZ 1996, 1317 [1323, 1324].

[453] Dieser Ansicht, dass dem Betreuer selbst keine Zwangsbefugnisse zustehen, auch *Staudinger/Bienwald* § 1904 Rnr.28.

[454] Zu den verfahrensrechtlichen Garantien gehört u.a. auch, dass der Betroffene angehört wird (§ 70 c FGG), durch einen Sachverständigen begutachtet wird (§ 70 e FGG) und ihm evtl. ein Verfahrenspfleger bestellt wird (§ 70 b FGG). Zu Einzelheiten der Voraussetzung einer Unterbringung nach § 1906 BGB siehe oben 1. Kapitel II. 2. f) (3).

[455] Eingehend *Marschner*, R & P 2001, 132 [135].

(c) Die Ansicht der Rechtsprechung

Auch in der oberlandesgerichtlichen Rechtsprechung wird das Problem unterschiedlich betrachtet. Die unterschiedlichen Ansichten des OLG Zweibrücken und des OLG Hamm haben das OLG Hamm veranlasst, die Frage dem Bundesgerichtshof vorzulegen.

(i) Die Ansicht des OLG Zweibrücken

Im Fall der Entscheidung des OLG Zweibrücken[456] ging es um die Frage, ob eine ambulante zwangsweise Medikamentenzuführung (alle 14 Tage Depot-Neuroleptika) nach § 1906 BGB genehmigungsfähig ist. Die Vorinstanzen hatten eine Unterbringung aus Gründen der Verhältnismäßigkeit abgelehnt. Eine Genehmigung der Medikation, die ambulant im Krankenhaus erfolgen soll und zu der der Betroffene ggf. zwangsweise zugeführt werden kann, wurde jedoch nach § 1906 BGB erteilt.
Nach Ansicht des OLG Zweibrücken ist dies allerdings nicht zulässig. Auch wenn in der Zuführung eine Freiheitsbeschränkung zu sehen sei, so erreiche sie dennoch nicht den Grad einer Unterbringung i.S.d § 1906 BGB. Die ambulante Zwangsbehandlung könne demnach nicht auf § 1906 Abs. 1 Nr.2 BGB gestützt werden. Auch eine Genehmigung als unterbringungsähnliche Maßnahme nach § 1906 Abs. 4 BGB komme nicht in Betracht. Die Vorschrift schütze gleichfalls die persönliche Bewegungsfreiheit. Eine Medikamentenbehandlung wird nach der Ansicht des OLG Zweibrücken nur dann von dem Genehmigungserfordernis des § 1906 Abs. 4 BGB erfaßt, wenn diese gezielt eingesetzt wird, um den nicht untergebrachten Betreuten am Verlassen seines Aufenthalts zu hindern. Eine Genehmigungspflicht komme nur unter den Voraussetzungen des § 1904 BGB in Betracht. Die zur Überwindung des natürlichen Willens unter Umständen nötige Zuführung ohne Unterbringung des Betroffenen betreffe vielmehr die Frage einer zwangsweisen Durchsetzung durch den Betreuer, dem der Aufgabenkreis Gesundheitssorge übertragen ist. Mit § 1906 BGB habe dies jedoch nichts zu tun. Inwieweit dem Betreuer solche Zwangsbefugnisse zustehen, hat das OLG Zweibrücken jedoch nicht beantwortet.

[456] OLG Zweibrücken, Beschluss v. 16.11.1999 – 3W 223/99, FGPrax 2000, 24.

(ii) Die Ansicht des OLG Hamm

Im Fall des OLG Hamm[457] lehnte der Betroffene die von den Fachärzten für notwendig gehaltene Dauermedikation mit Neuroleptika vollständig ab. Die Vorinstanz hatte die vormundschaftsgerichtliche Genehmigung erteilt, den Betroffenen in zweiwöchigen Abständen für die Verabreichung seiner Medikation geschlossen unterzubringen. Die Dauer der Unterbringung habe sich hierbei auf das nach ärztlicher Anordnung unabdingbare Maß zu beschränken. Ferner wurde angeordnet, dass die zuständige Behörde, wenn sie bei der Zuführung mitwirken würde, Gewalt anwenden darf.
Nach § 1906 BGB muss eine Unterbringung, die mit Freiheitsentziehung verbunden ist, vormundschaftsgerichtlich genehmigt werden. Die Freiheitsentziehung sei von der Freiheitsbegrenzung abzugrenzen. Letztere unterliege nicht dem Richtervorbehalt des Art. 104 Abs. 2 GG, sondern nur dem besonderen Gesetzesvorbehalt des Art. 104 Abs. 1 GG. Die Abgrenzung erfolge nach der Rechtsprechung des BGH unter Berücksichtigung von Zweck und Dauer der Maßnahme. Im vorliegenden Fall beschränke sich die Maßnahme auf die zwangsweise Vorführung des Betroffenen innerhalb eines Stadtgebietes und dem sich daran anschließenden erzwungenen Aufenthalt des Betroffenen zur Durchführung der Medikation innerhalb der Klinik, der jeweils nur 10 Minuten dauere. Hierbei dürfe aber nicht unberücksichtigt bleiben, dass eine fortlaufende Wiederholung im zweiwöchigen Abstand über einen Zeitraum eines Jahres vom Amtsgericht genehmigt wurde. Wenn auch die bloße Summierung der freiheitsbeschränkenden Einzelmaßnahmen nicht ohne weiters zur Annahme einer Freiheitsentziehung führen könne, so dürfe nicht unberücksichtigt bleiben, dass die Gesamtbelastung des Betroffenen bei Durchführung aller richterlich genehmigten Einzelmaßnahmen vergleichbar derjenigen einer vormundschaftsgerichtlich genehmigten Unterbringung in einer Klinik sein kann. Gleichwohl ist das OLG Hamm der Ansicht, dass es sich vorliegend nur um eine wiederholte Freiheitsbeschränkung handle.

Im Ausgangspunkt stimmt der Senat der Entscheidung des OLG Zweibrücken darin zu, dass § 1906 Abs. 1 BGB im Allgemeinen keine hinreichende Grundlage dafür ist, eine ambulante Zwangsbehandlung des Betroffenen richterlich genehmigen zu können. Weiterhin stehen – wie vom OLG Zweibrücken ausgeführt – keine anderen gesetzlichen Grundlagen zur Verfügung. Gleichwohl ist das OLG Hamm der Auffassung, dass § 1906 Abs. 1 Nr.2 BGB im vorliegenden Fall zur Anwendung kommen sollte. Es handle sich um eine offene Regelungslücke, denn der Gesetzgeber hat eine Zwangsbehandlung nicht grundsätzlich verbo-

[457] OLG Hamm, Beschluss v. 06.04.2000 – 15W 76/00, FGPrax 2000, 113.

ten.[458] Allerdings könne diese Lücke nicht im Wege eines Analogieschlusses geschlossen werden. Insoweit steht Art. 104 Abs. 1 GG entgegen. Um eine unzulässige Analogie handele es sich jedoch dann nicht, wenn die freiheitsbeschränkende Wirkung der zwangsweisen Medikation auf das unbedingt erforderlich Mindestmaß unter Beachtung des Verhältnismäßigkeitsgrundsatzes begrenzt werden. Ohne diese Möglichkeit der Begrenzung käme nur eine freiheitsentziehende Unterbringung in Betracht. Es wäre durchaus rechtlich möglich, eine vormundschaftsgerichtliche Genehmigung für eine Unterbringung, die im Abstand von 14 Tagen für die Dauer eines Tages vollzogen wird, anzuordnen. Eine derartige Genehmigung hätte zweifelsfrei eine Freiheitsentziehung zum Gegenstand. Der Vorschrift des § 1906 BGB ließe sich jedoch nicht entnehmen, dass sie nur für einen bestimmten Mindestzeitraum anwendbar sei. Die Dauer der Unterbringung habe sich vielmehr allein an der Erforderlichkeit zu orientieren. Folglich liegt nach Ansicht des OLG Hamm die Genehmigung einer wiederholten kurzfristigen Freiheitsentziehung durchaus im Rahmen der gesetzlichen Vorschrift, mag auch die wiederholte zwangsweise Zuführung zu andersartigen Belastungen des Betroffenen führen, als sie mit einer Unterbringung über einen ununterbrochenen längeren Zeitraum einhergehe. Der Verhältnismäßigkeitsgrundsatz würde in sein Gegenteil verkehrt, wenn das Gericht eine freiheitsentziehende Maßnahme genehmigen müsste, obwohl die Heilbehandlung mit einem geringeren Eingriff jedoch begrifflich nicht mehr als Freiheitsentziehung, sondern lediglich als Freiheitsbeschränkung einzuordnen ist und gerade deshalb nicht mehr genehmigungsfähig wäre.[459]

Das OLG Hamm geht folglich – im Gegensatz zum OLG Zweibrücken – von der Genehmigungsfähigkeit einer ambulanten Zwangsmaßnahme aus. Mit der Folge, dass auch eine zwangsweise Zuführung nach § 70 g Abs. 5 FGG möglich ist.

Da das OLG Hamm insofern von der Entscheidung des OLG Zweibrücken abweicht, hat es die weitere Beschwerde unter Begründung seiner Rechtsauffassung dem Bundesgerichtshof vorgelegt, § 28 Abs. 2 FGG.

---

[458] BT-Drucks. 11/4528 S.72.

[459] OLG Hamm, Beschluss v. 06.04.2000 – 15W 76/00, FGPrax 2000, 113 [116].

(iii) Die Entscheidung des BGH nach Vorlage durch OLG Hamm

In seinem Beschluss vom 11.10.2000[460] hat der Bundesgerichtshof seine Rechtsauffassung dargelegt. Danach stellt die gegen den Willen eines Betreuten in regelmäßigen, hier zweiwöchigen Zeitabständen durchzuführende Dauermedikation mit Neuroleptika und die zwangsweise Zuführung des Betreuten zu dieser – jeweils kurzfristigen – Behandlung keine mit Freiheitsentziehung verbundene Unterbringung oder unterbringungsähnliche Maßnahme dar und ist nicht nach § 1906 Abs. 2 i.V.m. Abs. 1 Nr.2 BGB oder § 1906 Abs. 4 BGB genehmigungsfähig.

Die vom Betreuer beabsichtigte Maßnahme sei keine mit Freiheitsentziehung verbundene Unterbringung nach § 1906 Abs. 1 BGB. Da die Vorschrift von einem engen Unterbringungsbegriff ausgehe, fehle es zum einen an einem Festhalten des Betroffenen in einem räumlich begrenzten Bereich, mit ständiger Überwachung des Betroffenen und einer Beschränkung der Kontaktaufnahme mit Personen außerhalb der Einrichtung. Zum anderen sei die Maßnahme nicht auf eine gewisse Dauer angelegt.[461] Dass eine anderer Umgang mit den psychisch Kranken in der Praxis zweckmäßiger erscheint, darf nicht zu einer Umgehung seiner Rechte führen.

Weiterhin läge auch die Voraussetzung einer Genehmigung nach § 1906 Abs. 4 BGB nicht vor. Denn § 1906 Abs. 4 BGB schützt – wie auch Abs. 1 – die körperliche Bewegungsfreiheit und Entschließungsfreiheit zur Fortbewegung im Sinne der Aufenthaltsfreiheit. Werde der Betroffene nur für kurze Zeit von seinem Aufenthaltsort weggebracht, würde zwar in seine körperliche Bewegungsfreiheit eingegriffen, der Lebensraum und die persönliche Freiheit zur Wahl des dauernden Aufenthaltsorts aber nicht allseitig eingeschränkt. Zudem fordere der eindeutige Wortlaut des Abs. 4 BGB, dass sich der Betroffene in einer Anstalt oder einem Heim aufhalte, was vorliegend aber nicht der Fall sei.[462]

Auch im Hinblick darauf, dass es sich bei der vorliegenden Maßnahme um ein „milderes Mittel" gegenüber einer freiheitsentziehenden Unterbringung handle, komme eine Genehmigungsfähigkeit nach § 1906 Abs. 1 Nr.2 BGB nicht in Betracht. Von dem engen Unterbringungsbegriff ausgehend, sollten nur solche Maßnahmen von der Norm erfaßt werden, deren Auswirkungen denen der Unterbringung vergleichbar seien. Die regelmäßige kurzfristige Aufenthalte in der Klinik als „mil-

---

[460] BGH, Beschluss v. 11.10.2000 – XII ZB 69/00, BtPrax 2001, 32.
[461] BGH, Beschluss v. 11.10.2000 – XII ZB 69/00, BtPrax 2001, 32 [33].
[462] BGH, Beschluss v. 11.10.2000 – XII ZB 69/00, BtPrax 2001, 32 [34].

dere Mittel" zu genehmigen begegne aber verfassungsrechtlichen Bedenken.
Nach Art. 2 Abs.2 S.2 und 3 GG dürfe in die Freiheit der Person nur aufgrund eines Gesetzes eingegriffen werden. Dieses Grundrecht würde durch die formelle Garantie des Art. 104 GG verstärkt. Der Gesetzgeber solle so gezwungen werden, Freiheitsentziehungen in berechenbarer, messbarer und kontrollierbarer Weise zu regeln. Die vom OLG Hamm vorgenommene Auslegung entspreche diesen Grundsätzen jedoch nicht. Die zwangsweise Zuführung zu den 14-tägig vorgesehenen Medikationen stellen nicht einen lediglich in der Dauer gegenüber der Unterbringung beschränkten Eingriff in das Freiheitsrecht des Betroffenen dar, sondern sei eine andersartige Maßnahme. Es gehe bereits vom Zweck her nicht um eine Unterbringung, sondern darum, den Betroffenen einer ambulanten medizinischen Behandlung gegen seinen Willen zuzuführen.[463]

Auch eine andere Rechtsgrundlage lasse sich für die vom Betreuer beabsichtigte Zuführung des Betroffenen zur ambulanten Behandlung nicht herleiten.

§ 70 g Abs. 5 FGG könne nicht zur Anwendung kommen, da die Vorschrift eine Unterbringungsmaßnahme voraussetze.
Auch § 33 FGG biete keine eigenständige Rechtsgrundlage für die zwangsweise Zuführung des Betroffenen zum Arzt, da hiermit nur die Vollziehung einer gerichtlichen Verfügung geregelt wird.
Weiterhin folge auch nicht aus der Befugnis des Betreuers, für den einwilligungsunfähigen Betreuten in ärztliche Behandlung mit Psychopharmaka einzuwilligen, dass der Betreuer auch befugt wäre, körperlichen Widerstand des Betreuten mit Gewalt zu brechen.[464]

Zwar verkenne der Senat nicht, dass das Fehlen von Zwangsbefugnissen dazu führen könne, dass der Betroffene einen erneuten Krankheitsschub erleide und dann möglicherweise für längere Zeit untergebracht werden müsse. Allein aus Zweckmäßigkeitserwägungen sei eine Genehmigung der Maßnahme (und damit auch deren zwangsweise Durchführung) nicht zulässig. Die Problematik sei im Zeitpunkt des Gesetzgebungsverfahrens bereits bekannt gewesen. Dass eine Regelung gleichwohl nicht vorgenommen wurde, müsse von den Gerichten akzeptiert werden. Die den Betroffenen durch das neue Betreuungsrecht geschaffenen verbesserten verfassungsrechtlich garantierten Rechte dürften nicht aus Zweckmäßigkeitsgründen missachtet werden.[465]

---

[463] BGH, Beschluss v. 11.10.2000 – XII ZB 69/00, BtPrax 2001, 32 [34].
[464] BGH, Beschluss v. 11.10.2000 – XII ZB 69/00, BtPrax 2001, 32 [35].
[465] BGH, Beschluss v. 11.10.2000 – XII ZB 69/00, BtPrax 2001, 32 [36];zustimmend, *Marschner*, R & P 2001, 132.

(d) Die eigene Auffassung

Allen vertretenen Ansichten ist gemein, dass dem Gesundheitsbetreuer selbst keine Zwangsbefugnisse zustehen. Dem ist zuzustimmen. Würde man dem Betreuer eine solche Befugnis einräumen, ohne auf die Notwendigkeit einer vormundschaftsgerichtlichen Genehmigung zu verweisen, hätte dies gravierende Folgen. Der Betreute wäre dem Gutdünken seines Betreuers oder Arztes ausgesetzt.
Eine andere Frage ist, ob man ambulante Zwangsmaßnahmen – als milderes Mittel gegenüber einer Unterbringung – als zulässig erachtet. Zu berücksichtigen ist hierbei, dass sich im Betreuungsgesetz keine Rechtsgrundlage für eine ambulante Zwangsbehandlung findet.
Dass eine *ambulante* Maßnahme grundsätzlich als milderes Mittel, im Vergleich zu einer *stationären* Maßnahme angesehen wird, ist in dieser Allgemeinheit nicht zu beanstanden.
Bei der vorliegenden Problematik geht es jedoch um die Frage, ob regelmäßige ambulante Zwangsbehandlungen als weniger einschneidend anzusehen sind, als die Unterbringung in der Psychiatrie.
Dieser erscheint unter Berücksichtigung folgender Gesichtspunkte zweifelhaft.
Bei einer ambulanten Zwangsbehandlung wird regelmäßig wiederholt in den grundrechtlich geschützten Wohnbereich und die körperliche Unversehrtheit durch die Anwendung von unmittelbarem Zwang, ggf. verbunden mit Gewaltanwendung (Fixierung), eingegriffen.[466]
Das Bundesverfassungsgericht, hat aber nunmehr auch für die Unterbringung des Betreuten nach § 1906 BGB festgestellt, dass „schon im Hinblick auf den Verhältnismäßigkeitsgrundsatz bei weniger gewichtigen Fällen eine derart einschneidende Maßnahme (Unterbringung) unterbleiben muß und somit auch dem psychisch Kranken in gewissen Grenzen die „Freiheit zur Krankheit" belassen bleibt".[467]
Allein die fehlende Bereitschaft sich behandeln zu lassen, ist für eine Unterbringung – und erst recht für eine ambulante Zwangsbehandlung – nicht ausreichend. Zwischen dem Selbstbestimmungsrecht des Betroffenen und dem Willen des Betreuers und des behandelnden Arztes, ihm zu helfen, besteht demnach ein beträchtliches Spannungsverhältnis.[468]
Nach Art. 2 Abs.2 S.2 und S.3 GG darf in die Freiheit der Person nur aufgrund eines Gesetzes eingegriffen werden. Dieses Grundrecht wird durch die formelle Garantie des Art. 104 GG verstärkt. Damit soll der

---

[466] *Walther*, BtPrax 2001, 96 [98] weist in diesem Zusammenhang auch darauf hin, dass die Betreuungsbehörde nach § 70 g Abs. 5 FGG den Betreuer nur bei der *Zuführung* zur Unterbringung zu unterstützen habe. Ungeklärt sei demnach, wer den Betreuten nach der Zwangsmedikation wieder (zwangsweise) in seine Wohnung zurück bringe.
[467] BVerfG, Beschluss v. 23.03.1998 – 2BvR 2270/96, NJW 1998, 1774.
[468] So *Walther*, BtPrax 2001, 96 [99].

Gesetzgeber gezwungen werden, Freiheitsentziehungen in berechenbarer, messbarer und kontrollierbarer Weise zu regeln.[469] Eine zwangsweise Zuführung zu den 14-tägig vorgesehenen Medikationen ist aber nicht ein lediglich in der Dauer gegenüber der Unterbringung beschränkter Eingriff in das Freiheitsrecht des Betroffenen, sondern stellt sich als eine andersartige Maßnahme dar.[470] Für eine solche Maßnahme stellt das Betreuungsgesetz aber keine gesetzliche Grundlage zur Verfügung.

Will man die durch das Betreuungsrecht verbesserten verfassungsrechtlich garantierten Rechte des Betreuten respektieren, darf man nicht aus Zweckmäßigkeitserwägungen rechtsgrundlose Zwangsmaßnahmen durchführen.

So lange keine gesetzliche Grundlage für ambulante Zwangsmaßnahmen zur Verfügung stehen, sind sie als unzulässig anzusehen. Unter Berücksichtigung der Tatsache, dass außerhalb der Psychiatrie in der Medizin weitgehend Einigkeit darüber besteht, dass Behandlungen gegen den Willen des Patienten nicht vorgenommen werden sollen,[471] sollte von Zwangsmaßnahmen nur als ultima ratio Gebrauch gemacht werden. Da es auch zum Wohle des Betreuten gehört, sein Leben nach seinen eigenen Vorstellungen zu gestalten, muß auch sein Wunsch, keine derartigen Medikamente zu sich zu nehmen grundsätzlich beachtet werden.[472] Liegen allerdings die Voraussetzungen des § 1906 Abs. 1 Nr.1 oder Nr.2 BGB vor, kann der Betreuung die Genehmigung zur Unterbringung des Betreuten verlangen.

---

469 BVerfG, Beschluss v. 13.10.1970 – 1 BvR 226/70, BVerfGE 29, 183 [196]; BGH, Beschluss v. 11.10.2000 – XII ZB 69/00, BtPrax 2001, 32 [34].

470 BGH, Beschluss v. 11.10.2000 – XII ZB 69/00, BtPrax 2001, 32 [34].

471 Siehe *Walther*, BtPrax 2001, 96 [100].

472 *Walther*, BtPrax 2001, 96 [100] sieht in der Einrichtung von sog. Krisendiensten zur vorbeugenden Unterstützung von Betreuten wie auch von Betreuern eine Alternative zu einer ambulanten Zwangsbehandlung.

III. Die Erforderlichkeit einer Gesundheitsbetreuung und die Bindung des Betreuers an Verfügungen des Betroffenen

Nicht erst seit den Diskussionen über Sinn und Zulässigkeit von lebensverlängernden Maßnahmen der modernen Medizintechnik, besteht der Wunsch vieler Menschen für die Zeit der eigenen Fürsorgebedürftigkeit infolge Krankheit oder Behinderung Vorsorge zu treffen. Eine Vorsorge dahingehend, erst gar nicht „betreuungsbedürftig" im Rechtssinne zu werden oder doch zumindest sicherzustellen, dass die Betreuung nach den eigenen Interessen und Wünschen ausgeübt wird, kann auf unterschiedliche Art und Weise verwirklicht werden.

Zum einen kann einer Person des Vertrauens eine Vollmacht erteilt werden, um für die Zeit künftiger eigener Hilflosigkeit so vorzusorgen, dass die spätere Anordnung einer Betreuung erheblich eingeschränkt ist oder sich erübrigt.[473]

Lehnt der Betroffene eine staatliche Fürsorge in Form einer Betreuung nicht gänzlich ab, will er aber Vorsorge dahingehend treffen, dass dieses Amt von einer bestimmten Person übernommen wird und bei der Ausführung bestimmte Wünsche und Interessen ausgeführt werden, kann er dies schon vor einer eintretenden Betreuungsbedürftigkeit in einer Betreuungsverfügung festlegen, vgl. § 1897 Abs. 4 S.3, § 1901 Abs. 3 S.2 BGB.[474]
Weiterhin kann der Betroffene auch in einem an den Arzt gerichteten Patiententestament (oder Patientenverfügung) seinen Willen und seine Wünsche hinsichtlich bestimmter Behandlungsverfahren festlegen.

1. Erforderlichkeit einer Betreuerbestellung

Hat der Betroffene in irgendeiner Form seine Wünsche oder seinen Willen hinsichtlich der Besorgung seiner gesundheitlicher Angelegenheiten festgelegt, stellt sich die Frage, inwieweit eine Betreuung dann überhaupt (noch) erforderlich ist.

---

[473] = Vorsorgevollmacht. Definition nach *Walter*, Die Vorsorgevollmacht, S.2.

[474] Eine Betreuungsverfügung ist nach der Definition von *Bienwald* eine Willensäußerung, in der jemand fur den Fall seiner Betreuungsbedurftigkeit und der Bestellung eines Betreuers Vorschläge zur Person des Betreuers und/oder Wunsche zur Wahrnehmung der Aufgaben des Betreuers oder durch den Betreuer geaußert hat, *Staudinger/Bienwald* § 1901 a Rnr.1.

a) **Die Vorsorgevollmacht**

Nach der gesetzlichen Bestimmung des § 1896 Abs. 2 S.2 BGB ist eine Betreuung dann nicht erforderlich, wenn die Angelegenheiten durch einen Bevollmächtigten ebensogut wie durch einen Betreuer besorgt werden können.
Ebensogut wie eine Betreuung kann eine Vollmacht aber nur dann sein, wenn sie wirksam erteilt wurde. Ob eine gewillkürte Stellvertretung über höchstpersönliche Rechtsgüter möglich sei, war bis zum Erlass des BtÄnG nicht unumstritten.[475] Mit der Einführung des neuen § 1904 Abs.2 BGB hat der Gesetzgeber klargestellt, dass jedenfalls für den gesundheitlichen Bereich eine gewillkürte Stellvertretung zulässig ist.

Gemäß § 167 Abs. 1, 1.Alt BGB erfolgt die Erteilung einer Vollmacht durch Erklärung gegenüber dem zu Bevollmächtigenden.[476] Der Vollmachtgeber muss demnach zumindest bei der Abgabe der Erklärung (§ 130 Abs.2 BGB) geschäftsfähig sein. Will der Betroffene eine Bevollmächtigung auch für den gesundheitlichen Bereich erteilen – und nur dieser ist im Rahmen der vorliegenden Untersuchung von Interesse –, so muss er im Zeitpunkt der Vollmachtserteilung die notwendige Einsichtsfähigkeit besitzen, um das Ausmaß einer solchen Erklärung zu verstehen. Damit werden nicht, wie von *Walter* vertreten,[477] die Anforderungen an die Wirksamkeit einer Bevollmächtigung heruntergefahren. Denn neben der Einwilligungsfähigkeit bleibt die Geschäftsfähigkeit weiteres Wirksamkeitskriterium, da nur ein Geschäftsfähiger sich einen Vertreter selbst bestellen kann. Zwar ist es richtig, dass sich die Einwilligungsfähigkeit nicht abstrakt bestimmen lässt, sondern immer im konkreten Einzelfall festzustellen ist. Jedoch kann nicht außer Acht gelassen werden, dass auch bei der Bestellung eines Gesundheitsbetreuers mehr oder weniger abstrakt festgestellt wird, dass der Betroffene nicht in der Lage ist, seine Gesundheitsangelegenheiten zu besorgen – also einwilligungsunfähig ist. So wie bei der Übertragung von rechtsgeschäftlichen Tätigkeiten die Geschäftsfähigkeit erforderlich ist, um die Tragweite der eigenen Entscheidung zu verstehen, muss der Vollmachtgeber bei Übertragung (höchst)persönlicher Angelegenheiten zudem die Fähigkeit besitzen, das Ausmaß der getroffenen Entscheidung (zumindest in dieser Abstraktheit) zu begreifen.[478]

---

[475] Zum Streitstand vor Inkrafttreten des BtÄndG siehe *Walter*, Die Vorsorgevollmacht, S.205.
[476] *Schwab*, FS für Henrich, S.525 f., sieht darin, dass die Vollmacht nicht registriert wird, erhebliche Probleme der Rechtssicherheit. Werde dem Arzt eine Vollmacht vorgelegt, so könne er nicht wissen, ob diese noch Bestand hat, oder ob sie nicht schon längst widerrufen , oder wegen Auflösung des zugrundeliegenden Rechtsverhältnisses erloschen ist (§ 168 S.1 BGB).
[477] *Walter*, Die Vorsorgevollmacht, S.231.
[478] Wie hier *Staudinger/Bienwald* § 1904 Rnr.76.

Nach den allgemeinen Vorschriften des BGB bedarf die Vollmacht keiner bestimmten Form, § 167 Abs. 2 BGB. Der Gesetzgeber hat aber für den gesundheitlichen Bereich mit dem BtÄnG eine Formvorschrift eingeführt.[479] § 1904 Abs. 2 S.2 BGB legt fest, dass eine Bevollmächtigung nur wirksam ist, wenn sie schriftlich[480] erteilt ist. Fraglich erscheint allerdings, ob das Schriftformerfordernis für Vorsorgevollmachten bezüglich jeglicher Einwilligungen in medizinische Maßnahmen gilt, oder ob es nur für Maßnahmen nach § 1904 Abs. 1 BGB Bedeutung hat. Denn das Formerfordernis des § 1904 Abs. 2 S.2 BGB bezieht sich auf Einwilligungen des Satzes 1. In § 1904 Abs. 2 S.1 BGB ist aber nur bestimmt, dass Einwilligungen eines Bevollmächtigten dann der vormundschaftsgerichtlichen Genehmigung bedürfen, wenn hinsichtlich der bevorstehenden Untersuchung, Heilbehandlung oder des Eingriffs Lebensgefahr oder die Gefahr einer schweren und länger dauernden gesundheitlichen Schädigung besteht.

Bedenkt man, dass die Stellvertretung im höchstpersönlichen Bereich sehr umstritten war und das Schriftformerfordernis den Betroffenen vor Übereilung schützen soll,[481] dann müsste die Formvorschrift dahin ausgelegt werden, dass für jedwede gewillkürte Vertretung auf gesundheitlichem Gebiet eine schriftliche Bevollmächtigung erforderlich ist.

Andererseits ist die Gesetzessystematik zu berücksichtigen. Das Schriftformerfordernis wurde nicht im Rahmen des § 1896 BGB, bei der „allgemeinen" Bestimmung der Zulässigkeit einer Bevollmächtigung eingefügt, sondern bei der Spezialvorschrift des § 1904 BGB, der sich nur mit der Genehmigungspflichtigkeit bestimmter medizinischer Maßnahmen befasst.

Auch das Argument, dass bei der Begrenzung des Formerfordernisses auf Maßnahmen nach § 1904 BGB eine Betreuung trotz Bevollmächtigung bei solchen schwerwiegenden Maßnahmen erforderlich würde, zwingt nicht zu einer anderen Sichtweise. Denn wie im weiteren Verlauf noch zu zeigen sein wird, kann auch bei schriftlicher Bevollmächtigung eine Betreuung für Maßnahmen nach § 1904 Abs.1 BGB angezeigt sein.

Geht man davon aus, dass das Formerfordernis nur für die lebens- und gesundheitsgefährdenden Maßnahmen gilt, muss eine mündlich erteilte Vollmacht für den allgemeinen gesundheitlichen Bereich grundsätzlich als wirksam angesehen werden. In der Praxis stellt sich dann allerdings

---

[479] Die Frage, ob sich eine Vorsorgevollmacht auch auf Maßnahmen der Gesundheitssorge (bzw. allgemeiner der Personensorge) erstrecken kann, ist mit Einführung des § 1904 Abs. 2, § 1906 Abs. 5 BGB zu bejahen. Nachweise zum früheren Meinungsstand bei *Soergel/Zimmermann* Fn.190, 191 bei § 1896.

[480] Schriftform bedeutet nach § 126 Abs. 1 BGB, dass die Urkunde von dem Aussteller eigenhändig durch Namensunterschrift oder mittels notariell beglaubigten Handzeichens unterzeichnet wird. Nicht notwendig ist, dass die Urkunde auch eigenhändig geschrieben wurde.

[481] BT-Drucks. 13/7158, S.34.

das Problem der Nachweisbarkeit für den Bevollmächtigten.[482] Um sich nicht der Gefahr einer strafrechtlichen oder haftungsrechtlichen Verfolgung auszusetzen, wird ein Arzt ohne Nachweis der Bevollmächtigung nicht die Behandlung eines Einwilligungsunfähigen übernehmen. Dann kann der Bevollmächtigte aber auch nicht ebensogut die Angelegenheiten des Betroffenen besorgen, wie ein Betreuer, so dass eine Betreuerbestellung erforderlich ist, § 1896 Abs. 2 BGB.

Weit größere Verwirrung als Klarheit hat der Gesetzgeber mit dem weiteren Erfordernis an eine Vorsorgevollmacht gestiftet. Ein Bevollmächtigter kann nur dann – mit Genehmigung des Vormundschaftsgerichts, § 1904 Abs. 2 S.1 i.V.m. Abs. 1 BGB – wirksam in eine gefährliche Maßnahme im Sinne des § 1904 Abs. 1 S.1BGB einwilligen, wenn die Vollmacht schriftlich erteilt ist und die in Abs.1 S.1 genannten Maßnahmen ausdrücklich umfasst.
Bevor man sich der Auslegung des Begriffs „ausdrücklich umfasst“ widmet, kann man sich zunächst fragen, wie die vom Gesetz geforderte Konkretisierung dogmatisch einzuordnen ist.
Baumann weist darauf hin, dass „Inhaltsformeln“, wonach Willenserklärungen nur mit einem bestimmten Wortlaut gelten, dem Bürgerlichen Gesetzbuch fremd seien.[483] Der Gedanke, dass der Gesetzgeber eine derartige Inhaltsformel einführen wollte, kann aber nicht ernsthaft in Erwägung gezogen werden. Zum einen hätte diese ihren Platz im Rahmen des Allgemeinen Teils des Bürgerlichen Gesetzbuches, zum anderen finden sich in den Materialien des Entwurfes keine Anhaltspunkte für eine derart weitreichende Veränderung.[484]
Das vom Gesetzgeber neu geschaffene partielle Konkretisierungserfordernis in einer umfassenden Vollmacht, kann folglich nur als Gesetz gewordene Andeutungstheorie gewertet werden.[485] Nur wenn die in § 1904 Abs. 1 S.1 BGB enthaltenen Maßnahmen in der Vollmacht benannt sind, kann der Bevollmächtigte seine Einwilligung wirksam erteilen. Enthält die Vollmacht diesbezüglich keine Erklärungen oder bestehen Zweifel an deren Bestimmtheit, so ist der Bereich der Maßnahmen nach § 1904 Abs. 1 S.1 BGB von einer gewillkürten Stellvertretung ausgeschlossen.

---

[482] *Rudolf/Bittler*, Vorsorgevollmacht, Betreuungsverfügung, Patientenverfügung § 1 Rnr.9 empfehlen daher stets eine schriftliche Vollmacht zu erteilen.
[483] *Baumann*, MittRhNotK 1998, 1 [7]. Vielmehr gilt nicht das Erklärte, sondern das Gewollte. Denn nach dem aus den §§ 133, 157 BGB herzuleitenden Prinzip ist jede Willenserklärung auslegungsfahig. Selbst bei falscher Wortwahl gilt nach dem Grundsatz „falsa demonstratio non nocet“ der Wille des Erklarenden.
[484] Vorlage für den Gesetzeswortlaut war u.a. wohl die Entscheidung des OLG Stuttgart vom 23.02.1994 (FamRZ 1994, 1417). So anschaulich dargestellt von *Müller*, DNotZ 1999, 107 [111].
[485] So *Walter*, FamRZ 1999, 685 [693].

Damit ist aber noch nicht geklärt, wann dem Erfordernis „ausdrücklich umfasst" genüge getan und eine Betreuung demnach überflüssig ist. Muss der Gesetzeswortlaut angegeben werden oder reicht die Angabe des einschlägigen Paragraphen?[486] Genügt eine – evtl. vor 1999 erteilte – Generalvollmacht oder muss auch eine solche weiter konkretisiert werden?[487]

Schwab ist insoweit zuzustimmen, als die Vorschrift im Licht des Selbstbestimmungsrecht zu interpretieren ist. Mit § 1904 Abs. 2 S.2 BGB soll sichergestellt sein, dass eine Vollmacht die Befugnis zur Einwilligung in die Heilbehandlung nur dann umfasst, wenn dies dem Willen des Vollmachtgebers auch zweifelsfrei entspricht.[488] Letztlich wird sich erst durch die Rechtsprechung herausbilden, wann in der Praxis davon ausgegangen werden kann, dass die Maßnahmen nach § 1904 BGB von einer Vollmacht umfasst sind.[489]

Eine Betreuerbestellung ist jedenfalls dann erforderlich, wenn Zweifel an Wirksamkeit und Umfang einer Vorsorgevollmacht bestehen. Denn Aussagen, die Dritte in die Pflicht nehmen, über die körperliche Selbstbestimmung (evtl. sogar das Leben) eines anderen zu disponieren, müssen jeglicher Beiläufigkeit und interpretiver Unsicherheit entbehren,[490] zumal wenn man bedenkt, dass letztwillige Verfügungen das Vermögen betreffend, an wesentlich strengere Voraussetzungen (§ 2229 ff. BGB) gebunden sind, als Erklärungen hinsichtlich der eigenen Gesundheit .

Liegen Zweifel an der Geschäftsfähigkeit des Betroffenen oder an der Wirksamkeit der Vollmacht vor, ist auf jeden Fall ein Betreuungsverfahren einzuleiten. Auch wenn der Umfang der Vollmacht nicht eindeutig bestimmt werden kann, muss eine Betreuung angeregt werden. Dem

---

[486] Fur die Angabe des Gesetzeswortlautes: *Müller*, DNotZ 1999, 107 [112] m.w.N., *Langenfeld*, DNotZ 2000, 222 [224].*Staudinger/Bienwald* § 1904 Rnr.77, der eine alleinige Zitierung des Paragraphen fur unzureichend erachtet, so auch *Rudolf/Bittler*, Vorsorgevollmacht, Betreuungsverfügung, Patientenverfugung § 1 Rnr.24.
Hingegen sieht *Diederichsen* eine wörtliche Wiedergabe nicht als notwendig an, *Palandt/Diederichsen* § 1904 Rnr.7; so auch *Erman/Roth*, 10. Aufl., § 1904 Rnr.33, der wiederum auch eine Wiedergabe des Gesetzeswortlautes für nicht erforderlich erachtet, wenn sich für die Auslegung, dass die Maßnahmen nach § 1904 BGB umfasst sein sollen, in der Vollmacht eine Andeutung findet; *Schwab*, FS für Henrich, S.526 ist der Ansicht, dass die Bevollmächtigung zur „Gesundheitssorge" allgemein ausreicht.

[487] Für die Zulässigkeit von Generalvollmachten ohne Zusätze: *Baumann*, MittRhNotK 1998, 1 ff. Dagegen: *Müller*, DNotZ 1999, 107 [121]; *Soergel/Zimmermann* § 1904 Rnr.54; kritisch *Rakete-Dombek* R & P 2000, 168 [169].

[488] *Schwab*, FS fur Henrich, S.527.

[489] Nach den bisher ergangenen Entscheidungen (auch schon vor in Kraft treten des BtÄndG) ist eine Tendenz dahingehend zu erkennen, dass eine Benennung sämtlicher höchstpersönlicher Angelegenheiten in der Vollmachtsurkunde erforderlich ist: siehe LG Hamburg, Beschluss v. 12.07.1999 – 301 T 222/99, DNotZ 2000, 22; OLG Stuttgart, Beschluss v. 23.02.1994 – 8W 534/93, FamRZ 1994, 1417 [1418].

[490] Vgl. *Bernsmann*, ZRP 1996, 92.

Arzt wird mit der Sorge um seine Rechtfertigung bei der beabsichtigten Maßnahme die Einwilligung des Vertreters nicht genügen.[491]

Ist die Bevollmächtigung wirksam kann gleichwohl Betreuungsbedarf bestehen. Sofern der Betroffene nicht mehr imstande ist, seine Rechte gegenüber dem Bevollmächtigten wahrzunehmen, könnte der Bevollmächtigte ohne jede Kontrolle und Gefahr des Widerrufs der Vollmacht agieren. Gemäß § 1896 Abs. 3 BGB besteht daher die Möglichkeit einen Betreuer zu bestellen, der nur den Aufgabenkreis der Geltendmachung von Rechten des Betreuten gegenüber dem Bevollmächtigten umfasst. Dieser Überwachungsbetreuer (oder Kontrollbetreuer) hat alle Kontrollrechte des Vollmachtgebers.[492] Er ist auch dazu berechtigt, die Vollmacht zu widerrufen und das zu Grunde liegende Rechtsverhältnis zu kündigen.[493]
Voraussetzung der Bestellung eines Kontrollbetreuers ist jedoch, dass der Vollmachtgeber nicht (mehr) in der Lage ist, den Bevollmächtigten zu überwachen und das Vormundschaftsgerichts der Ansicht ist, dass eine Überwachung aufgrund der konkreten Umstände des Einzelfalles erforderlich ist.[494]

Stehen beim Betroffenen Maßnamen nach § 1904 BGB an und sind diese ausdrücklich oder stillschweigend *nicht* von der Vollmacht umfasst, ist trotz wirksamer Bevollmächtigung eine Betreuung erforderlich, da der Bevollmächtigte diese Aufgaben nicht ebensogut wie ein Betreuer erfüllen kann, § 1896 Abs.2 S.2 BGB.[495]

b) **Die Betreuungsverfügung**

Die Betreuungsverfügung ist eine Willensäußerung, mit der jemand für den Fall seiner Betreuungsbedürftigkeit und der Bestellung eines Betreuers, Vorschläge zur Person des Betreuers und/oder Wünsche zur Wahrnehmung der Aufgaben des Betreuers oder durch den Betreuer geäußert hat. Eine solche Verfügung führt nicht zur Entbehrlichkeit einer Betreuung, da sie gerade für den Fall einer Betreuung Beachtung finden

---

[491] Auch *Esch*, Der Patientenanwalt, S.71 ist der Ansicht, dass bei Zweifeln über die Reichweite der Vollmacht eine Betreuung angeregt werden müsse.
[492] Er ist insoweit gesetzlicher Vertreter des Vollmachtgebers, vgl. *MünchKomm/Schwab* § 1896 Rnr.150.
[493] BayObLG, Beschluss v. 03.06.1994 – 3Z BR 18/94, FamRZ 1994, 1550 [1551].
[494] Denn die Bestellung des Kontrollbetreuer bemisst sich auch nach den Voraussetzungen des § 1896 Abs. S.1 und Abs. 2 S.1 BGB. Der Betroffene muss also krankheits- oder behinderungsbedingt nicht in der Lage sein, den Bevollmächtigten zu überwachen (§ 1896 Abs. 1 S.1 BGB). Weiterhin muss ein Überwachungsbedürfnis die Bestellung eines Betreuers erforderlich machen (§ 1896 Abs. 2 BGB), siehe OLG Köln, Beschluss v. 28.06.1999 – 16 Wx 86/99, FamRZ 2000, 909.
[495] Zur Unterscheidung zwischen Kontrollbetreuer und Betreuer siehe *Walter*, Die Vorsorgevollmacht S.36 f.

soll. Sie stellt für den Betroffenen eine Möglichkeit dar, sein Selbstbestimmungsrecht für den Fall der Betreuungsbedürftigkeit zu verwirklichen.[496]

Besondere Formerfordernisse hat die Betreuungsverfügung für ihre Wirksamkeit nicht zu erfüllen.[497] Gemäß §§ 1901 Abs. 3 S.1, 1897 Abs. 4 S.1 und 2 BGB kann der Betroffene Vorschläge hinsichtlich der Betreuerperson und Wünsche in Bezug auf die Ausübung der Betreuung machen. Da Wünsche keine Willenserklärungen im Sinne der § 104 ff. BGB sind, sind sie unabhängig von der Geschäftsfähigkeit des Betroffenen beachtlich. Da es nicht darauf ankommt, dass die Wünsche aktuell geäußert werden, kann der Betroffene schon vor seiner Betreuungsbedürftigkeit seine Wünsche und Vorschläge in Form einer Betreuungsverfügung abfassen, vgl. §§ 1901 Abs. 3 S.2, 1897 Abs. 4 S.3 BGB

c) Die Patientenverfügung

Auch die Patientenverfügung[498] – als eine an den Arzt gerichtete Erklärung – kann eine Gesundheitsbetreuung nicht ersetzen. Zwar kann der Betroffene mittels einer solchen Verfügung in konkrete oder der Gattung nach bestimmte, in der Zukunft möglicherweise erforderlich werdende medizinische Maßnahmen einwilligen, oder diese verweigern, eine Regelung aller gesundheitlichen Angelegenheiten ist hiermit allerdings nicht möglich. Meist sind derartige Erklärungen im Hinblick auf die Fortführung oder den Abbruch lebensverlängernder Maßnahmen gerichtet,[499] so dass sie für einfachere medizinische Maßnahmen – wie beispielsweise die Behandlung bei einer Magenverstimmung – keine Äußerungen enthalten. Auch Fragen der Organisation von Pflege und der Abschluß von Behandlungs-, Pflege- oder Krankenhausverträgen[500] sind in einer solchen Verfügung nicht geregelt, da sie nur an den Arzt gerichtet ist.[501]

---

[496] Damit bei einer Betreuerbestellung die Wünsche des Betroffenen auch zur Kenntnis des Gerichts gelangen, normiert § 1901 a BGB die Pflicht, dass derjenige, der eine Betreuungsverfügung besitzt, diese unverzüglich an das Vormundschaftsgericht abzuliefern hat.

[497] Aus Beweissicherungsgründen ist eine Niederschrift allerdings von Nutzen, BT.-Drucks. 11/4528 S.208; *Epple*, BtPrax 1993, 156 [159].

[498] Auch Patientenbrief oder Patiententestament genannt; zu weiteren Bezeichnungen siehe *Uhlenbruck*, MedR 1992, 134. Darunter versteht man eine schriftliche Anweisung des Patienten an seinen Arzt, durch die der Patient untersagt, unter bestimmten Umständen künstliche lebensverlängernde Maßnahmen trotz Aussichtslosigkeit der Lage anzuwenden, vgl. *Langenfeld*, Vorsorgevollmacht, S. 178; *Esch*, Der Patientenanwalt, S.11; *Olzen*, ArztR 2001, 116.

[499] Nach *Uhlenbruck*, MedR 1992, 134 [138] sind mit dem Patiententestament nur Fälle mit infauster Prognose angesprochen.

[500] Dies gehört aber mit zu den Aufgaben eines Betreuers mit Aufgabenkreis Gesundheitssorge, vgl. *Soergel/Zimmermann* § 1896 Rnr.56.

[501] Dies scheint *Droge*, BtPrax 1998, 199 [200] zu übersehen, da er eine Betreuung in dem von der Patientenverfügung umfassten Bereich für nicht erforderlich hält. Eine Aufspaltung der Angelegenheiten in solche, in der Patientenverfügung enthaltene und andere scheint in der Praxis aus den o.g. Gründen aber kaum praktikabel.

Kann beispielsweise ein älterer Mensch seine Arzttermine nicht mehr selbst organisieren und ist er auch bei (schwierigeren) Eingriffen nicht mehr in der Lage, einem ärztlichen Aufklärungsgespräch zu folgen, oder eine Behandlungsentscheidung zu treffen, ist er – wenn die Unfähigkeit auf einer Krankheit oder Behinderung beruht – betreuungsbedürftig, daran ändert auch eine Patientenverfügung, die Fragen der Lebensbeendigung betrifft nichts. Etwas anderes kann nur dann gelten, wenn bei einem Patienten mit infauster Prognose, die Frage eines Behandlungsabbruchs im Raume steht und eine (wirksame) Patientenverfügung vorhanden ist. Dann bedarf es allein für diese Entscheidung grundsätzlich keiner Betreuerbestellung, da mangels Erforderlichkeit (§ 1896 Abs. 2 BGB) die Voraussetzungen einer Betreuung nicht gegeben sind.[502]

2. Die Bindungswirkung einer vorsorglichen Verfügung

Wurde die Erforderlichkeit einer Betreuung trotz Bestehen einer vorsorglichen Verfügung bejaht und ein Betreuer für den gesundheitlichen Bereich bestellt, so ist zu fragen, inwieweit er durch eine vorsorgliche Verfügung gebunden ist.

a) Die Vorsorgevollmacht

Wurde ein Betreuer trotz bestehender Vorsorgevollmacht bestellt,[503] sind die in der Vollmacht zum Ausdruck gebrachten Erklärungen wie Wünsche für den Betreuer zu beachten. War beispielsweise eine Betreuerbestellung erforderlich, weil die Vollmacht mangels Geschäftsfähigkeit des Vollmachtsgebers nicht wirksam ist, kann den Erklärungen doch zumindest eine gewisse Einstellung des Betroffenen entnommen werden, die der Betreuer bei seinen Entscheidungen zu beachten hat.
Werden also die Erklärungen des Vollmachtgebers als Wünsche interpretiert, muss der Betreuer sie in gleicher Weise beachten, wie Erklärungen im Rahmen einer Betreuungsverfügung.[504]

Ist ein Kontrollbetreuer nach § 1896 Abs. 3 BGB bestellt, muss dieser darauf achten, dass der Wille des Betroffenen vom Bevollmächtigen beachtet wird. Dies gilt nicht nur für den in der Vollmacht zum Ausdruck kommenden Willen, sondern auch für aktuelle Äußerungen. Bringt der

---

[502] Dieser Ansicht *Eisenbart*, Patienten-Testament und Stellvertretung in Gesundheitsangelegenheiten, S.205 f, wonach ein Patiententestament sämtliche Voraussetzungen einer wirksamen Behandlungsanweisung sowohl nach zivil- als auch nach strafrechtlichen Grundsätzen erfüllt.
[503] Z.B. weil die Vollmacht entweder den gesundheitlichen Bereich nicht umfasst oder aber eine Betreuung aus anderen Gründen erforderlich war.
[504] § 1901 Abs. 3 BGB vgl. hierzu eingehend unten 2. Kapitel II. 3. d).

Betroffene zum Ausdruck, dass er nunmehr nicht mehr an die Vollmacht gebunden sein will, hat der Kontrollbetreuer zu erwägen[505], ob er die Vollmacht widerruft und das zu Grunde liegende Rechtsverhältnis kündigt. Hat er die Vollmacht widerrufen, muss der Kontrollbetreuer dies unverzüglich dem Vormundschaftsgericht anzeigen. Denn zum einen hat das Gericht dann zu prüfen, ob nunmehr eine Betreuung erforderlich ist, zum anderen ist nach Wegfall der Vollmacht die Kontrollbetreuung aufzuheben.[506]

b) **Die Betreuungsverfügung**

Da die Betreuungsverfügung gerade für den Fall der Betreuungsbedürftigkeit abgefasst wurde, hat die Frage ihrer Verbindlichkeit eine große Bedeutung.

Die in einer Betreuungsverfügung hinsichtlich der Durchführung der Betreuung vorgebrachten Wünsche sind für den Betreuer grundsätzlich bindend, wenn der Betreute an diesen erkennbar noch festhalten will.[507] Wünscht also der Betreute eine bestimmte Behandlungsmethode, kann der Betreuer nicht willkürlich eine andere wählen; dies gilt auch für die Wahl des behandelnden Arztes, des Krankenhauses oder eines bestimmten Pflegedienstes.
Begrenzt wird die Wunschbeachtungspflicht durch das Wohl des Betreuten und die Zumutbarkeit für den Betreuer, § 1901 Abs. 3 S.1 BGB. Fraglich erscheint allerdings, ob das „Wohl des Betreuten" als Begrenzung der Wunschbeachtungspflicht im Falle einer Betreuungsverfügung in Betracht kommt.
Mayer führt dagegen an, dass der Betroffene im Zustand der Einwilligungsfähigkeit selbst festgelegt hat, wie er sich die Ausgestaltung seiner Betreuung wünscht. Der später Betreute könne schließlich selbst am besten beurteilen, was seinem Wohl entspreche.[508]
Gegen eine solche Annahme sprechen jedoch mehrere Gründe. Zu beachten ist, dass der Betreute unabhängig von seiner Geschäfts- oder Einsichtsfähigkeit (grundsätzlich) bindende Wünsche äußern kann, § 1901 Abs. 3 S.1 BGB. § 1901 Abs. 3 S.2 BGB legt darüber hinaus nur fest, dass dies auch für solche Wünsche gilt, die der Betroffene vor der Betreuerbestellung geäußert hat. Möglich ist demnach auch, dass ein

---

[505] Dem Kontrollbetreuer steht insoweit ein Ermessen zu, weil er als Betreuer sein Amt selbständig ausführt. Vgl. BayObLG, Beschluss v. 03.06.1994 – 3Z BR 18/94, FamRZ 1994, 1550 [1551].
[506] *Sonnenfeld*, Betreuungs- und Pflegschaftsrecht, Rnr.197.
[507] Zwar ist der aktuell geäußerte Wille dem in einer Verfügung erklärten vorzuziehen, jedoch muss hierbei immer die Ernsthaftigkeit der Erklärung geprüft werden, da sonst jede Stimmungsschwankung die Verfügung außer kraft setzten würde.
[508] So *Mayer*, Medizinische Maßnahmen an Betreuten, S.89.

bereits Geschäfts- und/oder Einwilligungsunfähiger seine Wünsche eine Betreuung betreffend zuvor festgelegt hat. Folglich müsste man bei jeder Betreuungsverfügung untersuchen, ob der Betroffene einsichtsfähig war – mit der Folge, dass seine Wünsche ohne Einschränkungen bindend sind – oder ob er bei Abfassung der Erklärung nicht mehr einsichtsfähig war – mit der Folge, dass seine Wünsche den gesetzlichen Beschränkungen des § 1901 Abs. 3 S.1 BGB unterliegen.[509] Eine solche Differenzierung kann dem Gesetz aber gerade nicht entnommen werden. Zum anderen sind die Wünsche meist nicht genau genug formuliert, so dass die Entscheidung in die Hände anderer Personen gelegt wird. Der Betroffene hat ja gerade die Einschaltung eines Betreuers – mit den dazugehörigen Schutzmechanismen - gewählt. Hätte er strikte Anweisungen für den Fall seiner Hilfsbedürftigkeit erteilen wollen, hätte er ein Patiententestament an seinen Arzt gerichtet oder aber einer Person seines Vertrauens eine Vorsorgevollmacht erteilt. [510]
Demnach wird die Wunschbefolgungspflicht auch bei einer im Zustand der Einwilligungsfähigkeit erstellten Betreuungsverfügung durch das Wohl des Betreuten begrenzt.
Ob dem Wunsch das Wohl des Betroffenen entgegensteht, entscheidet der Betreuer nach pflichtgemäßem Ermessen.
Kriterien für das Wohl des Betreuten hat der Gesetzgeber nicht aufgestellt.[511] So wird das „Wohl des Betreuten" in § 1901 Abs. 2 S.2 BGB als subjektiv gefärbter Begriff, für die Möglichkeiten einer eigenen Lebensführung verwendet. In § 1901 Abs. 3 S.1 BGB hingegen wird es als Korrekturelement zu den subjektiven Wünschen des Betroffenen herangezogen. Jedenfalls verbietet sich eine rein objektive Auslegung des Begriffs, denn das Betreuungsrecht will keine Anpassung des Kranken oder Behinderten erreichen, sondern ein möglichst selbstbestimmtes Leben, das dem Betroffenen auch eine gewisse „Freiheit zur Krankheit" belässt. Andererseits darf die Wunschbeachtungspflicht nicht dazu führen, dass sich der Betroffene selbst in gesundheitliche Gefahren begibt, da er ja gerade davor mit einer Gesundheitsbetreuung geschützt werden soll.
Beruht demnach der Wunsch auf krass vernunftswidrigen irrationalen Erwägungen, braucht der Betreuer diesem nicht zu folgen. Dies ist bei-

---

[509] Letztlich musste eine noch genauere Differenzierung durchgeführt werden: Beträfen die Anordnungen in der Verfugung rechtsgeschäftliche Bereiche (beispielsweise einen Behandlungsvertrag) so kame es hinsichtlich der Bindungswirkung auf die Geschäftsfähigkeit an, während hingegen bei Erklarungen die Behandlung betreffend die Einsichts- und Einwilligungsfähigkeit des Betroffenen maßgeblich ware.

[510] So *Spickhoff*, NJW 2000, 2297 [2303]. Für eine Begrenzung der Wunschbeachtungspflicht durch das Wohl des Betreuten auch *Rudolf/Bittler*, Vorsorgevollmacht, Betreuungsverfügung, Patiententestament, § 3 Rnr.30 ff.

[511] Siehe zum Problem der Auslegung des Wohlbegriffs *Lipp*, Freiheit und Fürsorge, S.149 ff.

spielsweise der Fall, wenn der Betroffene eine risikoarme Behandlung, die zu einer Genesung führen könnte, ablehnt.[512]
Andererseits stellt sich die Frage, ob der in einer Betreuungsverfügung geäußerte Wunsch bestimmte Behandlungsmethoden nicht vorzunehmen mit dem Wohl des Betreuten zu vereinbaren ist.
Eine pauschale Antwort ist hierauf nicht möglich, da die Probleme vielschichtig sind.

Problematisch ist schon, wie bestimmt die Erklärung sein muss, um eine Bindungswirkung hervorzurufen. Verlangt beispielsweise der Betroffene ein Unterlassen lebenserhaltender Maßnahmen, wenn sein Leben „nicht mehr lebenswert“ sei, kann daraus keine Verpflichtung abgeleitet werden, jede weitere Behandlung zu unterlassen. Auch die laienhafte Erklärung „an keine Geräte angeschlossen“ werden zu wollen, kann nicht dazu führen, dass eine nur kurzzeitig notwendige Beatmung unterlassen wird.

Aber auch bei bestimmten Erklärungen ist immer zu berücksichtigen, dass der Betroffene bei Abfassung der Erklärung immer einen bestimmten Fall vor Augen hatte. Nur in den seltensten Fällen, wird aber die später eintretende Situation dieser Vorstellung entsprechen. Beschreibt der Betroffene detailliert, welche Maßnahmen er billigt und welche er ablehnt, besteht die Gefahr der Unvollständigkeit. Belässt er es hingegen bei allgemeineren Schilderungen, ist der Betreuer gefordert die Erklärung auszulegen, mit der Folge, dass er zu einer anderen Einschätzung gelangt, wie vom Betreuten ursprünglich gewollt.

Kommt in der Erklärung zum Ausdruck, dass der Betroffene bei einer terminalen Erkrankung keine das (begonnene) Sterben hinauszögernde Behandlung wünscht, ist der Betreuer an diesen Wunsch gebunden. Mangels Heilungs- oder Besserungsaussichten, kann das Wohl des Betreuten bei eingesetztem Sterbevorgang eine weitere Behandlung nicht rechtfertigen. Der Begriff des Wohles ist an eine Langzeitbetrachtung der gesundheitlichen Situation des Betroffenen gebunden. Dafür ist aber in der Sterbephase kein Raum mehr.[513]

Davon zu unterscheiden ist die Frage, ob die Wunschbeachtung für den Betreuer zumutbar ist.
Ist der Betreuer der Ansicht, eine solche Entscheidung des Betreuten nicht mittragen zu können, kann er seine Entlassung – zumindest Teilentlassung aus diesem Aufgabenkreis – beantragen. Setzt sich der Be-

---

[512] So *Frost*, Arztrechtliche Probleme des neuen Betreuungsrechts, S.44; *Eisenbart*, Patienten-Testament und Stellvertretung in Gesundheitsangelegenheiten, S.197; *Langenfeld*, Vorsorgevollmacht, S.168.
[513] Vgl. *Erman/Holzhauer*, 10.Aufl. § 1901 Rnr.22.

treuer wegen Unzumutbarkeit über den Wunsch des Betreuten hinsichtlich der Unterlassung lebensverlängernder Maßnahmen hinweg, hat das Vormundschaftsgericht zu prüfen, ob der Betreuer für die konkrete Betreuung geeignet ist.[514]

Diese Probleme sollten allerdings nicht den Nutzen und den Wert einer Betreuungsverfügung in Abrede stellen. Eine (schriftliche) Erklärung des Betroffenen, wie er sich die Besorgung seiner gesundheitlichen Angelegenheiten vorstellt, ist für die Führung einer Betreuung von besonderem Wert. Auch wenn ihr im Einzelfall wegen mangelnder Bestimmtheit keine Bindungswirkung zukommen kann, so gibt sie doch den Willen des Betroffenen wieder. Dieser ist sowohl vom Arzt als auch vom Gesundheitsbetreuer weitestgehend zu berücksichtigen.

c) **Die Patientenverfügung**

Anders als die Betreuungsverfügung ist das Patiententestament nicht an den Betreuer, sondern an den behandelnden Arzt gerichtet. Inwieweit es eine Bindungswirkung (gegenüber dem Arzt) entfaltet ist äußerst umstritten.[515] Fraglich ist schon, wie bei solchen - oft formularmäßig abgegebenen - Erklärungen nachträglich festgestellt werden kann, ob eine umfassende ärztliche Aufklärung erfolgt ist.[516] Denn abgesehen von der Frage der rechtlichen Notwendigkeit einer Aufklärung vor Erteilung oder Verweigerung der Einwilligung, sieht die Ärzteschaft eine Patientenverfügung nur im Zusammenhang mit einem ausführlichen und einfühlsamen ärztlichen Gespräch als sinnvoll an.[517]

---

[514] So *Erman/Holzhauer*, 10.Aufl., § 1901 Rnr.22 a.E.; *Langenfeld*, Vorsorgevollmacht, S.168.

[515] Nach dem Entwurf der „Grundsätze der Bundesärztekammer zur ärztlichen Sterbebegleitung vom 11.09.1998 wird die Patientenverfügung als Ausdruck des mutmaßlichen Patientenwillens anerkannt: „Patientenverfügungen sind verbindlich, sofern sie sich auf die konkrete Behandlungssituation beziehen und keine Umstände erkennbar sind, dass der Patient sie nicht mehr gelten lassen würde.“; zum Meinungsstand siehe auch *Esch*, Der Patientenanwalt, S.12 ff. Sie selbst vertritt die Ansicht, dass das Patiententestament keine Bindungswirkung entfalten kann, sondern allenfalls ein Indiz für die Ermittlung des mutmaßlichen Willens des Patienten darstellt. Siehe *auch Sternberg-Lieben*, NJW 1985, 2734 ff.

[516] Insoweit kritisch *Spickhoff*, NJW 2001, 1757 [1765]; *Röver*, Einflußmöglichkeiten des Patienten, S.146 ff. ist diesbzgl. der Ansicht, dass Patienten, die eine antizipierte Behandlungserklärung abgegeben haben, bestimmte Vorkenntnisse besitzen und sich mit der Situation auch beschäftigt haben, was der Tatsache zu entnehmen sei, dass sie eine solche Verfügung überhaupt erstellt haben. Dies gelte umso mehr, als der Patient seine Behandlungswünsche selbst formuliert habe und keine Vordrucke verwendet habe.
Damit wird aber gerade das Problem ersichtlich, nämlich der Umstand, dass in einer Vielzahl von Fällen Vordrucke verwendet werden, die ein Sich-Auseinandersetzen des Betroffenen mit der Problematik gerade nicht gewährleisten.

[517] Siehe *Waibel/Novak/Roller*, Dt Ärztebl 1999, 96: A-836 [Heft 13].

Problematisch ist zudem, ob die Einwilligung bzw. Verweigerung konkret genug auf den späteren gesundheitlichen Zustand bezogen ist.[518] Selbst *Uhlenbruck,* der sich ausdrücklich für die rechtliche Verbindlichkeit einer Patientenverfügung ausspricht und auch eine vorhergehende ärztliche Aufklärung nicht für erforderlich hält, räumt ein, dass die Patientenerklärung „eindeutig" sein muss und die vom Patienten in Bezug genommene medizinische Prognose „keine vernünftigen Zweifel offenlassen darf", um eine Bindungswirkung für den Arzt zu entfalten.[519] Weiterhin stellt sich bei älteren Patiententestamenten die Frage, ob der Patient daran überhaupt noch festhalten will.[520]

Trotz all dieser Unsicherheiten kommt einer Patientenverfügung im Rahmen einer Gesundheitsbetreuung eine gewichtige Bedeutung zu.

Kann der Verfügung wegen ausreichender Bestimmtheit eine Verbindlichkeit zugeschrieben werden, richtet sie sich direkt an den Arzt. Einer Entscheidung des Betreuers bedarf es in diesem Falle nicht, da der Betreute insoweit seine Angelegenheiten selbst geregelt hat.[521]

Steht der Inhalt der Patientenverfügung im Widerspruch zum Betreutenwohl oder ist ersichtlich, dass der Betreute nicht mehr an seiner Verfügung festhalten will, ist der Gesundheitsbetreuer als gesetzlicher Vertreter des Betreuten (§ 1902 BGB) nicht nur berechtigt, sondern auch verpflichtet die Erklärung des Betreuten zu widerrufen.[522] In einem solchen Fall ist der Betreuer kraft seines Amtes dazu verpflichtet, die Bindungswirkung der Verfügung wieder aufzuheben.

Kann die Patientenverfügung aus den oben angesprochenen Gründen nicht als verbindlich angesehen werden, ist sie dennoch für den Betreuer von Nutzen. Denn die in einer derartigen „Verfügung" zum Ausdruck kommenden Ansichten und Wünsche sind für den Betreuer in den all-

---

[518] Vgl. *Füllmich*, NJW 1990, 2301 [2302]; *Dröge*, BtPrax 1998, 199 [203] will eine Entscheidung danach treffen, ob der Betroffene bei Abfassung der Verfügung schon von seinem Leiden (Krebserkrankung) wusste und für die zukünftige –Behandlung Anweisungen erteilt, oder ob für einen ungewissen zukünftigen Fall Verfügungen mit Interpretationsspielraum verfasst wurden. Unwirksam seien Behandlungsverbotskriterien, die die Entscheidung über das Eingreifen des Behandlungsverbots in das subjektive Empfinden des Arztes stellen (menschenunwürdiges Dasein, unerträgliches Leiden). Verbindlich seien hingegen Kriterien, die an eine bestimmte ärztliche Diagnose gebunden sind (irreversible Bewusstlosigkeit, irreversibler Eintritt des Sterbeprozesses).

[519] *Uhlenbruck*, MedR 1992, 134 [137, 141]; siehe auch *ders.*, MedR 1983, 16; auch *Verrel*, MedR 1999, 547 [548], sieht in der mangelnden Konkretisierung und Individuation den häufigsten Grund für ein unzureichende Indizwirkung.

[520] Zum Ganzen siehe *Spickhoff*, NJW 2000, 2297 [2302]. Ähnliche Bedenken äußert *Kuhlmann* hinsichtlich antizipierter Einwilligungserklärungen, bzw. Verweigerungen, *Kuhlmann*, Einwilligung in die Heilbehandlung alter Menschen, S.201. Nach *Kutzer*, ZRP 1997, 117 kommt einer Patientenverfügung um so größere Bindungswirkung zu, je entscheidungsnäher sie abgefasst und je konkreter sie formuliert ist. Auch das OLG Düsseldorf, Beschluss v. 27.05.2001 – 25 Wx 128/00 stellt für die Feststellbarkeit des Willens eines bewusstlosen Patienten auf eine unmißverständliche Patientenverfügung aus jüngerer Zeit ab.

[521] So *Röver*, Einflußmöglichkeiten des Patienten, S.140, die antizipierten Patientenerklärungen Bindungswirkung für den Arzt (und den Betreuer) beimißt.

[522] Vgl. *Röver*, Einflußmöglichkeiten des Patienten, S.138 f.

gemeinen Grenzen des § 1901 Abs. 3 S.1 BGB bindend.[523] Der Betreuer hat bei der Besorgung der Gesundheitsangelegenheiten die in der Verfügung niedergelegten Erklärungen als Wünsche des Betreuten in den gesetzlichen Grenzen des § 1901 BGB zu respektieren und zu beachten.[524]

---

[523] Fur eine Beachtlichkeit derartiger Verfügungen als Wünsche im Sinne des § 1901 Abs.3 S.1 BGB, *Kuhlmann*, Einwilligung in die Heilbehandlung alter Menschen, S.205.

[524] *Langenfeld*, Vorsorgevollmacht, S.182.

IV. Die Haftung des Gesundheitsbetreuers

Das Amt des Betreuers verleiht nicht nur Rechte, sondern erlegt dem Betreuer auch Pflichten auf. Handelt der Betreuer einer Verpflichtung zuwider, so haftet er grundsätzlich für den entstandenen Schaden. Zu unterscheiden sind die Pflichtwidrigkeiten gegenüber dem Betreuten und diejenigen gegenüber Dritten.

1. Die Haftung gegenüber dem Betreuten

a) Die Haftung vor Übernahme der Betreuung

(1) Die Voraussetzungen

Wird die Betreuerbestellung dadurch verzögert, dass eine geeignete Person ohne Grund die Übernahme der Betreuung ablehnt, so haftet diese Person dem Betreuten für den entstanden Schaden, §§ 1908 i Abs. 1i.V.m. 1787 Abs. 1 BGB. Zwar ist der für die Betreuung Ausgewählte zur Übernahme der Betreuung verpflichtet, § 1898 Abs. 1 BGB, jedoch kann er nicht durch Zwangsmittel zur Übernahme dieses Amtes verpflichtet werden. Eine zwangsweise Auferlegung der Betreuertätigkeit ist mit dem Grundsatz der persönlichen Betreuung und des hierfür erforderlichen Vertrauensverhältnisses nicht zu vereinbaren. Gleichwohl wurde die Haftungsnorm des § 1787 Abs. 1 BGB in das Betreuungsrecht übernommen.[525]
Die Haftung tritt allerdings erst ab dem Zeitpunkt ein, ab welchem der Ausgewählte zur Übernahme verpflichtet wäre. Er muss also vom Gericht als geeignet ausgewählt worden sein. Dies ist nicht schon dann der Fall, wenn der Betreffende seine Bereitschaft bekundet, bevor der spätere Betreute zu der in Aussicht genommenen Person gehört worden ist. Eine Haftung kommt frühestens ab dem Zeitpunkt in Betracht, in dem das Gericht seine Bestellungsentscheidung trifft.[526] Denn erst ab diesem Zeitpunkt ist die Übernahmeverpflichtung konkretisiert und die Einverständniserklärung nach § 1898 Abs. 2 BGB fällig geworden.

---

[525] *Jurgens* sieht darin das einzige Druckmittel, mit dem der Ausgewählte zur Übernahme seiner Verpflichtung aus § 1898 Abs. 1 BGB angehalten werden kann, *Jürgens u.a.*, Das neue Betreuungsrecht, 4.Aufl., Rnr.248. *Zimmermann* hingegen ist der Ansicht, dass die Verweisung auf § 1787 Abs. 1 BGB ins Leere laufe. Es könne im Betreuungsrecht diesbezüglich keine Schadensersatzpflicht geben, weil es keine Ablehnung der Übernahme ohne Grund gebe, *Soergel/Zimmermann* § 1898 Rnr.10.

[526] Siehe *Staudinger/Bienwald* § 1908 i Rnr.13.

Die Schadenersatzpflicht setzt weiterhin voraus, dass der Ausgewählte die Übernahme der Betreuung schuldhaft ablehnt.[527] Dies ist dann zu bejahen, wenn sich der Betreffende passiv verhält und die nach § 1898 Abs. 2 BGB notwendige Bereiterklärung nicht abgibt.[528]

(2) Art und Umfang des Schadensersatzes

Nach § 249 ff BGB ist nur der kausal durch die Verzögerung entstandene Schaden zu ersetzen.[529] Wenn also die Angelegenheiten eines Betreuungsbedürftigen wegen der Weigerung des Ausgewählten erst von einem später bestellten Betreuer übernommen werden können, so ist der in der Zwischenzeit entstandene Schaden zu ersetzen. Im Bereich der Gesundheitssorge besteht demnach eine Schadensersatzpflicht, wenn infolge der Weigerung eine Heilbehandlung erst später in Angriff genommen werden kann und dem Betreuten hierdurch ein Schaden entsteht.[530] Bei medizinisch indizierten Notfallmaßnahmen ist eine Schadensersatzpflicht hingegen kaum denkbar. Zum einen hat das Gericht die Möglichkeit selbst zu handeln, § 1908 i Abs. 1 S.1 i.V.m. § 1846 BGB. Zum anderen ist der Arzt bei einem sofortigen notfallbedingten Einschreiten aufgrund einer mutmaßlichen Einwilligung des Betroffenen bzw. nach § 34 StGB gerechtfertigt.

Bleibt das Vormundschaftsgericht jedoch untätig und hätte ein Schaden durch eine gerichtliche Eilmaßnahme verhindert oder vermindert werden können, so wird hierdurch ein Ersatzanspruch des Betroffenen nicht ausgeschlossen. Denn der Betroffene hat keinen Anspruch auf eine unverzögerte Anordnung einer derartigen Maßnahme hat.[531]

---

[527] Als Schuldformen kommen Vorsatz und Fahrlässigkeit in Betracht. Die Fahrlässigkeit kann darin bestehen, dass der Ausgewählte unter Verletzung der erforderlichen Sorgfalt (§ 276 BGB) nicht erkennt, dass er zur Übernahme des Amtes verpflichtet ist. Siehe *Staudinger/Engler* § 1787 Rnr.4 m.w.N.

[528] Vgl. *Jurgens u.a.*, Das neue Betreuungsrecht, 4.Aufl., Rnr.249; *Deinert/Schreibauer*, BtPrax 1993, 185 [187].

[529] Nicht zu ersetzen ist demnach der Schaden, der durch die fehlende Eignung oder Fehlhandlungen des an seiner Stelle bestellten Betreuers entstanden ist. Siehe *Staudinger/Engler* § 1787 Rnr.5.

[530] *Jurgens u.a.*, Das neue Betreuungsrecht, 4.Aufl., Rnr.250.

[531] § 839 Abs. 2 S.2 BGB. Siehe auch *MünchKomm/Schwab* § 1787 Rnr.7

(3) Die eingeschränkte Anwendbarkeit des § 1787 BGB im Betreuungsrecht

Zu beachten ist allerdings, dass diese Schadensersatzpflicht nicht für alle Betreuerkategorien gelten kann. Uneinheitlich wird in der Literatur die Frage behandelt, ob bei einem Vereins- oder Behördenbetreuer nur die Einwilligung des Vereins bzw. der Behörde erforderlich ist, oder ob der Ausgewählte selbst zusätzlich sein Einverständnis erklären muss. Nach der Ansicht von *Schwab* steht es lediglich dem Verein bzw. der Behörde zu, ihr Einverständnis zur Bestellung ihres Mitarbeiters zu versagen, § 1897 Abs. 2 BGB. Wird die Einwilligung jedoch erteilt, so wäre der als Vereins- bzw. Behördenbetreuer Ausgewählte zur Übernahme der Betreuung verpflichtet.[532] Für die Frage eines Schadensersatzanspruches nach § 1787 Abs. 1 BGB bedeutet dies, dass ohne Weigerungsrecht des Ausgewählten auch keine Schadensersatzpflicht bestehen kann.
Nach anderer Ansicht ist für die Bestellung eines Vereins- oder Behördenbetreuers nicht nur die Einwilligung des Vereins bzw. der Behörde erforderlich. Eine Übernahmeverpflichtung bestehe nur, wenn und soweit Institution *und* Mitarbeiter einverstanden sind. Würde eine Übernahmeverpflichtung schon dadurch entstehen, dass die Institution ihr Einverständnis erteilt, ohne dass der Mitarbeiter hierzu bereit ist, könnte durch die Haftungsregeln die Organisationshoheit unterlaufen werden.[533]

Geht man vom Wortlaut des § 1898 Abs. 2 BGB aus, so ist die Einverständniserklärung des Ausgewählten, also die des Vereins- bzw. Behördenbetreuers selbst erforderlich. Die Notwendigkeit der Zustimmung des Vereins bzw. der Behörde ergibt sich zusätzlich aus § 1897 Abs. 2 BGB.

Ein Betreuungsverein kann zur Übernahme der Betreuung nicht verpflichtet werden, da eine Betreuerbestellung nur mit dessen Einwilligung möglich ist, § 1900 Abs. 1 S.2 BGB. Mangels Übernahmeverpflichtung kommt gegen den Verein folglich auch kein Anspruch aus §§ 1908 i Abs. 1, 1787 Abs. 1 BGB in Betracht.
Soll eine Behördenbetreuung erfolgen, so kommt es auf die Einwilligung der Behörde nicht an. Sie ist zur Übernahme verpflichtet, wenn die Voraussetzungen des § 1900 Abs. 4 BGB erfüllt sind. Dies ist auch §§ 5, 8 S.3 BtG zu entnehmen. Zu einer Schadensersatzpflicht nach § 1908 i Abs. 1, 1787 Abs. 1 BGB kann es folglich auch hier nicht kommen.

---

[532] Siehe *MunchKomm/Schwab* § 1898 Rnr.2.
[533] *Staudinger/Bienwald* § 1898 Rnr.6.

(4) Der einschlägige Rechtsweg

Der Ersatzanspruch ist vom Betreuten auf dem Zivilrechtswege geltend zu machen.[534] Ist der Betreute nicht prozeßfähig[535] – was bei den Angelegenheiten der Gesundheitssorge nicht selten der Fall sein wird – so hat für ihn ein später bestellter Betreuer zu handeln.

b) **Die Haftung bei Ausführung der Betreuung**

(1) Die Haftung nach § 1833 BGB

Nach §§ 1908 i, 1833 BGB haftet der Betreuer dem Betreuten für Schäden, die aus einer schuldhaften Pflichtverletzung bei der Amtsausführung entstehen. Rechtsgrund für diese Haftung ist das besondere Schuldverhältnis familienrechtlicher Art zwischen Betreuer und Betreutem.[536]

Die Haftung des Betreuers beginnt mit seiner Bestellung. Sie endet grundsätzlich mit dem Ende seiner Betreuertätigkeit.[537]

Als Pflichtverletzung kommt jeder Verstoß gegen die vom Gesetz oder durch Anordnungen und Weisungen des Vormundschaftsgerichts dem Betreuer auferlegten Pflichten in Betracht. Zudem ist der Betreuer zur gewissenhaften und treuen Amtsführung verpflichtet. Folglich sind die möglichen Pflichtverletzungen so verschieden wie die Tätigkeitsfelder und Aufgabenkreise des Betreuers. Im Bereich der Gesundheitssorge sind aber spezielle Pflichtverletzungen denkbar.

Jeder Betreuer hat unabhängig von seinem Aufgabenkreis die Pflicht, Wünsche des Betreuten zu berücksichtigen, sofern sie dessen Wohl entsprechen und dem Betreuer zumutbar sind, § 1901 Abs. 3 S.1 BGB. Im Rahmen der Gesundheitssorge hat der Betreuer im gesetzlichen Rahmen den Wünschen des Betreuten hinsichtlich bestimmter Behandlungsmethoden nachzukommen. Kommt der Betreuer diesem Wunsch pflichtwidriger Weise nicht nach, macht er sich grundsätzlich schadenersatzpflichtig.[538] Problematisch wird in der Praxis allerdings der Nachweis des Schadens sein, der gerade durch diese Behandlungsmethode eingetreten sein soll und mit einer anderen – vom Betroffenen gewünschten – hätte vermieden werden können.

---

[534] Einzelheiten zur Beweislast siehe *Staudinger/Engler* § 1787 Rnr.7 ff.

[535] Anders als die Verfahrensfähigkeit im FGG (§ 66 FGG), knüpft die Prozeßfähigkeit der ZPO an der Geschäftsfähigkeit des Beteiligten an, § 52 ZPO. Siehe statt aller *Zimmermann* § 52 Rnr.1.

[536] Siehe *Jürgens/Klüsener* § 1833 Rnr.2 m.w.N.

[537] Entsprechend zum Vormundschaftsrecht *Staudinger/Engler* § 1833 Rnr.21.

[538] *Hoffmann*, BtPrax 2001, 60 [64] empfiehlt daher , in der Praxis zur Vermeidung einer Haftung alle Entscheidungsgrundlagen zu dokumentieren, damit der Entscheidungsprozess nachvollziehbar ist.

Da der Betreuer mit Aufgabenkreis Gesundheitssorge nur dann einwilligungsbefugt ist, wenn der Betreute im konkreten Einzelfall einwilligungsunfähig ist, begeht er eine Pflichtverletzung, wenn er an Stelle des Einwilligungsfähigen seine Einwilligung zu der Maßnahme erteilt.[539] Auch jede andere Kompetenzüberschreitung stellt eine Pflichtverletzung im Sinne des § 1833 BGB dar.[540]

Der Gesundheitsbetreuer ist weiterhin verpflichtet, vor bestimmten gefährlichen ärztlichen Maßnahmen eine vormundschaftsgerichtliche Genehmigung nach § 1904 BGB einzuholen. Unterlässt er dies, so begeht er eine Pflichtverletzung.
Zu berücksichtigen ist, dass bei genehmigungspflichtigen Maßnahmen, wie sie in Gesundheitsangelegenheiten im Rahmen von §§ 1904 und 1906 Abs. 1 Nr.2 BGB vorkommen, eine Haftung des Betreuers nicht schon dadurch ausgeschlossen ist, dass das Gericht die Genehmigung erteilt. Denn die Genehmigung gibt dem Betreuer zwar das Recht zu handeln, verpflichtet ihn jedoch nicht.[541] Da sich der Gesundheitszustand des Betreuten fortwährend ändern kann, hat der Betreuer bei seiner Tätigkeit immer das Wohl des Betreuten im Auge zu behalten. So kann sich eine erforderliche gefährliche Heilbehandlung, für die eine Genehmigung nach § 1904 BGB beantragt wurde, in der Zwischenzeit als nicht mehr notwendig erweisen. Lässt der Betreuer dennoch die Maßnahme durchführen, macht er sich unter Umständen schadenersatzpflichtig.

Die Schadensersatzpflicht setzt weiterhin ein Verschulden voraus. Der Betreuer hat nicht nur Vorsatz, sondern auch Fahrlässigkeit zu vertreten. Er hat also bei der Besorgung seiner Angelegenheiten die Sorgfalt anzuwenden, die man von einem verständigen Menschen erwarten kann. [542] Allerdings wird dieser weite Verschuldensmaßstab von der Rechtsprechung dahingehend eingeschränkt, dass dem Betreuer Erleichterungen zugute zu halten sind, die sich aus den besonderen Verhältnissen seines Lebenskreises ergeben.[543] Nach der Ansicht des OLG Schleswig handelte der Betreuer auch dann nicht schuldhaft, wenn

---

[539] *Prinz von Sachsen Gessaphe*, Der Betreuer als gesetzlicher Vertreter, S.148, 345, 384.

[540] Siehe OLG Hamm, Urteil v. 09.01.2001 – 29U 56/00, FamRZ 2001, 861 [862], wo ein Gesundheitsbetreuer, dem nicht der Aufgabenkreis der Aufenthaltsbestimmung übertragen worden war, die Unterbringung des Betreuten beantragt hatte.

[541] *Deinert/Schreibauer*, BtPrax 1993, 185 [186]. Bedenklich ist insoweit die Ansicht *Kuhlmanns*, wonach auch der Abbruch einer bereits genehmigten Behandlung selbst wiederum genehmigungsbedürftig sei, *Kuhlmann*, Einwilligung in die Heilbehandlung alter Menschen, S. 151.

[542] Anders als die Haftung der Eltern fur ihr Kind nach § 1664 BGB ist die Haftung des Betreuers nicht auf die Sorgfalt in eigenen Angelegenheiten begrenzt. Auch wenn der Betreuer in eigenen Angelegenheiten nicht so penibel ist, hat er im Rahmen seiner Betreuertätigkeit für jeden Grad der Fahrlassigkeit einzustehen. Siehe *Staudinger/Engler* § 1833 Rnr.13.

[543] Allgem. Meinung: OLG, Schleswig, Beschluss v. 6.12.1996 – 1U 91/96, FamRZ 1997, 1427; *Staudinger/Engler* § 1833 Rnr.13; *Palandt/Diederichsen* § 1833 Rnr3; *Jürgens u.a.*, Das neue Betreuungsrecht, 4.Aufl., Rnr.251.

er (als in sozialhilferechtlichen Angelegenheiten nicht sachkundige Person) gegen eine Entscheidung einer Behörde, „also einer öffentlichen Einrichtung, die nicht nur wegen des Grundsatzes der Gesetzmäßigkeit der Verwaltung, sondern auch nach ihrer Zielsetzung und ihrer fachlichen Kompetenz Vertrauen in die Richtigkeit ihrer jeweiligen Maßnahme erweckte", kein Rechtsmittel „ins Geratewohl" einlegt.[544]
Auf den Bereich der Gesundheitssorge übertragen bedeutet dies wohl, dass den Betreuer dann kein Verschulden trifft, wenn er als medizinischer Laie auf die Auskünfte des Arztes vertraut und trotz objektiver Gefährlichkeit der Behandlungsmaßnahme keine vormundschaftsgerichtliche Genehmigung nach § 1904 BGB einholt. Allerdings kann der Betreuer nicht durch eine beiläufige Erklärung des Arztes, dass die Behandlung „weiter nicht schlimm sei", aus seiner Haftung entlassen werden. Vielmehr muss er nach einem eingehenden Aufklärungsgespräch mit dem Arzt - in dem Für und Wider der Maßnahme abgewogen wurden – zu der Überzeugung gelangt sein, dass die Voraussetzungen des § 1904 Abs. 1 BGB nicht vorliegen.

(a) Die Haftung bei Übertragung einzelner Angelegenheiten auf Dritte

Auch bei einer Übertragung einzelner Angelegenheiten auf Dritte kann sich der Betreuer schadenersatzpflichtig machen. Wie oben bereits dargelegt, ist der Betreuer grundsätzlich zur persönlichen Erfüllung seiner Aufgaben verpflichtet. Dies bedeutet aber nicht, dass er nicht die Ausführung einzelner Angelegenheiten Dritten übertragen kann. Für die Frage der Haftung ist zu differenzieren:

War die Aufgabenübertragung unzulässig, haftet der Betreuer für jeden entstandenen Schaden unmittelbar aus § 1833 BGB, unabhängig davon, ob dem Dritten ein Verschulden zur Last fällt.[545]

Problematisch sind die Fälle, in denen die Aufgabenübertragung an sich zulässig war. Nach einer Ansicht haftet der Betreuer nur für sein Auswahl- und Überwachungsverschulden. Der Betreuer haftet danach nur für den Schaden, der dadurch entsteht, dass er einen ungeeigneten Dritten mit der Erledigung der Angelegenheit betraut hat, bzw. den Dritten nicht genügend überwacht oder angewiesen hat.[546]

---

[544] OLG, Schleswig, Beschluss v. 6.12.1996 – 1U 91/96, FamRZ 1997, 1427.
[545] H.M.: *Staudinger/Engler* §1833 Rnr.40; *Soergel/Zimmermann* § 1833 Rnr.5; *MünchKomm/Schwab* § 1833 Rnr.7; *Jürgens/Klüsener* § 1833 Rnr.10; *Deinert/Schreibauer*, BtPrax 1993, 185 [186].
[546] So *Staudinger/Engler* § 1833 Rnr.40; *Jürgens/Klüsener* § 1833 Rnr.10; *Palandt/Diederichsen* § 1833 Rnr.4.

Nach anderer Ansicht kommt es darauf an, ob dem Betreuer die Erledigung der Aufgabe auch selbst möglich und zumutbar war. Ist dies der Fall, so haftet er für das Verschulden des Dritten nach § 278 BGB. Handelt es sich hingegen um Geschäfte, die der Betreuer selbst nicht vornehmen kann, so haftet er nur für culpa in eligendo.[547] Nach dieser Ansicht wird die Haftung des Betreuers dann erweitert, wenn er die Aufgabe auch selbst hätte vornehmen können.

Auf dem Gebiet der Gesundheitsbetreuung kommt diesem Streit keine weitreichende Bedeutung zu. Eine Übertragung von Aufgaben, die dem Betreuer selbst möglich sind, kommt wesentlich seltener vor, als beispielsweise auf dem Gebiet der Vermögenssorge, wo der Betreuer die Erledigung einzelner finanzieller Angelegenheiten auf Dritte übertragen kann. Der für die Gesundheitsbetreuung maßgebliche Bereich der Einwilligung in medizinische Maßnahmen ist als solcher nicht übertragbar. Allenfalls in Bezug auf untergeordnete Hilfstätigkeiten, wie z.B der Abschluss eines Behandlungs- oder Krankenhausvertrages, ist eine Vertretung des Betreuers denkbar.[548] Bedient sich der Betreuer aber einer solchen Hilfsperson zur Erfüllung seiner Aufgaben, ist nicht einzusehen, warum er dann nicht wie andere Personen, die unter Mitwirkung eines Erfüllungsgehilfen tätig werden, für diesen einzustehen hat.[549] Würde man – wie von der einen Ansicht vertreten – den Betreuer auch hier nur für sein Auswahlverschulden einstehen lassen, so wäre die Haftung des Betreuers dann verringert, wenn er einen Dritten für Aufgaben heranzieht, die er auch selbst hätte wahrnehmen können. Es ist jedoch kein sachlicher Grund für eine solche Haftungserleichterung ersichtlich.

Hinsichtlich der Angelegenheiten, die der Betreuer selbst nicht erfüllen kann, besteht hingegen Einigkeit. Hier kommt eine Haftung nur wegen mangelhafter Auswahl bzw. Überwachung in Betracht. Der Gesundheitsbetreuer kann folglich für einen Behandlungsfehler nur dann verantwortlich gemacht werden, wenn er den Arzt fehlerhaft ausgesucht, oder nicht im erforderlichen Maße überwacht hat.

---

[547] Dieser Ansicht *MunchKomm/Schwab* § 1833 Rnr.7; RGRK- *Dickescheid* § 1833 Rnr.13; *Gernhuber/Coester-Waltjen* § 71 V 3.
[548] Siehe *Jürgens/Jurgens* § 1902 Rnr.22.
[549] *Deinert/Schreibauer*, BtPrax 1993, 185 [186].

(b) Art und Umfang des Schadensersatzes

Art und Umfang des Schadensersatzanspruches richten sich nach § 249 ff BGB. Hierbei ist auch § 254 BGB anwendbar. Von dieser Vorschrift sollte allerdings nur zurückhaltend Gebrauch gemacht werden, da der Betreute aufgrund eingeschränkter persönlicher Fähigkeiten nicht immer voll verantwortlich handeln kann.[550]

(c) Die Haftung des Vereins

Ist ein Betreuungsverein zum Betreuer bestellt worden, haftet dieser gleichfalls nach § 1833 BGB. Der Verein hat für schuldhafte Pflichtverletzungen seiner Organe bzw. Mitglieder und Mitarbeiter (§§ 1908 i Abs. 1 , 1791 a Abs. 3 S.2 BGB) nach § 31 BGB einzustehen.
Ob und unter welchen Voraussetzungen der Verein Rückgriff bei den einzelnen, die Betreuung ausführenden Personen nehmen kann, richtet sich nach dem zugrundeliegenden Rechtsverhältnis. Bei einem Mitglied bestimmt sich dies nach der Vereinssatzung, bei Mitarbeitern nach der Ausgestaltung des Arbeitsvertrages.[551]
Wurde die Behörde zum Betreuer bestellt, kommt zum einen eine Schadensersatzpflicht unmittelbar nach § 1833 BGB in Betracht. Zudem haftet die Behörde für ein Verschulden ihrer Mitarbeiter bei der Wahrnehmung dieser hoheitlichen Aufgabe nach den Grundsätzen der Amtshaftung, § 839 BGB i.V.m. Art. 34 GG. Es haftet danach die Anstellungskörperschaft. Welche das im konkreten Fall ist, richtet sich nach dem jeweiligen Landesrecht, § 1 Abs. 1 BtBG. Ein Rückgriff auf den einzelnen Mitarbeiter ist nach Art. 34 GG auf Vorsatz und grobe Fahrlässigkeit beschränkt.

(d) Die Haftung der Institution hinter dem Vereins- oder Behördenbetreuer

Dass der Einzelbetreuer persönlich haftet bedarf keiner weiteren Erörterung. Fraglich ist allerdings, ob neben dieser Haftung des Vereins- oder Behördenbetreuers noch diejenige der Institution hinzutritt. Problematisch ist dies, da diese Betreuer zudem in einem gewissen Abhängigkeitsverhältnis zu der Institution stehen.

---

[550] So auch *Deinert/Schreibauer*, BtPrax 1993, 185 [186].
[551] Nachweis bei *Jürgens u.a.*, Das neue Betreuungsrecht, Rnr.255.

Nach einer Ansicht ergibt sich die Haftung des Vereins neben der des Vereinsbetreuers aus § 1908 i Abs. 1 S.1 i.V. m. §§ 1791 a Abs. 3 S.2 analog, § 31 BGB.[552] Der Verein hafte dem Betreuten gegenüber für jedes Verschulden des Betreuers, das im Zusammenhang mit der Aufgabenerfüllung stehe. Begründet wird dies damit, dass zwischen einer Betreuung durch einen Verein und einer solchen durch einen Vereinsbetreuer keine wesentlichen Unterschiede bestehen würden. Der Mitarbeiter werde vom Verein zur Erfüllung der Betreuungsaufgaben zur Verfügung gestellt. Er unterliege den dienstlichen Weisungen des Vereins und erhalte vom Verein für seine Tätigkeit Aufwendungsersatz und Vergütung. Habe der Vereinsbetreuer dem Betreuten schuldhaft einen Schaden zugefügt, so haften nach dieser Ansicht der Verein und der Vereinsbetreuer gesamtschuldnerisch nach § 1833 Abs. 2 S.1 BGB und zwar unabhängig davon, ob der Verein seinen Mitarbeiter ordnungsgemäß beaufsichtigt hat.

Nach anderer Ansicht haftet nur der persönlich zum Vereinsbetreuer bestellte Mitarbeiter nach § 1833 BGB. Er ist Einzelbetreuer. Nicht der Verein, sondern er selbst sei für die Ausübung der Betreuung verantwortlich.[553] § 1791 a Abs. 3 S.2 BGB sei ausschließlich auf die Fälle anwendbar, in denen der Verein selbst zum Betreuer bestellt wird, denn dem Vereinsvormund im Sinne des § 1791 a BGB entspreche die Vereinsbetreuung gemäß § 1900 Abs. 1 BGB.[554]
Für die letzere Ansicht spricht nicht nur der Wille des Gesetzgebers und der Umstand, dass es keinen dem Vereinsbetreuer vergleichbaren Vormund gibt, sondern auch die Tatsache, dass der Verein von Gesetzes wegen nicht verpflichtet ist, eine Haftpflichtversicherung für sich abzuschließen.[555] Zweck der Versicherungspflicht des § 1908 f Abs. 1 Nr.1 BGB ist jedoch, den geschädigten Betreuten bei einer Insolvenz des Mitarbeiters nicht leer ausgehen zu lassen. Hätte der Gesetzgeber aber eine, in jedem Schadensfall bestehende, gesamtschuldnerische Haftung von Verein und Vereinsbetreuer vorgesehen, wäre die alleinige Versicherungspflicht nach § 1908 f BGB nicht erforderlich.
Nach *Coen* kommt eine Haftung des Vereins neben dem Vereinsbetreuer nur nach §§ 823 Abs. 2, § 31 BGB in Betracht, wenn der Verein seine Aufsichtspflicht[556] verletzt hat.[557]

---

[552] So *MünchKomm/Schwab* § 1908 i Rnr.20; *Jürgens/Klüsener* § 1833 Rnr.12.
[553] So *Damrau/Zimmermann* § 1908 f Rnr.6; HK-BUR/*Bauer* § 1833 Rnr.7.
[554] Siehe *Erman/Holzhauer*, 10.Aufl., § 1833 Rnr.12; BT-Drucks. 11/4528 S.158. Auch nach *Deinert/Schreibauer*, BtPrax 1993, 185 [189] ist für eine analoge Anwendung des § 1791 a Abs. 3 BGB kein Raum. Nach ihrer Ansicht soll allerdings in Ausnahmefällen bei einem außergewohnlich hohem Schaden zum Schutze des Betreuten eine analoge Anwendung des § 1791 a BGB in Betracht kommen.
[555] Vgl. *Soergel/Zimmermann* § 1908 f Rnr.8; *Coen*, NJW 1999, 535 [537].
[556] Zum Inhalt der Aufsichtspflicht siehe *Coen*, NJW 1999, 535 [537 ff.].

Ähnlich stellt sich das Problem beim Behördenbetreuer dar. Er ist einerseits Einzelbetreuer, zum anderen steht er aber in einem öffentlich-rechtlichen Dienstverhältnis zu der Behörde und übt seine Tätigkeit als öffentliche Aufgabe aus.[558]
Die eine Ansicht stellt darauf ab, dass die Behörde ihren Bediensteten im Rahmen seiner Dienstaufgaben zur Verfügung stellt. Sie bestimme gemäß § 1897 Abs. 2 und § 1908 b Abs. 4 BGB über Beginn und Ende seiner Tätigkeit und nehme in Form von dienstlichen Weisungen Einfluss auf seine Verrichtungen. Die Behörde könne sich folglich nicht mit der Konstruktion des Behördenbetreuers ihrer Haftung entziehen. Danach hafte die Behörde gesamtschuldnerisch nach § 1833 BGB neben der die Betreuung ausführenden Person und zudem nach § 839 BGB i.V.m. Art. 34 GG für schuldhafte Amtspflichtverletzungen des Behördenbetreuers.[559]
Nach anderer Ansicht haftet nur der Behördenbetreuer selbst nach § 1833 BGB. Der Behördenbetreuer erfüllt seine Aufgaben als Einzelbetreuer und folglich eigenverantwortlich. Er ist zwar als Behördenmitarbeiter bei der Wahrnehmung seines Amtes den allgemeinen dienstlichen Regelungen unterstellt, bezüglich der Wahrnehmung des Amtes als Betreuer unterliegt er aber gerade nicht dem Weisungsrecht der Behörde. Selbst der Umstand, dass der Behördenbetreuer Aufgaben der öffentlichen Fürsorge wahrnimmt, rechtfertigt für sich gesehen noch keine Staatshaftung, denn Entsprechendes gilt auch für den ehrenamtlichen oder privaten Betreuer.[560]

(2) Die Haftung des Betreuers als Erfüllungsgehilfe

Eine Haftung des Betreuers gegenüber dem Betreuten kommt auch dann in Betracht, wenn er beim Handeln in Vertretung des Betreuten einem Dritten Schaden zufügt. In einem solchen Fall haftet zunächst der Betreute dem Dritten für das Verschulden seines gesetzlichen Vertreters nach § 278 BGB. Der Betreute kann jedoch im Innenverhältnis Ersatz des Schadens verlangen, der ihm durch die Inanspruchnahme des Dritten entstanden ist.[561]

---

[557] *Coen*, NJW 1999, 535 [537].
[558] BT-Drucks. 11/4528 S.159.
[559] So *MünchKomm/Schwab* § 1897 Rnr.16; *ders.* FamRZ 1992, 493 [498]; *Deinert/Schreibauer*, BtPrax 1993, 185 [190].
[560] So *Soergel/Zimmermann* § 1897 Rnr.20; *Erman/Holzhauer*, 10.Aufl., § 1833 Rnr.15.
[561] Siehe *Jürgens u.a.*, Das neue Betreuungsrecht, 4.Aufl., Rnr.254; *Deinert/Schreibauer*, BtPrax 1993, 185 [187] mit Nachweisen aus der Rechtsprechung.

2. Die Haftung gegenüber Dritten

a) Schädigung durch den Betreuten

Der Betreuer kann einem Dritten zum Schadensersatz verpflichtet sein, wenn der Betreute dem Dritten durch eine unerlaubte Handlung einen Schaden zufügt. Nach § 832 BGB ist derjenige, der kraft Gesetzes die Aufsicht über eine Person führt, zum Ersatz des Schadens verpflichtet, den diese Person einem Dritten widerrechtlich zufügt. Allerdings ist im Rahmen des Betreuungsrechts zu berücksichtigen, dass der Betreuer grundsätzlich nicht zur tatsächlichen Ausführung von Aufsichts- und Pflegeleistungen verpflichtet ist. Eine Haftung des Betreuers nach § 832 BGB kommt demnach nur in Betracht, soweit die tatsächliche Aufsicht über den Betreuten Zweck der Bestellung war und damit von seinem Aufgabenkreis mit umfasst ist.[562] Das ist nur dann der Fall, wenn dem Betreuer die gesamte Personensorge obliegt oder ihm die Beaufsichtigung des Betreuten ausdrücklich übertragen wurde. Die Wahrnehmung einzelner, konkret genannter Bereiche der Personensorge – zu denen auch die Gesundheitssorge zählt -, können eine solche Aufsichtspflicht nicht begründen.[563]
Aber selbst wenn der Betreuer zur Aufsicht verpflichtet ist, trifft ihn die Schadensersatzpflicht nicht, wenn er nachweisen kann, dass er seiner Aufsichtspflicht genügt hat bzw. der Schaden auch bei gehöriger Aufsicht eingetreten wäre, § 832 Abs. 1. S.2 BGB.
Der Umfang der Aufsichtspflicht kann nicht allgemein bestimmt werden. Es ist jeweils eine Frage des Einzelfalles. Zum einen ist eine allumfassende Überwachung vom Betreuer nicht leistbar und wohl auch nicht zumutbar. Zum anderen könnte man gerade bei geistigen Behinderungen an erhöhte Anforderungsmaßstäbe denken.[564]
Die Aufsichtspflicht kann der Betreuer jedoch durch Vertrag z.B. auf das Heim- oder Pflegepersonal übertragen. Dann haftet er nur noch für die sorgfältige Auswahl der Aufsichtspersonen. Die durch Vertrag zur Aufsicht Verpflichteten haften – ggf. neben dem Betreuer[565] – nach § 832 Abs. 2 BGB bei Verletzung ihrer Aufsichtspflicht. Die Aufsicht durch Nachbarn oder Verwandte kann dann ausreichen, wenn der Betreuer sie umfassend über ihre Aufsichtspflichten unterrichtet hat.[566]

---

[562] *Erman/Schiemann* § 832 Rnr.3; *Deinert/Schreibauer*, BtPrax 1993, 185 [187].
[563] Siehe *Jürgens u.a.*, Das neue Betreuungsrecht, Rnr.257.
[564] *Deinert/Schreibauer*, BtPrax 1993, 185 [187].
[565] Die vertraglich Aufsichtspflichtigen haften neben den gesetzlich Aufsichtspflichtigen als Gesamtschuldner, *Palandt/Thomas* § 832 Rnr.7.
[566] So *Jurgens u.a*, Das neue Betreuungsrecht, Rnr.258; *Deinert/Schreibauer*, BtPrax 1993, 185 [187].

b) Schädigung durch den Betreuer

Der Betreuer kann aber auch selbst von einem Dritten haftbar gemacht werden. Dem Betreuer steht nur im Rahmen des ihm übertragenen Aufgabenkreises ein Vertretungsrecht zu, § 1902 BGB. Tätigt der Gesundheitsbetreuer ein Geschäft, zu dem er kraft seines Aufgabenkreises nicht berechtigt ist, so kann ihn der Vertragspartner selbst wahlweise auf Erfüllung oder Schadensersatz in Anspruch nehmen, § 179 Abs. 1 BGB.[567] Der Betreuer muss sich demnach vergewissern, welche Tätigkeiten noch von seinem Aufgabenkreis erfaßt sind und welche nicht mehr. Problematisch kann dies in Gesundheitsangelegenheiten dann sein, wenn der Aufgabenkreis nicht genauer bestimmt ist, sondern sich allgemein auf die „Gesundheitssorge" erstreckt.[568] Dann kann im Einzelfall unklar sein, ob ein bestimmtes Geschäft noch in den Aufgabenkreis fällt. Hier kommt § 179 Abs. 2 BGB besondere Bedeutung zu. Danach ist die Haftung des Vertreters ohne Vertretungsmacht bei mangelnder Kenntnis dieses Umstandes auf den Vertrauensschaden begrenzt. [569]

Tätigt der Betreuer Rechtsgeschäfte im Namen des Betreuten, zu denen er nach dem Gesetz nicht berechtigt ist, handelt er als Vertreter ohne Vertretungsmacht. Hier ist an den gesetzlichen Ausschluss der Vertretungsmacht nach § 1908 i Abs. 1 S.1 i.V.m. § 1795 BGB oder aber an die Entziehung der Vertretungsmacht durch das Vormundschaftsgericht nach § 1908 i Abs. 1 S.1 i.V.m. § 1796 BGB zu denken.[570]

§ 179 BGB ist auch dann einschlägig, wenn der Betreuer eigenmächtig Rechtsgeschäfte vornimmt, ohne die erforderliche vormundschaftsgerichtliche Genehmigung einzuholen.[571] Fraglich erscheint, was dies im Rahmen der Gesundheitssorge für Auswirkungen auf den Abschluß eines Behandlungsvertrages hat, wenn die Maßnahme selbst die Voraussetzungen des § 1904 BGB erfüllt. Nach dem Wortlaut des § 1904 Abs. 1 S.1 BGB bedarf die *Einwilligung* in gefährliche medizinische Maßnahmen der vormundschaftsgerichtlichen Genehmigung. Wie oben bereits dargestellt,[572] ist der Abschluss des Behandlungsvertrages von der Einwilligung in die Maßnahme rechtlich zu trennen. Da § 1904 Abs. 1 S.1 BGB jedoch nur von einer Genehmigungspflicht für

---

[567] Dies ist allerdings nur dann möglich, wenn das Gericht den Aufgabenkreis nicht nachträglich erweitert, mit der Folge, dass der Betreuer selbst das Geschäft genehmigen kann.

[568] Kritisch zum allgemeinen Aufgabenkreis „Gesundheitssorge" *Staudinger/Bienwald* § 1896 Rnr.95. Zum fehlerhaften Aufgabenkreis „Gesundheitssorge" wegen Verstoßes gegen den Erforderlichkeitsgrundsatz ohne Beschränkung auf den nervenärztlichen Bereich siehe BayObLG, Beschluss v. 17.03.1994 – 3 Z BR 293/93, FamRZ 1994, 1059 [1060].

[569] Der Vertragspartner ist dann so zu stellen, wie er stehen würde, wenn er nicht auf die Gültigkeit der Erklarung vertraut hätte. Siehe *MunchKomm/Schramm* § 179 Rnr.34, 35; *MünchKomm/Kramer* § 122 Rnr.8.

[570] Siehe *Deinert/Schreibauer*, Btprax 1993, 185 [188].

[571] Vgl. *Deinert/Schreibauer*, BtPrax 1993, 185 [188].

[572] 1. Kapitel II 4. a) (1) und (2).

die Einwilligung in die Maßnahme spricht, kann der Betreuer ohne gerichtliche Genehmigung als Vertreter des Betreuten einen wirksamen Behandlungsvertrag abschließen.[573] Er handelt in diesem Fall nicht als Vertreter ohne Vertretungsmacht. Der Arzt hat demnach seine Forderungen aus Vertrag gegenüber dem Betreuten – seinem Vertragspartner – geltend zu machen.[574]

Eine weitere Möglichkeit der Haftung ergibt sich aus culpa in contrahendo unter dem Gesichtspunkt der Sachwalterhaftung. Grundsätzlich hat der Vertreter für den Mangel der Vertretungsmacht nur nach Maßgabe des § 179 BGB einzustehen, unabhängig davon, ob ihn insoweit ein Verschulden trifft.[575]
Nach der Rechtsprechung des Bundesgerichtshofes kommt eine eigene Haftung des Vertreters allerdings nur dann in Betracht, wenn er an dem Vertragsschluss ein unmittelbares wirtschaftliches Eigeninteresse hatte oder in besonderem Maße Vertrauen des Geschäftspartners in Anspruch genommen hat.[576] Für den Bereich des Betreuungsrechts hat der Bundesgerichtshof klargestellt, dass nicht schon die Stellung als Betreuer für eine Sachwalterhaftung ausreiche. Eine solche „drittschützende" Zielrichtung der Betreuertätigkeit kann dem Gesetz nicht entnommen werden.[577] Auch die berufliche Stellung des Betreuers hat für sich gesehen keine derartige Bedeutung. So findet die Annahme, ein Rechtsanwalt sei schon aufgrund des von ihm ausgeübten Berufs eine Vertrauensperson, die den Vertragspartnern der von ihm beratenen oder vertretenen Person unter allen Umständen geradestehen will, im geltenden Recht keine Stütze.[578] Eine Sachwalterhaftung kommt auf dem Gebiet des Betreuungsrechts folglich nur aufgrund eines – unabhängig von der Funktion und beruflichen Stellung – in Anspruch genommenen besonderen Vertrauens bzw. eines besonderen unmittelbaren eigenen wirtschaftlichen Interesses des Betreuers in Betracht.

---

[573] *Zimmermann* stellt insoweit in seiner Kommentierung zu § 1904 BGB fest, dass der Betreuer zum Abschluß des Behandlungsvertrages keine Genehmigung des Gerichts braucht, *Soergel/Zimmermann* § 1904 Rnr.13.

[574] Willigt der Betreuer in eine Maßnahme ein ohne die erforderliche gerichtliche Genehmigung einzuholen, so macht er sich nach § 1908 i Abs. 1 S.1 i.V.m. § 1833 BGB schadenersatzpflichtig. Zeitlich wird die Genehmigung in der Praxis wohl vor Abschluss des Behandlungsvertrages beantragt. Denn nur, wenn das Gericht die Genehmigung erteilt, wird der Betreuer einen Vertrag mit dem Arzt abschließen. Handelt der Betreuer insoweit pflichtwidrig, dass er eine erforderliche Genehmigung nicht einholt, ist er dem Betreuten zum Ersatz des hieraus entstehenden Schadens verpflichtet. Der Betreute ist nach § 249 BGB so zu stellen, wie er stehen würde, wenn der zum Ersatz verpflichtende Umstand nicht eingetreten wäre. Hätte der Betreuer um eine Genehmigung ersucht und wäre ihm diese verweigert worden, hätte er auch den Behandlungsvertrag nicht abgeschlossen und die Maßnahme wäre nicht durchgeführt worden. In einem solchen Fall hat der Betreuer über § 1833 BGB die aufgrund des Behandlungsvertrages dem Betreuten entstandenen Kosten zu ersetzen.

[575] Siehe *MunchKomm/Schramm* § 177 Rnr.48.

[576] Vgl. *MünchKomm/Schramm* § 164 Rnr.11 mit Nachweis der Rechtsprechung.

[577] BGH, Urteil v. 8.12.1994 – III ZR 175/93 [KG], FamRZ 1995, 282 [283].

[578] Siehe BGH, Urteil v. 8.12.1994 – III ZR 175/93, FamRZ 1995, 282 [283].

Im Bereich der Gesundheitssorge sind Fälle eines besonderen unmittelbaren eigenen wirtschaftlichen Interesses kaum denkbar. Sie sind eher auf dem Gebiet der Vermögenssorge vorstellbar. Auch die Konstellation, dass der Betreuer besonderes Vertrauen in Anspruch nimmt und dadurch einem Dritten ein Vermögensschaden entsteht, werden auf dem Gebiet der Gesundheitssorge nicht allzu häufig eintreten.

3. Die Haftpflichtversicherung des Betreuers

Auf die Einführung einer allgemeinen Versicherungspflicht für Betreuer hat das Betreuungsgesetz verzichtet. Das Gericht kann aber gemäß §§ 1908 i Abs. 1, 1837 Abs. 2 S.2 BGB dem Betreuer aufgeben eine Versicherung gegen Schäden, die er dem Betreuten zufügen könnte, einzugehen. Voraussetzung ist hierfür nicht eine Pflichtverletzung des Betreuers, sondern dass im konkreten Fall bestehende Schadensrisiko.[579] Die Anordnung einer Versicherungspflicht kommt dann in Betracht, wenn absehbar ist, dass nach dem konkreten Aufgabenkreis und den Lebensumständen des Betreuten aus der Tätigkeit des Betreuers erhebliche Schäden erwachsen können.[580] In der Praxis kommt die Anordnung einer solchen Versicherungspflicht insbesondere bei der Verwaltung größeren Vermögens in Betracht. Jedoch weist *Schwab* darauf hin, dass eine derartige Versicherungspflicht auch bei schwierigen Fragen der Personensorge angeordnet werden kann. Weiterhin kann das Gericht auch die Höhe der Haftungssumme festlegen und gegebenenfalls später angleichen.[581]

Diese Pflicht kann aber grundsätzlich nicht den Vereins- oder Behördenbetreuer treffen. Denn der Verein hat seine Mitglieder nach § 1908 f Abs. 1 Nr.1 BGB angemessen zu versichern und die Mitarbeiter der Behörde werden meist kommunal versichert sein. Weiterhin gilt die Vorschrift auch nicht für Betreuungsvereine und Behörden. Zwar haftet der Verein für seine Mitarbeiter nach § 1791 a Abs. 3 S.2 BGB bzw. § 31 BGB, jedoch gehört es zu den Anerkennungsvoraussetzungen eines Vereines, dass er diese Haftung tragen kann, § 1908 f Abs. 1 Nr.1 BGB. Die Betreuungsbehörde wird insoweit von der Amtshaftung ihrer Anstellungskörperschaft nach Art. 34 GG gedeckt.[582]

Um den Abschluss von Versicherungsverträgen zu fördern, wird in § 1835 Abs. 2 BGB bestimmt, dass die Kosten bestimmter Versicherungen als Aufwendungen ersatzfähig sind. Nach der amtlichen Begründung

---

579 *Soergel/Zimmermann* § 1837 Rnr.13.
580 So *MunchKomm/Schwab* § 1837 Rnr.31.
581 *Staudinger/Bienwald* § 1837 Rnr.33.
582 Siehe *Erman/Holzhauer*, 10.Aufl., § 1837 Rnr.19.

soll der Betreuer sein Haftungsrisiko durch Abschluss einer Versicherung mildern können, ohne dafür eigene Mittel aufwenden zu müssen.[583]

[583] BT-Drucks. 11/4528 S.109. Genaueres zu § 1835 Abs. 2 siehe unten 1. Kapitel V. 1. a) (6).

V. Aufwendungsersatz und Vergütung des Gesundheitsbetreuers

Die Regeln über die Aufwandsentschädigung und Vergütung des Betreuers sind im BGB unübersichtlich gestaltet. Mit dem Betreuungsrechtsänderungsgesetz vom 25.06.1998 wurde vor allem das Vergütungsrecht mit Wirkung ab 01.01.1999 grundlegend geändert. Übersichtlicher wurde es aber auch dadurch nicht.

Bei der Bemessung der Aufwandsentschädigung und der Vergütung sind viele verschiedene Kriterien maßgeblich. So wird einerseits an den Betreuer angeknüpft, indem auf die Betreuerkategorie abgestellt wird. Zum anderen ist aber auch zu berücksichtigen, ob der Betreute vermögend oder mittellos ist. Daraus ergibt sich eine Vielzahl von Variationsmöglichkeiten.
Die Ersatzfähigkeit von Aufwendungen und die Vergütungsfähigkeit der erbrachten Tätigkeiten hat nicht zuletzt für den Berufsbetreuer eine besondere Relevanz.

1. Der Ersatz von Aufwendungen

Der Betreuer, der zum Zwecke der Führung der Betreuung Aufwendungen hat, kann diese grundsätzlich nach den §§ 669, 670 BGB ersetzt verlangen, § 1835 Abs. 1 S.1 BGB. Für den Vereinsbetreuer gilt dies über § 1908 e BGB, für den Behördenbetreuer über § 1908 h BGB, für alle anderen Betreuerkategorien über die Verweisungsvorschrift des § 1908 i Abs. 1 S.1 BGB.
Nicht nur der Berufsbetreuer, auch der ehrenamtliche Betreuer hat ein Interesse daran, dass ihm seine Aufwendungen erstattet werden. Würde man unter „ehrenamtlich" verstehen, dass der Betreuer alle mit der Betreuung im Zusammenhang stehenden Kosten selbst zu tragen hätte, so wäre eine Betreuertätigkeit allein aus finanziellen Gründen für viele nicht tragbar.[584] Die grundsätzliche Unentgeltlichkeit der Betreuung soll nicht zu Vermögensopfern des Betreuers führen.[585] Gerade im Bereich der Gesundheitssorge wird die Betreuung oftmals von nahen Angehörigen übernommen, die zwar kein Entgelt für ihre Tätigkeit verlangen wollen, wohl aber einen Ersatz für ihre Aufwendungen.
Aufwendungen sind freiwillige Vermögensopfer, die der Betreuer für den Betreuten erbringt. Es sind also solche Vermögensleistungen, die zum Zwecke der Führung der Betreuung freiwillig oder auf Weisung des Be-

---

[584] Damit eine, vom Betreuungsrecht gewünschte, intensive persönliche Betreuung möglich ist müssen auch die dafür notwendigen Rahmenbedingungen geschaffen werden, vgl. *Prinz von Sachsen Gessaphe*, Der Betreuer als gesetzlicher Vertreter, S.25.
[585] BGB-RGRK/*Dickescheid* § 1835 Rnr.1.

troffenen oder auf Weisung des Gerichts (§ 1837 BGB) erbracht werden.[586]
Nach § 670 BGB – auf den § 1835 Abs. 1 S.1 BGB verweist - kann der Betreuer solche Aufwendungen ersetzt verlangen, die er nach den Umständen für erforderlich halten durfte. Maßgeblich ist demnach die Sichtweise eines sorgfältigen Betreuers in der konkreten Situation und nicht eine objektive ex post Betrachtung.[587] Bei seiner Entscheidung hat der Betreuer jede Fahrlässigkeit zu vertreten, § 1833 BGB. Hat der Betreuer aus Fahrlässigkeit nicht erkannt, dass die Aufwendung nicht erforderlich ist, so kann er vom Betreuten keinen Ersatz verlangen.[588]

a) Die Ersatzfähigkeit einzelner Aufwendungen

(1) Fahrtkosten

Unter die ersatzfähigen Aufwendungen fallen zunächst Fahrtkosten für Besuche beim Betreuten, Fahrten zu Behörden, Gerichten oder Ärzten, wenn sie die konkrete Betreuungsangelegenheit betreffen. Hinsichtlich der Höhe der erstattungsfähigen Kosten gilt § 9 ZSEG.[589] Nutzt der Betreuer öffentliche Verkehrsmittel, so sind ihm die tatsächlichen Kosten zu erstatten.[590] Tätigt er die Fahrten mit dem eigenen Pkw, so sind dem Betreuer derzeit 0,52 DM pro Kilometer zu ersetzen. Dieser Betrag gilt unabhängig von den Vermögensverhältnissen des Betreuten.[591]

Eine vor allem in der Praxis wichtige Frage ist, wie viele Fahrten der Betreuer ansetzen kann. Nach § 670 BGB werden nur die erforderlichen Aufwendungen ersetzt. Die einzelnen Fahrten müssen demnach für die konkrete Betreuung erforderlich sein. Ein Betreuer, der für die Besorgung der gesundheitlichen Angelegenheiten des Betroffenen bestellt wurde, kann folglich die Fahrten zum Arzt ansetzen, wenn er die Einwilligung in die Behandlung erklären muss. Fährt der Betreute aber lediglich zu einem weiteren Bestrahlungstermin, so ist die Anwesenheit des Betreuers nicht notwendig, die Aufwendung für Fahrtkosten demnach auch nicht erforderlich. Können bestimmte Angelegenheiten auch per Telefon erledigt werden, sind Fahrten zu der betreffenden Stelle gleichwohl nicht

---

[586] Siehe *Soergel/Zimmermann* § 1835 Rnr.5.
[587] Siehe *MunchKomm/Schwab* § 1835 Rnr.2.
[588] Vgl. BGB-RGRK/*Dickescheid* § 1835 Rnr.5.
[589] Art. 1 Nr.7 BtAndG; § 1835 Abs. 1 S.1 BGB.
[590] Zu Einzelheiten hinsichtlich der Nutzung einer Zeitkarte oder einer BahnCard durch den Betreuer siehe *Bach,* Kostenregelung für Betreuungspersonen, S.40 ff.
[591] BT-Drucks. 13/7158 S.22. Zur Erstattungsfähigkeit der Fahrtkosten mit dem eigenen Pkw bei Fahrten, die mehr als 200 km betragen, siehe *Gregersen/Deinert*, Die Vergütung des Betreuers S.51; siehe auch LG Koblenz, Beschluss v. 28.07.1998 – 2T 357/98; MDR 1998, 1105.

erforderlich. Wie oft der Betreuer Fahrtkosten für Besuche beim Betreuten ansetzen kann, hängt von den Umständen des Einzelfalles ab und kann nicht allgemein bestimmt werden.[592]
Da das Amt des Betreuers mit der Bekanntmachung der Bestellung an den Betreuer beginnt (§ 69 a Abs. 3 S. 1 FGG), sind die Kosten für Fahrten, die zeitlich vor der Bestellung liegen nicht erstattungsfähig.[593]

(2) Verwaltungskosten, Literatur, Beratungskosten

Weiterhin kann der Betreuer Ersatz der Kosten verlangen, die ihm aufgrund von Briefwechseln, Telefonaten und Schreibaufwendungen entstehen.[594]
Bei Post- und Telekommunikationsdienstleistungen kann der Betreuer nur die im Einzelfall erforderlichen Dienstleistungen geltend machen. Anteilige Grundkosten oder Kosten für die Anschaffung des Gerätes fallen nicht unter § 1835 Abs. 1 BGB.[595] Bei diesen Kosten handelt es sich um Bürokosten, die ggf. bei einer Vergütung zu berücksichtigen sind.
In welchem Umfang und welcher Höhe der Betreuer Schreibaufwendungen geltend machen kann bestimmt das Gesetz nicht. Hier bietet sich eine entsprechende Anwendung des § 11 Abs. 2 ZSEG an. Mit § 11 Abs. 2 ZSEG sollte eine einheitliche Berechnung der Schreibauslagen in allen Gerichtskostengesetzen gewährleistet werden, so dass keine Bedenken hinsichtlich einer Anwendung im Rahmen des Betreuungsrechts besteht.[596]

Die Kosten für allgemeine Fachliteratur, Fortbildungskurse und Kosten des Erfahrungsaustausches, sind als Allgemeinkosten des Betreuers nicht nach § 1835 Abs. 1 BGB vom einzelnen Betreuten zu ersetzen.[597]

---

592 Siehe allerdings die Entscheidung des LG Mainz, Beschluss v. 28.07.1997 – 8T 144/97, JurBüro 1998, 39, danach sind ein bis maximal zwei Fahrten pro Monat für Besuche bei einem im Pflegeheim untergebrachten, mittellosen Betreuten erstattungsfähig.
593 So BayObLG, Beschluss v. 17.01.2001 – 3Z BR 393/00, FamRZ 2001, 575 bzgl. der Fahrtkosten zum Anhörungstermin.
594 Zu den einzelnen Positionen siehe *Gregersen/Deinert*, Die Vergütung des Betreuers, S.50.
595 *Soergel/Zimmermann* § 1835 Rnr.8.
596 So auch *Bach*, Kostenregelung für Betreuungspersonen, S.38. Nach § 11 Abs. 2 ZSEG i.V.m. Nr.900 KV-GKG sind fur die ersten 50 Seiten 1,- DM, für jede weitere Seite -,30 DM zu erstatten. Maßgeblich ist dabei nicht die Seitenzahl der einzelnen Mehrfertigung, sondern die Zahl der "bei der Erledigung desselben Auftrages" anfallenden Seiten. Unter demselben Auftrag ist in Betreuungssachen die jeweilige Betreuungsangelegenheit zu verstehen. Nach der Ansicht des OLG Zweibrücken, Beschluss v. 23.02.2001 – 3W 274/00, FamRZ 2001, 864 kann dem Betreuer pauschal nur -,30 DM pro Kopie nach § 670 BGB erstattet werden. Eine entsprechende Anwendung des § 11 Abs. 2 ZSEG komme im Betreuungsrecht mangels Vergleichbarkeit nicht in Betracht. Problematisch an dieser Entscheidung ist allerdings, dass das Gericht darauf abstellt, dass dem Betreuer seine Schreibtätigkeit über die Vergütung honoriert werde. Nach der Intention des Betreuungsrecht soll die Betreuung aber grundsätzlich unentgeltlich geführt werden, § 1836 Abs. 1 S.1 BGB.
597 BT-Drucks. 11/4528 S.204 und 11/6949 S.69.

Handelt es sich allerdings um Fachliteratur zu einem bestimmten, die konkrete Betreuung betreffenden Problem, oder lässt sich der Betreuer diesbezüglich von einem Fachmann beraten, so sind diese Kosten erstattungsfähig.[598] Besorgt sich der Betreuer wegen der Frage der Genehmigungspflichtigkeit einer anstehenden Behandlung seines Betreuten z.B. Literatur über die Wirkungsweise von Neuroleptika, oder lässt er sich von einem Arzt beraten, so kann er diese Kosten vom Betreuten nach § 1835 Abs. 1 S.1 BGB ersetzt verlangen.[599]

(3) Medikamente, Pflegeentgelt

Besorgt der Gesundheitsbetreuer für den Betreuten selbst Medikamente, Verbandsmaterial oder begleicht er die Arztrechnung, dann hat er unstreitig Aufwendungen zum Zwecke der Besorgung der Betreuungsangelegenheit getätigt. Ersetzt verlangen kann er diese Kosten aber nur vom vermögenden Betreuten. Bei mittellosen Betreuten bleibt ihm nur die Möglichkeit, die Kosten beim Sozialamt oder der Krankenkasse geltend zu machen.[600] Denn der Gesundheitsbetreuer ist nicht verpflichtet, die tatsächliche Betreuung zu übernehmen.[601] Er hat lediglich dafür zu sorgen, dass dem Betroffenen die erforderlichen Maßnahmen zuteil werden. Tätigt der Betreuer auf Grund von Weisungen des vermögenden geschäftsfähigen Betreuten Auslagen (z.B. für Medikamente, Lebensmittel etc.), so hat der Betreute diese zu ersetzen. Die Staatskasse hingegen übernimmt nur die für die Betreuertätigkeit notwendigen Auslagen des Betreuers.

Pflegt der Gesundheitsbetreuer den Betroffenen selbst in seinem Haushalt, so gilt für die Barauslagen für Lebensmittel, Medikamente und Pflegeutensilien oben Gesagtes. Die Pflegeleistungen als solche sind keine Aufwendungen im Sinne des § 1835 Abs. 1 S.1 BGB. Dem Betreuer bleibt in einem solchen Fall aber die Möglichkeit mit dem Betreuten einen Pflegevertrag abzuschließen.[602] Dann kann er die Bezahlung seiner Pflegeleistungen aus Vertrag verlangen.

[598] Siehe *Erman/Holzhauer*, 10. Aufl., § 1835 Rnr.2.
[599] So auch *Gregersen/Deinert*, Die Vergütung des Betreuers, S.54.
[600] Vgl. *Soergel/Zimmermann* § 1835 Rnr.8.
[601] *Harm*, Rpfleger 1998,89 [92], hält daher einen unverhältnismässigen Aufwand des Betreuers für den Betreuten als (wohl) nicht vergütungsfähig.
[602] Ist der Betreute nicht in der Lage den Vertrag selbst abzuschließen, so ist ihm zum Zwecke des Vertragsschlusses ein Ergänzungsbetreuer nach § 1899 Abs. 4 BGB zu bestellen.

(4) Dienste des Betreuers

Ist der Betreuer aufgrund seines erlernten Berufes in der Lage bestimmte Dienstleistungen zu erbringen, so kann der Betreuer hierfür eine angemessene Vergütung verlangen, § 1835 Abs. 3 BGB. Zwar sind Dienste des Betreuers grundsätzlich unentgeltlich zu erbringen, jedoch wäre es unbillig, dies auch hinsichtlich solcher Dienste anzunehmen, bei denen der Betreuer von jeder anderen Person eine Vergütung fordern könnte.[603] Dem Betreuten soll nicht daraus ein Vorteil entstehen, dass wegen der Qualifikation des Betreuers auf die kostenrelevante Heranziehung eines Dritten verzichtet wird. Allerdings muss es sich um berufsspezifische Dienste handeln, die nicht von jedermann geleistet werden können, dies gilt auch dann, wenn der Betreuer kraft seines Berufes besonders geeignet ist.
Hat beispielsweise eine Krankenschwester eine Gesundheitsbetreuung übernommen, so kann sie für einfachere Pflegemaßnahmen keinen Ersatz nach § 1835 Abs. 3 BGB verlangen. Handelt es sich jedoch um kompliziertere Maßnahmen für die einschlägige Kenntnisse erforderlich sind, steht ihr der Aufwendungsersatz nach § 1835 Abs. 3 BGB zu. Auch eine Sozialpädagogin, die zur Gesundheitsbetreuerin bestellt wurde, kann Ersatz für eine von ihr selbst durchgeführten psycho-soziale Therapie verlangen, wenn die Therapie zum Wohle des Betreuten erforderlich ist.[604]
Ist ein Arzt als Gesundheitsbetreuer bestellt, so kann auch er für eine von ihm selbst vorgenommenen Untersuchung und Behandlung Ersatz nach § 1835 Abs. 3 BGB verlangen.
Eines Vertragsabschlusses bedarf es für den Anspruch aus § 1835 Abs. 3 BGB nicht. Anspruchsgrundlage für die Vergütung ist § 1835 Abs. 3 BGB selbst.[605]
Ersetzt wird die jeweils aufgewandte Zeit nach den üblichen Vergütungssätzen.[606]

Zu beachten ist allerdings, dass der Gesundheitsbetreuer nicht nur den Arztvertrag schließen muss, sondern bei einem einwilligungsunfähigen Betreuten auch in die ärztliche Behandlung einwilligen muss. Im Falle des § 1835 Abs. 3 BGB wäre der Betreuer jedoch Ausführender und Einwilligender in einer Person. Eine solche Konstellation widerspricht aber den Grundsätzen des Betreuungsrechts. Denn es soll gerade demjenigen, der krankheits- oder behinderungsbedingt nicht in der Lage ist seine (Gesundheits-)Angelegenheiten zu besorgen, ein Hilfe zur Seite

---

[603] Siehe *Staudinger/Engler* § 1835 Rnr.30.
[604] So entschieden vom BayObLG, Beschluss v. 17.02.1998 – 3Z BR 333/97, FamRZ 1998, 1050.
[605] Siehe *Erman/Holzhauer*, 10.Aufl., § 1835 Rnr.7.
[606] Vgl. *Knittel* § 1835 Rnr.21; *Gregersen/Deinert*, Die Vergütung des Betreuers S.60.

gestellt werden. Könnte der Arzt aber bei Einwilligungsunfähigen immer selbst entscheiden, so bedürfte es keiner Gesundheitsbetreuer.
Die Möglichkeit einer nach § 1835 Abs. 3 BGB vergütungsfähigen Tätigkeit eines Arztes als Gesundheitsbetreuer kommt folglich in rechtlich zulässiger Weise nur im Falle der (konkreten) Einwilligungsfähigkeit des Betroffenen in Betracht. Nur wenn der Betreute selbst seine Einwilligung zu der vom Betreuer in Aussicht genommenen Behandlung erteilt, kann der Arzt als Gesundheitsbetreuer rechtmäßig behandeln. Andernfalls ist – abgesehen von einer Notfallmaßnahme – seine Behandlung rechtswidrig. Zwar hat die Rechtswidrigkeit der Maßnahme keinen unmittelbaren Einfluss auf ihre Vergütungsfähigkeit. Jedoch ist der behandelnde Arzt aus den dargelegten Gründen als ungeeignet im Sinne von § 1897 Abs. 1 BGB anzusehen.[607] Bei der Auswahl eines Betreuers hat das Gericht diese Folgen zu bedenken und eine andere Person als den behandelnden Arzt zum Betreuer zu bestellen, so dass es zu derartigen Komplikationen nicht kommen muss.
Hat der Betroffene mehrere Betreuer und ist der Arzt nicht im Bereich Gesundheitssorge tätig, sondern für einen anderen Aufgabenkreis bestellt, besteht die Einwilligungsproblematik nicht. Die Einwilligung hat der hierfür zuständige Betreuer zu erteilen. Allerdings kann der Arzt in einem solchen Fall auch keine Erstattung seiner Behandlungskosten nach § 1835 Abs. 3 BGB verlangen. Denn nach § 1835 BGB werden nur solche Aufwendungen erstattet, die der Betreuer zum Zwecke der Führung der Betreuung macht. Dies sind aber nur Tätigkeiten im Rahmen des übertragenen Aufgabenkreises.[608]

Ist der Betreute mittellos und kommen auch andere Institutionen wie Krankenkasse und Sozialhilfeträger nicht für die Dienste auf, kann der Betreuer Ersatz aus der Staatskasse verlangen. Allerdings hat der Betreuer in einem solchen Fall eine besonders eingehende Erforderlichkeitsprüfung anzustellen. Er hat abzuwägen, ob die Bedeutung der Angelegenheit die Inanspruchnahme der Staatskasse rechtfertigt, oder ob dem Betreuten nicht doch zugemutet werden kann auf diese Dienste zu verzichten.[609]

---

[607] So auch *Bienwald* § 1897 Rnr.14.
[608] *Soergel/Zimmermann* § 1835 Rnr.10.
[609] So BayObLG, Beschluss v. 17.02.1998 – 3Z BR 333/97, FamRZ 1998, 1050 [1051].

(5) Vermögensschäden, Gesundheitsschäden

Schäden sind keine freiwilligen Vermögensopfer und damit grundsätzlich keine ersatzfähigen Aufwendungen. Entstehen dem Betreuer bei Gelegenheit der Betreuung Vermögens- oder Gesundheitsschäden, so kann er diese nicht vom Betreuten nach § 1835 Abs. 1 S.1 BGB ersetzt verlangen. Nur ausnahmsweise kann eine Ersatzpflicht bestehen. Dies wird in der Literatur allgemein dann bejaht, wenn der Betreuer eine im Interesse des Betreuten notwendige Handlung vornimmt, die mit einer erkennbaren Gefahr verbunden ist und sich die Gefahr in der Schädigung des Betreuers verwirklicht.[610]

(6) Versicherungskosten

Nach § 1835 Abs. 2 BGB sind auch die Kosten für bestimmte Versicherungen als Aufwendungen anzusehen. Damit soll die Rechtsstellung des Betreuers gestärkt werden. Der Betreuer soll sein Haftungsrisiko durch Abschluss einer Versicherung mindern können, ohne dafür eigene Mittel aufwenden zu müssen.[611]
Allerdings sind nur Versicherungen gegen Schäden, die der Betreuer dem Betreuten zufügt, oder solche, die dem Betreuer dadurch entstehen können, dass er einem Dritten zum Ersatz eines durch die Führung der Betreuung verursachten Schaden verpflichtet ist, nach § 1835 Abs. 2 S.1 BGB ersatzfähig. [612]
Mit der ersten Alternative sind Ersatzpflichten des Betreuers nach § 1833 BGB, oder allgemeinen Haftungstatbeständen gemeint. Die zweite Alternative betrifft den Fall der Schädigung Dritter.
Eine Versicherung gegen Eigenschäden des Betreuers ist nach § 1835 Abs. 2 BGB nicht erstattungsfähig. Weder von Schäden, die der Betreute dem Betreuer zufügt, noch solche, die er sich selbst beibringt.[613] Der ehrenamtliche Betreuer ist aber nach § 2 Abs. 1 Nr.10 SGB VII in der gesetzlichen Unfallversicherung versichert.

Ausdrücklich von den erstattungsfähigen Versicherungskosten ausgenommen, sind die Kosten einer Kfz-Haftpflichtversicherung, §1835 Abs. 2 S.2 BGB. Der Betreuer kann diese demnach nicht einmal anteilig ersetzt verlangen.

---

[610] Siehe *Staudinger/Engler* § 1835 Rnr.16.
[611] BT-Drucks. 11/4528 S.109.
[612] Eine Versicherung gegen Eigenschäden ist nach § 1835 Abs. 2 BGB nicht ersatzfähig, *Gregersen/Deinert*, Die Vergütung des Betreuers S.56.
[613] Siehe *Soergel/Zimmermann* § 1835 Rnr.16.

Die Höhe der Versicherungskosten muss jedoch sowohl nach Grund und Höhe angemessen sein. Im Bereich Gesundheitssorge kann diese wegen des kaum vorhersehbaren Ausmaßes eines Schadens sehr hoch sein. Soweit das Risiko von einer gesetzlichen Versicherung abgedeckt ist, ist eine zusätzliche private Versicherung nicht erstattungsfähig.
Um unnötig hohe Versicherungskosten zu vermeiden, ist der Betreuer gehalten von der Möglichkeit einer Sammelversicherung Gebrauch zu machen.[614]

Gemäß § 1835 Abs. 2 S.2 BGB gilt der Erstattungsanspruch nach § 1835 Abs. 2 S.1 BGB für Berufsbetreuer nicht. Ein Berufsbetreuer wird seine berufliche Haftpflicht gewöhnlich in einem weiteren Rahmen abgesichert haben. Er soll diese Kosten aber nicht – auch nicht anteilig – beim einzelnen Betreuten liquidieren.[615] Zudem sind die Versicherungskosten im Rahmen einer Betreuung eines vermögenden Betroffenen bei der Höhe der Vergütung zu berücksichtigen.
Auch dem Vereins- und Behördenbetreuer steht kein Kostenerstattungsanspruch für Haftpflichtversicherungskosten zu, §§ 1908 e Abs. 1, 1908 h Abs. 1 BGB. Der Verein oder die Behörde als Betreuer erhalten ebenfalls keine Erstattung nach Abs. 2, §§ 1908 i Abs. 1 S.1, 1835 Abs. 5 S.2 BGB.

b) Verzinsung

Der Betreuer hat auch ohne Verzug einen Anspruch auf Verzinsung seines Aufwendungsersatzanspruches in Höhe von 4 %, §§ 256, 246 BGB. Der Anspruch ist ab dem Aufwendungstag zu verzinsen. Nach § 257 BGB hat der Betreuer einen Anspruch auf Befreiung, wenn er im eigenen Namen eine Verbindlichkeit im Rahmen seiner Betreuertätigkeit eingegangen ist.

---

[614] So schon BT-Drucks. 11/4528 S.109; die Möglichkeit Sammelversicherungen abzuschließen wurde in den meisten Bundesländern auch in die Praxis umgesetzt, siehe *Soergel/Zimmermann* § 1835 Rnr.17.

[615] So *Erman/Holzhauer*, 10. Aufl., § 1835 Rnr.6.

c) Vorschuss

§ 1835 Abs. 1 S.1 BGB verweist nicht nur auf § 670 BGB und damit auf den Ersatzanspruch, sondern auch auf § 669 BGB. Demnach kann der Betreuer nicht nur Ersatz bereits getätigter Aufwendungen verlangen, ihm steht auch das Recht zu, vom Betreuten einen Vorschuss zu verlangen. Hierbei wird ein Zeitraum von drei Monaten als angemessen angesehen.[616]
Allerdings stehen den Vereinen oder Behörden als Betreuern dieses Recht nicht zu. Sie können nur Ersatz vom vermögenden Betreuten verlangen. Der Anspruch auf Vorschuß ist gemäß § 1908 i Abs. 1 S.1 i.V.m. § 1835 Abs. 5 S.1 BGB ausgeschlossen.

d) Geltendmachung des Anspruchs

Der Betreuer muss den Ersatzanspruch 15 Monate nach seiner Entstehung geltend machen, § 1835 Abs. 1 S.3 BGB. Hierbei handelt es sich nicht um eine Verjährungs- sondern um eine Ausschlussfrist. Der Anspruch erlischt, wenn ihn der Betreuer nicht innerhalb der Frist fordert. Dabei gilt die Geltendmachung gegenüber dem Vormundschaftsgericht auch gegenüber dem Betreuten, § 1835 Abs. 1 S.3 2.HS BGB. Damit soll der Betreuer bei Zweifeln hinsichtlich der Mittellosigkeit des Betreuten geschützt werden. Wenn der Betreuer den Anspruch bei Gericht anmeldet, den Betrag aber zunächst vom Betreuten fordert, aber nichts erhält, so kann er trotz Fristablauf von der Staatskasse Ersatz verlangen. Das Vormundschaftsgericht hat gemäß § 1835 Abs. 1 S.4 BGB das Recht die Frist zu modifizieren. Fordert das Gericht den Betreuer auf, den Anspruch innerhalb einer bestimmten Frist zu beziffern, erlischt der Anspruch, wenn der Betreuer der Forderung nicht nachkommt, § 1835 Abs. 1 S.4 BGB, §§ 15 Abs. 1 S.2 und Abs. 3 S.5 ZSEG.

(1) Gegenüber dem Betreuten

Ist der Betreute vermögend, so hat der Betreuer seine Aufwendungen gegenüber dem Betreuten geltend zu machen, § 1835 Abs. 1 S.1 BGB. Steht dem Gesundheitsbetreuer zudem die Vermögenssorge zu, so kann er den Betrag selbst aus dem Vermögen des Betreuten entnehmen.[617] Da es sich insoweit um die Erfüllung einer bereits entstanden Verbind-

---

[616] Siehe LG Gottingen, Beschluss v. 23.03.1993 – 5T 218/92, FamRZ 1994, 125. Das Gericht sah hier einen Vorschuss von mehr als drei Monaten als nicht mehr angemessen an.
[617] *Gregersen/Deinert*, Die Vergutung des Betreuers, S.136.

lichkeit handelt, stehen §§ 1908 i Abs. 1 S.1, 1795, 181 BGB nicht entgegen.
Ist der Betreuer nicht auch für die Vermögenssorge bestellt, kann er den Betrag nicht dem Vermögen des Betreuten entnehmen. Wird ihm der Betrag nicht erstattet, muss er die Festsetzung durch das Vormundschaftsgericht beantragen, § 69 e S.1 i.V.m. § 56 g Abs. 1 Nr.1 FGG. Denn der Festsetzungsbeschluss ist dann ein Vollstreckungstitel gegen den Betreuten, § 69 e S.1 i.V.m. § 56 g Abs. 6 FGG. Einer Klage des Betreuers gegen den Betreuten würde folglich das Rechtsschutzbedürfnis fehlen.

(2) Gegenüber der Staatskasse

Ist der Betreute mittellos,[618] so werden die Aufwendungen grundsätzlich von der Staatskasse ersetzt, § 1835 Abs. 4 BGB. Dem Betreuer, der mit seiner Tätigkeit schon ein persönliches Opfer erbringt, soll nicht zugemutet werden, dass er auch noch finanzielle Einbußen hinzunehmen hat. Weiterhin muss aus verfassungsrechtlichen Gründen sichergestellt werden, dass mittellose Betroffene nicht aus finanziellen Gründen eine schlechtere Betreuung erhalten als Vermögende.[619]
Der Betreuer hat bei der Geltendmachung mehrere Möglichkeiten. Zum einen kann er ausdrücklich die Festsetzung beantragen. Dann wird das Vormundschaftsgericht (durch den Rechtspfleger[620]) die zu ersetzenden Aufwendungen durch Beschluss festsetzen, § 69 e S.1 i.V.m. § 56 g Abs. 1 S.1 Nr.1 FGG. Zum anderen kann er aber auch die Aufwendungen ohne weiteres nach § 69 e S.1 i.V.m. § 56 g Abs. 1 S.4 FGG ersetzt

---

[618] Wann der Betreute mittellos ist bestimmt sich nach §§ 1836 c und d BGB, die auf das BSHG verweisen. Befriedigt die Staatskasse den Betreuer, so geht der Anspruch gegen den Betreuten auf sie über, § 1836 e Abs. 1 S.1 BGB. Der Anspruch erlischt allerdings gemäß § 1836 d Abs. 1 S.2 BGB in zehn Jahren vom Ablauf des Jahres an gerechnet, in dem die Staatskasse die Aufwendungen oder die Vergütung bezahlt hat.
Nach dem Tod des Betreuten ist der Erbe zur Zahlung an die Staatskasse verpflichtet. Insoweit handelt es sich um Nachlassverbindlichkeiten gemäß § 1922, 1967 BGB. Nach § 1836 d Abs. 1 S.3 BGB ist die Haftung des Erben aber auf den Wert des im Zeitpunkt des Erbfalls vorhandenen Nachlasses beschränkt. Infolge der Verweisung in § 1836 d Abs.1 S.3 BGB auf § 92 c Abs. 3 BSHG kann bei Vorliegen der dort genannten Umstände kein Ersatz von den Erben verlangt werden. Im Rahmen von Ausführungen zur Betreuung mit Aufgabenkreis Gesundheitssorge sei § 92 c Abs. 3 Nr.2 BSHG erwähnt. Danach hat die Staatskasse dann keinen Anspruch, wenn der Nachlass unter 30 000 DM liegt und der Erbe als Ehegatte oder Verwandter nicht nur vorübergehend mit dem Betreuten bis zu seinem Tode in häuslicher Gemeinschaft gelebt und diesen gepflegt hat. Der Erstattungsanspruch gegen den Erben erlischt drei Jahre nach dem Tode des Betreuten, § 1836 e Abs. 1 S.3 BGB, § 92 c Abs. 4 S.1 BSHG. Siehe *Schellhorn/Jirasek/Seipp* § 92 c BSHG Rnr.23. Als „nicht nur vorubergenend" ist ein Zeitraum von mehreren Monaten anzusehen. Wobei in Ausnahmefallen auch ein kürzerer Zeitraum in Betracht kommt. Zwar muss das Zusammenleben bis zum Tod fortgesetzt sein, jedoch ist es unschädlich, wenn der Hilfeempfänger kurze Zeit vor seinem Tod wegen des sich verschlechternden Gesundheitszustandes in einem Krankenhaus untergebracht werden musste.

[619] Vgl. *Staudinger/Engler* § 1835 Rnr.49.

[620] §§ 3 Nr.2a, 14 RPflG.

verlangen. Dann erfolgt die Feststellung durch den Urkundsbeamten der Geschäftsstelle des Vormundschaftsgerichts.

e) **Aufwendungspauschale, § 1835 a BGB**

Erhält der ehrenamtliche Betreuer keine Vergütung, so hat er hinsichtlich seines Aufwendungsersatzanspruches ein Wahlrecht. Zum einen kann er seine Aufwendungen einzeln nachweisen und nach § 1835 Abs. 1 BGB geltend machen. Er hat aber auch die Möglichkeit, ohne Einzelnachweis, die Pauschale nach § 1835 a BGB zu verlangen. Gemäß § 1835 a Abs. 1 BGB, § 2 Abs. 2 S.1 ZSEG beträgt die Pauschale derzeit 600 DM. Der Betreuer wird folglich dann die Pauschale fordern, wenn seine Aufwendungen geringer sind. Da er dies zu Beginn eines Betreuungsjahres aber nicht abschätzen kann, ist er dennoch gehalten zunächst Belege zu sammeln. Hat der Betreuer die Besorgung der Gesundheitsangelegenheit eines älteren Menschen übernommen, kann im Laufe des Jahres eine ambulante Pflege nicht mehr ausreichen, so dass der Betroffene in ein Pflegeheim muss. Infolge der größeren Entfernung zum Pflegeheim können dem Betreuer höhere Fahrtkosten anfallen. Überschreitet er nunmehr die Pauschale, so wird er einzeln abrechnen.

Anders als bei der Einzelabrechnung, wo der Anspruch mit Anfall der Aufwendung fällig wird, kann die Pauschale nur jährlich gefordert werden, §1835 a Abs. 2 BGB. Die Jahresfrist bestimmt sich aber nicht nach dem Kalenderjahr, sondern beginnt mit der Bestellung und endet entsprechend irgendwann im Jahresverlauf.
Aus verschiedenen Gründen kann die Dauer einer Betreuung unter einem Jahr liegen. Der Betreuer kann nur für eine einzelne ärztliche Maßnahme bestellt worden sein, oder eine Betreuung ist nach der Behandlung nicht mehr erforderlich. Weiterhin kommt es gerade im Fall der Gesundheitssorge alter Menschen vor, dass der Tod des Betreuten die Betreuertätigkeit beendet. In derartigen Fällen muss der Betreuer nicht die Jahresfrist abwarten, die Pauschale wird dann mit Amtsende fällig.[621]
Ist der Betreuer aber kein volles Jahr tätig, so steht ihm die Pauschale auch nicht in voller Höhe zu. Sie ist dann entsprechend zu kürzen.

Zu berücksichtigen ist, dass der Betreuer meist zu Beginn des Jahres nicht weiß, ob er einzeln abrechnet oder die Pauschale verlangt. Demnach kann er grundsätzlich von seinem Vorschussrecht Gebrauch ma-

---

[621] *Soergel/Zimmermann* § 1835a Rnr.7, der darauf hinweist, dass § 1835 a Abs. 2 BGB der Arbeitserleichterung der Gerichte nur bei laufenden Betreuungen dienen soll.

chen, §§ 1835 Abs. 1 S.1, 669 BGB. Hat der Betreuer einen Vorschuss erhalten und macht er dann doch die Pauschale geltend, so verringert sich die Aufwandsentschädigung entsprechend.[622] Dies gilt auch dann, wenn ihm einzelne Aufwendungen bereits ersetzt wurden, § 1835 a Abs. 1 S.2 BGB.

Die Aufwandsentschädigung kann der Betreuer nur dann verlangen, wenn ihm für diese Betreuung keine Vergütung zusteht. Einem Berufsbetreuer steht die Pauschale demnach nicht zu, § 1836 Abs. 2 BGB. Erhält ein ehrenamtlicher Betreuer jedoch für eine Betreuung eine Vergütung nach § 1836 Abs. 3 BGB, für die andere hingegen nicht, kann er in letzterem Fall die Aufwandsentschädigung nach § 1835 a BGB fordern. Hat der Betreuer mehrere ehrenamtliche Betreuungen übernommen, so steht ihm für jede einzelne die Pauschale zu. Sind mehrere Betreuer für einen Betreuungsbedürftigen bestellt, hat grundsätzlich jeder auch einen Anspruch auf die Aufwandsentschädigung.[623]

Nach § 1835 a Abs. 5 erhalten auch Vereine und Behörden keine Pauschale. Da auch in den Verweisungsvorschriften für Vereins- und Behördenbetreuern (§§ 1908 e bzw. 1908 h BGB) auf § 1835 a BGB kein Bezug genommen wird, steht ihnen die Aufwandsentschädigung ebenfalls nicht zu.

2. **Vergütung**

Nach der Intention des Gesetzgebers soll eine Betreuung im allgemeinen unentgeltlich geführt werden, §1836 Abs. 1 S.1 BGB. Dies bedeutet, dass der Betreuer für seine Arbeitsleistung grundsätzlich kein Entgelt erhält. Nur ausnahmsweise soll eine Vergütung erfolgen. Nach § 1836 Abs. 2 BGB ist bei Vorliegen der entsprechenden Voraussetzungen dem Berufsbetreuer eine Vergütung zu gewähren. Ist der Betreute vermögend, so kann auch dem ehrenamtlichen Betreuer unter Umständen ein Vergütungsanspruch zugebilligt werden, § 1836 Abs. 3 BGB.

a) **Die Vergütung des ehrenamtlichen Betreuers und des Behördenbetreuers**

Nach § 1836 Abs. 3 BGB steht es im Ermessen des Gerichts, dem ehrenamtlichen Betreuer eine angemessene Vergütung zu bewilligen. Die Vergütung ist nur aus dem Vermögen des Betreuten möglich. Ist der Be-

---

[622] Siehe *Zimmermann*, FamRZ 1999, 630 [631].

[623] Vgl. *Bach*, Kostenregelung fur Betreuungspersonen, S.56. Gregersen/Deinert, Die Vergütung des Betreuers, S.65 wollen (mit Verweis auf das LG Münster) bei Vertretungsbetreuung nach § 1899 Abs. 4 BGB die Pauschale nur einmal gewähren.

treute mittellos, so kann sie nicht von der Staatskasse gefordert werden, § 1836 Abs. 3, 2.HS BGB.
Anders als das frühere Vormundschaftsrecht, spricht der heutige Wortlaut des § 1836 Abs. 3 BGB nicht mehr von der Vermögensverwaltung, sondern allgemein vom Umfang und der Schwierigkeit der vormundschaftlichen (betreuungsrechtlichen) Geschäfte. Demnach scheint es gerechtfertigt, eine Vergütung auch dann zu bewilligen, wenn sich die Tätigkeit des Betreuers auf die Personensorge – und damit auf die Gesundheitssorge – bezieht.[624]

Hinsichtlich des Umfangs der Vergütung muss das normale Durchschnittsmaß zeitlich überschritten werden. In gesundheitlichen Angelegenheiten ist das Durchschnittsmaß dann überschritten, wenn der Betreuer einen Großteil der tatsächlichen Betreuung selbst übernimmt.[625] Wann ein Geschäft als schwierig anzusehen ist, kann nicht allgemein bestimmt werden. Schwierig ist es jedenfalls dann, wenn es nicht von jedermann getätigt werden kann.[626] Hat der Betreuer schwierige Fragen der Genehmigungspflichtigkeit einer medizinischen Maßnahme zu klären und bedarf er hierzu evtl. des Rates eines weiteren Mediziners, so kann die Angelegenheit als schwierig eingestuft werden. Allein das Erfordernis einer vormundschaftsgerichtlichen Genehmigung nach § 1904 BGB reicht für die Annahme einer besonderen Schwierigkeit jedoch nicht aus.[627]
Denn es gehört gerade zum zentralen Aufgabenkern des Gesundheitsbetreuers in Fällen des § 1904 BGB eine Genehmigung einzuholen. Handelt es sich z.B. um eine Dauermedikation mit einem (im konkreten Fall) genehmigungspflichtigen Medikament, so müssen dem Betreuer die Zeiten der Erörterungen mit dem behandelnden Arzt nicht vergütet werden.[628]
Steht aber eine besonders schwierige Operation bevor und müssen die Risiken und Nutzen dieser Maßnahme erst noch abgeklärt werden, so kommt eine Vergütung nach § 1836 Abs. 3 BGB in Betracht.

Nicht nur über das Ob einer Vergütung entscheidet das Vormundschaftsgericht. Auch die Höhe der Vergütung bestimmt es nach seinem pflichtgemäßem Ermessen. Das Gesetz bestimmt weder eine Methode noch stellt es Regelsätze für die Vergütung auf. Als einziges Kriterium wird die Angemessenheit benannt. In die Angemessenheitsprüfung sind alle Umstände des Einzelfalles miteinzubeziehen. Umfang und Schwierigkeit der Angelegenheit sind hier nochmals zu berücksichtigen.

---

[624] Vgl. *Staudinger/Engler* § 1836 Rnr.17.
[625] Vgl. *Wesche*, Rpfleger 1987, 284 [285].
[626] *Soergel/Zimmermann* § 1836 Rnr.34.
[627] Vgl. LG Koblenz, Beschluss v. 17.04.1996 – 2 T 211/96, FamRZ 1996, 1348.
[628] LG Koblenz, Beschluss v. 17.04.1996 – 2 T 211/96, FamRZ 1996, 1348.

Die Höhe der Vergütung kann auf verschiedene Weise berechnet werden. Zum einen ist eine Bezahlung nach Prozentsätzen des Betreutenvermögens möglich. Zum anderen kann nach Stundensätzen abgerechnet werden.[629] Eine Pauschalvergütung, die sich am Vermögen des Betreuten orientiert, ist im Bereich der Personensorge nicht praktikabel. Anders als bei der Vermögenssorge, besteht hier kein Zusammenhang zwischen Umfang des Vermögens des Betreuten und der Schwierigkeit der zu besorgenden Angelegenheiten. Im Bereich der Gesundheitssorge sollte demnach bei einer Vergütung gemäß § 1836 Abs. 3 BGB nach Stundensätzen abgerechnet werden.[630] Die Höhe der Vergütung bestimmt das Gericht nach pflichtgemäßem Ermessen. Hierbei sind besondere fachliche Qualifikationen des ehrenamtlichen Betreuers zu berücksichtigen, wenn die Qualifikation ein entscheidendes Kriterium für ihre Bestellung war.[631]

Der Behördenbetreuer hat selbst keinen Vergütungsanspruch gegen den Betreuten, § 1908 h Abs. 3 BGB. Nach § 1908 h Abs. 2 BGB kann aber der zuständigen Behörde für ihren Behördenbetreuer eine Vergütung bewilligt werden.[632] Dies gilt allerdings nur dann, wenn der Betreute nicht mittellos ist und selbst für die Vergütung aufzukommen hat. Der Behördenbetreuer selbst wird von seiner Behörde entlohnt. Da § 1908 h Abs. 2 BGB auf die Ermessensvergütung nach § 1836 Abs. 3 BGB abstellt, kommt ein Vergütungsanspruch der Behörde auch nur dann in Betracht, wenn Umfang und Schwierigkeit der Tätigkeit dies rechtfertigen.

b) Die Vergütung des Berufsbetreuers und des Vereinsbetreuers

Führt der Betreuer seine Tätigkeit berufsmäßig aus, so kann er nur dann eine Vergütung verlangen, wenn das Vormundschaftsgericht bei seiner Bestellung feststellt, dass er die Betreuung berufsmäßig führt, § 1836 Abs. 1 S.2 BGB. Ist im Bestellungsbeschluss die Berufsmäßigkeit festgestellt, hat das Gericht dem Betreuer eine Vergütung zu gewähren. Ihm steht insoweit kein Ermessen zu, § 1836 Abs. 2 S.1 BGB.
Vergütung ist eine Entschädigung für im fremden Interesse getätigte Leistungen. Dazu zählen neben der aufgewendeten Zeit auch die anteili-

---

[629] Siehe *Soergel/Zimmermann* § 1836 Rnr.36, 27 mit Nachweis der Rechtsprechung.
[630] Zu der Frage, welche Tätigkeiten vergütungsfähig sind und welchen Zeitaufwand der Betreuer hierfur abrechnen kann siehe unten 1. Kapitel V. 2. e).
[631] So *Bach,* Kostenregelung fur Betreuungspersonen, S.70.
[632] § 1908 h Abs. 2 BGB ist insoweit missverständlich. Gemäß §§ 1908 i Abs. 1 S.1, 1836 Abs. 4 BGB hat die Behorde im Falle eigener Betreuerbestellung keinen Vergütungsanspruch. Nur wenn ein Behordenbetreuer bestellt ist, kann die Behörde eine Vergütung nach § 1908 h Abs. 2 i.V.m. § 1836 Abs. 3 BGB verlangen. Vgl. *Bienwald* § 1908 h Rnr.2.

gen Bürokosten.[633] Da die Vergütung Entgelt für die eigenen Leistung ist, fallen Kosten für die Tätigkeit von Hilfspersonen grundsätzlich nicht unter den Vergütungsanspruch. Sie sind gegebenenfalls als Aufwendungen nach § 1835 Abs. 1 S.1 BGB ersatzfähig.

Unabhängig von der finanziellen Lage des Betreuten ist dem Berufsbetreuer dem Grunde nach eine Vergütung zu bewilligen. Allerdings differenziert das Gesetz hinsichtlich der Höhe. Während es beim vermögenden Betreuten auf die nutzbaren Fachkenntnisse des Betreuers und Umfang und Schwierigkeit der Tätigkeit ankommt, § 1836 Abs. 2 S.2 BGB, wird beim mittellosen Betreuten auf die Vergütungssätze des Berufsvormündergesetz (BVormG) abgestellt, § 1836 a BGB.

§ 1908 e Abs. 1 BGB verweist hinsichtlich der Vergütung eines Vereinsbetreuers auf § 1836 Abs. 2 BGB. Danach kann der Verein für seinen Vereinsbetreuer eine Vergütung nach § 1836 Abs. 2 BGB verlangen, ohne dass es der Feststellung nach § 1836 Abs. 1 S.2 und 3 BGB bedarf, § 1908 e Abs. 1 S.1 2.HS BGB. Der Vereinsbetreuer selbst kann jedoch keine Rechte nach §§ 1835 bis 1836 b BGB geltend machen, § 1908 e Abs. 2 BGB.

(1) Die Vergütung des Berufsbetreuers bei vermögenden Betreuten

Nach § 1836 Abs. 2 S.2 BGB sind für die Höhe der Vergütung die nutzbaren Fachkenntnisse, Umfang und Schwierigkeit der Tätigkeit maßgeblich.

Anders als beim ehrenamtlichen Betreuer sind Umfang und Schwierigkeit der Tätigkeit im Falle des Berufsbetreuers nur für die Höhe der Vergütung maßgeblich. Denn wenn die Berufsmäßigkeit der Betreuertätigkeit festgestellt ist, muss ihm dem Grunde nach eine Vergütung gewährt werden.
Sowohl der zeitliche Umfang der Betreuungsangelegenheiten als auch deren Schwierigkeit wirken sich auf die Vergütung aus. Entscheidendes Kriterium ist aber letztlich der Umfang der nutzbaren Fachkenntnisse. Fachkenntnisse sind alle über das durchschnittliche Wissen eines Betreuers hinausgehenden Kenntnisse. [634]Anders als bei § 1 BVormG müssen die Kenntnisse nicht in Form einer bestimmten Ausbildung erworben worden sein. Unter §1836 Abs. 2 S.2 BGB fallen auch solche

[633] OLG Schleswig, Beschluss v. 01.08.1994 – 2W 118/93,MDR 1994, 1048; BayObLG, Beschluss v. 14.02.1996 – 3ZBR 297/95, FamRZ 1996, 1168.
[634] BayObLG, Beschluss v. 27.10.1999 – 3Z BR 282/99, FGPrax 2000, 22.

Kenntnisse, die der Betreuer durch die Lektüre von Fachliteratur oder aufgrund von Erfahrungen erworben hat.[635]
Weiterhin müssen die Fachkenntnisse auch nutzbar sein. Dies bedeutet nicht, dass sie für die konkrete Aufgabe erforderlich sind. Ausreichend ist, wenn das Fachwissen nutzbar zur Verfügung steht und die Aufgabenerledigung des Betreuers erleichtert, obwohl der Betreuer seine Fähigkeiten nicht selbst umsetzen muss.[636] Demnach kann ein ausgebildeter Pfleger nutzbare Fachkenntnisse zur Führung einer Gesundheitsbetreuung haben, selbst wenn er den Betreuten nicht selbst pflegt. Auch die Kenntnisse eines Arztes, Sozialpädagogen oder eines Psychologen können für eine Betreuung im gesundheitlichen Bereich nutzbar sein. Letztlich hängt die Nutzbarkeit der Fachkenntnisse vom konkreten Einzelfall ab.

Die Vergütung erfolgt in der Praxis sowohl nach Prozentsätzen des Betreutenvermögens, als auch nach Stundensätzen. Wie bereits oben gesehen, ist das Vermögen des Betreuten keine angemessene Bemessungsgrundlage für die Vergütung im gesundheitlichen Bereich. Das Vormundschaftsgericht rechnet meist nach Stundensätzen ab. Für die Höhe der Stundensätze gilt § 1 BVormVG nicht unmittelbar, da er nur die aus der Staatskasse zu gewährende Vergütung betrifft. Für die Vergütung aus dem Vermögen des Betreuten haben die Stundensätze des § 1 BVormVG nur den Charakter einer Orientierungshilfe und einer Mindestvergütung.[637] Die Vergütung darf jedenfalls nicht nur ein Ersatz der Kosten des Berufsbetreuers sein, sondern muss darüber hinaus ein angemessenes Honorar für die geleistete Arbeit darstellen. Bei der Bemessung der Vergütung sind demnach die Honorare, die allgemein in der jeweiligen Berufsgruppe gezahlt werden, zu berücksichtigen.[638] [639]

---

[635] *Soergel/Zimmermann* § 1836 Rnr.21.

[636] BT-Drucks. 13/7158 S.14.; siehe auch *Wagnitz/Engers*, FamRZ 1998, 1273 [1274].

[637] So BGH, Beschluss v. 31.08.2000 – XII ZB 217/ 99, NJW 2000, 3709 [3710]. Vgl. auch BT-Drucks. 13/7158 S.14 und HK-BUR/*Bauer/Deinert* § 1836 Rnr.76 b; *Soergel/Zimmermann* § 1836 Rnr.24 mit Nachweisen aus der Rechtsprechung. Nach Ansicht einiger Gerichte sind seit in Kraft treten des BtÄndG die Vergütungssätze für die Betreuung von mittellosen und bemittelten Betreuten nach denselben Kriterien zu bemessen. Die überwiegende Rechtsprechung geht aber von einer höheren Vergütung bei bemittelten Betreuten aus, Nachweis bei *Dodegge*, NJW 2000, 2704 [2712, 2713] .

[638] Siehe *Bach*, Kostenregelung für Betreuungspersonen, S.67, 68 m.w.N.

[639] *Bestelmeyer*, FamRZ 1999, 1633 unterscheidet dabei hinsichtlich der Vergütung des Vermögensbetreuers und demjenigen ohne Vermögensverwaltung. Während er dem Vermögensbetreuer den berufstypischen Stundensatz zubilligt, will er einem Betreuer ohne Vermögenssorge nur einen gekürzten Nettostundensatz zubilligen (S.1636). Eine solche Differenzierung ist allerdings nicht gerechtfertigt. Denn im Gesetz gibt es keine Anhaltspunkte dafür, dass die Vermögensverwaltung eine höher zu vergütende Tatigkeit darstellt, als andere Aufgabenkreise. Demnach ist bei einem vermogenden Betreuten der sozialpadagogisch vorgebildete Gesundheitsbetreuer auch mit dem ublichen Nettostundensatz eines Sozialpädagogen zu vergüten.

(2) Die Vergütung des Berufsbetreuers bei mittellosen Betreuten

Ist der Betreute mittellos, so kann der Berufsbetreuer eine Vergütung aus der Staatskasse verlangen, § 1836 a BGB. Hinsichtlich der Höhe der Vergütung verweist § 1836 a BGB auf § 1 des Gesetzes über die Vergütung von Berufsvormünder (BVormG). § 1 BVormG nennt feste DM-Beträge[640], die für die Gerichte bindend sind. Sie dürfen also weder über-, noch unterschritten werden. Die Vergütungssätze orientieren sich vorrangig an der Qualifikation des Betreuers. § 1 Abs. 1 BVormG unterscheidet drei Qualifikationstufen.
Der Betreuer, der keine „besonderen Kenntnisse" aufweist, die er durch eine Berufsausbildung erworben hat, erhält für jede Stunde der für die Führung der Betreuung aufgewandten und erforderlichen Zeit derzeit 35 DM.

Wenn der Betreuer nutzbare Kenntnisse durch eine abgeschlossene Lehre oder eine vergleichbar abgeschlossene Ausbildung erworben hat, erhöht sich die Vergütung auf 45 DM. Einer abgeschlossenen Lehre gleichwertig ist eine Ausbildung in der Regel dann, wenn sie staatlich reglementiert oder zumindest staatlich anerkannt ist[641]

60 DM pro Stunde erhält der Betreuer aus der Staatskasse, wenn diese Kenntnisse durch eine abgeschlossene Ausbildung an einer Hochschule oder durch eine vergleichbare abgeschlossene Ausbildung erworben sind. Einer abgeschlossenen Hochschulausbildung vergleichbar ist eine Ausbildung dann, wenn sie in ihrer Wertigkeit einer Hochschulausbildung entspricht und einen formalen Abschluß aufweist.[642]

Gemäß § 2 BVormG kann durch Landesrecht bestimmt werden, dass mit bestimmten Umschulungen oder Fortbildungen, Betreuer, die ihre Tätigkeit schon mehrere Jahre ausführen, in eine höhere Vergütungsgruppe aufsteigen können.

Den Grundbetrag von 35 DM erhalten Betreuer, die ohne jegliche Ausbildung eine Betreuung führen. Aber auch derjenige, der zwar eine abgeschlossene Berufsausbildung hat, die jedoch keine für eine Betreuung nutzbaren Fachkenntnisse vermittelt, erhält nur den einfachen Stunden-

---

[640] In Art. 7 Abs.10 Nr.1 Fernabsatzgesetz, das als Art. 1 des „Gesetzes über Fernabsatzverträge und andere Fragen des Verbraucherrechts sowie zur Umstellung von Vorschriften auf Euro" erlassen wurde, ist bestimmt, dass die in § 1 BVormG enthaltenen Stundensätze in Euro ausgedrückt werden: 35 DM = 18 Euro; 45 DM = 23 Euro; 60 DM = 31 Euro. Nach Art. 12 S.1 FernAbsG tritt diese Vorschrift zum 01.01.2002 in Kraft.

[641] Das BayObLG, Beschluss v. 29.09.1999 – 3Z BR 271/99, FamRZ 2000, 554 hat die Zuerkennung fachlicher Eignung nach § 76 Abs. 3 BbiG als einer abgeschlossenen Lehre vergleichbar angesehen.

[642] So BayObLG, Beschluss v. 15.09.1999 – 3Z BR 242/99, FamRZ 2000, 554.

satz. Denn nutzbar sind die Fachkenntnisse für die Betreuung nur dann, wenn sie den Betreuer befähigen, seine Aufgaben zum Wohle des Betreuten besser und effektiver zu erfüllen und somit eine erhöhte Leistung zu erbringen.[643]
Eine Ausbildung kann nur dann als vergütungserhöhend angesehen werden, wenn sie in ihrem Kernbereich auf die Vermittlung der betreuungsrelevanten Fachrichtungen ausgerichtet ist. Nicht ausreichend ist der Umstand, dass die Ausbildung wegen ihrer Komplexität der betreffenden Fachrichtungen daneben auch die Vermittlung von betreuungsrelevanten Fachkenntnissen zum Gegenstand hat.[644]
Eine staatlich anerkannte Heilerzieherin,[645] eine ausgebildete Krankenschwester[646] oder ein ausgebildeter Altenpfleger kann folglich den erhöhten Stundensatz verlangen, wenn der Aufgabenkreis die gesundheitlichen Angelegenheiten umfasst.[647] Die Ausbildung in einem pflegerischen Beruf vermitteln Fachkenntnisse, die bei der Erledigung des Aufgabenkreises Gesundheitssorge hilfreich sind. Eine solche Ausbildung versetzt den Betreuer in die Lage schneller und sicherer zu erkennen, wann der Betreute ärztlicher Hilfe bedarf. Weiterhin sind die Kenntnisse bei der Einwilligung in medizinische Behandlungen vorteilhaft.[648]
Unter Studiengänge, die im Kernbereich betreuungsrelevante Kenntnisse vermitteln, fallen u.a. Rechtswissenschaften/Rechtspflege, Medizin, Psychologie, Sozialarbeit, Sozialpädagogik, Soziologie oder Betriebswirtschaft.[649] Bei der Einordnung der verschiedenen Hochschulausbildungen als betreuungsrelevant ist zu berücksichtigen, dass die Betreuung zunächst eine rechtliche Vertretung des Betroffenen ist. Vornehmlich dienen daher Rechtskenntnisse einer Betreuertätigkeit. Zwar ist die Notwendigkeit von kommunikativer Fähigkeiten für eine persönliche Betreuung nicht von der Hand zu weisen, jedoch kann nicht jeder auf zwischenmenschliche Kommunikationsfähigkeit ausgerichteter Beruf eine höhere Vergütung rechtfertigen.[650] Es bleibt eine Frage des Einzel-

---

[643] So BayObLG Beschluss v. 27.10.1999 – 3Z BR 282/99, FGPrax 2000, 22; Thüringer OLG, Beschluss v. 03.03.2000 – 6W 114/00, FGPrax 2000, 110.

[644] Siehe BayObLG, Beschluss v. 27.10.1999 – 3Z BR 282/99, FGPrax 2000, 22; ebenso Thüringer OLG, Beschluss v. 03.03.2000 – 6W 114/00, FGPrax 2000, 110. Danach sind die durch Geographiestudium oder eines Ingenieur-Studium Fachrichtung Bauwesen vermittelten Kenntnisse nicht im Kernbereich auf die Vermittlung betreuungsrelevanter Kenntnisse ausgelegt.

[645] AG Westerburg, Beschluss v. 29.06.1999 – XVII 2449, FamRZ 2000, 682.

[646] OLG Schleswig, Beschluss v. 08.03.2000 – 2 W 186/99, FamRZ 2000, 846.

[647] Wurde der Betreuer jedoch für andere Aufgabenkreise (z.B. Wohnungsangelegenheiten, Vermögenssorge o.ä.) und gerade nicht für die Gesundheitssorge bestellt, kann sich eine derartige Ausbildung mangels Nutzbarkeit nicht vergütungssteigernd auswirken; so OLG Dresden, Beschluss v. 10.07.2000, 15W 1000/00, BtPrax 2000, 260.

[648] Siehe OLG Dresden, Beschluss v.08.12.1999 – 15W 1672/99, FamRZ 2000, 552 [554] im Falle einer Ausbildung zur Krankenschwester.

[649] Vgl. BayObLG, Beschluss v. 27.10.1999 – 3Z BR 282/99, FGPrax 2000, 22 [23] m.w.N.

[650] Siehe *Zimmermann*, FamRZ 1999, 630 [634]. A.A. *Wagnitz/Engers*, FamRZ 1998, 1273 [1275];

falles, ob der auf Kommunikationsfähigkeit zielende Beruf für die konkrete Betreuung nutzbare Fachkenntnisse enthält.
Verfügt der Betreuer über mehrere Qualifikationen, die mit unterschiedlichen Stundensätzen vergütet werden, so ist grundsätzlich davon auszugehen, dass der Betreffende wegen der Qualifikation ausgewählt wurde, die mit dem höheren Stundensatz vergütet wird. Entscheidend ist hierbei letztlich, welche Fachkenntnisse nach Lage des Falles „vorgehalten" werden müssen.[651]
Nicht ausreichend sind die durch Eigenstudium oder durch Erfahrung erlangte Kenntnisse. Denn § 1 BVormG stellt explizit auf eine abgeschlossene Ausbildung ab.[652] Nicht notwendig ist, dass der Betreuer für die einzelnen Betreuertätigkeiten die einschlägigen Fachkenntnisse vorweist. Vielmehr wird nach § 1 Abs. 2 S.1 BVormG vermutet, dass die Kenntnisse für die Führung der Betreuung allgemein nutzbar sind. Demnach kann ein Rechtsanwalt auch bei der Führung einer Gesundheitsbetreuung den Vergütungssatz von 60 DM verlangen, auch wenn die konkrete Angelegenheit eher medizinische Kenntnisse erfordert. Gleiches gilt für den Arzt als Betreuer mit dem Aufgabenkreis Gesundheitssorge, der einen Behandlungsvertrag abschließt. Weiterhin ist nicht notwendig, dass der Betreuer seine Kenntnisse im Rahmen der Betreuung auch tatsächlich praktisch anwendet. Es reicht vielmehr aus, wenn seine Kenntnisse ihn in die Lage versetzen, die Angelegenheiten des Betreuten besser und leichter zu besorgen. Einer erhöhten Vergütung steht es demnach nicht entgegen, wenn der Betreute in einem Pflegeheim lebt und dort medizinisch versorgt wird.[653]

Nach § 1 Abs. 1 S.3 BVormG wird die auf die Vergütung entfallende Umsatzsteuer zusätzlich ersetzt. Nach Art. 4 BtÄndG ist in den neuen Bundesländern die nach § 1 BVormG aus der Staatskasse zu zahlende Vergütung um 10 % zu kürzen. Den Gerichten steht insoweit kein Entscheidungsspielraum zu.[654]

Die Eingruppierung in die verschiedenen Vergütungsklassen ist für den Berufsbetreuer von besonderer Relevanz. Es stellt sich demnach die Frage, ob er seine Zustimmung zur Bestellung als Betreuer von der Zubilligung eines bestimmten Stundensatzes abhängig machen kann. Die gleiche Frage stellt sich für den Verein hinsichtlich der bedingten Einwilligung zur Bestellung eines Mitarbeiters als Vereinsbetreuer (§ 1897 Abs. 2 S.1 BGB). Grundsätzlich kann die vom Vormundschaftsgericht ausgewählte Person nicht zur Übernahme der Betreuung ge-

---

[651] BayObLG, Beschluss v. 09.04.1997 – 3Z BR 352/96, FamRZ 1997, 1302 [1303]; OLG Schleswig, Beschluss v. 01.08.1994 – 2W 118/93, MDR 1995, 1048 [1049].
[652] *Soergel/Zimmermann* § 1836 a Rnr.48.
[653] BayObLG, Beschluss v. 08.12.1999 – 15 W 1672/99, FamRZ 2000, 552 [554].
[654] Siehe HK-BUR/*Winhold-Schrött* § 1836 a Rnr.15.

zwungen werden. Auch dem Verein steht es im Allgemeinen frei, ob er seine Einwilligung zur Bestellung des Vereinsbetreuers erteilt oder nicht. Wird die Bestellung zum Betreuer vorgenommen, obwohl zu diesem Zeitpunkt eine Einwilligung des Betreuers bzw. des Vereins nicht vorlag, ist die Bestellung dennoch nicht unwirksam.[655] Denn es steht sowohl dem Betreuer als auch dem Verein frei, nachträglich die Zustimmung zu erteilen. Lehnen die Beteiligten dies allerdings ab, so ist die Bestellung auf Antrag als fehlerhaft aufzuheben und der Betreuer zu entlassen.[656]

c) Die Vergütungspauschale bzw. Zeitbegrenzung nach § 1836 b BGB

Mit § 1836 b BGB wurde die Möglichkeit geschaffen, die Kosten eines Berufsbetreuers zu beschränken. Denn grundsätzlich steht es im Ermessen des Betreuers, wie viel Zeit er für die jeweilige Betreuung für erforderlich hält.[657]

Nach § 1836 b Abs. 1 Nr.1 S.1 BGB kann das Vormundschaftsgericht dem Berufsbetreuer – und nur ihm - eine Vergütungspauschale zubilligen, wenn die für die Führung der vormundschaftlichen (betreuungsrechtlichen) Geschäfte erforderliche Zeit vorhersehbar und ihre Ausschöpfung durch den Betreuer gewährleistet ist. Notwendig ist demnach eine Prognose des erforderlichen Zeitaufwandes. Handelt es sich um eine über Jahre hinweg gleichförmige Betreuung, kann die in den vergangenen Jahren aufgewandte Zeit als Größenordnung bei der Festsetzung dienen. Im Rahmen der Vermögenssorge eines im Wesentlichen gleichbleibenden Vermögens mag diese Vorschrift ihre Berechtigung haben. Auf dem Gebiet der Gesundheitssorge wird es aber nur wenige Fälle geben, bei denen aus der Tätigkeit der vergangenen Jahre auf den zukünftigen Zeitaufwand geschlossen werden kann. Gerade bei alten Menschen lässt sich die gesundheitliche Entwicklung nicht vorhersehen. Eine Pauschalierung kommt folglich im gesundheitlichen Bereich nur in Ausnahmefällen zur Anwendung.
Eine Festsetzung nach § 1836 b Abs. 1 Nr.1 BGB schon zu Beginn der Betreuung soll schon nach dem Regierungsentwurf die Ausnahme sein, wenn bei einer Vorschau eine Einschätzung der Tätigkeit nicht möglich ist.[658] Bei einer Betreuung im gesundheitlichen Bereich wird eine solche Vorschau allerdings äußerst selten möglich sein.[659]

---

[655] Statt aller *Bienwald* § 1897 Rnr.37.
[656] Vgl. *Zimmermann*, FamRZ 1999, 630 [635]; *Bienwald* § 1897 Rnr.37.
[657] Zur Kritik an dieser durch das BtÄndG eingeführten Vorschrift siehe *Bienwald* Vorbem. Vor §§ 65 f. FGG Rnr.199 ff.
[658] BR-Drucks. 960/96 S.29.
[659] Vgl. *Soergel7Zimmermann* § 1836 b Rnr.7.

Die Vergütungspauschale, die dem Gericht die aufwendige Nachprüfung des geltend gemachten Zeitaufwandes und dem Betreuer die Dokumentation und Darlegung des Zeitaufwandes ersparen soll, wird im Rahmen von Betreuungen mit Aufgabenkreis Gesundheitssorge lediglich eine untergeordnete Rolle spielen.[660]

Weiterhin besteht nach § 1836 b Abs. 1 Nr.2 BGB die Möglichkeit, die für die betreuungsrechtlichen Geschäfte erforderliche Zeit zu begrenzen. Das hat zur Folge, dass der Betreuer nicht mehr als die vom Vormundschaftsgericht festgesetzten Stunden vergütet verlangen kann. Andererseits ist der Betreuer dennoch verpflichtet seine aufgewendete Zeit darzulegen und nachzuweisen. Das Gericht muss nicht die unterhalb des Zeitlimits liegenden Stunden anerkennen. Es hat auch hier die Möglichkeit die Erforderlichkeit zu überprüfen.[661]
Aber auch bei einer Zeitbegrenzung nach § 1836 b Abs. 1 Nr.2 BGB muss der erforderliche Zeitaufwand von vornherein abschätzbar sein. Demnach bestehen auf dem Gebiet der Gesundheitsbetreuung dieselben Probleme wie im Rahmen des § 1836 b Abs. 1 Nr.1 BGB. Nur in Ausnahmefällen kann – etwa wenn der Betreuer nur für eine bestimmte Behandlungsmaßnahme bestellt wurde – der erforderliche Zeitaufwand im Voraus bestimmt werden.

d) **Ansprüche des Vereins oder der Behörde als Betreuer**

Ist ein Betreuungsverein oder die örtliche Betreuungsbehörde zum Betreuer bestellt, so besteht kein Vergütungsanspruch, §§ 1908 i Abs. 1 S.1, 1836 Abs. 4 BGB. Weder vom Betreuten, noch von der Staatskasse kann eine Vergütung verlangt werden.

e) **Die vergütungsfähigen Tätigkeiten im Einzelnen**

Abgesehen davon, ob der Betreuer eine Vergütung erhält und wie hoch der jeweilige Stundensatz zu bemessen ist, stellt sich - unabhängig von der Betreuerkategorie und dem Vermögen des Betreuten - die Frage, welche Tätigkeiten in welchem Umfang vergütungsfähig sind.
Mit der Einführung des Begriffs „rechtliche Betreuung“ sollte klargestellt werden, dass die Betreuung eine Rechtsfürsorge darstellt und von der rein karitativen Tätigkeit abzugrenzen ist.[662]

---

[660] Von einer eingehenderen Darstellung wird deshalb verzichtet.
[661] *Soergel/Zimmermann* § 1836 b Rnr.22.
[662] Siehe *Bienwald* Vorbem. v. §§ 65 ff FGG Rnr.153.

(1) Nicht vergütungsfähiger Zeitaufwand

Wie sich aus § 69 a Abs. 3 S.1 FGG ergibt, beginnt das Amt des Betreuers mit Zugang des Bestellungsbeschlusses. Folglich ist er auch erst ab diesem Zeitpunkt für seine Tätigkeiten zu vergüten. Für die vor der Bestellung aufgewandte Zeit kann er hingegen keine Vergütung verlangen. Dies gilt auch für die Teilnahme an Terminen, die zeitlich vor der Bestellung liegen.[663]
Die Betreuung endet mit der Zustellung des Aufhebungsbeschlusses, § 69 a Abs. 3 S.1 FGG oder aber mit dem Tod des Betreuten. Nach diesem Zeitpunkt vorgenommene Tätigkeiten sind damit grundsätzlich nicht mehr vergütungsfähig. Zu einzelnen vergütungsfähigen Sonderfällen, siehe unten.[664]

Maßgeblich für die Vergütungsfähigkeit von Betreuertätigkeiten ist der dem Betreuer übertragene Aufgabenkreis. Der Aufgabenkreis bestimmt und begrenzt zugleich den vergütungsfähigen Tätigkeitsbereich des Betreuers. Dies bedeutet, dass der Betreuer jedenfalls für solche Tätigkeiten keine Vergütung verlangen kann, die nicht zu seinem Aufgabenkreis gehören. Wird der Betreuer auf Wunsch des Betreuten außerhalb des Aufgabenkreises tätig, kann er, jedenfalls von der Staatskasse, keine Vergütung verlangen. Ist der Betreuer nur für den Aufgabenkreis „Sorge für die Gesundheit“ bestellt und hilft er dem Betreuten aber bei der Steuererklärung, so kann er für die hierfür aufgewendete Zeit keine Vergütung verlangen.
Es besteht allenfalls die Möglichkeit, vom geschäftsfähigen Betreuten aus einem (konkludent geschlossenen) Dienst – oder Werkvertrag oder aus Geschäftsbesorgung (§§ 611, 631, 675 BGB) eine Vergütung zu erhalten. Allerdings besteht in solchen Fällen immer das Problem der Abgrenzung zum unentgeltlichen Auftrag (§ 662 BGB).[665] Der Betreuer tut demnach gut daran, vor der Ausführung der Tätigkeit die Vergütungsfrage mit dem Betreuten zu klären, will er nicht Gefahr laufen, unentgeltlich zu arbeiten.

Auch der Gesundheitsbetreuer hat (nur) die Aufgabe, die Versorgung des Betreuten auf gesundheitlichem Gebiet sicherzustellen, d.h. zu organisieren. Das bedeutet, dass zu seinen vergütungsfähigen Aufgaben

[663] So z.B. die Teilnahme am Termin, bei dem der Betroffene zur Frage der künftigen Betreuerbestellung gehört wird (§ 68 Abs. 4 S.3 FGG), oder aber auch wenn der potentielle Betreuer an der Sachverständigenanhörung oder dem Schlussgespräch teilnimmt (§ 68 Abs. 5 FGG); vgl. *Soergel/Zimmermann* § 1836 a Rnr.23; siehe auch BayObLG, Beschluss v. 17.01.2001 – 3Z BR 393/00, FamRZ 2001, 575.
[664] 1. Kapitel V. 2. e) (2) (i).
[665] Vgl. *Zimmermann*, FamRZ 1998, 521 [522].

die Organisation der medizinischen und pflegerischen Versorgung des Betreuten gehört. Pflegt der Betreuer den Betreuten selbst, kann er nach §§ 1836, 1836 a BGB jedenfalls keine Vergütung verlangen. Eine Entlohnung ist auch hier nur aus Vertrag möglich.

Weiterhin ist auch nur die dem konkreten Betreuten dienende Verrichtung vergütungsfähig. Zeiten, die der Betreuer für die Einarbeitung in seine Aufgaben, Fortbildung, Erfahrungsaustausch oder Lesen allgemeiner betreuungsrechtlicher Literatur investiert, kann er nicht auf den einzelnen Betreuten umlegen.[666]

Zwar gehören vertrauensbildende Maßnahmen zur Tätigkeit jedes Betreuers, da ohne sie eine – vom Gesetz geforderte – persönliche Betreuung nicht möglich ist. Andererseits kann dies nicht dazu führen, dass der Betreuer jede mit dem Betreuten verbrachte Zeit vergütet verlangen kann. Mit der Einführung des Begriffs „rechtliche Betreuung“ sollte noch einmal klargestellt werden, dass die Hauptaufgabe des Betreuers in der Organisation der übertragenen Aufgaben und der gesetzlichen Vertretung besteht. Nur für diese Tätigkeiten kann er auch eine Vergütung verlangen. Engagiert er sich darüber hinaus und nimmt am Leben des Betreuten teil, so kann das zwar der einzelnen Betreuung dienlich sein, führt aber dennoch nicht zu einer Vergütung.[667] Würde man einen Vergütungsanspruch bejahen, so könnte der Betreuer auf Kosten des Staates – oder des Betreuten, der sich dessen u.U. gar nicht bewusst ist – am gesellschaftlichen Leben des Betreuten teilnehmen. Dies kann aber nicht der Sinn einer persönlichen Betreuung sein, zumal nach der Intention des Gesetzgebers eine Vergütung nur die Ausnahme sein soll, § 1836 Abs. 1 S.1 BGB.

Der Betreuer kann auch nur für erforderliche Verrichtungen eine Vergütung verlangen. War die Tätigkeit von vornherein und für den Betreuer erkennbar ungeeignet oder unzweckmäßig, kann er auch hierfür keine Entlohnung verlangen.[668]

---

[666] Siehe *Zimmermann*, FamRZ 1998, 521. Diese Tätigkeiten dienen dem Betreuer nur insoweit, als er mit den hierdurch erlangten Fachkenntnissen evtl. eine höhere Vergütung (vom vermögenden Betreuten) verlangen kann.

[667] Siehe BayObLG, Beschluss v.17.11.1998 – 3Z BR 268/98, FamRZ 1999, 463 [464], das eine Vergütung für die Teilnahme an Einkaufen, Ausflügen und Kinobesuchen versagte.

[668] So wurde ein unangemeldeter Hausbesuch, bei dem der Betreute nicht angetroffen wurde, von der Rechtsprechung als unnütz und damit nicht vergütungsfähig angesehen. Siehe Nachweis bei *Zimmermann*, FamRZ 1998, 521 [522, Fn.18]. Dies kann allerdings nicht verallgemeinert werden. So hängt es von den Umständen des Einzelfalles ab, ob der Betreuer davon ausgehen konnte, das der Betreute (z.B. wegen Bettlägrigkeit) zu Hause anzutreffen ist.

(2) Vergütungsfähiger Zeitaufwand

Der Betreuer kann für die tatsächlich aufgewandte Zeit für eine Tätigkeit im Rahmen seines Amtes eine Vergütung verlangen. Was zu den Aufgaben eines Gesundheitsbetreuers zu zählen ist, wurde oben 2. Kapitel II. dargestellt. Alle erforderlichen Tätigkeiten in diesem Bereich sind demnach grundsätzlich vergütungspflichtig.

(a) Gespräche mit dem behandelnden Arzt

Der Schwerpunkt der betreuungsrechtlichen Tätigkeit eines Gesundheitsbetreuers liegt in der Organisation und (evtl. notwendigen) Einwilligungen in medizinische Behandlungsmaßnahmen. Der Zeitaufwand für Gespräche mit den behandelnden Ärzten ist folglich vergütungsfähig. Denn aufgrund der ärztlichen Information hat der Betreuer über die weitere Behandlung des Betreuten zu entscheiden. Dies gilt insbesondere für Erörterungen über die Einnahme von Medikamenten, die der vormundschaftsgerichtlichen Genehmigung nach § 1904 Abs. 1 BGB bedürfen.[669] Auch Zeiten für Gespräche mit dem Pflege- oder Heimpersonal kann der Betreuer ansetzen.[670]

(b) Studium von Fachliteratur

Für das Studium allgemeiner betreuungsrechtlicher Literatur kann der Betreuer zwar keine Vergütung verlangen.[671] Handelt es sich aber um ein die konkrete Betreuung betreffendes Problem, das mit Hilfe des Literaturstudiums gelöst werden soll, so kann der Betreuer diese Zeiten ansetzen, wenn andernfalls die Aufgabe nicht erfüllt werden kann. In der Rechtsprechung wurde die Vergütungsfähigkeit der Lektüre von medizinischer Fachliteratur in einem Fall bejaht, wo der Betreute sich wegen angeblicher Unverträglichkeit weigerte das Medikament weiter einzunehmen und der Betreuer vom Arzt keine ausreichende Auskunft über die Risiken bei Absetzen des Medikamentes erhielt.[672]

Zwar ist es grundsätzlich Sache des Betreuers zu entscheiden, wie er seine Pflichten erfüllt. Ist allerdings auch für den Betreuer erkennbar, dass die von ihm gewählte Maßnahme keinen Erfolg verspricht, so kann er im Nachhinein auch keinen Vergütungsanspruch geltend machen. Bei der Lektüre von Fachliteratur ist somit jedesmal anhand des konkreten

---

[669] LG Koblenz, Beschluss v. 17.04.1996 – 2T 211/96, FamRZ 1996, 1348.
[670] Vgl. LG Göttingen, Beschluss v. 23.03.1993 – 5T 218/92, FamRZ 1994, 125.
[671] *Zimmermann*, FamRZ 1998, 521.
[672] BayObLG, Beschluss v. 19.02.1996 – 3Z BR 302/95, FamRZ 1996, 1169 [1170].

Falles zu prüfen, ob der Betreuer hierdurch seine Aufgabe erfüllen konnte, oder ob nicht ein Gespräch mit einem Experten schneller und damit günstiger zur Lösung des Problems geführt hätte. Hierbei ist aber immer ein subjektiver Maßstab anzulegen. Stellt sich im Nachhinein heraus, dass die Maßnahme objektiv nicht geeignet war, reicht dies für die Verweigerung eines Vergütungsanspruches nicht aus.[673]

(c) Pflegerische Tätigkeiten

Da der Gesundheitsbetreuer nicht verpflichtet ist, den pflegebedürftigen Betreuten selbst zu pflegen, ist ihm auch nur der Zeitaufwand für die Organisation einer angemessenen Pflege zu vergüten.[674] Möchte er dennoch diese Tätigkeiten selbst ausführen, besteht nur die Möglichkeit des Abschlusses eines Pflegevertrages mit dem Betroffenen.

(d) Begleitung zu Arztbesuchen

Weiterhin stellt sich die Frage, inwieweit der Betreuer die Zeiten für die Begleitung des Betreuten zu Arztbesuchen ansetzen kann. Eine einheitliche Beantwortung dieser Frage ist nicht möglich. Vielmehr muss der konkrete Einzelfall betrachtet werden. Der Betreuer muss die Maßnahme für erforderlich halten. Ist eine Absprache mit dem Arzt auch telefonisch möglich, so ist eine Begleitung zum Arzt grundsätzlich nicht erforderlich.[675] Muss der Betreuer aber davon ausgehen, dass er seine Aufgabe nur dadurch erfüllen kann, dass er den Betreuten zum Arzt begleitet, so ist dieser Zeitaufwand vergütungsfähig.[676] Dies ist insbesondere dann gegeben, wenn der Betreute erstmals von diesem Arzt untersucht und behandelt werden soll, da hier eine gegenseitige Information unerlässlich ist.[677] Ferner natürlich auch, wenn der Arzt die Anwesenheit des Betreuers wünscht. Soll anlässlich eines Arztbesuches der Zustand des Betreuten nochmals festgestellt werden und über eine (in Aussicht gestellte) Behandlung entschieden werden, ist die Anwesenheit des Betreuers – jedenfalls bei einwilligungsunfähigen Betreuten – erforderlich.

---

[673] So BayObLG, Beschluss v. 19.02.1996 – 3Z BR 302/95, FamRZ 1996, 1167 [1171], das ausführt, dass „der geltend gemachte Zeitaufwand hier, obwohl es um eine medizinische Fachfrage ging, *ausnahmsweise* anzuerkennen ist".

[674] Siehe *Bach*, Kostenregelung fur Betreuungspersonen, S.76; *Gregersen/Deinert*, Die Vergütung des Betreuers, S. 107.

[675] Vgl. LG Leipzig, Beschluss v. 27.09.1999 – 12T 355/99, FamRZ 2000, 1047.

[676] So BayObLG, Beschluss v. 29.07.1998 – 3Z BR 102/96, FamRZ 1999, 463.

[677] Siehe LG Leipzig, Beschluss v. 27.09.99 – 12T 355/99, FamRZ 2000,1047, das die Vergütungsfähigkeit für die Begleitung zum ersten Termin bei einer Fachärztin für Neurologie und Psychiatrie bejahte.

Anders stellt sich der Fall allerdings dann dar, wenn es sich lediglich um einen weiteren Termin einer Routinebehandlung handelt. Hier ist eine Begleitung durch den Betreuer nicht erforderlich und dient auch nicht der Aufgabenerfüllung. Der Betreuer kann in solchen Fällen nur die Zeiten für die Organisation des Krankentransportes und die Vereinbarung der Termine vergütet verlangen.[678]

Fraglich ist auch, ob der Betreuer die Zeit für die Anwesenheit bei der Feststellung und Einstufung des Betreuten hinsichtlich seiner Pflegebedürftigkeit vergütungsfähig ansetzen kann. Zwar gehört die Einwilligung in die Untersuchung zur Einstufung nach der Pflegeversicherung nach § 18 Abs. 2 S.1 SGB XI zu den Aufgaben des Gesundheitsbetreuers.[679] Jedoch ist zu berücksichtigen, dass die Pflegekasse dieses Einverständnis in Form einer vorherigen Zustimmung formularmäßig einholt.[680] Ist die Anwesenheit des Betreuers nicht ausnahmsweise aus besonderen Umständen angezeigt, ist eine Teilnahme bei der Untersuchung durch den Medizinischen Dienst nicht erforderlich. Die Zeiten seiner Anwesenheit sind damit auch nicht vergütungsfähig.

(e) Besuche beim Betreuten, Gespräche

Die Zeiten für Besuche beim Betreuten und Gespräche mit ihm sind abrechenbar. Die Besuche bedürfen keines konkreten Anlasses. Es genügt, wenn der Betreuer das Vertrauensverhältnis aufbauen oder pflegen will. Denn dazu ist er von Gesetzes wegen verpflichtet, § 1901 BGB. Zu beachten ist allerdings, dass die Betreuung in erster Linie eine rechtliche Aufgabe ist. Der Betreuer ist verpflichtet, seine Aufwendungen auf ein notwendiges Maß zu beschränken und seine Aufgaben effizient und kostensparend zu erfüllen. So ist ein Hausbesuch dann nicht erforderlich, wenn am darauffolgenden Tag ein gemeinsamer Arztbesuch ansteht und keine besonderen Umstände einen weiteren Besuch rechtfertigen.[681] In Rechtsprechung und Literatur werden 1-2 Hausbesuche pro Monat als die Regel angesehen.[682] Liegen aber im konkreten Einzelfall besondere Umstände vor, die weitere Besuche und Gespräche rechtfertigen, so sind auch diese abrechenbar. Zu den vergütungsfähigen Zeiten zählen auch Wartezeiten und diejenige für An- und Abfahrt.[683] Letzteres aller-

---

[678] Vgl. *Soergel/Zimmermann* § 1836 a Rnr.13.
[679] Siehe oben 1. Kapitel II. 4. a) (5).
[680] *Spinnake* in LPK-SGB XI § 18 Rnr.17.

[682] *Gregersen/Deinert*, Die Vergutung des Betreuers, S.105 m.w.N.; LG Leipzig, Beschluss v. 17.09.1999 – 12T 3557/99, FamRZ 1047; so auch LG Mainz, Beschluss v. 28.07.1997 – 8T 144/97, JurBuro 1998, 39 bzgl. der Erstattungsfähigkeit der Fahrtkosten für die Besuche.
[683] BezG Meiningen, Beschluss v. 07.05.1993, FamRZ 1994, 523 [524].

dings dann nicht, wenn es sich um einen unangemeldeten Hausbesuch handelt und der Betreuer den Betroffenen nicht antrifft.[684]

(f) Unterbringung

Ist der Betreuer nicht nur mit dem Aufgabenkreis Gesundheitssorge bestellt, sondern obliegt im zudem noch der Aufgabenkreis Unterbringung, so kann auch die Zeit für die Begleitung bis zum Unterbringungsort abrechenbar sein.[685]

(g) Kontaktaufnahme mit Angehörigen

Der Zeitaufwand für eine Kontaktaufnahme mit Angehörigen oder dem Betreuten nahestehenden Personen ist nur dann vergütungsfähig, wenn sie im Zusammenhang mit der Betreueraufgabe steht und dem Betreuten dient.[686] Geht es beispielsweise darum, Informationen über Bedürfnisse, Wünsche oder Reaktionen auf bestimmte Medikamente zu erhalten, so ist die hierfür aufgewandte Zeit im gleichen Maße abrechenbar, wie bei Gesprächen mit dem Heim- oder Pflegepersonal. Will der Betreuer aber lediglich freundschaftliche Beziehungen zum Umfeld des Betreuten pflegen, kann dies nicht als erforderlich im Rahmen einer rechtlichen Betreuung angesehen werden.

(h) Verwaltungstätigkeiten

Weiterhin ist der Zeitaufwand für das Anlegen einer Akte, sowie für Vermerke, Dokumentationen, Studium der Akte und Abheften von Schriftstücken vergütungsfähig. Abzugrenzen sind diese Tätigkeiten allerdings von persönlichen Aufzeichnungen des Betreuers, z.B. in Form eines Tagebuches, in dem er nicht nur seine Betreuertätigkeit dokumentiert und den Zustand des Betreuten festhält, sondern auch seine persönlichen Empfindungen und Ansichten niederschreibt. Für derartige Tätigkeiten kann der Betreuer keine Vergütung verlangen.[687]

---

684 *Gregersen/Deinert*, Die Vergütung des Betreuers, S.105 weisen darauf hin, dass eine Vergütung für Anfahrts- und Wartezeiten bei unangemeldeten Besuchen dann ausnahmsweise zu vergüten sei, wenn sich der Betreute dem Betreuer entziehen wolle und eine Kontaktaufnahme anders nicht möglich ist.

685 Vgl. *Soergel/Zimmermann* § 1836 a Rnr.20. Näheres siehe *Gregersen/Deinert*, Die Vergütung des Betreuers, S.106.

686 HK-BUR/*Bauer/Deinert* § 1836 Rnr.83; *Soergel/Zimmermann* § 1836 a Rnr.18.

687 Siehe *Zimmermann*, FamRZ 1998, 521 [5524].

Inwieweit die Zeit für die Erstellung des Vergütungsantrages angesetzt werden kann, wird unterschiedlich bewertet. Von Einigen wird eine Vergütungsfähigkeit abgelehnt, weil der Betreuer hier aus eigenen wirtschaftlichen Interessen handle.[688] Nach anderer Ansicht kann der Betreuer diese Zeiten jedenfalls dann ansetzen, wenn er vom Gericht zu einer detaillierten Aufstellung verpflichtet wurde.[689] Denn in einem solchen Fall handelt es sich um eine Tätigkeit zu deren Erfüllung der Betreuer kraft seines Amtes verpflichtet ist.

(i) Tätigkeiten nach Beendigung der Betreuung

Zwar endet die vergütungsfähigen Tätigkeiten des Betreuers grundsätzlich mit Beendigung der Betreuung, jedoch kann in Sonderfällen auch noch eine Vergütung für Verrichtungen verlangt werden, die zeitlich nach dem Ende der Betreuung vorgenommen werden. Ist die Betreuung aufgehoben worden und weist das Vormundschaftsgericht den Betreuer danach an, eine bestimmte Tätigkeit durchzuführen, so ist dies als konkludente Neubestellung anzusehen. Der Betreuer kann für eine solche Tätigkeit dann auch eine Vergütung verlangen.[690]

Ist der Betreute verstorben, so endet die Betreuung ohne förmlichen Aufhebungsbeschluss.[691] Nach §§ 1908 i Abs. 1, 1893 Abs. 1, 1698 b BGB hat der Betreuer das Recht und die Pflicht, die „Geschäfte, die nicht ohne Gefahr aufgeschoben werden können, zu besorgen, bis der Erbe anderweitige Fürsorge treffen kann". Allerdings sind derartige Befugnisse im Bereich der Gesundheitssorge kaum denkbar. Anders als bei der Vermögensverwaltung, wo Geschäfte unabhängig von der Person des Betreuten abgewickelt werden können, bezieht sich der Aufgabenbereich des Gesundheitsbetreuers gerade auf das Wohlbefinden des Betreuten. Ist der Betreute verstorben, sind seine Gesundheit betreffende Eilentscheidungen nicht mehr veranlasst.

Die im Rahmen einer Bestattung anfallenden Pflichten obliegen grundsätzlich den Angehörigen. Die öffentlich-rechtliche Bestattungspflicht trifft die Angehörigen, hilfsweise die Ordnungsämter. Die Beerdigungskosten

---

688 Nachweis der diese Ansicht vertretenden Rechtsprechung bei *Soergel/Zimmermann* § 1836 a Rnr.21, Fn.29.

689 *Knittel* § 1836 Rnr.36; *Soergel/Zimmermann* § 1836 a Rnr.21.

690 Siehe *Zimmermann*, FamRZ 1998, 521 [522].

691 Dies bedeutet aber nicht, dass die materiell-rechtlich begründeten Vergütungs- und Aufwendungsersatzansprüche des Betreuers für Tätigkeiten innerhalb des gerichtlich übertragenen Aufgabenkreises vor bzw. nach dem Ableben des Betreuten erlöschen. Maßgeblich für die Frage, ob dem Betreuer ein Anspruch gegen die Staatskasse zusteht, sind die Verhältnisse zur Zeit der letzten Tatsachenentscheidung unter Berücksichtigung derjenigen zum Todeszeitpunkt, so LG Leipzig, Beschluss v. 14.06.2000 – 16T 1714/00, FamRZ 2000, 1451.

haben nach § 1968 BGB die Erben zu tragen. Auch das Totenfürsorgerecht steht den Angehörigen zu. Allerdings kann es durch das Landesbestattungsrecht dem Betreuer mit Personensorgerecht zugewiesen werden.[692] Weiterhin besteht auch die Möglichkeit, dass der Betreute den Betreuer mit der Erledigung dieser Angelegenheit betraut hat. In einem solchen Fall handelt der Betreuer jedoch nicht im Rahmen seines Amtes – dies wurde mit dem Tod des Betreuten beendet – sondern als Beauftragter. Eine Entlohnung kommt nur dann in Betracht, wenn dies mit dem Betreuten vereinbart wurde. Bei Mittellosigkeit des Betreuten kann der (ehemalige) Betreuer jedenfalls keine Vergütung aus der Staatskasse verlangen.

---

[692] Z.B. § 10 Sächsisches Bestattungsgesetz.

VI. Die Entlassung des Betreuers

Nicht nur Art und Umfang der Betreuungsbedürftigkeit unterliegen einem stetigen Wandel, mit der Folge der Erweiterung oder Beschränkung des Aufgabenkreises. Auch in der Person des Betreuers und seinem Verhältnis zum Betreuten können sich Änderungen ergeben, die eine Entlassung des Betreuers notwendig erscheinen lassen. Anders als bei der Beendigung einer Betreuung bleibt bei der Entlassung die Betreuung an sich bestehen. Es kommt demnach zu einer Trennung von Personal- und Sachentscheidung.[693] Eine Entlassung des Betreuers ist immer als letztes Mittel in Erwägung zu ziehen. Zuvor ist stets zu prüfen, ob nicht mildere Maßnahmen nach § 1837 BGB zur Bewältigung des Problems ausreichen.[694] Weiterhin ist im Einzelfall zu erwägen, ob dem Betreuten die Entlassung des Betreuers nicht mehr schadet, als dies bei im Amt verbleiben des Betreuers der Fall wäre.[695]
Ist der Betreuer für mehrere Aufgabenkreise bestellt, so kommt auch die Möglichkeit einer Teilentlassung in Betracht. Wird der Betreuer wegen konkreter Interessenkonflikte für den Aufgabenkreis der Vermögenssorge entlassen, so kann ihm dennoch die Betreuung im Bereich der Personensorge belassen bleiben.[696]

1. Die verschiedenen Entlassungsgründe

a) Die Entlassung des Betreuers wegen mangelnder Eignung

Das Vormundschaftsgericht hat nach § 1897 Abs. 1 BGB eine Person zum Betreuer zu bestellen, die geeignet ist, in dem gerichtlich bestimmten Aufgabenkreis die Angelegenheiten des Betroffenen zu besorgen. Um eine am Wohl des Betreuten orientierte Betreuung zu gewährleisten, muss es dem Gericht möglich sein, einen ungeeigneten Betreuer zu entlassen und durch einen geeigneten zu ersetzen. Dabei ist es nicht entscheidend, ob die mangelnde Eignung bereits bei der Bestellung vorhanden war – z.B. weil die Betreuerperson vom Gericht falsch eingeschätzt wurde – oder ob sich die Ungeeignetheit erst im Verlauf der Betreuung zeigt.[697]

---

[693] Im Gegensatz zur Begründung eines Betreuungsverhältnisses. Dort wird immer eine sog. Einheitsentscheidung getroffen, in der die Notwendigkeit einer Betreuung festgestellt und zugleich ein Betreuer mit einem oder mehreren Aufgabenkreisen bestellt wird. Statt aller *Damrau/Zimmermann* § 1896 Rnr.11

[694] Vgl. *Bienwald*, § 1908 b Rnr.1; BayObLG, Beschluss v. 12.01.2000 – 3Z BR 375/99, FamRZ 2000, 1456.

[695] *MünchKomm/Schwab* § 1908 b Rnr.3.

[696] Vgl. BayObLG, Beschluss v.22.12.1994 – 3Z BR 293/94, FamRZ 1995, 1232 [1234].

[697] Vgl. *Staudinger/Bienwald* § 1908 b Rnr.7.

Gemäß § 1908 b Abs. 1 S.1 BGB hat das Vormundschaftsgericht den Betreuer zu entlassen, wenn seine Eignung, die Angelegenheiten des Betreuten zu besorgen, nicht mehr gewährleistet ist, oder ein anderer wichtiger Grund für die Entlassung vorliegt. Die mangelnde Eignung ist also ein vom Gesetz besonders hervorgehobener wichtiger Grund für die Entlassung des Betreuers.[698] Der Betreuer muss aufgrund seiner psychischen und physischen Fähigkeiten für das Amt des Betreuers tauglich sein. Deshalb genügt zu seiner Entlassurg jeder Grund, der ihn als nicht mehr geeignet im Sinne des § 1897 Abs. 1 BGB erscheinen lässt.[699]

Ein absoluter Eignungsmangel ist dann gegeben, wenn er nicht behoben werden kann. Dies ist dann der Fall, wenn der Betreuer geschäftsunfähig wird, oder es bereits bei der Bestellung war. Auch wenn während der Betreuungstätigkeit Umstände eintreten, die eine Bestellung ausgeschlossen hätten, muss der Betreuer entlassen werden. Treten demnach später die Voraussetzungen des § 1897 Abs. 3 BGB ein, z.B. weil der Betreute in das Heim zieht, in dem der Betreuer arbeitet, ist der Betreuer als absolut ungeeignet zu entlassen.[700]

Die persönliche Betreuung ist ein wichtiges Element des Betreuungsrechts.Deshalb ist ein Betreuer dann als ungeeignet zu entlassen, wenn es ihm an Engagement und Einsatz ermangelt und der Betreute dadurch Schaden nehmen könnte. Dies kann dann der Fall sein, wenn der Betreuer infolge Krankheit oder längerer Abwesenheit nicht in der Lage ist, die Angelegenheiten des Betreuten zu besorgen.[701] Gerade auf dem Gebiet der Gesundheitsangelegenheiten ist der persönliche Kontakt von besonderer Bedeutung. Ist der Betreute einwilligungsunfähig und bedarf er wegen seines labilen Gesundheitszustandes fortwährender medizinischer Behandlung, so ist eine Betreuung „auf Distanz" kaum vorstellbar und auch nicht im Sinne des Betreuungsgesetzes.
Auch wenn sich zwischen Betreuer und Betreutem eine unüberwindliche Abneigung entwickelt, ist eine am Wohle des Betreuten orientierte Gesundheitsbetreuung nicht mehr möglich.[702] Der Betreuer ist folglich zu entlassen.
Werden vom Gesundheitsbetreuer die von einem Sachverständigen als erforderlich erachteten Behandlungs- und Rehabilitationsmaßnahmen nicht gewährleistet und ist er auch nicht in der Lage die Gabe der not-

---

[698] Siehe nur BayObLG, Beschluss v. 10.11.1995 – 3Z BR 267/95, FamRZ 1996, 509 [510].
[699] Ständige Rechtsprechung des BayObLG, siehe nur BayObLG, Beschluss v. 11.06.1997 – 3Z BR 54/97, FamRZ 1997, 1360.
[700] *MünchKomm/Schwab* § 1908 b Rnr.5. Zur Eignung des Betreuers siehe auch oben 2. Kapitel I. 5.
[701] Siehe *Damrau/Zimmermann* § 1908 b Rnr.3.
[702] Siehe BayObLG, Beschluss v. 10.04.1995 – 3Z BR 88/95, FamRZ 1995, 1235 [1236], im Falle einer tiefgreifenden Feindschaft zwischen betreuender Ehefrau und betreutem Ehemann.

wendigen Medikamente sicherzustellen, so ist er gleichfalls als ungeeignet zu entlassen.[703]

b) Die Entlassung des Betreuers aus sonstigem wichtigen Grund

Andere wichtige Gründe, die zur Entlassung des Betreuers führen können, können sowohl in der Person des Betreuers liegen, als auch infolge anderer Umständen gegeben sein. Die Anwendung des Begriffs wichtiger Grund setzt eine genaue, durch Tatsachen gestützte vollständige Abwägung der beteiligten Interessen voraus. Ein wichtiger Grund für die Entlassung des Betreuers liegt dann vor, wenn der bisherige Betreuer zwar keinen Eignungsmangel aufweist, ein Betreuerwechsel aber dennoch im Interesse des Betreuten liegt. Nach dem Regierungsentwurf soll dies dann der Fall sein, wenn ein naher Angehöriger, der zuvor die Betreuung nicht übernehmen konnte, nunmehr zur Verfügung steht.[704] Ein Dritter, der in der Zwischenzeit zum Betreuer bestellt wurde, kann dann entlassen werden, da die persönliche Betreuung durch ein Familienmitglied der Fremdbetreuung im Interesse des Betreuten vorzuziehen ist.[705] Dies ist allerdings nur unter der Voraussetzung möglich, dass der Betreute nicht an dem bisherigen Betreuer festhalten will.

Der Wunsch des Betreuten nach Entlassung des Betreuers stellt für sich gesehen keinen wichtigen Grund im Sinne des § 1908 b Abs. 1 S.1 BGB dar. Eine Entlassung kommt hier nur unter den Voraussetzungen des § 1908 b Abs. 3 BGB in Betracht. Andernfalls müsste auf „jede Laune des Betreuten" mit einer Entlassung reagiert werden, was jedoch nicht dem Wohle des Betroffenen entsprechen kann.

c) Die Entlassung des Betreuers auf eigenen Antrag

Treten nach der Bestellung Umstände ein, oder werden nach der Bestellung Umstände bekannt, die eine Aufgabenerfüllung unzumutbar erscheinen lassen, ist der Betreuer zu entlassen, wenn er dies beantragt, § 1908 b Abs. 2 BGB. Eine Entlassung von Amts wegen kommt im Falle des § 1908 b Abs. 2 BGB nicht in Betracht. Bei der Frage der Zumutbarkeit sind die Interessen des Betreuers an der Entlassung und die Inte-

---

[703] So BayObLG, Beschluss v.11.06.1997 – 3Z BR 54/97, FamRZ 1997, 1360.

[704] Nach BayObLG, Beschluss v. 20.04.2000 – 3Z BR 60/00, FamRZ 2000,1457 ist der bisherige Betreuer nicht ohne weiteres zu entlassen, wenn nunmehr ein naher Verwandter die Betreuung übernehmen kann. Ein „anderer wichtiger Grund" für die Entlassung liege nur dann vor, wenn die Betreuung durch den nahen Verwandten bei Berücksichtigung aller Umstände dem Wohl des Betreuten erheblich besser entspricht. Maßgeblich seien hierbei vor allem die Wünsche des Betreuten.

[705] BT-Drucks. 11/4528 S.153

ressen des Betreuten an der Fortführung der Betreuung gegeneinander abzuwägen.
Möglich ist auch die Teilentlassung des Betreuers aus einem bestimmten Aufgabenkreis, wenn die Wahrnehmung des verkleinerten Wirkungskreises dem Betreuer zumutbar ist und die Konstellation der Mitbetreuung dem Wohl des Betreuten dient.[706]

Unzumutbar kann die Betreuung aus familiären, beruflichen oder persönlichen Umständen werden.
Unter die familiären Umstände fallen insbesondere Familienzuwachs oder die Übernahme der Pflege einer nahestehenden Person. Berufliche Umstände können die Versetzung oder eine anderweitige Arbeitsüberlastung sein. Zu den persönlichen Umständen zählen Krankheit aber auch fortgeschrittenes Alter. Auch eine schlechtere Verkehrsanbindung oder eine Unterbringung des Betreuten in größerer Entfernung können die Unzumutbarkeit begründen.[707]

Nicht ausreichend ist jedoch die möglicherweise zu Unrecht erfolgte Verkürzung der Vergütung.[708]

d) Die Entlassung des Betreuers auf Antrag des Betreuten

Nicht nur bei der Bestellung des Betreuers soll der Willensvorrang des Betreuten Beachtung finden. Auch bei der Frage, ob der Betreuer im Amt verbleiben soll ist der Betroffene zu beteiligen. Nach § 1908 b Abs. 3 BGB kann das Vormundschaftsgericht den Betreuer entlassen, wenn der Betreute eine gleich geeignete Person als neuen Betreuer vorschlägt, die zur Übernahme der Betreuung bereit ist.
Die vorgeschlagene Person muss mindestens ebenso geeignet sein wie der bisherige Betreuer.
Da nach § 1908 b Abs. 3 BGB eine andere *Person* vom Betreuten vorgeschlagen werden muss, kommen zwar auch Vereins- oder Behördenbetreuer in Betracht, nicht jedoch eine Behörde oder ein (anderer) Verein.[709] Weiterhin darf das Gericht dem Entlassungsverlangen des Betreuten nur nachkommen, wenn die vorgeschlagene Person zur Übernahme der Betreuung bereit ist. In der Praxis bietet es sich somit an, die

[706] *MunchKomm/Schwab* § 1908 b Rnr.10. Zu den Voraussetzungen der Mitbetreuung siehe § 1899 BGB.
[707] BT-Drucks. 11/4528 S.153.
[708] *Staudinger/Bienwald* § 1908 b Rnr.29 mit Nachweis der Rechtsprechung.
[709] So *Damrau/Zimmermann* § 1908 b Rnr.10; *MünchKomm/Schwab* § 1908 b Rnr.15; a.A. HK-BUR/*Rink* § 1908 b Rnr.21.

Verfahren der Entlassung und der Bestellung miteinander zu verknüpfen.[710]
Obwohl die Wünsche des Betreuten grundsätzlich zu berücksichtigen sind, steht die Entlassung des Betreuers auf Wunsch des Betreuten im Ermessen des Gerichts. Der Willensvorrang des Betreuten ist insofern gegenüber § 1897 Abs. 4 BGB eingeschränkt.[711]

e) Die Entlassung des Berufsbetreuers aus fiskalischen Gründen

Aus dem strikten Vorrang der ehrenamtlichen und damit auch unentgeltlichen Betreuung ergibt sich die Notwendigkeit, einen Berufsbetreuer dann zu entlassen, wenn der Betreute durch einen oder mehrere ehrenamtliche Betreuer betreut werden kann, § 1908 b Abs. 1 S.2 BGB. Nach der Intention des Gesetzgebers sollen die mit besonderen Qualifikationen ausgestatteten Berufsbetreuer, die ggf. von der Staatskasse zu vergüten sind, denjenigen vorbehalten bleiben, die sie benötigen. Denkbar ist auch hier eine Teilentlassung des Berufsbetreuers.[712]
Da anders als im Falle der Vermögenssorge für den Bereich der Gesundheitssorge grundsätzlich keine speziellen Qualifikationen erforderlich sind, ist ein Arzt, eine Krankenschwester oder ein Pfleger dann aus seinem Amt als Berufsbetreuer zu entlassen, wenn sich nunmehr ein Angehöriger findet, der die Betreuung zukünftig übernimmt.

f) Die Entlassung des Vereins- bzw. Behördenbetreuers

Um die Personalhoheit der Vereine und Behörden zu sichern, bietet § 1908 b Abs. 4 S.1 und 3 BGB die Möglichkeit, den Vereins- bzw. Behördenbetreuer zu entlassen, wenn es der Verein bzw. die Behörde beantragt. Der Antrag kann jederzeit gestellt werden. Einem solchen Antrag hat das Gericht ohne Prüfung etwaiger Gründe stattzugeben.

Um einem, zum Wohle des Betreuten erforderlichen, Kontinuitätserfordernis gerecht zu werden, eröffnet § 1908 b Abs. 4 S.2 BGB die Mög-

---

[710] So *MunchKomm/Schwab* § 1908 b Rnr.16; siehe auch *Staudinger/Bienwald* § 1908 b Rnr.36.

[711] § 1908 b Abs. 3 BGB kann mit anderen Entlassungsgründen zusammentreffen. Infolge eines Vorschlags des Betreuten nach Abs. 3 hat das Gericht zu prüfen, ob der Betreuer nicht im Sinne des Abs. 1 ungeeignet zur Führung einer Betreuung ist. Andererseits kann ein ungerechtfertigtes Entlassungsbegehren den Betreuer veranlassen seine Entlassung wegen Unzumutbarkeit nach § 1908 b Abs. 2 BGB zu beantragen. Vgl. *MünchKomm/Schwab* § 1908 b Rnr.17.

[712] Demnach kann ein Berufsbetreuer mit den Aufgabenkreisen Vermögens- und Gesundheitssorge aus dem Aufgabenkreis Gesundheitssorge entlassen werden und an seiner Stelle eine nahestehende Person bestellt werden. Die umfangreiche Vermögensverwaltung kann dem Berufsbetreuer jedoch wegen seiner Fachkenntnisse verbleiben.

lichkeit, dass der vom Verein bzw. von der Behörde eingesetzte Betreuer die Betreuung nunmehr als Privatperson weiterführt.
Um eine Weiterführung der Betreuung handelt es sich insofern, als sich weder der Aufgabenkreis noch der Überprüfungszeitpunkt (§ 69 Abs. 1 Nr.5 FGG) ändert.

Zu beachten ist allerdings, dass ab der Wirksamkeit der Entscheidung die speziellen Vorschriften des Vereins- bzw. Behördenbetreuers nicht mehr anwendbar sind. Der Betreuer führt die Betreuung nunmehr als Privatperson, so dass er nicht mehr der Aufsicht des Vereins oder der Behörde, sondern ausschließlich derjenigen des Vormundschaftsgericht untersteht. Auch die Vergütung steht ihm nunmehr nur noch als Privatbetreuer zu. Bei der Fortsetzungsbestellung muss dies bei Vorliegen der Voraussetzungen besonders festgestellt werden, § 1908 i Abs. 1 i.V.m. § 1836 Abs. 1 S.2 BGB.[713]

g) Die Entlassung des Betreuungsvereins bzw. der Betreuungsbehörde

Wie bereits dargestellt, soll die Übernahme einer Betreuung durch einen Verein oder eine Behörde nur in begründeten Ausnahmefällen erfolgen, § 1900 BGB. Folglich ist ein Verein oder eine Behörde dann zu entlassen, wenn sich nach der Bestellung eine oder mehrere geeignete natürliche Personen finden, § 1908 b Abs. 5 BGB.
Auch der Verein oder die Behörde haben dem Gericht mitzuteilen, wenn ihnen Umstände bekannt werden, aus denen sich ergibt, dass der Betreute durch eine oder mehrere natürliche Personen betreut werden kann, § 1900 Abs. 3 und 4 BGB. Mit der Gewinnung ehrenamtlicher Betreuer und der Bereitstellung von Mitarbeitern zur Bestellung als Vereins- oder Behördenbetreuer können sie selbst zum Eintreten solcher Umstände beitragen.[714]

2. Die Wirkung der Entlassung

Das Amt des Betreuers endet mit der Zustellung bzw. Mitteilung des Entlassungsbeschlusses, § 16 Abs. 1 FGG. Mit Wirksamwerden der Entlassungsverfügung erlöschen alle mit der Amtsausführung zusammenhängenden Rechte und Pflichten des bisherigen Betreuers.

---

[713] Der Entlassungsgrund des Abs. 4, lässt die Entlassungsgründe der Abs. 1 bis 3 unberührt. Ein Vereins- oder Behördenbetreuer kann folglich auch dann entlassen werden, wenn er ungeeignet ist oder ein anderer wichtiger Grund vorliegt, aber auch dann, wenn ihm die Betreuung nicht mehr zugemutet werden kann.

[714] Die Gewinnung von ehrenamtlichen Mitarbeitern ist eine der Voraussetzungen für die Anerkennung eines Betreuungsvereines, siehe § 1908 f Abs. 1 Nr.2 BGB.

Das Gericht hat schnellstmöglich einen neuen Betreuer zu bestellen, § 1908 c BGB.
Zwar findet in der Zeit bis zur Bestellung eines neuen Betreuers faktisch keine Betreuung statt, jedoch bleibt die Betreuung an sich bestehen. Dies hat den Vorteil, dass vormundschaftsgerichtliche Genehmigungen – z.B. nach § 1904 oder § 1906 BGB -, die dem ehemaligen Betreuer bereits erteilt, aber noch nicht vollzogen sind, ihre Wirksamkeit nicht verlieren.[715]

Gleiches gilt auch für den Fall, dass nach einer Entlassung des bisherigen Betreuers ein neuer Betreuer bestellt wurde und letzterer – auf Beschwerde des bisherigen Betreuers – wieder entlassen wurde. Dem Betreuer steht im Falle einer Entlassung gegen seinen Willen das Rechtsmittel der sofortigen Beschwerde zu, § 69 g Abs. 4 Nr.3 FGG. Legt er sofortige Beschwerde ein, so hat diese jedoch keine aufschiebende Wirkung, §§ 69 g Abs. 4 Nr.3, 16 Abs. 1, 24 Abs. 1 FGG. Der bisherige Betreuer gilt demnach, trotz eingelegten Rechtsmittels, als entlassen. Wird die Entlassungsverfügung im Beschwerdeverfahren aufgehoben, so ist er ohne besondere neue Bestellung wieder Betreuer und führt sein Amt mit demselben Aufgabenkreis fort.[716]
Die Aufhebung der Entlassungsverfügung des ursprünglichen Betreuers bewirkt als solche weder die Entlassung des Nachfolgers, noch wird durch sie dessen Bestellung rückwirkend beseitigt. Für eine derartig rückwirkenden Anspruch gibt es im Betreuungsgesetz keine Rechtsgrundlage. Vielmehr bedarf es einer gesonderten Entlassungsverfügung.[717] Bis eine solche ergeht sind beide Betreuer nebeneinander im Amt. Dieses Ergebnis ist dem Gesetz nicht fremd. Die beiden Betreuer sind demnach Mitbetreuer nach § 1899 BGB.
Die Entlassung des neuen Betreuers hat selbst auch keine Rückwirkung. Seine Entlassung wird wiederum erst mit Zugang an ihn wirksam, § 16 Abs. 1 FGG.[718] Dies hat zur Folge, dass die von ihm während seiner Amtszeit getroffenen Maßnahmen wirksam bleiben, § 32 FGG.

---

[715] BT-Drucks. 11/4528 S.119, 154.
[716] OLG Köln, Beschluss v. 09.01.1995 – 16 Wx 4/95, FamRZ 1995, 1086; dieser Ansicht auch BayObLG, Beschluss v. 02.08.1995 – 3Z BR 112/95, FamRZ 1996, 58 [59].
[717] Allgemeine Ansicht, siehe nur OLG Stuttgart, Beschluss v. 07.07.1995 – 8W 88/95, FGPrax 1995, 196 [197].
[718] Unterschiedlich wird allerdings die Frage der Beschwerdeberechtigung des neuen Betreuers beurteilt. Gegen ein Beschwerderecht des neuen (entlassenen Betreuers) mit der Begründung, dass die Bestellung des neuen Betreuers nur vorläufiger Natur wäre: OLG Düsseldorf, Beschluss v. 23.01.1995 – 3Wx 347/94, FamRZ 1995, 1234 [1235]; OLG Stuttgart, Beschluss v. 07.07.1995 – 8W 88/95, FG Prax 1995, 196 [197]; *MünchKomm/Schwab* § 1908 b Rnr.27, *Staudinger/Bienwald* § 1908 b Rnr.55. Für die Zulässigkeit der Beschwerde des neuen Betreuers BayObLG, Beschluss v. 02.08.1995 – 3Z BR 112/95, FamRZ 1996, 58 [59]; *Damrau/Zimmermann* § 1908 b Rnr.17, allerdings wird diese Beschwerde in der Regel unbegründet sein, da die Aufhebung der Entlassungsverfügung einen wichtigen Grund im Sinne von § 1908 b Abs. 1 BGB für die Entlassung des Nachfolgers darstellt.

Ein vom neuen Betreuer abgeschlossener Behandlungsvertrag bleibt demnach wirksam. Hatte der neue Betreuer eine vormundschaftsgerichtliche Genehmigung eingeholt und wurde die Behandlungsmaßnahme vor seiner Entlassung nicht mehr durchgeführt, gilt die Genehmigung auch für den – nunmehr wieder zuständigen – ersten Betreuer. Da aber nicht einmal der Betreuer, der die Genehmigung beantragt hat, verpflichtet ist, die genehmigte Maßnahme auch durchzuführen, muss auch der „wieder eingesetzte" Betreuer keinen Gebrauch von der Genehmigung machen. Im Hinblick auf § 1833 BGB ist er allerdings dann verpflichtet, die genehmigte Maßnahme durchführen zu lassen, wenn sich der gesundheitliche Zustand seit der Beantragung der Genehmigung nicht verändert hat und die Durchführung der Behandlung zum Wohle des Betroffenen nach wie vor erforderlich ist.

VII. Die Bestellung eines neuen Betreuers

Durch den Tod oder die Entlassung des Betreuers wird die Betreuung nicht beendet. Denn infolge dieser Umstände ändert sich nichts an der Betreuungsbedürftigkeit des Betroffenen. Folglich muss in diesen Fällen ein neuer Betreuer bestellt werden, § 1908 c BGB. Damit das Gericht vom Tod des Betreuers Kenntnis erlangt, sind u.a. die Erben des Betreuers verpflichtet, den Tod des Erblassers dem Gericht anzuzeigen, § 1908 i Abs. 1 i.V.m. § 1894 Abs. 1 BGB. Auch den Betreuer trifft im Falle des Todes eines Mit- oder Gegenbetreuers diese Mitteilungspflicht, § 1908 i Abs. 1 i.V.m. § 1894 Abs. 2 BGB.

Um den Betreuten nicht zu lange ohne Betreuung zu lassen, hat das Gericht schnellstmöglich einen neuen Betreuer zu bestellen. Da nur der Wegfall des bisherigen Betreuers aufgefangen werden soll, muss die Betreuungsbedürftigkeit im Sinne des § 1896 Abs. 1 BGB grundsätzlich nicht noch einmal festgestellt werden. Unabhängig vom konkreten Anlass, hat das Gericht jedoch bei gegebenen Anhaltspunkten von Amts wegen nach § 12 FGG zu überprüfen, ob die Betreuung noch notwendig ist. Liegen keine Hinweise für eine Aufhebung der Betreuung vor, so ist ein neuer Betreuer nach den, für die Auswahl geltenden Vorschriften der §§ 1897, 1900 BGB, zu bestellen. Gemäß § 69 i Abs. 8 1.HS FGG ist der Betroffene vor der Bestellung eines neuen Betreuers zu hören.[719]

Zu bedenken ist, dass bis zur Bestellung des neuen Betreuers eine geraume Zeit vergehen kann. Ist der Betreute einwilligungsunfähig und bedarf er einer medizinischen Behandlung, so ist diese grundsätzlich ohne Einwilligung des Betreuers nicht rechtmäßig möglich. In Eilfällen besteht nach § 69 f FGG die Möglichkeit, im Wege einer einstweiligen Anordnung einen Betreuer zu bestellen, der dann nach entsprechender Aufklärung seine Einwilligung zu der anstehenden Behandlung geben kann.[720] Handelt es sich um eine dringend notwendige Operation für die dem früheren Betreuer bereits eine vormundschaftsgerichtliche Genehmigung erteilt wurde, bleibt deren Wirksamkeit erhalten. Der Betreuer kann also sofort einwilligen, ohne ein erneutes Genehmigungsverfahren einzuleiten.

---

[719] § 69 i Abs. 8 1.HS FGG ist insoweit die speziellere Vorschrift zu § 68 FGG. Dies hat zur Folge, dass die Einzelregelungen des § 68 FGG – wie z.B. die Verschaffung des unmittelbaren Eindrucks – nicht anwendbar sind. Siehe *MunchKomm/Schwab* § 1908 c Rnr.8.

[720] Naheres siehe unten 4.Kapitel V. 1.

2. Kapitel: Die Stellung des Betreuten

Die Anordnung einer Betreuung mit dem Aufgabenkreis Gesundheitssorge setzt voraus, dass der Betroffene selbst zur Wahrnehmung dieser Angelegenheiten nicht in der Lage ist. Nach § 1896 Abs. 1 BGB muss dieses Unvermögen krankheits- oder behinderungsbedingt sein. Dabei ist die Benennung der Voraussetzungen „psychische Krankheit, geistige oder seelische oder körperliche Behinderung" abschließend.[721] Soziale Benachteiligungen reichen ebensowenig für eine Betreuung aus, wie ein lediglich unvernünftiges Gesundheitsverhalten. Der Umgang mit dem eigenen Körper und der Gesundheit hat für jeden Menschen einen individuellen Stellenwert. Beschwerden, die der eine als notwendig behandlungsbedürftig ansieht, werden von einem anderen kaum oder gar nicht wahrgenommen.

Maßgeblich für die Frage der Betreuungsbedürtigkeit auf dem Gebiet der Gesundheitssorge ist vielmehr, ob der Betroffene in der Lage ist, seine eigenen Interessen wahrzunehmen.[722] Der Betroffene muss demnach die Fähigkeit besitzen, selbst die Notwendigkeit von Behandlungsmaßnahmen einzuschätzen und nach einer erfolgten ärztlichen Aufklärung sich für oder gegen eine Behandlung zu entscheiden. Wann dem Betroffenen die Einwilligungsfähigkeit fehlt – er also nicht mehr in der Lage ist seine gesundheitlichen Angelegenheiten selbst zu besorgen – kann nicht abstrakt-allgemein beurteilt werden. Es gibt kein Krankheitsbild, das zwingend zur Einwilligungsunfähigkeit führt und deshalb eine Betreuung auf gesundheitlichem Bereich erforderlich macht.[723] Gleichwohl legen es einige Symptome nahe, die Fähigkeiten des Betroffenen genauer zu untersuchen.[724]

Wegen des - das ganze Betreuungsrecht durchziehenden – Erforderlichkeitsgrundsatzes, darf eine Betreuung nur für Aufgabenkreise angeordnet werden, in denen die Betreuung erforderlich ist, § 1896 Abs. 2 S.1 BGB.

Sind z.B. die Angehörigen der Ansicht, dass der Betroffene seine Gesundheitsangelegenheiten nicht mehr selbst erledigen kann, so wird ihm nicht automatisch infolge dieser Anregung ein Betreuer bestellt. Vielmehr ist die Betreuungsbedürftigkeit in einem gerichtlichen Verfahren festzustellen.

---

[721] *Jurgens u.a.*, Das neue Betreuungsrecht, Rnr.42.

[722] Siehe *Kuhlmann*, Einwilligung in die Heilbehandlung alter Menschen, S.25.

[723] Vgl. *Kröber*, Rechtsmedizin (1998) 8, 41 [42]; ähnlich auch *Kuhlmann*, Einwilligung in die Heilbehandlung alter Menschen, S.72 bzgl. der Einwilligungsfähigkeit bei psychisch Kranken.

[724] Zu den Auswirkungen gerontopsychiatrischer Erkrankungen auf die Einwilligungsfähigkeit siehe *Kuhlmann*, Einwilligung in die Heilbehandlung alter Menschen, S.77. Einzelheiten zur Feststellung der Einwilligungsfähigkeit siehe 3. Kapitel I. 1.

I. Die Verfahrensinitiative

Nach § 1896 Abs. 1 S.1 BGB erfolgt die Betreuerbestellung auf Antrag des Betroffenen oder von Amts wegen. Auf dem Gebiet der Gesundheitssorge wird eine Antragstellung des Betroffenen selten der Fall sein. Fehlt dem Betroffenen krankheits- oder behinderungsbedingt die Krankheits- oder Behandlungseinsicht und kann er deshalb seine Gesundheitsangelegenheiten nicht wahrnehmen, so wird er kaum von sich aus beim Vormundschaftsgericht vorstellig werden und um eine Gesundheitsbetreuung ersuchen.
Eine Betreuerbestellung von Amts wegen kann erst dann erfolgen, wenn das Vormundschaftsgericht Kenntnis von einem derartigen Sachverhalt erhält. Dies erfolgt meist durch Dritte, die sich an das Vormundschaftsgericht wenden. Allerdings steht ein Antragsrecht nur dem Betroffenen selbst zu. Dritte haben kein materielles Antragsrecht, das einen Anspruch auf eine gerichtliche Entscheidung beinhalten würde. Das Begehren Dritter ist folglich als Anregung an das Gericht zu verstehen, der Angelegenheit nachzugehen und den Erlass einer Betreuungsmaßnahme zu prüfen.[725] Anregungen können von jedermann an das Gericht herangetragen werden.
In Gesundheitsangelegenheiten sind dies meist die behandelnden Ärzte, Heime, Krankenhäuser oder aber Familienangehörige oder Bekannte, die der Ansicht sind, dass der Betroffene nicht in der Lage ist, seine gesundheitlichen Angelegenheiten selbst zu besorgen.[726] Die Einführung des Betreuungsgesetzes hat zu einer Senisibilisierung bei den Ärzten und Mitarbeitern von Krankenhäusern und Einrichtungen der Altenpflege und Psychiatrie beigetragen. Gerade vor risikoreichen Operationen verlangen Ärzte und Krankenhäuser nach einem Betreuer.[727] Nicht zuletzt aus dem Grunde, sich rechtlich abzusichern.[728] Da im Bereich des Betreuungsrechts die Fragen von unterbringungsähnlichen Maßnahmen geregelt sind, fordern viele Heime als Aufnahmevoraussetzung eine Betreuung, um sich nicht in einer juristischen Grauzone zu bewegen und sich nicht der Gefahr einer strafrechtlichen Verfolgung auszusetzen.[729]

---

[725] Siehe *Bienwald* § 1896 Rnr.33.
[726] Hierzu *Wolter-Henseler*, BtPrax 1996, 12; *Schloemer*, BtPrax 1996, 15.
[727] Allerdings bestehen in der Praxis große Unterschiede. So weiß *Wolter-Henseler*, BtPrax 1996,12 [13, 14] zu berichten, dass ein Krankenhaus in der Regel auf eine Betreuerbestellung verzichtet und alles mit Angehörigen und Vertrauten bespricht, ein anderes auch für kleinere Eingriffe einen Betreuung anregt.
[728] *Wolter-Henseler*, BtPrax 1996, 12 [13], weist in diesem Zusammenhang darauf hin, dass wohl lediglich eine Minderheit in der Ärzteschaft eine Betreuung deshalb anregt, um einen Gesprächspartner an die Seite gestellt zu bekommen, der mit ihnen schwierige ethische Fragen in der Behandlung alter Menschen diskutiert und ihnen bei der Entscheidung hierüber hilft.
[729] So *Wolter-Henseler*, BtPrax 1996, 12.

Auch die Zunahme von Demenzen wird als Grund angeführt, warum Altenheime vermehrt Betreuungen anregen.[730]

Auch Behörden steht kein förmliches Antragsrecht zu, § 1896 Abs. 1 S.1 BGB. Zwar ist die Einschaltung der Betreuungsbehörde in vielen Fällen sinnvoll (§§ 68 a S.1, 69 g Abs. 1 FGG), jedoch ist eine darüber hinausgehende förmliche Verfahrensbeteiligung nicht erforderlich.[731]

Einem körperlich Behinderten kann nur auf seinen Antrag ein Betreuer bestellt werden, § 1896 Abs. 1 S.3 BGB. Eine Betreuerbestellung von Amts wegen kommt nur dann in Betracht, wenn der Betroffene seinen Willen nicht kundtun kann, § 1896 Abs. 1 S.3 a.E.
Auch im Antragsverfahren hat das Gericht die Voraussetzungen einer Betreuerbestellung zu überprüfen. So muss vom Gericht festgestellt werden, ob der Antrag gegenständlich ausreicht, oder ob evtl. über die Selbsteinschätzung seiner Hilfebedürftigkeit hinaus der Betroffene betreuungsbedürftig ist.[732]

Grundsätzlich unterliegen Antrags- und Amtsverfahren den selben Verfahrensregelungen. Ausnahmen gelten für das Antragsverfahren u.a. hinsichtlich der ärztlichen Begutachtung. Im Antragsverfahren genügt anstelle des Sachverständigengutachtens ein ärztliches Zeugnis, wenn der Betroffene auf die Begutachtung verzichtet und die Einholung eines Gutachtens im Hinblick auf den Umfang des Aufgabenkreises des Betreuers unverhältnismäßig wäre, § 68 b Abs. 1 S.1 FGG. Eine Betreuung, die auf Antrag erfolgt, ist grundsätzlich auf Antrag auch wieder aufzuheben, § 1908 d Abs. 2 BGB. Ferner macht das Gesetz hinsichtlich der Beschwerdeberechtigung einen Unterschied. Bei einer Betreuerbestellung von Amts wegen steht dem Ehegatten, nahen Angehörigen und der zuständigen Behörde ein Beschwerderecht zu, § 69 g Abs. 1 FGG. Im Antragsverfahren kann sich eine Beschwerdeberechtigung nur aus den allgemeinen Voraussetzungen des § 20 FGG ergeben.
Schwab kritisiert zu Recht diese Regelungen.[733] Zu berücksichtigen ist, dass das Antragsrecht auch dem Geschäftsunfähigen zusteht. Damit besteht die Gefahr, dass der Betroffene infolge einer Beeinflussung auf ihm zustehende Rechte verzichtet ohne sich deren Bedeutung bewusst zu sein.

---

[730] Siehe *Schloemer*, BtPrax 1996, 15 [16].
[731] BT-Drucks. 11/4528 S.117.
[732] Siehe *MünchKomm/Schwab* § 1896 Rnr.62.
[733] *MünchKomm/Schwab* § 1896 Rnr.64 a – 66.

II. Das Verfahren

1. Die Verfahrensfähigkeit

Um in einem gerichtlichen Verfahren Anträge stellen zu können, muss der Betroffene verfahrensfähig sein. Das ist im FGG-Verfahren die Fähigkeit, Verfahrenshandlungen selbst oder durch einen selbst bestellten Verfahrensvertreter wirksam vor- und entgegenzunehmen.[734] Anders als in der ZPO finden sich im Allgemeinen Teil des FGG keine Bestimmungen über die Verfahrensfähigkeit. Sie richtet sich grundsätzlich nach der Geschäftsfähigkeit, § 104 ff BGB, mit der Folge, dass sich der Geschäftsunfähige von seinem gesetzlichen Vertreter vertreten lassen muss.[735] Nach dem Anliegen des Betreuungsrechts soll die Position des Betroffenen gestärkt werden. Deshalb ist der Betroffene in Verfahren, welche die Betreuung betreffen, ohne Rücksicht auf seine Geschäftsfähigkeit verfahrensfähig, § 66 FGG. Das bedeutet, dass der Betroffene selbst alle Verfahrenshandlungen[736] vornehmen und auch Prozessvollmacht erteilen kann. Die volle Verfahrensfähigkeit stellt aber nicht nur einen Vorteil für den betroffenen dar, sondern hat auch zur Folge, dass selbst nachteilige Verfahrenshandlungen wirksam sind.[737]

2. Die Anhörung

Vor der Bestellung eines Betreuers hat das Gericht den Betroffenen anzuhören, um sich einen unmittelbaren Eindruck zu verschaffen, § 68 Abs. 1 FGG. Dieser unmittelbare Eindruck dient der Feststellung von Art und Umfang der Betreuungsbedürftigkeit.

Um eine optimale Aufklärung aller entscheidungserheblichen Umstände zu ermöglichen, ist das Gericht verpflichtet, den Betroffenen persönlich anzuhören, § 68 Abs. 1 S.1 BGB. Da das Gericht nach § 12 FGG zur Ermittlung des Sachverhalts verpflichtet ist, soll es sich einen unmittelbaren Eindruck vom Betroffenen in dessen üblicher Umgebung verschaffen, wenn es der Sachaufklärung dient, § 68 Abs. 1 S.2 FGG. In der Praxis ist das eine Möglichkeit, um den Betroffenen besser einschätzen zu können. Auch aus der Sicht des Betroffenen bietet die Anhörung in seiner natürlichen Umgebung die Möglichkeit darzustellen, dass er sehr wohl in der Lage ist, seine Angelegenheiten selbst zu erledigen. Einem

---

[734] *Bassenge/Herbst* Einl.-FGG Rnr.34.

[735] Vgl. *Bumiller/Winkler* § 66 Rnr.1; *Bassenge/Herbst* Einl.-FGG Rnr.34.

[736] Z.B. Stellung von Anträgen, Beschwerde und weitere Beschwerde einlegen und zurücknehmen, Richter und Sachverständige ablehnen und Prozesskostenhilfe begehren.

[737] Dies wird von *Zimmermann* als bedenklich angesehen, da diese Ausdehnung der Verfahrensfähigkeit insoweit dem Schutzgedanken widerspricht, *Damrau/Zimmermann* § 66 Rnr.4.

Verlangen des Betroffenen soll das Gericht demnach auch nachgehen, § 68 Abs. 1 S.2 FGG. *Coeppicus* plädiert für eine Anhörung in der üblichen Umgebung, da oft nur hier Umstände zu Tage treten, die für eine richtige Beurteilung des Falles entscheidend sind.[738] So führt er aus, dass Alkoholiker bei Gericht zumeist ordentlich gekleidet und ohne „Fahne" erscheinen. Werden sie jedoch in ihrer üblichen Umgebung angetroffen, sind die Zeichen des Alkoholmissbrauchs nicht zu übersehen. Auch bei einem Betroffenen, die unter einem Wahn leidet, bietet die Anhörung in der üblichen Umgebung die Möglichkeit, zu zeigen, wo die Steckdose ist, aus der er belauscht oder bestrahlt wird, oder wo sich die Löcher befinden, durch die von den Nachbarn giftige Dämpfe in die Wohnung geleitet werden.[739]
Zu berücksichtigen ist allerdings, dass die „Milieuanhörung" nicht den gesetzlichen Regelfall darstellt. Da die Justiz bereits heute an die Grenzen ihrer Leistungsfähigkeit stößt, muss bei solchen kostenauslösenden Verfahrenshandlungen, deren Notwendigkeit sorgfältig überprüft werden.[740] Nur wenn durch die Anhörung in der üblichen Umgebung auch wirklich ein „mehr" an Sachaufklärung erreicht werden kann, ist diese durchzuführen. Geht es im Rahmen eines Betreuungsverfahrens lediglich darum, ob der Betreute die Fähigkeit besitzt, einem ärztlichen Aufklärungsgespräch zu folgen, wird sich der Richter auch im Gericht einen Eindruck vom Betroffenen machen können. Stellt sich aber zudem die Frage, ob der Betroffene in der Lage ist, seine gesundheitliche Versorgung sicherzustellen, kann eine „Milieuanhörung" angebracht sein.

Allerdings kann der Betroffene einer Anhörung in seiner üblichen Umgebung widersprechen, § 68 Abs. 1 S.2 FGG. Dies wird damit begründet, dass auf Wunsch des Betroffenen, seine Intimsphäre gewahrt bleiben soll.[741] Der Widerspruch muss nicht ausdrücklich erfolgen und bedarf keiner Begründung. Welche Motive der Betroffene für seinen Widerspruch hat ist gleichgültig. Auch ein Widerspruch eines Geschäftsunfähigen ist wegen seiner Verfahrensfähigkeit nach § 66 FGG beachtlich.

Das Gericht hat weder eine Belehrungspflicht dahingehend, dass der Betroffene eine Anhörung in seiner üblichen Umgebung verlangen kann, noch dahingehend, dass ihm das Recht zusteht, dieser zu widersprechen.[742]

---

[738] Siehe *Coeppicus*, FamRZ 1991, 892 ff.; ders. FamRZ 1992, 16 ff; *Rink,* R & P 1991, 149 [150] forderte sogar, dass der Betroffene auf sein Verlangen aus einer Klinik/Heim in seine übliche Umgebung fur die Anhörung zuruckzubringen ist, es sei denn, mit dem Transport gehe eine erhebliche Gefährdung des Betroffenen einher.
[739] Siehe *Coeppicus*, FamRZ 1992, 16 [18], mit weiteren anschaulichen Beispielen aus der Praxis.
[740] So *Röttgen*, Das Betreuungsrecht, S.105.
[741] BT-Drucks. 11/4528 S.172.
[742] H.M. siehe, *Bienwald* § 68 FGG Rnr.13.; *Damrau/Zimmermann* § 68 FGG Rnr.10.

Das Widerspruchsrecht des Betroffenen bezieht sich nur auf die Anhörung in der üblichen Umgebung, nicht jedoch auf die Verschaffung des unmittelbaren Eindrucks schlechthin. Dies bedeutet, dass sich das Gericht in jeden Fall einen unmittelbaren Eindruck vom Betroffenen zu verschaffen hat.
Weigert sich der Betroffene, an Verfahrenshandlungen nach § 68 Abs. 1 S.1 FGG mitzuwirken, so kann ihn das Gericht zwangsweise vorführen lassen, § 68 Abs. 3 FGG. Da der sachgerechte Umgang in schwierigen Situationen mit psychisch Kranken oder Behinderten eine gewisse Ausbildung voraussetzt, ist die Vorführung nicht vom Gerichtsvollzieher, sondern von Mitarbeitern der zuständigen Betreuungsbehörde (§ 1 BtBG) vorzunehmen.[743]

Die Anhörung des Betroffenen gilt nicht nur der Schaffung von Entscheidungsvoraussetzungen, sondern auch der Unterrichtung des Betroffenen über den möglichen Verlauf des Verfahrens, § 68 Abs. 1 S.3 FGG. Der Umfang der Unterrichtung muss sich am konkreten Fall orientieren. Der Betreute soll jedenfalls Kenntnis davon erhalten, dass er von einem Sachverständigen untersucht wird, welche Konsequenzen die Entscheidung des Gerichts für ihn hat und dass er die Möglichkeit der Rechtsmitteleinlegung hat.[744]
Je nach den Umständen des Einzelfalles, ist der Betroffene auch auf die Möglichkeit einer Vorsorgevollmacht hinzuweisen, § 68 Abs. 1 S.3 2.HS FGG. Hiermit hat der Gesetzgeber zum Ausdruck gebracht, dass die Anordnung der Betreuung auch insofern gegenüber der Vorsorgevollmacht subsidiär ist, als der Betroffene noch während des Verfahrens die Möglichkeit hat, eine Vollmacht zu erteilen.[745] Dies ist grundsätzlich auch im Bereich der Gesundheitssorge möglich. Zu beachten ist allerdings, dass eine Gesundheitsbetreuung dann angezeigt ist, wenn der Betroffene nicht mehr die notwendige Einwilligungsfähigkeit besitzt. Die Einwilligungsfähigkeit ist zwar von der Geschäftsfähigkeit zu unterscheiden, jedoch kann bei einem Betroffenen sowohl die Einwilligungs- als auch die Geschäftsfähigkeit fehlen. Fehlt die Geschäftsfähigkeit, so kann er selbst keine wirksame Vollmacht erteilen, § 105 Abs. 1 BGB.

Von einer persönlichen Anhörung kann unter verschiedenen Voraussetzungen nach § 68 Abs. 2 FGG abgesehen werden. Aber auch hier muss sich das Gericht einen unmittelbaren Eindruck vom Betroffenen verschaffen. Dies wird damit begründet, dass das Gericht seiner Kontrollfunktion gegenüber Gutachter und Sachverständigen gerecht werden muss.[746]

[743] Siehe *Bienwald* § 68 FGG Rnr.56.
[744] Dazu *Damrau/Zimmermann* § 68 FGG Rnr.23.
[745] Vgl. *Bienwald* § 68 FGG Rnr.16.
[746] BT-Drucks. 11/4528 S.172.

Nach § 68 Abs. 2 Nr.1 FGG kann eine Anhörung dann unterbleiben, wenn erhebliche Nachteile für die Gesundheit des Betroffenen zu befürchten sind. Da die persönliche Anhörung Ausfluss eines verfassungsrechtlichen Gebots ist, sind an das Vorliegen erheblicher Nachteile strenge Anforderungen zu stellen. Allein die Tatsache, dass sich der Betroffene über eine gerichtliche Befragung aufregt, genügt nicht.[747] Die Gefahr von gesundheitlichen Nachteilen muss durch ein ärztliches Gutachten festgestellt sein. Ein ärztliches Attest ist hierfür nicht ausreichend.[748]

Nach § 68 Abs. 2 Nr.2 FGG kann das Gericht dann von einer Anhörung des Betroffenen absehen, wenn er nach dem unmittelbaren Eindruck des Gerichts offensichtlich nicht in der Lage ist, seinen Willen kundzutun. Hierbei ist zu berücksichtigen, dass allein der Umstand, dass der Betroffene keine vernünftigen Antworten geben kann oder wegen Sprachstörungen nur schwer verständlich ist, nicht ausreicht.[749] Weiterhin ist auch immer zu überprüfen, ob die Verständigungsunfähigkeit auf einer Medikamenteneinnahme beruht. In diesem Fall ist die Anhörung zu einem späteren Zeitpunkt, ohne Medikamentengabe zu wiederholen.
Unterbleibt die Anhörung nach § 68 Abs. 2 FGG, so ist dem Betroffenen ein Verfahrenspfleger zu bestellen, § 67 Abs. 1 S.2 Nr.1 FGG.

Da ein wichtiges Anliegen der Reform der stärkere Kontakt zwischen Betroffenem und Gericht sowie ein optimale Aufklärung aller entscheidungserheblichen Umstände war, soll sich der erkennende Richter grundsätzlich selbst einen Eindruck vom Betroffenen machen. Die Vornahme derartiger Verfahrenshandlungen kann demnach nur in Ausnahmefällen durch einen ersuchten Richter erfolgen, § 68 Abs. 1 S.4 FGG.

3. Die Einholung von Äußerungen Dritter

In der Regel soll das Gericht vor der Bestellung eines Betreuers dem Ehegatten des Betroffenen, seinen Eltern, Pflegeeltern und Kindern Gelegenheit zur Äußerung geben, § 68 a S.3 FGG.
Der Betroffene kann aber auch selbst verlangen, dass diesen oder anderen ihm nahestehende Personen Gelegenheit zur Äußerung gegeben wird, § 68 a S.4 FGG. Einem solchen Verlangen des Betroffenen hat das Gericht grundsätzlich nachzukommen. Etwas anderes gilt nur dann, wenn durch die Anhörung der genannten Personen das Verfahren erheblich verzögert würde.

---

[747] *Holzhauer/Reimcke* § 68 FGG Rnr.6 nennt als Beispiel einen drohenden Infarkt oder Schlaganfall.
[748] Vgl. *Damrau/Zimmermann* § 68 FGG Rnr.37; *Bienwald* § 68 FGG Rnr.24.
[749] *Damrau/Zimmermann* § 68 FGG Rnr.41.

Wegen der mit § 68 a S.4 FGG gewollten Stärkung des Betroffenen als einem in jeder Hinsicht verfahrensfähigen Verfahrenssubjekt sind an das Vorliegen des Merkmals „erhebliche Verzögerung" strenge Anforderungen zu stellen. § 68 a S.4 FGG kommt bei näherer Betrachtung nur dann Bedeutung zu, wenn das Gericht die Anhörung der Personen als nicht erforderlich betrachtet.[750] Würde man das Merkmal „erhebliche Verzögerung" zu extensiv auslegen, so käme dies einer Herabstufung des Betroffenen zum bloßen Verfahrensobjekt gleich.[751]

4. Das Sachverständigengutachten

Eine Betreuung darf nur auf Grund einer krankheits- oder behinderungsbedingten Unfähigkeit der Erledigung der eigenen Angelegenheiten angeordnet werden. Folglich muss diese krankheits- oder behinderungsbedingte Unfähigkeit festgestellt werden. Da dem Gericht hierfür die erforderliche Sachkenntnis fehlt, ist gemäß § 68 b FGG ein Sachverständigengutachten einzuholen.[752] Zu beachten ist, dass bei der klinisch-psychiatrischen Diagnose, anders als bei der Organmedizin, die wenigsten Befunde durch apparative Untersuchungen objektiviert oder durch messtechnische Verfahren quantifiziert werden können. Trotz aller Fortschritte bei der Entwicklung von operationalisierter und standardisierter Erhebungstechnik, bleibt die psychiatrische Befunderhebung weitgehend dem geschulten Auge und Ohr des Untersuchers überlassen.[753] Grundsätzlich steht die Einholung eines Gutachtens nicht im Ermessen des Gerichts. Auch wenn der Richter durch die persönliche Anhörung des Betroffenen zu der Erkenntnis gelangt ist, dass eine Betreuung erforderlich ist, ist eine Begutachtung nicht entbehrlich.[754] Nur ausnahmsweise genügt nach § 68 b Abs. 1 S.2 FGG ein ärztliches Zeugnis, nämlich dann, wenn die Betreuung auf Antrag erfolgt und eine Begutachtung insbesondere im Hinblick auf den Aufgabenkreis unverhältnismäßig erscheint. In dem sensiblen Bereich der Gesundheitssorge, wo eine Betreuung tief in die persönlichen Rechte des Betroffenen eingreifen kann, ist eine derartige Unverhältnismäßigkeit jedoch kaum vorstellbar.[755]

---

[750] Wenn das Gericht die Anhörung der Personen als der Sachaufklärung dienlich ansieht, ist bereits § 68 a S.3 FGG einschlägig.

[751] Vgl. *Holzhauer/Reinicke* § 68 a FGG Rnr.9.

[752] Vgl. OLG Köln, Beschluss v. 23.02.2000 – 16 Wx 33/00, FamRZ 2001, 310, wonach eine Anhörung des Betroffenen durch den Berichterstatter der Kammer mangels Fachkompetenz nicht ausreicht.

[753] *Fritze*, Die ärztliche Begutachtung, S.719; zur Problematik der Begutachtung psychiatrischer Erkrankungen siehe *Prinz von Sachsen Gessaphe*, Der Betreuer als gesetzlicher Vertreter, S.34 ff.

[754] OLG Stuttgart, Beschluss v. 09.06.1993 – 8W 163, 1993, FamRZ 1993, 1365; OLG Köln, Beschluss v. 23.02.2000 – 16Wx 33/00, FamRZ 2001, 310; *Damrau/Zimmermann* § 68 b FGG Rnr.1.

[755] Weitere Fälle der Entbehrlichkeit der Begutachtung nach § 68 b Abs. 1 S.3 FGG werden vorliegend nicht weiter erörtert.

a) **Inhalt und Durchführung der Begutachtung**

Nach dem Gesetzeswortlaut hat sich das Sachverständigengutachten zu mehreren Fragen zu äußern.
Zunächst ist zu klären, ob die Notwendigkeit besteht, dem Betroffenen einen Betreuer zu bestellen. Wenn eine Betreuung für notwendig angesehen wird, hat sich der Gutachter auch mit der Frage des Umfangs des Aufgabenkreises und der voraussichtlichen Dauer zu befassen, § 68 b Abs. 1 S.5 FGG.
Zu bedenken ist allerdings, dass es sich bei der Frage der Notwendigkeit der Betreuung um eine Rechtsfrage handelt, die strenggenommen nicht Gegenstand einer Beweisaufnahme sein kann. Das Gutachten hat sich demnach im Wesentlichen mit der Darstellung der Art der Krankheit oder Behinderung zu befassen. Es hat darzulegen, was der Betroffene infolge seiner Krankheit oder Behinderung selbst noch kann bzw. nicht mehr kann. Insoweit hat sich die Tätigkeit des Sachverständigen im Rahmen des Betreuungsgesetzes erweitert. Hatte er früher im Entmündigungsverfahren im wesentlichen die Aufgabe der Feststellung der psychischen Krankheit, die pauschal die Entmündigung zur Folge hatte,[756] obliegt dem Sachverständigen heute im Verfahren der Betreuerbestellung nicht nur die Aufgabe der Feststellung der Krankheit oder Behinderung, sondern zudem auch die Beantwortung der Frage, welche Angelegenheiten der Betroffene aufgrund dieser Krankheit bzw. Behinderung nicht mehr selbst besorgen kann.[757] Im Rahmen einer bevorstehenden Gesundheitsbetreuung kommt vor allem der Frage der Einwilligungsfähigkeit eine große Bedeutung zu.[758]
Nach dem Diskussionsentwurf[759] sollte sich das Gutachten auch auf die psychologischen und sozialen Gesichtspunkte erstrecken. Dies wurde vom Gesetz jedoch nicht übernommen. Allerdings wird der Gutachter nicht daran gehindert derartige Aspekte miteinzubeziehen. Weiterhin kann auch die Hilfe der Betreuungsbehörde bei der Ermittlung des sozialen Umfelds in Anspruch genommen werden, § 8 BtBG.

Gemäß § 68 b Abs. 1 S.4 BGB hat der Sachverständige zeitnah vor Erstattung des Gutachtens den Betroffenen persönlich zu untersuchen und zu befragen. Eine Begutachtung nach Aktenlage ist unter keinen Um-

---

[756] Siehe hierzu *Crefeld*, R & P 1986, 82 [86], der damals schon forderte, dass eine Entmündigung als ultima ratio erst dann in Betracht zu ziehen sei, wenn keine Kompensationsmöglichkeiten vorhanden seien, die einen Grundrechtseingriff entbehrlich machten.
[757] Vgl. dazu *Diederichsen*, FS für Henckel S. 125 [130, 134].
[758] Eine detailierte Aufstellung der Fragen an den Sachverständigen findet sich bei *Damrau/Zimmermann* § 68 b FGG Rnr.4; Jürgens § 68 b Rnr.6; beide in Anlehnung an *Crefeld*, FuR 1990, 272 [281].
[759] 1. Diskussions-Teilentwurf S.9.

ständen zulässig.[760] Auch wenn der Betroffene nicht kooperationsbereit ist, darf der Sachverständige sich zur Vorbereitung der Erstellung seines Gutachtens nicht mit einer kurzen Exploration am Fenster begnügen.[761] Der Betroffene hat das Recht, dass ein Beistand bei der Untersuchung durch den Sachverständigen anwesend ist. Dies ergibt sich daraus, dass das Recht nach § 13 FGG nicht auf die Abgabe von Erklärungen oder die Vornahme von Prozesshandlungen gegenüber dem Gericht beschränkt ist. Vielmehr erstreckt es sich auf alle verfahrensbezogenen Maßnahmen, die den Beteiligten treffen.[762] Die bloße Verfügung des Gerichts verpflichtet den Betroffenen jedoch nicht, die Untersuchung an sich vornehmen zu lassen oder an der Befragung mitzuwirken.

Ist der Betroffene allerdings nicht bereit, beim Sachverständigen zur Untersuchung zu erscheinen und reicht dem Sachverständigen die Anwesenheit bei der richterlichen Anhörung nicht für eine Gutachtenerstellung aus, so kann der Betroffene zwangsweise vorgeführt werden, § 68 b Abs. 3 FGG.[763] Zu beachten ist hierbei, dass die Vorführung begrifflich den Einsatz körperlichen Zwangs beinhaltet. Bei der Untersuchung selbst sind jedoch evtl. notwendige körperlichen Eingriffe gegen den Willen des Betroffenen gleichwohl nicht zulässig.[764]

Soweit es für die Erstellung des Gutachtens notwendig ist, kann das Gericht nach § 68 b Abs. 4 FGG die befristete Unterbringung und Beobachtung des Betroffenen anordnen. Voraussetzung dieses erheblichen Eingriffs in die Rechte des Betroffenen ist eine strenge Prüfung des Verhältnismäßigkeitsgrundsatzes. Nur wenn alle anderen Mittel – wie z.B. die Vorführung nach Abs. 3 – nicht zum Erfolg geführt haben oder mit Sicherheit keinen Erfolg versprechen, kann die zwangsweise Unterbringung angeordnet werden.[765]
Eine Anordnung darf nach dem Gesetzeswortlaut erst dann ergehen, nachdem ein Sachverständiger gehört wurde. Die Unterbringung ist nur so lange zulässig, wie sie für die Begutachtung notwendig und erforderlich ist. Sie darf jedoch nicht für mehr als sechs Wochen –längstens drei Monate – erfolgen, § 68 b Abs. 4 S.3, 4 FGG. Diese doch sehr einschneidenden Zwangsmaßnahmen sind vor dem Hintergrund einer bevorstehenden Betreuung als nicht unverhältnismäßig anzusehen.

---

[760] *Damrau/Zimmermann* § 68 b FGG Rnr.8; *Holzhauer/Reinicke* § 68 b Rnr.22; OLG Brandenburg, Beschluss v. 08.05.2000 – 9Wx 7/00, FamRZ 2000, 40.
[761] So OLG Koln, Beschluss v. 23.02.2000 – 16 Wx 33/00, FamRZ 2001, 310.
[762] Siehe Pfalz. OLG Zweibrücken, Beschluss v. 02.03.2000 – 3W 35/00, FGPrax 2000, 109.
[763] Zur Schonung des Betroffen ist die Betreuungsbehörde und nicht der Gerichtsvollzieher zur Vorführung zustandig, da sie hierfür über besonders ausgebildetes Personal verfügt. Siehe BT-Drucks. 11/4528 S.175.
[764] Statt aller *Bienwald* § 68 b FGG Rnr.58.
[765] *Keidel/Kunzte/Winkler-Kuntze* § 68 b FGG Rnr.15.

b) Die Auswahl des Sachverständigen

Anders als die Frage, ob ein Sachverständigengutachten einzuholen ist, steht die Frage der Auswahl des Sachverständigen im Ermessen des Gerichts. Auch zu welchen (Teil-) Fragen sich das Gutachten äußern soll, wird vom Gericht festgelegt. Als Sachverständiger kann nur eine bestimmte natürliche Person, nicht ein Institut oder eine Klinik bestellt werden.[766] Zwar verlangt das Gesetz nicht ausdrücklich ein medizinisches Gutachten, so dass auch ein Psychologe oder ein Pädagoge als Sachverständiger in Betracht kommt. Allerdings handelt es sich bei der Diagnose der Krankheit oder Behinderung um medizinische Gesichtspunkte. Im Rahmen des Verfahrens der Betreuerbestellung wird somit zumeist ein medizinischer Sachverständiger zu beauftragen sein. Wenn eine psychische Krankheit oder eine geistige oder seelische Behinderung im Raume steht, sind in der Regel Fachärzte der Psychiatrie oder Neurologie die geeigneten Sachverständigen.[767] Jedenfalls muss der Sachverständige ein in der Psychiatrie erfahrener Arzt sein, ein Attest des Hausarztes ist jedenfalls nicht ausreichend.[768] Im Hinblick auf die verschiedenen Aspekte einer potentiellen Betreuungsbedürftigkeit können auch mehrere Gutachten von Sachverständigen unterschiedlicher Fachrichtungen eingeholt werden.[769]

5. Das Vorschlagsrecht des Betroffenen

Ein weiteres Element der Stärkung der Stellung des Betroffenen besteht darin, dass ihm hinsichtlich der Person des Betreuers ein (eingeschränktes) Vorschlagsrecht zukommt. Nach § 1897 Abs. 4 BGB ist die Person, die vom Betroffenen vorgeschlagen wird, zum Betreuer zu bestellen, wenn es dem Wohl des Betroffenen nicht widerspricht. Dem Gericht steht insoweit kein Auswahlermessen zu.[770] Selbst wenn ein Verein oder eine Behörde zum Betreuer bestellt wird, sind bei der Übertragung der Betreuungsaufgaben auf einzelne Personen Vorschläge des Betroffenen zu berücksichtigen, § 1900 Abs. 2 S.2, Abs. 4 S.2 BGB.

Der Vorschlag des Betreuungsbedürftigen ist keine Willenserklärung.[771] Demnach sind auch Wünsche eines Geschäftsunfähigen grundsätzlich zu berücksichtigen. Mit dem Vorschlagsrecht soll den Wünschen und In-

---

[766] *Zimmermann*, FamRZ 1991, 270 [273].
[767] *Holzhauer/Reinicke* § 68 b FGG, Rnr.13.
[768] Siehe *Bienwald* § 68 b FGG Rnr.36 m.w.N. aus der Rechtsprechung; *Zimmermann*, FamRZ 1991, 270 [273]; *Rottgen*, Das Betreuungsrecht, S.109.
[769] BT-Drucks. 11/4528 S.175.
[770] BayObLG, Beschluss v. 14.06.1996 – 3Z BR 125/96, FamRZ 1996, 1374.
[771] Einhellige Meinung, siehe nur *Soergel/Zimmermann* § 1897 Rnr.31.

teressen des Betroffenen zur Durchsetzung verholfen werden, unabhängig davon wie stark die Krankheit oder Behinderung den Betroffenen in seiner Lebensgestaltung einschränkt. Ausreichend ist, wenn der Betroffene einen ernsthaften, von seinem natürlichen Willen getragenen Vorschlag unterbreitet.[772] Allerdings dürfen gerade bei geistig Behinderten an die Ernsthaftigkeit einer Erklärung keine überspannten Anforderungen gestellt werden. Notwendig ist nach der Ansicht der Rechtsprechung aber dennoch eine eigene Erklärung des Betroffenen. Weder ja/nein-Antworten auf Fragen des Richters, noch Erklärungen des Verfahrenspflegers können die Bindungswirkung des § 1897 Abs. 4 BGB auslösen, denn der Vorschlag ist eine vom Betreuungsbedürftigen selbst formulierte Erklärung.[773] Der Betroffene kann einen Vorschlag jederzeit widerrufen und ändern.[774] Auch ein vor Einleitung des Betreuungsverfahrens gemachter Vorschlag ist für das Gericht bindend, § 1897 Abs. 4 S.3 BGB. Eine Abweichung ist allerdings dann zulässig, wenn der Betroffene erkennbar an seinem Vorschlag nicht mehr festhalten möchte. Auch der Widerruf einer Betreuungsverfügung setzt insoweit keine Geschäftsfähigkeit voraus.[775]

Da das Vorschlagsrecht des Betroffenen in § 1897 BGB geregelt ist, kommt ihm nur hinsichtlich dem Vorschlag einer natürlichen Person Bindungswirkung zu. Die Betreuung durch eine Körperschaft ist nach § 1900 BGB eindeutig subsidiär. Daran ändert auch ein Wunsch des Betroffenen nichts. Schlägt der Betroffene einen bestimmten Verein als Betreuer vor, so ist das Gericht hieran nicht gebunden.[776]
Allerdings kann der Betroffene einen bestimmten Vereins- oder Behördenbetreuer vorschlagen, § 1900 Abs. 2 S.2, Abs. 4 S.2 BGB. Willigt der Verein bzw. die Behörde in die Bestellung ein, ist das Gericht an den Vorschlag gebunden.[777]

Schlägt der Betroffene vor, eine bestimmte Person nicht zum Betreuer zu bestellen, so soll hierauf nach § 1897 Abs. 4 S.2 BGB Rücksicht genommen werden. Anders als das positive Vorschlagsrecht, bindet die Ablehnung das Gericht aber nicht in so strenger Weise. Der Betroffene soll durch die Ablehnung mehrerer in Betracht kommenden Personen die Betreuung nicht insgesamt verhindern oder verzögern können.[778] Allerdings muss berücksichtigt werden, dass sich ein für eine sinnvolle Be-

---

[772] Vgl. OLG Hamm, Beschluss v. 30.05.1996 - 15 W 122/96, FamRZ 1996, 1372.
[773] OLG Hamm, Beschluss v. 30.05.1996 - 15 W 122/96, FamRZ 1996, 1372 [1373]; *Soergel/Zimmermann* § 1897 Rnr.32.
[774] Statt aller *MünchKomm/Schwab* § 1897 Rnr.18.
[775] Siehe *MünchKomm/Schwab* § 1897 Rnr.19.
[776] Allgemeine Meinung, siehe nur BayObLG, Beschluss v. 26.11.1997 – 3Z BR 422/97, FamRZ 1999, 52 [52,53].
[777] H.M. statt aller *Damrau/Zimmermann* § 1897 Rnr.10.
[778] Statt aller *Damrau/Zimmermann* § 1897 Rnr.13.

Betreuung erforderliches Vertrauensverhältnis meist nicht herstellen lässt, wenn der Betreute den Betreuer ablehnt. Demnach kommt dem negativen Vorschlag des Betroffenen im Rahmen der Abwägung bei der Auswahl des Betreuers besonderes Gewicht zu.[779] Das Gericht hat darauf zu achten, ob der Widerstand gegen eine bestimmte Person nicht lediglich Ausdruck einer Ablehnung der Betreuung an sich darstellt. Jedenfalls müssen im Einzelfall die spezifischen Reaktionsweisen der verschiedenen Behinderungen und Erkrankungen richtig gedeutet werden.

Eine Bindung des Gerichts entfällt jedoch, wenn der Vorschlag dem Wohl des Betroffenen zuwiderläuft. Dies ist zunächst dann der Fall, wenn die Person an sich nicht zum Betreuer geeignet ist.[780] Da den Wünschen des Betreuten bezüglich der Person des Betreuers besonderes Gewicht zukommt, ist das Gericht verpflichtet, diese nach Möglichkeit zu erfüllen. Ist der Betroffene hinsichtlich der Besorgung mehrerer Angelegenheiten betreuungsbedürftig, so muss geprüft werden, ob die vorgeschlagene Person nicht wenigsten für einen Teil der Aufgabenkreise als Betreuer bestellt werden kann.[781] Schlägt beispielsweise der Betroffene einen nahen Angehörigen zum Betreuer vor und ist dieser wegen Interessenkollisionen hinsichtlich der Vermögenssorge als ungeeignet anzusehen, so ist dennoch zu prüfen, ob er als Betreuer für den Aufgabenkreis Gesundheitssorge bestellt werden kann.

Hat die vorgeschlagene Person keinerlei Interesse an der Übernahme des Amtes, ist sie gebrechlich oder selbst betreuungsbedürftig, so kommt sie als Betreuer nicht in Betracht.[782] Allein der Umstand, dass die vorgeschlagene Person ihren Wohnsitz in großer Entfernung vom Wohnort des Betroffenen hat, steht ihrer Eignung grundsätzlich nicht entgegen. Es muss allerdings im konkreten Einzelfall überprüft werden, ob eine persönliche Betreuung im erforderlichen Umfang möglich ist.[783] Kleinere Spannungen, Interessenkonflikte von geringerem Gewicht oder auch der Umstand, dass ein Dritter als Betreuer als geeigneter erscheint, reichen jedoch nicht aus, um den Willen des Betroffenen zu entkräften.[784]

Lebt der Betroffene in einem Heim, so kommt es in der Praxis nicht selten vor, dass er eine Pflegekraft als Betreuer vorschlägt, zu der er ein besonderes Vertrauensverhältnis aufgebaut hat. Dem Wunsch des Be-

---

[779] Siehe *Bienwald* § 1897 Rnr.59.
[780] Vgl. oben 1. Kapitel I. 4., 5.
[781] So OLG Dusseldorf, Beschluss v. 07.02.2000 – 25 Wx 65/99, FamRZ 2000, 1536.
[782] *Schwab*, FamRZ 1992, 493 [501].
[783] Vgl. OLG Koln, Beschluss v. 06.10.1995 – 16 Wx 144/95, FamRZ 1996, 506.
[784] *Schwab*, FamRZ 1990, 681 [685]; BayObLG, Beschluss v. 14.06.1996 – 3Z BR 125/96, FamRZ 1996, 1374 [1375]; so auch BayObLG, Beschluss v. 26.03.1998 – 4Z BR 33/98, FamRZ 1999, 53.

troffenen kann aber dann nicht entsprochen werden, wenn die vorgeschlagene Person gemäß § 1897 Abs. 3 BGB nicht zum Betreuer bestellt werden darf. Die Vorschrift dient der Vermeidung von Interessenkonflikten. Als absoluter Ausschlussgrund belässt die Vorschrift dem Gericht auch keinen Ermessensspielraum.[785] Ist ein naher Angehöriger des vorgeschlagenen Betreuers in der Einrichtung, in der der Betroffene wohnt oder untergebracht ist, beschäftigt, so kann der Vorgeschlagene nach § 1897 Abs. 3 BGB von der Übernahme einer Betreuung ausgeschlossen sein. Zwar begründet die Verwandtschaft oder Ehe mit einer nach § 1897 Abs. 3 BGB ausgeschlossenen Person für sich gesehen nicht ein enges Verhältnis zu der Einrichtung im Sinne der Vorschrift. Allerdings muss in derartigen Fällen konkret geprüft werden, inwieweit eine solche enge Beziehung entstehen könnte. Dies kann u.a. dann der Fall sein, wenn nicht ausgeschlossen werden kann, dass für den Betreuer bei der Durchsetzung der Interessen des Betroffenen gegenüber der Einrichtung infolge der Rücksichtnahme auf den Angehörigen, der zu dieser Einrichtung in einem Abhängigkeitsverhältnis steht, Konfliktsituationen entstehen können. Dann besteht die Gefahr, dass sich Entscheidungen des Betreuers nicht mehr ausschließlich am Wohl des Betroffenen orientieren. Ist eine solche enge Beziehung im Sinne des § 1897 Abs. 3 BGB zu bejahen, so kommt dem Vorschlag des Betroffenen keine Bindungswirkung im Sinne von § 1897 Abs. 4 BGB zu.[786]

6. Das Schlussgespräch

Gemäß § 68 Abs. 5 FGG ist das Ergebnis der Anhörung, das Sachverständigengutachten, der Umfang des Aufgabenkreises und die Frage, wer als Betreuer in Frage kommt, mit dem Betroffenen in einem Schlussgespräch zu erörtern. Dadurch soll gewährleistet werden, dass die Interessen des Betroffenen durch Erörterung der Beweisaufnahme und der mit der Betreuung zusammenhängenden Fragen vor Erlass einer Entscheidung zur Geltung gebracht werden können und der Betroffene so auf die Entscheidung Einfluss nehmen kann.[787]
Da das Schlussgespräch durchgeführt werden soll, wenn es der Wahrung rechtlichen Gehörs oder der Sachaufklärung dient, ist es in aller Regel geboten ein solches zu führen. In der Praxis wird nach den Erfahrungen *Zimmermann*s meist von der Möglichkeit Gebrauch gemacht, die Anhörung und das Schlussgespräch in einem Termin durchzuführen, § 68 Abs. 5 S.2 FGG.[788]

---

[785] Siehe BayObLG, Beschluss v. 25.06.1998 – 4Z BR 67/98, FamRZ 1999, 50.
[786] So BayObLG, Beschluss v. 25.06.1998 – 4Z BR 67/98, FamRZ 1999, 50 [51].
[787] BT-Drucks. 11/4528 S 173.
[788] *Damrau/Zimmermann* § 68 FGG Rnr.51, der entgegen der anderen Literaturmeinung dem Schlussgesprach keine großere Bedeutung zuschreibt, da in der Regel keine neuen Erkenntnisse gewonnen werden und sich die Erörterungspflicht schon aus Art. 103 GG und § 12 FGG ergibt.

7. Die Betreuerbestellung gegen den Willen des Betroffenen

Voraussetzung einer Betreuerbestellung ist nach § 1896 BGB, dass ein psychisch Erkrankter oder ein geistig oder seelisch Behinderter infolge seiner Krankheit oder Behinderung nicht in der Lage ist, seine Angelegenheiten eigenständig zu erledigen. Der sich aus dem Sozialstaatsprinzip ergebende Handlungsauftrag, mit dem sozialstaatlichen Ziel der Früsorge für hilfsbedürftige psychisch kranke Bürger, konnte nicht ohne die verschiedensten Eingriffe in grundrechtlich geschützte Positionen des Betroffenen verwirklicht werden. Einen Grad der Krankheit oder Behinderung, ab dem ein Eingriff in die Rechte des Betroffenen zulässig ist, hat das Gesetz allerdings nicht festgelegt.
Da § 1896 BGB auch nicht die Einwilligung des Betroffenen zur Betreuung voraussetzt, stellt sich die Frage, ab welchem Grad der Krankheit oder Behinderung dem Betroffenen auch gegen seinen Willen ein Betreuer bestellt werden kann.

Eine Zwangsbetreuung soll dann möglich sein, wenn beim Betroffenen die Fähigkeit zur Selbstbestimmung ausgeschlossen ist.[789] Ob dafür die Geschäftsfähigkeit, die Einwilligungsfähigkeit oder lediglich der natürliche Wille maßgeblich sein soll, kann letztlich dahingestellt bleiben, da eine solche pauschalierte Betrachtungsweise der Intention des Betreuungsrechtes zuwiderlaufen würde. Mit dem Betreuungsrecht sollte gerade - im Gegensatz zu den starren Regelungen der Entmündigung - die Möglichkeit geschaffen werden, je nach Einzelfall zu entscheiden, in welchem Umfang dem Betroffenen ein Betreuer bestellt wird und in welchem Bereich private Hilfe ausreicht. Die starre Grenze der Geschäftsfähigkeit kann demnach nicht ausschließlich als Eingriffsschwelle für eine Zwangsbetreuung angesehen werden; zumal das Betreuungsgesetz selbst nicht auf die Geschäftsfähigkeit abstellt.

Andererseits ist natürlich nicht zu übersehen, dass demjenigen, der die Fähigkeit besitzt, seinen Willen frei zu bestimmen und damit geschäftsfähig ist, auch grundsätzlich das Recht zusteht, sein Leben selbst zu gestalten. Er hat ein grundgesetzlich festgeschriebenes Recht, dass in seine Autonomie nicht eingegriffen wird, Art. 2 GG. Diese Freiheit von staatlichem Zwang besteht nicht nur zu sozial gewünschtem Verhalten.[790] Aus diesem Grund kann einem Geschäftsfähigen nicht ohne weiteres ein Betreuer bestellt werden.
Zu beachten ist jedoch, dass die Geschäftsfähigkeit nach Ansicht der Rechtsprechung[791] unabhängig von der Schwierigkeit des zu tätigenden

[789] Allgem. Ansicht vgl. *Soergel/Zimmermann* § 1896 Rnr.31.
[790] *Erman/Holzhauer*, 10. Aufl., § 1896 Rnr.29.
[791] Nachweis bei *Palandt/Heinrichs* § 104 Rnr.6; für die Anerkennung einer relativen Geschäftsfähigkeit *Soergel/Zimmermann* § 1896 Rnr.25.

Geschäfts beurteilt wird.[792] Lediglich in besonderen Ausnahmefällen wird für bestimmte Bereiche von einer sog. partiellen Geschäftsunfähigkeit ausgegangen.[793]
In Bezug auf die Frage, wann eine Betreuungsanordnung auch gegen den Willen des Betroffenen möglich ist, kann aber nicht der selbe Maßstab angelegt werden. Wie bei der Einwilligungsfähigkeit, die bei leichteren Behandlungen bejaht, bei komplizierten Operationen vereint werden kann, muss auch bei der Bestellung eines Betreuers gegen den Willen des Betroffenen geprüft werden, ob die erklärte Weigerung von der geistigen (od. krankhaften) Störung in der Weise beeinflusst wird, dass eine freie Willensbildung in dieser Hinsicht ausgeschlossen werden kann.[794]
Ist der Betroffene krankheits- oder behinderungsbedingt nicht in der Lage seine gesundheitlichen Angelegenheiten selbst zu besorgen und wehrt er sich bei genereller Bejahung seiner Geschäftsfähigkeit gegen eine Betreuerbestellung mit dem Aufgabenkreis Gesundheitssorge, so muss geprüft werden, ob seine diesbezüglichen Erklärungen als frei verantwortet und selbstbestimmt angesehen werden können. Ist der Betroffene hinsichtlich der die Betreuerbestellung betreffenden Angelegenheiten als relativ geschäftsunfähig anzusehen, kann ihm auch gegen seinen Willen ein Betreuer bestellt werden.[795] [796]

[792] Vgl. *Erman/Holzhauer*, 10. Aufl., § 1896 Rnr.34 mit dem Beispiel, dass sich die Fähigkeit zum Kauf einer Zeitung nicht anders beurteilt als die Fähigkeit ein größeres Unternehmen zu führen. Siehe hierzu aber die Bestrebungen des Bundesjustizministerium „Zur Verbesserung der rechtlichen Stellung geistig behinderter Menschen" v. 27.01.1999, wonach den Bedürfnissen geistig Behinderten Menschen dadurch besser Rechnung getragen werden soll, indem Geschäfte des täglichen Lebens mit geringwertigen Mitteln rechtswirksam bewirkt werden sollen. Nachzulesen unter www.ruhr-uni-bochum.de/zme/Lexikon/betreuungsreform.

[793] So bejaht in der Rechtsprechung, in Fällen von Querulantenwahn für die Prozessführung, bei krankhafter Eifersucht für Fragen der Ehe oder bei Rentenneurosen, Nachweis bei *Palandt/Heinrichs* § 104 Rnr.6.

[794] Siehe *Dröge*, FamRZ 1998, 1209 [1210, 1211] m.w.N.; BayObLG, Beschluss v. 11.04.2001 – 3Z BR 83/01, FamRZ 2001, 1244; LG Freiburg, Beschluss v. 25.02.2000 – 4T 349 u. 350/99, NJW-RR 2001, 146 [147].

[795] So auch *Droge*, FamRZ 1998, 1209 [1211].

[796] Wurde gegen den Willen des Betroffenen eine Betreuung angeordnet, hat er die Möglichkeit, gegen die Entscheidung (unbefristete) Beschwerde einzulegen, vgl. §§ 19, 20 FGG und dazu *Soergel/Zimmermann* § 1896 Rnr.123; *Keidel/Kuntze/Winkler- Kahl* § 20 FGG Rnr.61.

III. Nach der Betreuerbestellung

1. Die Stellung des Betreuten

Wie schon erwähnt wird eine Betreuung unabhängig von der Geschäftsfähigkeit des Betroffenen angeordnet. War der Betreute vor Betreuerbestellung geschäftsfähig, so bleibt er es auch. Der Betreute kann somit auch nach erfolgter Betreuerbestellung uneingeschränkt rechtsgeschäftlich tätig werden. Etwas anderes gilt nur dann, wenn ein Einwilligungsvorbehalt nach § 1903 BGB angeordnet wurde.[797]

Auch bei angeordneter Betreuung mit Aufgabenkreis Gesundheitssorge steht es dem geschäftsfähigen Betreuten nach wie vor frei Pflegeverträge, Krankentransportverträge oder Arztverträge selbst wirksam abzuschließen. Der Betreuer erhält diese Zuständigkeit über § 1902 BGB nicht an Stelle des Betreuten, sondern neben ihm.[798]

Da die Betreuung mit Aufgabenkreis Gesundheitssorge dann angezeigt ist, wenn der Betroffene diese Angelegenheiten nicht besorgen kann, spricht eine Vermutung dafür, dass dem Betroffenen – jedenfalls hinsichtlich nicht ganz einfacher medizinischer Maßnahmen – die notwendige Einwilligungsfähigkeit fehlt. Dennoch hat der Arzt (oder jeder andere Behandelnde) vor jeder Maßnahme die konkrete Einwilligungsfähigkeit des Betroffenen zu überprüfen.[799] Ist der Betreute einwilligungsfähig, ist allein seine Entscheidung maßgeblich. Sie kann nicht durch eine Erklärung des Gesundheitsbetreuers ersetzt oder abgeändert werden. Denn wenn der Betreute selbst zu einer Handlung oder Entscheidung in der Lage ist, ist eine Betreuung in dieser konkreten Angelegenheit nicht erforderlich.

Ist der Betreute einwilligungsunfähig, so ist er dennoch nicht dem Gutdünken des Betreuers ausgesetzt. Dem Betreuer obliegt zwar die Aufgabe die Angelegenheiten des Betreuten zu besorgen, er ist aber gemäß § 1901 Abs.3 BGB verpflichtet, den Wünschen des Betreuten zu entsprechen.[800]

---

[797] Zu den zivilrechtlichen und öffentlich-rechtlichen Folgen einer Betreuerbestellung siehe *Staudinger/Bienwald* § 1896 Rnr.167 ff.

[798] Zur Konfliktlosung bei mehrfachen Vertragsabschlüssen siehe oben 1. Kapitel II. 3. b) (1).

[799] Eingehend hierzu 3. Kapitel II.

[800] Zur Bindungswirkung der Wunsche für den Betreuer siehe oben 1. Kapitel II. 3. d).

2. Die Einwilligungsfähigkeit des Betreuten

Die Bestellung eines Betreuers für den gesundheitlichen Bereich ist grundsätzlich ein Indiz für die Einwilligungsunfähigkeit des Betroffenen.[801] Denn wäre er in der Lage seine gesundheitlichen Angelegenheiten selbst zu regeln, würde eine Betreuung mangels Erforderlichkeit nicht in Betracht kommen. Ist beispielsweise eine Gesundheitsbetreuung nur für den nervenärztlichen Bereich angeordnet, so spricht viel dafür, dass der Betroffene hinsichtlich der Einwilligung in die Einnahme von Psychopharmaka nicht einwilligungsfähig ist, für andere gesundheitliche Bereiche ist er mangels anderweitiger Anhaltspunkte als einwilligungsfähig anzusehen. Wie *Amelung* zutreffend ausführt, verzerrt ein krankheits- oder behinderungsbedingter Defekt das Wertesystem oft nur durch die Über- oder Unterbewertung eines bestimmten Gutes. Demnach ist es voreilig, den Betroffenen als einwilligungsunfähig anzusehen, wenn es um Entscheidungen geht, die das über- oder unterbewertete Gut unberührt lassen.[802]
Zu beachten ist mithin, dass mit der Betreuerbestellung für den gesundheitlichen Bereich dem Betreuten die Einwilligungsfähigkeit nicht per se abgesprochen wird. Vielmehr ist bei jeder anstehenden Maßnahme zu prüfen, in wieweit der Betroffene in der Lage ist, selbst eine rechtswirksame Entscheidung zu treffen.[803]

Bei der Behandlung eines psychisch Kranken ist zu bedenken, dass sein Zustand nicht zwangsläufig konstant ist. Zwar muss ihm während einer hoch psychotischen Phase die Einwilligungsfähigkeit abgesprochen werden, fragt man ihn hingegen in einem lichteren Zeitraum, ob er der Behandlung im nächsten Schub zustimme, kann er sehr wohl über die Tragweite und Risiken der Behandlung entscheiden. Eine solche vorweggenommene Aufklärung und Einwilligung ist im Interesse des Betreuten einer fremdbestimmten Entscheidung des Betreuers vorzuziehen.[804] Der Betreuer hat in einem solchen Fall die Aufgabe, auf der Grundlage des entstandenen Vertrauensverhältnisses auf eine solche Therapieform hinzuwirken und eine rechtzeitige Aufklärung des Betreuten durch den Arzt zu veranlassen.
Allerdings steht dem Betreuten auch das Recht zu, die Zustimmung jederzeit zu widerrufen. Voraussetzung ist hierfür aber die notwendige Einsichts- und Steuerungsfähigkeit,[805] da sonst jede im konkreten Schub gemachte abwehrende Äußerung als Widerruf der antizipierten Einwilligung auszulegen wäre.

[801] *MunchKomm/Schwab* § 1904 Rnr.6.
[802] *Amelung*, R & P 1995, 20 [26].
[803] Zur Prüfung der Einwilligungsfahigkeit durch den Arzt siehe unten 3. Kapitel I. 1.
[804] Vgl. *Deutsch*, Medizinrecht, Rnr.468.
[805] *Deutsch*, Medizinrecht, Rnr.468; *Amelung*, R & P 1995, 20 [26].

Auch die zivilrechtliche Unterbringung nach § 1906 BGB wirkt sich nicht auf die Einwilligungsfähigkeit aus.[806] Ist der Betreute in der Lage, dem ärztlichen Aufklärungsgespräch zu folgen und Wesen, Bedeutung und Tragweite der Behandlungsmaßnahme zu erfassen, kommt es allein auf seine Einwilligung an. Der Betreuer ist dann nicht befugt, an Stelle des untergebrachten Betreuten zu entscheiden. Nur wenn dem Betreuten die notwendige Einsichts- und Steuerungsfähigkeit fehlt, steht dem Betreuer die Entscheidungsbefugnis zu. Letzteres wird in den Fällen einer Unterbringung nach § 1906 Abs. 1 Nr.2 BGB aber meist der Fall sein.

3. Die Akteneinsicht durch den Betroffenen

Da eine anonyme Verwaltung von „Betreuungsfällen" mit dem Betreuungsgesetz vermieden werden soll, die Wünsche des Betreuten beachtet werden sollen und dem Betreuten ein weitgehend eigenverantwortliches Leben ermöglicht werden soll, muss ihm auch das Recht zuteil werden, sich Kenntnis über die ihn betreffenden Angelegenheiten zu verschaffen.

a) Einsicht in die Betreuungsakte

Der Betreute kann ein Interesse daran haben, in die Akten des Gerichts oder aber des Betreuers Einsicht zu nehmen.
Die Zulässigkeit der Einsichtnahme in Gerichtsakten bestimmt sich nach § 34 FGG. Danach ist jedem die Einsicht in Gerichtsakten zu gestatten, der daran ein berechtigtes Interesse hat.[807]

Etwas schwieriger ist die Frage nach dem Einsichtsrecht des Betreuten in die Handakte des Betreuers zu beantworten. Der Betreuer hat zwar während seiner Tätigkeit dem Vormundschaftsgericht auf Verlangen jederzeit Auskunft zu erteilen (§ 1838 i.V.m. § 1908 i BGB), zudem hat er mit dem Betreuten auch wichtige Angelegenheiten zu besprechen (§ 1901 Abs. 3 S.3 BGB). Inwieweit der Betreute aber berechtigt ist, in die Akten des Betreuers Einsicht zu nehmen und ob der Betreuer verpflichtet ist einem derartigen Verlangen nachzukommen, ist im Gesetz nicht ausdrücklich geregelt.
Deinert will deshalb § 68 Abs. 3 SBG VIII – der das Akteneinsichtsrecht des Mündels regelt - analog anwenden.[808]

---

[806] *Eberbach*, MedR 1993, 133 [134, 139]; *Ukena*, MedR 1992, 202.

[807] Nach OLG Dusseldorf, Beschluss v. 24.03.1996 – 25 Wx 58, 64/95, OLGR Düsseldorf 1997, 11 hat der Betreute als Verfahrensbeteiligter grundsätzlich ein berechtigtes Interesse an der Akteneinsicht und der Erteilung von Abschriften. Auch dem anwaltlichen Vertreter des Betreuten ist grundsätzlich Akteneinsicht zu gewahren, LG Münster, Beschluss v. 30.07.1998 – 5T 608/98, Rpfleger 1998, 516.

[808] *Deinert*, Handbuch der Betreuungsbehörde, S.109.

Dem muss jedoch entgegengehalten werden, dass es sich bei der Amtsvormundschaft oder Amtspflegschaft um eine andere Interessen- und Beziehungslage der Beteiligten handelt.[809]
Mit § 1890 i.V.m. § 1908 i Abs. 1 S.1 BGB ist zwar geregelt, dass der Betreuer am Amtsende zur Rechenschaftslegung und Herausgabe des Vermögens verpflichtet ist. Daraus für den gesundheitlichen Bereich während der Betreuertätigkeit ein Akteneinsichtsrecht zu konstruieren wäre allerdings zu weitgehend.
Andererseits ist zu bedenken, dass der Betreuer als gesetzlicher Vertreter des Betreuten an Wünsche und Wohl des Betreuten gebunden ist und dass die selbst organisierte Wahrnehmung der eigenen Angelegenheiten grundsätzlich Vorrang vor einer Besorgung durch den Betreuer hat. Dies alles lässt nach *Bienwald* den Schluss zu, im Verhältnis zwischen Betreuer und Betreutem eine dem Auftragsverhältnis ähnliche Beziehung zu sehen und auf die Bestimmungen des Auftragsrechts – insbesondere § 667 BGB – zurückzugreifen. Wenn schon die Herausgabe der Akten nach Aufhebung der Betreuung nach § 667 BGB möglich sei, so bestünde auch kein Grund, dem Betreuten die Einsicht zu verwehren, während die Betreuung noch besteht.[810]

Auch wenn man nicht so weit gehen will, ein Akteneinsichtsrecht aus § 667 BGB herzuleiten, so wird man auch im Hinblick auf die Zielsetzungen des Betreuungsrechts ein Akteneinsichtsrecht des Betreuten bejahen müssen. Der Betreute kann nicht nur Wünsche hinsichtlich der Wahl des Betreuers, sondern auch hinsichtlich der Ausführung der Betreuung äußern. Folglich kann in einem derartigen Wunsch das Verlangen nach Einsichtnahme in die Betreuungsakte zum Ausdruck kommen. Bestehen keine ernstlichen, das Wohl des Betreuten betreffenden, Hinderungsgründe, muss der Betreuer einem solchen Verlangen auch nachgehen, will er das bestehende Vertrauensverhältnis nicht gefährden. Aus Zumutbarkeitsgesichtspunkten ist eine endgültige Verweigerung der Einsichtnahme von Seiten des Betreuers nicht denkbar. Lediglich einer sofortigen Einsichtnahme kann der Betreuer mangels Zumutbarkeit widersprechen. Ihm muss die Möglichkeit eingeräumt werden, die Akten zu ordnen und auf den neuesten Stand zu bringen.

Weiterhin stellt sich die Frage, was die Akten zu beinhalten haben. Da die rechtliche Betreuung eine fremdnützige Besorgung der Angelegenheiten des Betreuten ist, haben die Akten auch nur den Aufgabenkreis des Betreuers betreffende Schriftstücke zu enthalten. Wie bei Patienten-

---

[809] So *Bienwald* § 1901 Rnr.66.
[810] *Bienwald* § 1901 Rnr.67, 68.

akten, können persönliche Ansichten des Betreuers oder vertrauliche Informationen nicht Gegenstand der Betreuungsakte sein.[811]

b) Einsicht in die Patientenakte

Mit seinem Urteil aus dem Jahre 1978 hat der Bundesgerichtshof die Führung ordnungsgemäßer Krankenunterlagen als eine dem Arzt dem Patienten gegenüber obliegende Pflicht anerkannt.[812] In einer weiteren Entscheidung aus dem Jahre 1983 hat er dem Patienten das Recht zugesprochen auch außerhalb eines Rechtsstreits Anspruch auf Einsicht in die ihn betreffenden Krankenunterlagen zu haben, soweit sie Aufzeichnungen über objektive physische Befunde und Berichte über Behandlungsmaßnahmen (Medikation, Operation, etc.) betreffen.[813]

Dieses außerprozessuale Einsichtsrecht[814] findet seine rechtliche Begründung in einer ungeschriebenen arztvertraglichen Nebenpflicht (§ 242 BGB). Dieser zusätzliche Vertragsanspruch lässt sich dem durch grundrechtliche Wertungen geprägten Selbstbestimmungsrecht und der personalen Würde des Patienten entnehmen, die es verbietet, ihm im Rahmen der Behandlung nur die Rolle eines bloßen Objekts zuzuweisen.[815]
Zwar ist es möglich, dass die Einsicht in die Krankenakte das Befinden des Patienten verschlechtert, jedoch kann dies nicht zu einer grundsätzlichen Verweigerung des Einsichtsrechtes führen. Nach überwiegender Auffassung hat der Arzt in Ausnahmefällen das Recht, aus therapeutischen Gründen[816] die Einsichtnahme auf bestimmte Informationen zu beschränken.[817] Gerade bei psychisch kranken Personen, kann das Ziel der psychiatrischen Behandlung durch die Bekanntgabe der Krankengeschichte gefährdet werden. Der Arzt muss in einem solchen Fall seine Gründe für die Verweigerung der Einsichtnahme näher darlegen. Nicht ausreichend ist, dass er die Einsichtnahme ausschließlich mit der Be-

---

[811] So auch *Bienwald* § 1901 Rnr.69.
[812] BGH, Urteil v. 27.06.1978 – VI ZR 183/76, NJW 1978, 2337 [2338].
[813] BGH, Urteil v. 23.11.1982 – VI ZR 222/79, NJW 1983, 328; kritisch zu dieser Entscheidung *Baur*, R & P 1983, 10 [11] und *Stalinski*, BtPrax 2001,54 [56] der darauf hinweist, dass es gerade die subjektiven Aufzeichnungen des Arztes sind, die für den Patienten von Interesse sind, sei es um die Krankheit aufzuarbeiten oder aber um eine Fehldiagnose nachzuweisen.
[814] Davon zu unterscheiden ist das vorprozessuale und das prozessuale Einsichtsrecht, siehe *Laufs/Uhlenbruck* § 60 Rnr.6 und 8.
[815] Vgl. BGH, Urteil v. 23.11.1982 – VI ZR 222/79, NJW 1983, 328 [328, 329]; siehe auch *Nüßgens*, FS für Boujong, S.840; zum Umfang und der praktischen Durchführung siehe *Stalinski*, BtPrax 2001, 54 [58 f.].
[816] Nach *Stalinski*, BtPrax 2001, 54 [57] nimmt der Streit u n das therapeutische Privileg „beinahe Züge eines Glaubenskrieges an".
[817] BGB-RGRK/*Nüßgens* § 823 Anh. II Rnr.278.

gründung verweigert, es bestehe die Gefahr, dass sich der Antragsteller durch die Einsichtnahme gesundheitlich schädige.[818]

Im Rahmen des Betreuungsrechts bedeutet dies, dass grundsätzlich jeder Betreute ein Recht auf Einsichtnahme in seine Krankenunterlagen hat. Dass er evtl. gar nicht in der Lage ist, die medizinischen und technischen Aufzeichnungen zu verstehen, steht dem nicht entgegen.[819] Geschäftsfähigkeit ist demnach nicht erforderlich.
Handelt es sich allerdings um einen psychisch kranken Betreuten, so kann ihm im Einzelfall eine Einsichtnahme verweigert werden.

Weiterhin ist dem Betreuten in gleicher Weise wie bei seinen Krankenunterlagen ein Einsichtsrecht in die Aufzeichnungen des Alten- oder Pflegeheimes zu gewähren.[820] Auch das Heim unterliegt der vertraglichen Nebenpflicht, die durchgeführten Pflegemaßnahmen umfassend zu dokumentieren.

Dem Gesundheitsbetreuer als gesetzlichem Vertreter des Betreuten steht das Einsichtsrecht hingegen zu, wenn es für die Betreuung erforderlich ist. Wird es dem Patienten aus therapeutischen Gründen verweigert, kann es dem Betreuer nicht versagt werden.[821]

4. Rechtliche Möglichkeiten bei Ablehnung von Betreuermaßnahmen

Im Bereich der Gesundheitssorge hat der Betreuer Aufgaben wahrzunehmen, die dem persönlichen Bereich des Betreuten zuzuordnen sind und einen entscheidenden Einfluss auf die Lebensführung des Betreuten haben können. Ist der Betreute mit einer Vorgehensweise seines Betreuers nicht einverstanden, so stellt sich die Frage, wie er sich dagegen zur Wehr setzen kann.

---

[818] Siehe BGH, Urteil v. 06.12.1988 – VI ZR 76/88, BGHZ 106, 146 (LS); BVerwG, Urteil v. 27.04.1989 – 3 C 4.86, BVerwGE 82,45 (LS); gegen eine Verweigerung der Akteneinsicht *Dörner*, R & P 1983, 13; für ein uneingeschränktes Einsichtsrecht auch *Stalinski*, BtPrax 2001, 54 ff.

[819] So schon BGH, Urteil v. 23.11.1982 – VI ZR 222/79, NJW 1983, 328 [329].

[820] Z.T. ist ein solcher Anspruch in den verwendeten Musterverträgen ausdrücklich enthalten, vgl. etwa § 17 Abs.3 S.2 des Mustervertrages des Bundesverbandes privater Alten- und Pflegeheime e.V. (Stand 0101.1998). Nachweis bei *Stalinski*, BtPrax 2001, 54 [58].

[821] So auch *Stalinski*, BtPrax 2001, 54 [57].

a) Die Anregung zu gerichtlichem Einschreiten

Hat der Betreuer beispielsweise in eine Behandlung mit Psychopharmaka eingewilligt und ist der Betreute – von seiner Einwilligungsfähigkeit überzeugt – der Ansicht, dass eine solche Behandlung nicht erforderlich ist, muss er die Möglichkeit haben, dies prüfen zu lassen.

Ein ausdrückliches Beschwerde- oder Antragsrecht steht dem Betreuten insoweit nicht zur Seite. Allerdings bestimmt § 1837 Abs. 2 S.1 BGB, der über § 1908 i Abs. 1 BGB Anwendung findet, dass das Vormundschaftsgericht über die gesamte Tätigkeit des Betreuers Aufsicht führt und gegen Pflichtwidrigkeiten durch geeignete Gebote und Verbote einzuschreiten hat. Hat der Betreute demnach Zweifel an der pflichtgemäßen Führung der Betreuung, kann er dies dem Gericht mitteilen. Erfährt das Gericht auf diesem Wege von einem Sachverhalt, so hat es von Amts wegen nach § 12 FGG zu ermitteln und ggf. die notwendigen Gebote oder Verbote zu erlassen.[822]

Voraussetzung für das Einschreiten des Gerichts gemäß § 1837 Abs. 2 S.1 BGB ist eine Pflichtwidrigkeit des Betreuers. Eine solche liegt u.a. dann vor, wenn der Betreuer seinen gesetzlich oder gerichtlich auferlegten Verpflichtungen nicht nachkommt.[823] So z.B. wenn er eine erforderliche vormundschaftsgerichtliche Genehmigung nach §§ 1904, 1906 BGB nicht einholt. Aber auch die Überschreitung des Aufgabenkreises stellt eine Pflichtwidrigkeit dar.[824] Beispielsweise, wenn der Betreuer bei Einwilligungsfähigkeit des Betreuten entgegen dessen Willen in eine Behandlung einwilligt. Sind sich der Betreuer und der Betreute hinsichtlich der Auswahl des Krankenhauses oder der Wahl der Behandlungsmethode nicht einig und handelt der Betreuer nach seiner Wahl, kann dies auch eine Pflichtwidrigkeit darstellen. Zum einen ist an die Wunschbeachtungspflicht nach § 1901 Abs. 3 S.1 BGB zu denken. Zum anderen kann sich die Pflichtwidrigkeit aus Zweckmäßigkeitsgesichtspunkten ergeben.[825]

---

[822] Zu den Ge- und Verboten des Vormundschaftsgerichts nach § 1837 BGB siehe 4. Kapitel IV.

[823] *Staudinger/Engler* § 1837 Rnr.24.

[824] *Soergel/Zimmermann* § 1837 Rnr.7; siehe auch OLG Hamm, Beschluss v. 09.01.2001 – 29U 56/00, FamRZ 2001, 861.

[825] Zwar steht es dem Vormundschaftsgericht nicht zu, Entscheidungen des Betreuers zu korrigieren, die er im Rahmen seines Ermessens getroffen hat. Dem Gericht ist es aber unbenommen, den Betreuer auf die Unzweckmäßigkeit einer von ihm beabsichtigten Maßnahme gemäß § 1837 Abs. 1 BGB hinzuweisen. Beharrt der Betreuer dennoch auf seinem Standpunkt, so kann darin u.U. auch eine Pflichtwidrigkeit gesehen werden. Näheres siehe *Staudinger/Engler* § 1837 Rnr.23. Zu Beispielen für Pflichtwidrigkeiten in Zweckmäßigkeitsfragen bei Vormündern siehe *Soergel/Zimmermann* § 1837 Rnr.11.

Ein Verschulden des Betreuers ist nicht erforderlich. Auch ein Schaden muss weder bereits eingetreten sein, noch unmittelbar bevorstehen. Es reicht aus, wenn durch die Pflichtwidrigkeit die Interessen des Betreuten beeinträchtigt sind.[826] Anders als bei den Haftungstatbeständen, die erst bei einer konkreten Schädigung des Betreuten eingreifen, kann der Betreute schon bei einer (bevorstehenden) Pflichtverletzung ein Einschreiten des Gerichts nach § 1837 Abs. 2 S.1 BGB anregen.

Infolge der Amtsermittlungspflicht gemäß § 12 FGG hat das Gericht zu ermitteln. Stellt es eine Pflichtwidrigkeit fest, so ist es zum Handeln verpflichtet. Nur hinsichtlich der Frage, welche Maßnahme es zu ergreifen gedenkt, steht dem Gericht ein Ermessensspielraum zu.[827]

Hat der Betreuer wiederholt den Wünschen des Betreuten zuwider gehandelt oder bestehen auch sonst unüberwindbare Störungen des Vertrauensverhältnisses, kann der Betreute die Entlassung des Betreuers wegen mangelnder Eignung anregen. Denn nach § 1908 b Ab. 1 BGB ist ein Betreuer zu entlassen, wenn ihm die Eignung zur Besorgung der Angelegenheiten fehlt oder ein anderer wichtiger Grund vorliegt.[828]

b) **Beschwerderecht**

Trifft das Vormundschaftsgericht eine Entscheidung, die nicht dem Interesse oder dem Willen des Betreuten entspricht, kann er dagegen ein Rechtsmittel einlegen, §§ 19, 20 FGG. Hat das Gericht gegen den Willen des Betreuten eine Genehmigung nach § 1904 BGB erteilt oder abgelehnt, steht dem Betroffenen hiergegen die unbefristete Beschwerde gemäß §§ 19, 20 FGG zu.[829] Da es sich bei der Entscheidung nach § 1904 BGB um eine den Aufgabenkreis des Gesundheitsbetreuers handelt, kann auch der Betreuer im Namen des Betreuten Beschwerde einlegen.[830]

---

826 H.M. *MünchKomm/Schwab* § 1837 Rnr.20, 26; *Staudinger/Engler* §1837 Rnr.20; *SoergelZimmermann* § 1837 Rnr.6, 12.
827 Vgl. *MünchKomm/Schwab* § 1837 Rnr.21.
828 Zu Einzelheiten der Entlassung siehe oben 1. Kapitel VI.
829 *Soergel/Zimmermann* § 1904 Rnr.61.
830 *Basseng/Herbst* § 69 g FGG Rnr.10.

IV. Die Aufhebung der Betreuung

Liegen die Voraussetzungen einer Betreuung (§ 1896 BGB) nicht mehr vor, so ist die Betreuung aufzuheben, § 1908 d Abs. 1 S.1 BGB. Kann der Betreute seine gesundheitlichen Angelegenheiten nunmehr selbst besorgen, ist die Betreuung mangels Erforderlichkeit wieder aufzuheben. Maßgeblich ist demnach, ob im Zeitpunkt des Aufhebungsbegehrens eine Betreuung anzuordnen wäre, würde sie nicht schon bestehen.[831] Da auch bei schubförmig verlaufenden Krankheiten eine Betreuerbestellung zulässig ist,[832] ist eine Betreuung auch während der Zeit zwischen mehreren Schüben einer Psychose grundsätzlich nicht aufzuheben, wenn im Falle eines akuten Schubes sofort gehandelt werden muss. Etwas anderes kann allerdings dann gelten, wenn die Schübe in langen Phasen verlaufen und der Betroffene nach Abklingen der Symptome wieder volle Krankheitseinsicht zeigt, denn dann ist unter Beachtung des Verhältnismäßigkeitsgrundsatzes eine Betreuung in den „Zwischenzeiten" als nicht erforderlich anzusehen.[833]
Fällt die Betreuungsbedürftigkeit nur für einen Teil der Angelegenheiten weg, ist der Aufgabenkreis zu beschränken, § 1908 d Abs. 1 S.2 BGB.[834]

Nicht einheitlich wird allerdings die Frage beantwortet, ob die Betreuung auch aufzuheben ist, wenn der Betreuer nur eine Aufgabe zu erledigen hatte; wenn der Betreuer beispielsweise nur für die Einwilligung in eine konkrete medizinische Behandlung bestellt wurde.
Einige Stimmen in der Literatur gehen davon aus, dass in Fällen, in denen sich die Betreuung in einer einzigen Angelegenheit erschöpft, mit deren Erledigung auch eine automatische Beendigung der Betreuung eintritt.[835]

Im gesundheitlichen Bereich kann die Beurteilung, wann die Aufgabe als erledigt anzusehen ist, problematisch sein. Würde bei der Aufgabenzuweisung „Einwilligung zur Heilbehandlung X" nach der Einwilligungser-

---

[831] Vgl. LG Freiburg, Beschluss v. 25.02.2000 – 4T 346 u. 350/99, NJW-RR 2001, 146 [147].
[832] BayObLG, Beschluss v. 04.06.1993 – 3Z BR 104/93, FamRZ 1994, 319; BayObLG, Beschluss v. 16.12.1994 – 3Z BR 343/94, FamRZ 1995, 510, wonach allerdings die Überprüfungsfrist unter Berücksichtigung des bisherigen Krankheitsverlaufs festgelegt werden muss und der Betreuer einer erhöhten Mitteilungspflicht nach § 1901 Abs. 4 S.1 BGB unterliegt; BayObLG, Beschluss v. 02.05.1996 – 3Z BR 108/96, FamRZ 1996, 1370; BayObLG, Beschluss v. 16.04.1999 – 16Wx 44/99, FamRZ 2000, 908 [909].
[833] Anders *Derleder*, FuR 1996, 309 [310] der auch bei kürzeren Intervallen eine Zwangsbetreuung für nicht zulassig erachtet, selbst wenn bei dem neuen Krankheitsschub ein längerer Krankenhausaufenthalt notwendig werden sollte.
[834] Zur Unzulässigkeit des Aufgabenkreises Gesundheitssorge, wenn eine Betreuungsbedürftigkeit nur fur den nervenärztlichen Bereich besteht, BayObLG, Beschluss v. 24.03.1994 – 3Z BR 71/94, FamRZ 1994, 1060.
[835] *Erman/Holzhauer*, 10.Aufl., § 1908 d Rnr.2; *Staudinger/Bienwald* § 1908 d Rnr.2.

klärung die Betreuung automatisch enden, so müsste bei später eintretenden Komplikationen ein neues Betreuungsverfahren in Gang gesetzt werden.
Aus Gründen der Rechtsklarheit ist es deshalb vorzugswürdig, dass eine Betreuung erst mit einer ausdrücklichen gerichtlichen Entscheidung endet.[836]
Wurde der Betreuer auf Antrag des Betreuten bestellt, ist die Betreuung auf seinen Antrag hin grundsätzlich wieder aufzuheben, § 1908 d Abs. 2 S.1 BGB. Dies gilt uneingeschränkt allerdings nur für körperlich Behinderte. Bei allen anderen Betreuten ist zu prüfen, ob im jetzigen Zeitpunkt eine Betreuungsbedürftigkeit besteht. Ist dies der Fall, wird die Betreuung als Amtsbetreuung fortgeführt.[837]

---

[836] Bt.-Drucks. 11/4528 S.155; *Palandt/Diederichsen* § 1908 d Rnr.1; *Soergel/Zimmermann* § 1908 d Rnr.1.

[837] Hatte der Betreute damals nur ein ärztliches Zeugnis vorgelegt, ist nunmehr die ärztliche Begutachtung nachzuholen, § 69 i Abs. 4 FGG; *Palandt/Diederichsen* § 1908 d Rnr.5; *Erman/Holzhauer*, 10.Aufl., § 1908 d Rnr.4;.*Soergel/Zimmermann* § 1908 d Rnr.12, der darauf hinweist, dass wegen der Betreuungsbedürftigkeit sofort wieder ein Betreuer bestellt werden müsste.

3.Kapitel: Die Stellung des Arztes im Rahmen einer Gesundheitsbetreuung

Der Arzt kann im Rahmen einer Gesundheitsbetreuung zum einen als Gutachter zur Feststellung der Betreuungsbedürftigkeit herangezogen werden bzw. als (sachverständiger) Zeuge im Verfahren angehört werden, zum anderen kann er dem Betroffenen als behandelnder Arzt begegnen. Da das Aufgabenfeld des Arztes als Gutachter bereits im 2. Kapitel erörtert wurde, ist nunmehr seine Stellung als behandelnder Arzt zu untersuchen.

Das Bundesverfassungsgericht hat schon 1979 ausgeführt: „Das Verhältnis zwischen Arzt und Patient ist weit mehr als eine juristische Vertragsbeziehung. Weit mehr als sonst in den sozialen Beziehungen des Menschen fließen im ärztlichen Berufsbereich das Ethische mit dem Rechtlichen zusammen. Die Beachtung des Selbstbestimmungsrechts des Patienten ist wesentlicher Teil des ärztlichen Aufgabenbereichs. Ohne sie ist das Gebot der Bundesärzteordnung (§ 1 Abs. 1): "Der Arzt dient der Gesundheit des einzelnen Menschen und des gesamten Volkes" nicht zu erfüllen. Andererseits lässt sich in diesem Bereich sozialer Einbindung in den für das Gemeinwohl unabdingbaren Berufsauftrag des Arztes diesem nicht die ganze Last des Arzt-Patientenverhältnisses auferlegen. Es bedarf der Mitwirkung des Patienten – nicht nur der in passiver Haltung erteilten bloßen Einwilligung in ärztlicherseits gebotene Behandlungsvorschläge. Verlangt werden muss, soweit möglich, der auch von Seiten des Patienten mitverantwortlich geführte Dialog, soll nicht im Blick auf die Folgen beruflicher Haftung die als besonders gefahrgeneigt angelegte Tätigkeit des Arztes in eine defensive Rolle gedrängt werden, die dem Sozialauftrag der Medizin nicht mehr gerecht werden kann."[838]
Wie hiermit anschaulich dargestellt wurde, ist die Stellung des Arztes keine einfache. Durch das Hinzutreten einer weiteren Person, des Betreuers für gesundheitliche Angelegenheiten, wird das bestehende Arzt-Patientenverhältnis noch weiter verkompliziert.

[838] BVerfG, Beschluss v. 25.07.1979 – 2 BvR 878/74, BVerfGE 52, 131 [169 f.].

I. Behandlung eines Einwilligungsunfähigen ohne Betreuung

Der behandelnde Arzt hat vor jeder Behandlung oder jedem Eingriff die Einwilligungsfähigkeit seines Patienten zu prüfen.[839] Kommt er bei einem erwachsenen Patienten zu der Ansicht, dass dieser nicht über die notwendige Einsichtsfähigkeit verfügt, hängt es von der Dringlichkeit der Maßnahme ab, wie der Arzt weiter zu verfahren hat. Grundsätzlich gilt, dass der Arzt nur mit einer wirksamen Einwilligung rechtmäßiger Weise behandeln kann. Kann der Betroffene selbst nicht einwilligen, so ist zu unterscheiden:

- Wenn es sich um einen Notfall handelt, bei dem es auf jede Minute ankommt, ist der Arzt bei einer Behandlung durch die Geschäftsführung ohne Auftrag oder die strafrechtlichen Rechtfertigungsgründe gerechtfertigt.
- Bleibt dem Arzt hingegen Zeit, weil es sich nicht um eine Notfallmaßnahme handelt, hat er eine Behandlung des einwilligungsunfähigen Patienten zu unterlassen, wenn kein Vertreter vorhanden ist, der die Rechte des Einwilligungsfähigen wahrnimmt. Will der Arzt die Behandlung eines einwilligungsunfähigen Patienten übernehmen, muss er beim Vormundschaftsgericht eine Betreuung anregen. Einen Verstoß gegen die ärztliche Schweigepflicht stellt diese Information nicht dar.[840] Zwar wird der Arzt in vielen Fällen der erste oder einzige sein, der von der fehlenden Einwilligungsfähigkeit seines Patienten Kenntnis erlangt, eine Pflicht, das Gericht zu informieren, trifft ihn im Allgemeinen jedoch nicht.

  Wenn die medizinische Maßnahme zwar nicht sofort, aber dennoch in den nächsten Tagen erforderlich ist, kann eine Entscheidung des Vormundschaftsgerichts auch im Wege eines Eilverfahrens ergehen.[841]

1. Die Beurteilung der Einwillungsfähigkeit

Mit der Beantwortung der Frage, wann der Arzt einen Einwilligungsunfähigen behandeln kann und wann nicht, ist noch nicht geklärt, nach welchen Kriterien der Arzt die Einwilligungsfähigkeit des Patienten zu beurteilen hat. Nach der juristischen Definition ist einwilligungsfähig, wer Art, Bedeutung und Tragweite (auch Risiken) der Maßnahme erfassen

---

[839] H.M. vgl. nur *MunchKomm/Schwab* § 1904 Rnr.7; *Mayer*, Medizinische Maßnahmen an Betreuten, S.57; *Frohlich*, Forschung wider Willen?, S.51; *Kern*, MedR 1993, 245 [246] empfiehlt jedenfalls in Zweifelsfallen eine Dokumentation der Entscheidung und deren Gründe in der Krankenakte.

[840] Dieser Ansicht auch *Kern*, MedR 1993, 245 [247].

[841] Vgl. *Kern*, MedR 1993, 245 [247]; *Mayer*, Medizinische Maßnahmen an Betreuten, S.112, 115.Siehe eingehend 4. Kapitel V.

und seinen Willen hiernach zu bestimmen vermag.[842] Wichtig ist hierbei, dass der Betroffene die ärztliche Diagnose, das Begreifen der therapeutischen Möglichkeiten und das Abschätzen der Heilungschancen und Risiken zu erfassen vermag. Der Patient muss demnach in der Lage sein, dem ärztlichen Aufklärungsgespräch zu folgen und auf dieser Grundlage eine selbstverantwortliche Entscheidung zu treffen. *Kuhlmann* weist zutreffend darauf hin, dass es bei der Frage der Einwilligung um die Wahrnehmung eigener Interessen gehe. Deshalb sei bei der Frage der Einwilligungsfähigkeit zu berücksichtigen, dass die Gesundheit und Unversehrtheit einzelner Körperteile für jeden Menschen eine andere Bedeutung habe. Die Beurteilung der Einwilligungsfähigkeit dürfe nicht dazu missbraucht werden, Menschen mit „unvernünftigen" Ansichten als einwilligungsunfähig anzusehen.[843] Maßgeblich ist demnach nicht, ob die Entscheidung als objektiv vernünftig, sondern ob sie als eigenverantwortlich angesehen werden kann.

Aus der juristischen Definition ergibt sich für den Mediziner die Aufgabe, anhand von psychopathologischen Kriterien den Begriff der „Einwilligungsfähigkeit" zu erschließen. Eine wesentliche Vereinfachung des Beurteilungsverfahrens wäre dann gegeben, wenn die Einwilligungsunfähigkeit eng bestimmten psychiatrischen Diagnosen zugeordnet werden könnte. Dies ist in einer solchen Absolutheit jedoch nicht möglich. Zum einen ist nicht jeder mit einer bestimmten Erkrankung per se einwilligungsunfähig, zum anderen ist auch nicht jeder auf den ersten Blick als „gesund" Anzusehende stets einwilligungsfähig.[844]
In der medizinischen Praxis besteht gleichwohl die Notwendigkeit, die Einwilligungsfähigkeit möglichst objektiv festzustellen. Allerdings sollten hierbei keine starren statistischen Verfahren angewendet werden.[845] Besser ist es, mit einem relationalen Modell, die Einwilligungsfähigkeit in Abhängigkeit von der anstehenden Behandlung zu beurteilen.[846] Bei hohem Nutzen und geringem Risiko für den Patienten ist die Schwelle der Einwilligungsfähigkeit niedrig. Bei risikoreichen Eingriffen müssen hingegen höhere Anforderungen an die Einwilligungsfähigkeit gestellt werden. Danach wird die Einwilligungsfähigkeit als dynamische Grenze verstan-

[842] Statt aller *Soergel/Zimmermann* § 1904 Rnr.3.
[843] *Kuhlmann*, Einwilligung in die Heilbehandlung alter Mensch, S.25; der auf die gerade bei alten Menschen oft bestehenden „festgefahrenen Vorstellungen"hinweist, die aber als Ausdruck ihrer Persönlichkeit verfassungsrechtlich geschützt seien.
[844] Vgl. *Kröber*, Rechtsmedizin (1998) 8, 41 [42]; ähnlich auch *Kuhlmann*, Einwilligung in die Heilbehandlung alter Menschen, S.72 bzgl. der Einwilligungsfähigkeit bei psychisch Kranken.
[845] Demnach ist der von einer Arbeitsgruppe um den amerikanischen Psychiater Appelbaum entwickelte Test (MACT= Max Arthur treatment competence test) zur Bestimmung der Einwilligungsfähigkeit abzulehnen, da er die Einwilligungsfähigkeit nicht nach inhaltlichen Kriterien bestimmt, sondern diese in einem statistische Verfahren – mehr als zwei Standardabweichungen – festgelegt wird. Siehe dazu *Vollmann*, Der Nervenarzt 2000, 709 [710, 711].
[846] So auch das Verständnis der juristischen Literatur, die von einer relativen Einwilligungsfähigkeit ausgeht. Siehe nur *Soergel/Zimmermann* § 1904 Rnr.4; *Staudinger/Bienwald* § 1904 Rrn.27.

den, wobei die Einwilligungsfähigkeit bei einem *einzelnen* Patienten für einen *konkreten* Sachverhalt zu einem *bestimmten* Zeitpunkt festgestellt wird.[847]

Im Rahmen eines relationalen Modells zur Feststellung der Einwilligungsfähigkeit kann anhand von vier Phänomenbereichen eine Beurteilung vorgenommen werden:[848]

1. Die Fähigkeit, einen bestimmten Sachverhalt zu *verstehen.*

2. Die Fähigkeit, die Information in rationaler Weise zu *verarbeiten*

3. Die Fähigkeit, die Information angemessen zu *bewerten*

4. Die Fähigkeit, den eigenen Willen auf der Grundlage von Verständnis, Verarbeitung und Bewertung der Information zu *bestimmen* und zu *äußern.*

Der Arzt muss also zunächst überprüfen, ob der Patient die Informationen überhaupt aufnehmen kann. Liegen hochgradige Orientierungs-, Auffassungs-, und Gedächtnisstörungen vor, so kann der Arzt eine weitere Prüfung unterlassen, da diese Fähigkeiten nicht kompensierbar sind. Liegen beim Patienten nur leichte Störungen vor, ist der Arzt veranlasst zu untersuchen, was der Patient von der Aufklärung verstanden hat.
Dann hat er zu beurteilen inwieweit der Patient die Fähigkeit besitzt, positive und negative Aspekte von Entscheidungsalternativen rational zu vergleichen und gegeneinander abzuwägen. Hierbei ist zu berücksichtigen, dass nicht jeder, der diese Fähigkeit besitzt, diese auch gebraucht. Denn die Verweigerung der Auseinandersetzung mit oder aber auch die Bagatellisierung der medizinischen Problematik ist auch dem Einwilligungsfähigen nicht fremd.

Neben der rationalen Verarbeitung muss der Betroffene auch zu einer subjektiven Bewertung des Sachverhalts in der Lage sein. Er muss die Fähigkeit besitzen, der Information eine individuelle Bedeutung zu zumessen, die in enger Beziehung zu seiner eigenen Lebenssituation steht. Da es kein ausschließlich auf dieser Ebene angesiedeltes Phänomen gibt, ist eine Beurteilung in diesem Bereich besonders schwierig. Genauerer Überprüfung bedarf dieser Punkt, wenn der Betroffene keinen

[847] So *Helmchen* zitiert nach *Vollmann*, Der Nervenarzt 2000, 709 [711].
[848] So herausgearbeitet von der Arbeitsgruppe um *Helmchen* und *Lauter*, zitiert nach *Kröber*, Rechtsmedizin (1998) 8, 41 [42].

Zugang zu den emotionalen Aspekten der zu treffenden Entscheidung hat und ihm die Fähigkeit zur Selbst-Zuordnung oder zeitlichen Zuordnung fehlt.

Zudem muss der Patient in der Lage sein, seine Überlegungen autonom in Handlungen umzusetzen. Dies ist mit dem im juristischen Bereich bekannten Begriff der „Steuerungsfähigkeit" gleichzusetzen. Ist der Betroffene nicht in der Lage nach seiner eigenen Ansicht eine Entscheidung zu treffen, sondern ist von ihm jede beliebige Einwilligung oder auch Ablehnung zu erreichen, ist er als nicht einwilligungsfähig anzusehen.

Letztlich hat der Arzt bei jeder Überprüfung der Einwilligungsfähigkeit zu bedenken, dass gerade bei älteren Menschen trotz schwerer Störungen gewisse kommunikative Fähigkeiten erstaunlich gut erhalten sind.[849] Er darf sich also nicht dadurch täuschen lassen, dass der Patient betont versichert, er habe alles verstanden, oder dass soeben gehörte Sätze reproduziert werden können und der Patient zu einem kürzeren oder längeren „small talk" in der Lage ist.[850]

2. Die Form der ärztlichen Aufklärung

Bevor ein Arzt einen Eingriff oder eine Behandlungsmaßnahme vornimmt, hat er den Patienten über Nutzen und Risiko der Maßnahme aufzuklären. Diese Aufklärungspflicht soll die Entscheidungsfreiheit des Patienten gewährleisten. [851] Um in einen Eingriff in die körperliche Integrität rechtswirksam einzuwilligen, muss der Patient in Grundzügen wissen, auf was er sich einlässt.[852] Kann der Patient diesen ärztlichen Ausführungen folgen und kann er sich aufgrund der Aufklärung für oder gegen eine Behandlung entscheiden, so ist er infolge seiner natürlichen Einsichts- und Steuerungsfähigkeit[853] einwilligungsfähig.[854]
Da die Aufklärung keiner besonderen Form bedarf, kann sie sowohl mündlich, als auch schriftlich erfolgen.
Heute sind schriftliche Hinweise in Form von Merkblättern üblich. Ihr Vorteil liegt darin, dass der Aufklärungsgegenstand präzise und umfassend

---

[849] *Kuhlmann*, Einwilligung in die Heilbehandlung alter Menschen, S.74, geht zu recht davon aus, dass nicht allein vom Alter auf die Einwilligunsunfähigkeit geschlossen werden kann.
[850] *Kröber*, Rechtsmedizin (1998), 8, 41 [45]; *Kloppenborg*, MedR 1986, 18 [20].
[851] *Laufs*, Arztrecht, Rnr.185.
[852] Dies gilt auch für einen Aufklärungsverzicht, der nach allgemeiner Ansicht zulässig ist, wenn der Betroffen eine Vorstellung davon hat, was auf ihn zukommt. Ein sog. Blankoverzicht, also ohne Kenntnisse oder Vorstellung der Behandlung oder ihrer Unterlassung ist hingegen nicht zulässig. Vgl. statt vieler *Rover*, Einflußmoglichkeiten des Patienten, S.148 ff.
[853] Siehe *Soergel/Zimmermann* § 1904 Rnr.3.I
[854] Auch *Kuhlmann*, Einwilligung in die Heilbehandlung alter Menschen, S.102, geht davon aus, dass insbesondere an der Reaktion des Patienten auf die Aufklärung, die Einwilligungsfähigkeit abgeklart werden kann.

beschrieben ist und dem Arzt die Beweisbarkeit erleichtert wird.[855] Nach der Rechtsprechung des BGH[856] können solche Merkblätter das erforderliche Arztgespräch aber nicht ersetzen. Denn der Arzt hat sich im Rahmen des Aufklärungsgespräches davon zu überzeugen, ob der Patient die Hinweise gelesen und verstanden hat. Zudem muss er auf die individuellen Belange des Patienten eingehen und eventuell auftretende Fragen des Patienten beantworten.[857]

Gerade bei älteren Menschen, psychisch Kranken oder geistig Behinderten ist zu bedenken, dass sie durch eine Aufklärung mittels Merkblätter überfordert sein können. Auch wenn der Einzelne nicht in der Lage ist, medizinische Formulierungen zu erfassen, kann er dennoch die Fähigkeit besitzen, einer mündlichen Erklärung des Arztes, der seine Wortwahl entsprechend anpasst, zu folgen. Da die Aufklärung in einer für den medizinischen Laien verständlichen Art und Weise zu erfolgen hat,[858] ist ein persönliches Gespräch mit Zusatz- und Ersatzerklärungen durch den Arzt bei solchen Patienten unumgänglich.[859] Allein aus dem Umstand, dass der Patient den Inhalt eines Merkblattes mit einer Fülle von medizinischen Begriffen nicht erfassen kann, darf der Arzt nicht auf die Einwilligungsunfähigkeit des Patienten schliessen.

Kann der Patient aber auch einem solchen – seinen Fähigkeiten angepassten - Aufklärungsgespräch nicht folgen, ist er als einwilligungsunfähig anzusehen.

---

[855] Vgl. BGH, Urteil v. 15.02.2000 – VI ZR 48/99, NJW 2000, 1784 [1787].

[856] BGH, Urteil v. 08.01.1985 – VI ZR 15/83, NJW 1985, 1399; BGH, Urteil v. 15.02.2000 – VI ZR 48/99, NJW 2000, 1784 [1787].

[857] Nach Ansicht des BGH kann der Arzt ausnahmsweise bei Routinemaßnahmen davon ausgehen, dass der Patient auf eine zusätzliche gesprächsweise Risikodarstellung keinen Wert legt, BGH, Urteil v. 15.02.2000 – VI ZR 48/99, NJW 2000, 1784 [1787]. Kritisch hierzu *Spickhoff*, NJW 2001, 1757 [1761], der bei einer solchen Vorgehensweise die Gefahr sieht, dass im Fall von Routineeingriffen die Aufklarung ganz auf die Aushändigung von Formularen verkürzt werde.

[858] Vgl. *Schönke/Schröder-Eser* § 223 Rnr.43.

[859] In diesem Sinne auch *Kuhlmann*, Einwilligung in die Heilbehandlung alter Menschen, S.103; *Kloppenborg*, MedR 1986, 18 [20].

II. Behandlung eines Einwilligungsunfähigen mit Betreuung

1. Die Prüfung der Einwilligungsfähigkeit

Auch wenn dem Patienten ein Betreuer mit Aufgabenkreis „Gesundheitsfürsorge", „Zuführung zur Heilbehandlung" oder „Einwilligung in ärztliche Maßnahmen" bestellt wurde, steht damit noch nicht mit Sicherheit fest, dass der Betroffene auch im konkreten Behandlungsfall einwilligungsunfähig ist.[860] Denn es gibt keine psychische Erkrankung bei der die Einwilligungsfähigkeit a priori ausgeschlossen ist.[861] Nur in Ausnahmefällen, wenn der Patient an solchen Störungen leidet, dass eine sinnhafte zwischenmenschliche Kontaktaufnahme nicht möglich ist, ist von einer offensichtlichen Einwilligungsunfähigkeit auszugehen.[862]
Gerade bei psychisch Kranken aber auch bei alten dementen Patienten, ist der gesundheitliche oder geistige Zustand nicht immer gleich. Der behandelnde Arzt kann sich demnach nicht auf eine einmal festgestellte Einwilligungsunfähigkeit berufen, sondern muss die Fähigkeiten des Patienten in der konkreten Situation überprüfen. Je nach Dringlichkeit der Maßnahme hat der Arzt auch in Erwägung zu ziehen, ob nicht beispielsweise ein psychotischer Schub abgewartet werden kann, um später eine Einwilligung von dem nunmehr Einwilligungsfähigen zu erhalten. Will man dem Betroffenen sein Selbstbestimmungsrecht nicht in Abrede stellen, ist eine Prüfung der Einwilligungsfähigkeit in solchen Fällen unerlässlich.
Maßgeblich ist, dass der Patient im Zeitpunkt der Erteilung der Einwilligung und der Ausführung der Behandlungsmaßnahme die notwendige Einwilligungsfähigkeit besitzt. Dies ist dann problematisch, wenn zwischen Aufklärungsgespräch und Einwilligungserklärung oder zwischen Einwilligungserklärung und Beginn der Behandlungsmaßnahme ein längerer Zeitraum liegt. *Kuhlmann* weist darauf hin, dass gerade bei älteren Menschen nicht nur plötzlich eintretende Ereignisse, wie etwa ein Schädel-Hirn-Trauma oder die Nachricht vom Tod eines nahestehenden Menschen, die Einwilligungsfähigkeit des Patienten einschränken können, sondern dass mit der Zeit allmählich oder gar sprunghaft verschlechternde gerontopsychiatrische Erkrankungen eine noch vor kurzer Zeit vorhandene Einwilligungsfähigkeit entfallen lassen können.[863]

---

[860] Vgl. HUK-BUR/*Rink* vor § 1904 Rnr.4;*Staudinger/Bienwald* § 1896 Rnr.17; *Kern*, MedR 1993, 245 [247, 248].

[861] *Krober*, Rechtsmedizin (1998), 8, 41 [42]; auch bei alten Menschen lassen sich keine eindeutigen Kriterien (Beispielsweise das Erreichen einer Altersgrenze) zur Bestimmung der Einwilligungsfähigkeit angeben. Selbst bei Krankheiten, die eine Einwilligungsunfähigkeit nahelegen, muss sie dennoch individuell festgestellt werden, siehe *Fröhlich*, Forschung wider Willen?, S.49.

[862] Beispielsweise bei katatonem Stupor, Idiotie oder Bewusstlosigkeit.

[863] *Kuhlmann*, Einwilligung in die Heilbehandlung alter Menschen, S.109.

War der Arzt im Zeitpunkt des Aufklärungsgespräches der Ansicht, dass der Betroffene die nötige Einwilligungsfähigkeit besitzt und hatte sich der Patient eine Bedenkzeit erbeten, so muss sich der Arzt über die aktuelle Einwilligungsfähigkeit des Patienten rückversichern, wenn nunmehr Anhaltspunkte für Bedenken an der Einwilligungsfähigkeit bestehen. Denn letztlich ist es die Aufgabe des Arztes, sich zu vergewissern, ob die Voraussetzungen für einen (rechtswirksamen) Eingriff vorliegen.[864]

Kommt der Arzt zum Ergebnis, dass der Betreute selbst einwilligen kann, bedarf es der Einwilligung des Gesundheitsbetreuers nicht. [865] Hält er den Betreuten jedoch für einwilligungsunfähig, muss er den Betreuer über Risiken und Chancen der Behandlung aufklären und seine Entscheidung respektieren.

2. Die Überprüfung der Einwilligung des Betreuers

Hat der Betreuer seine Einwilligung erteilt, stellt sich weiterhin die Frage, ob der Arzt verpflichtet ist, nachzuforschen, ob die Einwilligung auch vom natürlichen Willen des Betreuten getragen ist, oder ob Willensdifferenzen zwischen Betreuer und Betreutem bestehen. Dem Arzt wird vornehmlich daran gelegen sein, eine Behandlung auf eine rechtmäßige Einwilligung zu stützen. Folglich wird er bemüht sein, alle Rechtfertigungsvoraussetzungen seines Handelns abzuklären. Eine weitere Prüfungspflicht kann weder aus den betreuungsrechtlichen Vorschriften, noch aus den Verpflichtungen aus dem Behandlungsvertrag entnommen werden.[866] Zum Pflichtenkreis eines Arztes gehört es nicht, die Personen im Lager des Patienten zu überwachen.

Hat der Betreuer seine Einwilligung zu einer konkreten Behandlungsmaßnahme erteilt, kann der Arzt grundsätzlich auf die Rechtmäßigkeit der Betreuerentscheidung vertrauen, denn der Betreuer ist in dem ihm übertragenen Aufgabenkreis gesetzlicher Vertreter des Betreuten, § 1902 BGB.[867]

Nur in krassen Ausnahmefällen, wo ein missbräuchliches Verhalten des Betreuers ersichtlich ist, wird der Arzt eine Behandlung des Patienten wegen der Gefahr einer rechtswidrigen Behandlungsmaßnahme und mit Rücksicht auf das Wohl des Betreuten ablehnen.

---

[864] *Soergel/Zimmermann* § 1904 Rnr.12.

[865] Zur Aufklärungspflicht bei einwilligungsfähigen alten Menschen siehe *Kloppenborg*, MedR 1986, 18; zur Aufklarungspflicht unheilbar Kranker siehe *Eberbach*, MedR 1986, 180. *Ukena*, MedR 1992, 202 [204] weist zutreffend darauf hin, dass es bei der Aufklärung von einwilligungsfähigen psychisch Kranken kein generell richtiges Vorgehen gibt, maßgeblich ist auch hier immer der Einzelfall.

[866] Vgl. *Frost*, Arztrechtliche Probleme des neuen Betreuungsrechts, S.73.

[867] Vgl. *Soergel/Zimmermann* § 1904 Rnr.12.

3. Die Prüfung der Genehmigungspflichtigkeit

Eine Genehmigungspflicht nach § 1904 Abs. 1 S.1 BGB kommt nur dann in Betracht, wenn der Betreute nicht einwilligungsfähig ist. Nur dann ist die Entscheidung des Betreuers maßgeblich und bedarf bei Vorliegen der Voraussetzungen des § 1904 Abs. 1 S.1 BGB der gerichtlichen Genehmigung. Im Rahmen des Aufklärungsgespräches hat der Arzt den Betreuer auf mögliche Risiken hinzuweisen. Besteht die Gefahr einer erheblichen Gesundheitsgefährdung oder gar des Todes, so muss zunächst erörtert werden, ob in einem solchen Fall eine Behandlung oder ein Eingriff überhaupt sinnvoll erscheint. Befürwortet der Arzt trotz der hohen Risiken einen Eingriff oder eine Behandlung, hat er den Betreuer auf die Notwendigkeit einer vormundschaftsgerichtlichen Genehmigung hinzuweisen.[868] Aber auch wenn der Arzt der Ansicht ist, dass die Behandlung nicht die Voraussetzungen des § 1904 Abs. 1 S.1 BGB erfüllt, kann der Betreuer dennoch eine gerichtliche Genehmigung für erforderlich halten.[869]
Unabhängig davon, ob der Arzt eine Genehmigung für erforderlich hält, wird er sich vor Beginn der Behandlung vergewissern, dass eine rechtswirksame Einwilligung gegeben ist. Denn es ist seine Pflicht, das Vorliegen aller Rechtfertigungselemente zu prüfen.[870]
Handelt es sich bei der bevorstehenden Maßnahme um eine solche, die die Voraussetzungen des § 1904 BGB erfüllen könnte, muss er sich erkundigen, ob eine gerichtliche Genehmigung erteilt, bzw. verweigert wurde. Insoweit hat er einen Auskunftsanspruch gegen das Vormundschaftsgericht nach § 34 FGG.

---

[868] *Soergel/Zimmermann* § 1904 Rnr.8; *Jürgens u.a.*, Das neue Betreuungsrecht, 4.Aufl., Rnr.208.
[869] So *MünchKomm/Schwab* § 1904 Rnr.15, der darauf hinweist, dass letztlich die Gerichte die objektiven Voraussetzungen des Genehmigungsvorbehalts mit Hilfe von Sachverständigen prüfen.
[870] *Kern*, MedR 1993, 245 [247].

III. Die Behandlung in Eilfällen

Duldet die medizinische Versorgung keinen Aufschub, kann der Arzt auch ohne ausdrücklich erklärte Einwilligung des Patienten oder dessen Stellvertreters die Behandlung vornehmen. Voraussetzung einer Einschränkung des Selbstbestimmungsrechts des Betroffenen ist, dass die Maßnahme medizinisch geboten und vom mutmaßlichen Willen des Patienten getragen ist.
Hinsichtlich der Indikation ist zu berücksichtigen, dass der Eingriff um so dringlicher geboten sein muss, je nachhaltiger er in die Lebensführung des Patienten eingreift. Die Beseitigung einer Lebensgefahr ist dabei aber nicht Voraussetzung.[871]
Der mutmaßliche Wille ist in erster Linie aus dem Umfeld des Patienten, seinen individuellen Interessen, Wünschen, Bedürfnissen und Wertvorstellungen zu ermitteln. Sofern die Zeit dazu bleibt, kann der Arzt Anhaltspunkte für den mutmaßlichen Willen des Betroffenen aus Gesprächen mit Angehörigen oder dem Betroffenen nahestehenden Personen erlangen.[872] Objektive Kriterien, beispielsweise die Beurteilung einer Maßnahme als „vernünftig", sowie die Interessen, die einem verständigen Patienten entsprechen, haben keine eigenständige Bedeutung, sondern dienen nur der Ermittlung des individuellen mutmaßlichen Willens.[873] Solche Kriterien können nur dann für die Entscheidung des Arztes bestimmend sein, wenn er keine konkreten Anhaltspunkte für einen abweichenden Patientenwillen finden kann.

Ist der Betroffene auch nach der „Notfallversorgung" nicht in der Lage, seine gesundheitlichen Angelegenheiten selbst zu regeln, hat der Arzt – um rechtmäßiger Weise – die Nachversorgung vorzunehmen, eine Betreuung anzuregen bzw. bei bestehender Gesundheitsbetreuung die Einwilligung des Betreuers einzuholen. Handelt es sich hingegen nur um eine kurzzeitige Einschränkung – wie etwa die ärztliche Versorgung eines bewusstlosen Unfallopfers – und ist der Patient wieder hergestellt, ist keine (auch keine „nachträgliche") Betreuerbestellung erforderlich,[874] da der Patient nunmehr, kraft seiner Einwilligungsfähigkeit seine gesundheitlichen Angelegenheiten wieder selbst besorgen kann.

---

[871] BGH, Beschluss v. 25.03.1988 – 2 StR 93/88, NJW 1988, 2310.
[872] Eine andere Bedeutung – etwa das Recht selbst eine rechtserhebliche Erklärung über die Behandlung abzugeben – kommt den Äußerungen der Angehörigen nicht zu, vgl. nur *Kern*, NJW 1994, 753 [756]; *Olzen*, ArztR 2001, 116 [118]; missverständlich insoweit *MünchKomm/Mertens* § 823 Rnr.451, der darauf hinweist, dass stets im Rahmen des Möglichen zu versuchen sei, die Einwilligung eines Pflegers oder der nächsten Angehörigen zu erhalten.
[873] BGH, Beschluss v. 25.03.1988 – 2 StR 93/88, NJW 1988, 2310 [2311].
[874] Siehe *Kern*, MedR 1993, 245 [247].

IV. Die Möglichkeiten des Arztes bei Verweigerung der Einwilligung durch den Betreuer

Schlägt der Arzt eine Behandlung oder einen Eingriff vor, hat der Betreuer am Wohl des Betreuten orientiert zu entscheiden, ob er seine Zustimmung hierzu erteilt. Verweigert er die Einwilligung, bedarf er hierfür nicht der Genehmigung des Vormundschaftsgerichts; auch dann nicht, wenn die vorgeschlagene Maßnahme die Voraussetzungen des § 1904 BGB erfüllt.

Verweigert der Betreuer die Einwilligung zu einer notwendigen und risikoarmen Behandlung ohne nachvollziehbaren Grund, kann dies eine Pflichtwidrigkeit im Sinne des § 1901 Abs. 1 S.1 BGB darstellen. Bei Vorliegen von Pflichtverletzungen durch den Betreuer hat das Vormundschaftsgericht mehrere Sanktionsmöglichkeiten. Es kann dem Betreuer bestimmte Handlungen ge- oder verbieten, § 1908 i Abs. 1 i.V.m. § 1837 Abs. 2 BGB, oder aber auch den Betreuer – gegebenenfalls nur für diesen Aufgabenbereich – entlassen, § 1908 b Abs. 1 BGB.[875]
Ist der Arzt der Ansicht, dass die Verweigerung der Einwilligung eine Pflichtverletzung des Betreuers darstellt, hat er die Möglichkeit, derartige Maßnahmen des Vormundschaftsgerichts zu veranlassen, indem er das Gericht von dem Sachverhalt in Kenntnis setzt.

Fraglich ist allerdings, ob der Arzt zu einer derartigen Anzeige an das Gericht verpflichtet ist.
Ist der Patient einwilligungsfähig und verweigert er die Zustimmung zu einer Behandlung, so hat dies der Arzt zu respektieren und die Maßnahme zu unterlassen.[876] Denn die ärztliche Behandlungspflicht findet im Selbstbestimmungsrecht des Patienten ihre Grenzen.
Zwar entscheidet der Betreuer als gesetzlicher Vertreter an Stelle des Einwilligungsunfähigen, jedoch darf dies nicht dazu führen, dass er nach seinen – von objektiver Seite nicht nachvollziehbaren - eigenen Vorstellungen und Maßstäben Entscheidungen trifft. Der Betreuer ist in seiner Entscheidungsbefugnis nicht in gleichem Maße frei, wie der einwilligungsfähige Betroffene selbst. Kraft seines Amtes als Betreuer ist er verpflichtet, im Interesse und zum Wohle des Betreuten zu handeln.[877]
Dient eine Behandlungsmaßnahme dem Wohl des Betreuten, würde sie der Betreuer aber für seine Person aus einer subjektiven Motivation heraus ablehnen, ist er dennoch verpflichtet seine Einwilligung zu erteilen. Tut er dies nicht, begeht er eine Pflichtwidrigkeit.

---

[875] Eingehend hierzu 4. Kapitel IV., V. 3.
[876] *Laufs*, Arztrecht, Rnr.148.
[877] So OLG Stuttgart, Urteil v. 17.12.1985, 12 U 9/8 5, VersR 1987, 515 [517] im Falle der Entscheidung der Eltern bei einem minderjahrigen Kind.

Da mit dem Betreuungsgesetz ein weitergehender Schutz des Betroffenen geschaffen werden sollte, liegt es auf den ersten Blick nahe, eine Mitteilungspflicht des behandelnden Arztes an das Vormundschaftsgericht zu verlangen. Denn nur wenn das Vormundschaftsgericht Kenntnis von einem Sachverhalt erlangt, kann es gegen den Betreuer vorgehen. Allerdings enthält das Betreuungsgesetz selbst keine derartigen Regelungen, so dass den Arzt grundsätzlich keine Pflicht trifft, den entsprechenden Sachverhalt dem Gericht mitzuteilen.[878]
Eine Verpflichtung könnte sich allenfalls aus dem Verhältnis des Arztes zu seinem Patienten ergeben.
Übernimmt der Arzt die Behandlung eines Patienten, entsteht eine Schutz- und Fürsorgepflicht. Diese Pflicht führt zu einer Garantenstellung, kraft derer der Arzt die Gefahr des Todes, des Kränkerwerdens oder des Krankbleibens von dem ihm anvertrauten Leidenden abzuwenden hat.[879] Kann er diesen Schutz nicht gewährleisten – weil beispielsweise der Betreuer seine Einwilligung versagt – kann der Arzt die Fürsorge und damit auch die Garantenstellung jederzeit beenden, solange er dem Kranken dadurch nicht eine akut notwendige Hilfe verwehrt.[880] Ist der Arzt nicht gewillt die Behandlung abzulehnen und liegt ihm an der weiteren ärztlichen Versorgung des Patienten, wird er von selbst dem Vormundschaftsgericht Mitteilung machen, ohne dass er hierzu rechtlich verpflichtet ist. Duldet der zweifelsfrei gebotene Eingriff keinen Aufschub, kann er auch ohne Einschaltung des Vormundschaftsgerichts rechtmäßiger Weise vorgenommen werden.[881]

Weiterhin ist zu bedenken, dass dem Betreuer ein gewisser Ermessensspielraum zusteht. So wie auch der einwilligungsfähige Patient abwägen kann, ob er sich einer Behandlung unterzieht, hat auch der Betreuer für den Betreuten eine Entscheidung zu treffen.
Handelt es sich um eine medizinische Maßnahme, welche die Voraussetzungen des § 1904 Abs. 1 S.1 BGB erfüllt, muss dem Betreuer in jedem Fall ein gewisser Abwägungsspielraum zugestanden werden. In

---

[878] So auch *Frost*, Arztrechtliche Probleme des neuen Betreuungsrechts, S.75. Für eine Anzeigepflicht des Arztes: *Laufs,* NJW 1996, 1571 [1574] bei erkennbaren Verstößen der Eltern gegen die Sorgepflicht gegenüber ihrem minderjährigen Kind. *MünchKomm/Mertens* § 823 Rnr.449 ist der Ansicht, dass sich der Arzt – soweit zeitlich möglich – bei Verweigerung der Einwilligung durch den Vertreter des Kranken dann an das Vormundschaftsgericht wenden muss, wenn die Verweigerung medizinisch unvertretbar oder mißbräuchlich ist. *Laufs/Uhlenbruck* § 62 Rnr.1 ff weist auf die Rechtsprechung des BGH hin, wonach der Arzt verpflichtet ist, den Patienten mit aller Eindringlichkeit auf die Notwendigkeit der Behandlung hinzuweisen und alles nach der Sachlage Gebotene zu unternehmen, damit der Patient seine Weigerung aufgibt und seine Einwilligung zu dem notwendigen ärztlichen Eingriff erteilt. Ist nicht der Patient, sondern der Betreuer zur Einwilligung befugt, hat der Arzt folglich darauf hinzuwirken, dass der Betreuer seine Einwilligung erteilt.

[879] *Laufs/Uhlenbruck*, Handbuch des Arztrechts, § 103, Rnr.9, § 141 Rnr.2.

[880] *Laufs*, Arztrecht, Rnr.132.

[881] *MünchKomm/Mertens* § 823 Rnr.449 mit Verweis auf *Laufs,* Arztrecht, Rnr.222.

einem solchen Fall ist eine Behandlung nicht eindeutig indiziert, da die Gesundheits- oder Lebensgefahr bereits eine Abwägung gebietet.

Auch aus der Strafbarkeit wegen unterlassener Hilfeleistung nach § 323 c StGB lässt sich keine allgemeine Meldepflicht des Arztes herleiten. Zu beachten ist, dass nicht jede behandlungsbedürftige Erkrankung einen Unglücksfall im Sinne des § 323 c StGB darstellt. Ein Unglücksfall ist ein plötzlich eintretendes Ereignis, das erhebliche Gefahren für ein Individualrechtsgut mit sich bringt oder zu bringen droht.[882] Eine Erkrankung, selbst eine schwere, ist nicht ohne weiteres ein „Unglücksfall" im Sinne des § 323 c StGB. Nur wenn die Erkrankung plötzlich eintritt oder sich plötzlich verschlechtert wird in der Rechtsprechung von einem Unglücksfall im Sinne des § 323 c StGB gesprochen.[883] In der Literatur wird die „Plötzlichkeit" als kein geeignetes Abgrenzungskriterium angesehen. Vielmehr sei eine Krankheit immer schon dann ein „Unglücksfall", wenn eine gegenwärtige Gefahr für Leib oder Leben besteht, die ein möglichst sofortiges Eingreifen zur Schadensabwehr erfordert.[884]
Beiden Ansichten ist jedoch gemein, dass nur dann der Tatbestand des § 323 c StGB berührt ist, wenn ein medizinischer Notfall vorliegt – sei es, weil sich der Zustand des Patienten akut verschlechtert, sei es, weil eine gegenwärtige Gesundheits- oder Lebensgefahr besteht. Indiziert die plötzliche Erkrankung oder die Lebensgefahr ein sofortiges Eingreifen des Arztes, so ist er berechtigt, auch ohne die Einwilligung des Betreuers zu handeln. Die Frage einer Mitteilungspflicht stellt sich in derartigen Fällen nicht. Der Fall der Versagung der Einwilligung durch den Betreuer bei risikoarmen, medizinisch indizierten Behandlungsmaßnahmen kann folglich nicht den Schutzbereich des § 323 c StGB erreichen, so dass der Arzt auch nicht wegen der strafrechtlichen Sanktion verpflichtet werden kann, das Vormundschaftsgericht in Kenntnis zu setzen.

Festzuhalten bleibt, dass der Arzt im Rahmen seiner Berufsausübung zwar zur Hilfeleistung und medizinischen Versorgung verpflichtet ist, dass diese Pflicht aber grundsätzlich nicht zu einer Pflicht führt, das Vormundschaftsgericht von bestimmten Sachverhalten in Kenntnis zu setzen. Der Arzt ist keine Kontrollinstanz für die rechtmäßige Ausführung der Betreuertätigkeit.[885] Nur in Ausnahmefällen, wenn bei einer plötzlichen Erkrankung bzw. bei einer gegenwärtigen Gesundheits- oder Lebensgefahr, eine Entscheidung des Vormundschaftsgerichts noch

---

[882] *Tröndle/Fischer* § 323 c StGB Rnr.3.
[883] Nachweise aus der Rechtsprechung bei *Laufs/Uhlenbruck*, Handbuch des Arztrechts § 141 Rnr.17.
[884] *Laufs/Uhlenbruck*, Handbuch des Arztrechts, § 141 Rnr.20.
[885] Denn zu berücksichtigen ist, dass auch im rechtsgeschäftlichen Bereich der Vertragspartner bei Kenntnis fehlender oder missbrauchter Vertretungsmacht zwar gehalten ist vom Vertragsschluss abstand zu nehmen, da er sonst Gefahr läuft vom Vertretenen in Anspruch genommen zu werden, ein Verpflichtung, den Vertretenen auf das Handeln des Vertreters hinzuweisen oder gar zu veranlassen, dass der Vertreter sein Handeln unterlässt, trifft ihn jedoch nicht.

abgewartet werden kann, ist der Betreuer zu einer Anzeige an das Gericht verpflichtet.[886]
Zu bedenken bleibt, dass eine zufriedenstellende (Gesundheits-)Betreuung nur dann möglich ist, wenn alle an der Betreuung Beteiligten zusammenarbeiten. Aus dieser wünschenswerten Idealform einer rechtlichen Betreuung kann jedoch keine Rechtspflicht für den Arzt bei alltäglichen – nicht akuten – Behandlungsmaßnahmen abgeleitet werden.

---

[886] Allgemeiner *Th. Zimmermann*, Die Auswirkungen des Betreuungsrechts in der ärztlichen Praxis S.288 ff, insbes. S.294, wonach der Arzt immer dann zur Mitteilung an das Vormundschaftsgericht verpflichtet ist, wenn der Betreuer bei einer risikoarmen, erfolgversprechenden Behandlung in mißbräuchlicher Ausübung der ihm übertragenen Befugnis die Einwilligung verweigert.

4.Kapitel: Die Stellung des Vormundschaftsgerichts

I. Die Entscheidung nach § 1904 Abs. 1 S.1 BGB

Der Gesetzgeber hielt eine besondere Vorschrift im Falle gefährlicher medizinischer Behandlungen oder Eingriffe für erforderlich, da derartigen Maßnahmen in besonders hohem Maße in die körperliche Integrität und die Freiheit des Betreuten eingreifen können und deshalb eine Stärkung der Rechte des Betreuten in Ergänzung des § 1901 BGB notwendig sei.[887]
Das Gericht hat zunächst zu untersuchen, ob die Voraussetzungen des § 1904 BGB vorliegen, d.h. ob die bevorstehende Maßnahme genehmigungspflichtig ist.
Da nur die Entscheidung des Betreuers einer vormundschaftsgerichtlichen Genehmigung bedarf, hat das Gericht jedenfalls zu prüfen, ob der Betreute einwilligungsunfähig ist. Denn wenn der Betreute die notwendigen Fähigkeiten hat selbst einzuwilligen, kann und muss er selbst über Vornahme oder Unterlassen der Maßnahme entscheiden und zwar unabhängig von ihrer Gefährlichkeit. Um die Entscheidungsfindung des Gerichts zu erleichtern bzw. erst zu ermöglichen, ist zum einen der Betreute zu hören, § 69 d Abs. 1 S.3 FGG. Zum anderen ist ein Sachverständigengutachten einzuholen, § 69 d Abs. 2 FGG.[888] Kommt das Gericht – mit Hilfe des Sachverständigengutachtens - zu der Überzeugung, dass der Betreute einwilligungsfähig ist, wird es durch einen sog. „Negativattest" feststellen, dass eine gerichtliche Genehmigung nicht erforderlich ist, bzw. den Antrag ablehnen.[889]
Ist das Gericht aber der Ansicht, dass der Betreute einwilligungsunfähig ist, hat es zu untersuchen, ob die Maßnahme den Tatbestandsmerkmalen des § 1904 Abs. 1 S.1 BGB entspricht. Kommt es zu der Auffassung, dass die Maßnahme keine besondere Lebens- oder Gesundheitsgefahr mit sich bringt, erteilt es gleichfalls einen Negativattest.[890] Der Betreuer kann dann ohne eine gerichtliche Genehmigung rechtswirksam über eine Einwilligung entscheiden.

Wurde die Genehmigungspflichtigkeit hingegen bejaht, schließt sich für das Vormundschaftsgericht die weitere Frage der Genehmigungsfähigkeit der anstehenden Behandlung an. Dabei hat es am Wohl des Betreu-

---

[887] BT-Drucks. 11/4528 S.71. Zu den Bedenken siehe *MünchKomm/Schwab*, § 1904 Rnr.1.
[888] Der Sachverständige hat sich zu verschiedenen Themen zu äußern. Er soll zur Notwendigkeit der beabsichtigten Maßnahme, zum Bestehen einer begründeten Gefahr schwerer Folgen, der Einwilligungs(un)fähigkeit des Betreuten und der Frage der Eilbedürftigkeit Stellung nehmen. *Bienwald*, § 1904 Rnr.31.
[889] *Schwab*, FS für Henrich, S.519.
[890] Vgl. *Erman/Roth*, 10. Aufl., § 1904 Rnr.28.

ten orientiert zu entscheiden, ob es die Genehmigung erteilt oder nicht. Maßstab für die Entscheidung ist die Erforderlichkeit der Maßnahme und die Einhaltung des Verhältnismäßigkeitsgrundsatzes unter Beachtung der Wünsche des Betreuten.[891] Das Gericht hat demnach auch Wünsche, die der Betroffene in einer Betreuungsverfügung oder in einem Patiententestament geäußert hat zu berücksichtigen.[892] Zwar spricht § 1901 Abs. 3 BGB unmittelbar nur den Betreuer an, trotzdem ist zu beachten, dass auch das Vormundschaftsgericht zum Wohle des Betreuten zu entscheiden hat.[893] Dazu gehört nach § 1901 Abs. 2 BGB auch, dass der Betreute nach Möglichkeit sein Leben nach seinen eigenen Wünschen und Fähigkeiten gestalten kann und sein Wille und seine Wünsche insoweit Beachtung finden. Wäre nur der Betreuer an die Wünsche des Betreuten gebunden, das Vormundschaftsgericht jedoch nicht, so würde gerade im Bereich wichtiger und problematischer Behandlungsmaßnahmen, die unter den Tatbestand des § 1904 BGB fallen, die Wunschbeachtungspflicht leerlaufen.

Verweigert das Gericht die Erteilung einer Genehmigung, weil es zwar die Voraussetzungen des § 1904 BGB für gegeben, im Sinne des Betreutenwohl jedoch nicht für angemessen hält, kann die Maßnahme rechtmäßiger Weise nicht durchgeführt werden. Es bleibt dem Betreuer aber unbenommen, bei Veränderung der Umstände eine neue Genehmigung zu „beantragen".[894] [895]

---

[891] Vgl. *Bienwald* § 1904 Rnr.28; *MünchKomm/Schwab* § 1904 Rnr.22.

[892] Siehe HUK-BUR/*Rink* § 1904 Rnr.26.

[893] So *Marschner*, R & P 1991, 146 [147].

[894] Siehe *MünchKomm/Schwab* § 1904 Rnr.24.

[895] Die Genehmigung nach § 1904 BGB setzt keinen Antrag des Betreuers voraus. Allerdings wird in der Praxis das Gericht regelmäßig „auf Antrag" tätig, weil es auf andere Weise kaum von einer genehmigungspflichtigen Maßnahme Kenntnis erlangt.

II. Die Rechtsnatur der Genehmigung

Die Rechtsnatur der vormundschaftsgerichtlichen Genehmigung nach § 1904 BGB wird im Schrifttum nicht einheitlich beurteilt. Zum einen wird vertreten, es handle sich um eine reine „Innengenehmigung", die allein den Betreuer betreffe. Fehle die erforderliche Genehmigung und liege auch kein Fall des § 1904 Abs. 1 S.2 BGB vor, so handle der Betreuer pflichtwidrig und setze sich den gerichtlichen Sanktionen des § 1837 BGB aus. Eine Auswirkung auf die materielle Rechtmäßigkeit der durchgeführten Maßnahme, also das Handeln des Arztes, habe die Genehmigung nicht.[896]
Nach anderer Ansicht ist die vormundschaftsgerichtliche Genehmigung eine Außengenehmigung, mit der Folge, dass die Rechtmäßigkeit des ärztlichen Handelns von ihrem Vorliegen abhängt. Der Arzt handle also dann rechtswidrig, wenn ihm der Betreuer des einwilligungsunfähigen Betreuten die Einwilligung zur erforderlichen Maßnahme erteile, diese aber nicht nach § 1904 BGB vormundschaftsgerichtlich genehmigt sei.[897]

Die erste Ansicht kann nicht überzeugen. Sinn und Zweck des Betreuungsgesetzes ist es, die Stellung und die Rechte des Betreuten zu stärken und nicht den behandelnden Arzt vor einer möglichen Strafbarkeit zu bewahren. Ein einwilligungsfähiger Patient entscheidet nach einer sachgemäßen Aufklärung selbst, ob er eine Maßnahme, bei der die begründete Gefahr besteht, dass er auf Grund der Maßnahme stirbt oder einen schweren und länger dauernden gesundheitlichen Schaden erleidet, an sich vornehmen lässt. Ist der Betroffene einwilligungsunfähig, wird die Entscheidungskompetenz auf den Betreuer mit entsprechendem Aufgabenkreis übertragen. Er entscheidet an Stelle des Betreuten über Eingriffe in dessen körperliche Integrität. Im Falle des § 1904 Abs. 1 S.1 BGB hat der Gesetzgeber es als notwendig empfunden, der Entscheidung des Betreuers noch eine weitere Voraussetzung an die Seite zu stellen. Wenn die begründete Gefahr des Todes oder eines schweren und länger andauernden Schadens besteht, soll der Betreuer nicht allein eine solche Entscheidung treffen. Vielmehr soll zum Schutze des Betreuten, der selbst hierzu nicht mehr in der Lage ist, eine Überprüfung der anstehenden Maßnahme vorgenommen werden. Demnach kann die Genehmigung nach § 1904 Abs. 1 S.1 BGB nicht lediglich als Innengenehmigung

---

[896] Dieser Ansicht *Erman/Holzhauer*, 9.Aufl., §1904 Rnr.26; *Bienwald* §1904 Rnr.27.

[897] Vertreten wird dies von *Damrau/Zimmermann* §1904 Rnr.2; *MünchKomm/Schwab* §1904 Rnr.23; nunmehr auch *Erman/Roth*, 10. Aufl., § 1904 Rnr.25; *Reinhardt-Gilmour*, Rechtsfragen der Elektrokrampftherapie, S.135; *Eisenbart*, Patienten-Testament und Stellvertretung in Gesundheitsangelegenheiten, S. 214.

angesehen werden.[898] So geht der Regierungsentwurf auch davon aus, dass eine Einwilligung des Betreuers in eine Maßnahme im Sinne von § 1904 Abs. 1 S.1 BGB nur mit Genehmigung des Vormundschaftsgerichts wirksam sein kann.[899] Diese Ansicht findet auch im Wortlaut des § 1904 Abs. 1 S.2 BGB eine Stütze, wonach die Maßnahme nur ohne Genehmigung durchgeführt werden darf, wenn mit dem Aufschub Gefahr verbunden ist.

---

[898] So auch *Soergel/Zimmermann* § 1904 Rnr.7; *MünchKomm/Schwab* § 1904 Rnr.23; *Palandt/Diederichsen* § 1904 Rnr.3; *Esch*, Der Patientenanwalt, S.108.

[899] BT-Drucks. 11/4528 S.140.

III. Die Entscheidung nach § 1906 Abs. 1 Nr.2 BGB

Wegen Art. 104 GG ist eine Freiheitsentziehung nur mit gerichtlicher Genehmigung zulässig. Willigt der Betreuer in eine freiheitsentziehende Unterbringung ohne vormundschaftsgerichtliche Genehmigung ein, ist die Unterbringung rechtswidrig. Etwas anderes gilt nur dann, wenn mit dem Aufschub der Unterbringung Gefahr für den Betreuten verbunden ist, § 1906 Abs. 2 S.2 BGB.

Im Genehmigungsverfahren[900] hat das Vormundschaftsgericht dem Betroffenen, dem Verfahrenspfleger, dem Ehegatten, dem Leiter der Einrichtung sowie der zuständigen Betreuungsbehörde Gelegenheit zur Äußerung zu geben, § 70 c, d FGG.[901]

Zudem ist vor der Genehmigung einer Unterbringungsmaßnahme die Einholung eines Sachverständigengutachtens unerläßlich, § 70 e FGG.[902] Zwar steht die Auswahl des Sachverständigen im Ermessen des Gerichts, jedoch soll er nach § 70 e Abs. 1 S.2 FGG ein Arzt für Psychiatrie sein; in jedem Fall muss er ein Arzt mit Erfahrung auf dem Gebiet der Psychiatrie sein (2.HS). Beauftragt das Gericht im konkreten Fall keinen Arzt für Psychiatrie, so muss es durch geeignete Ermittlungen feststellen und in der Entscheidung begründen, dass der Gutachter über ausreichende Erfahrung und damit über ausreichende Sachkunde auf dem Gebiet der Psychiatrie verfügt.[903]

Lediglich im Falle der Genehmigung einer unterbringungsähnlichen Maßnahme nach § 1906 Abs. 4 BGB genügt ein ärztliches Zeugnis, § 70 e Abs. 1 S.3 FGG.

Im Rahmen des Genehmigungsverfahrens hat das Gericht weiterhin zu untersuchen, ob eine medizinische Maßnahme notwendig ist, die ohne Unterbringung nicht durchführbar ist und ob der Betroffene aufgrund seiner psychischen Krankheit oder geistig seelischen Behinderung nicht in der Lage ist die Notwendigkeit der Unterbringung zu erkennen, § 1906 Abs. 1 Nr.2 BGB.

Kommt das Gericht zu der Ansicht, dass keine Unterbringung erforderlich ist, weil die Maßnahme auch ambulant durchführbar ist, oder die beabsichtigte Behandlung mangels Behandlungseinsicht keinen Erfolg

---

[900] Das Genehmigungsverfahren fur die zivilrechtliche und für die öffentlich-rechtliche Unterbringung ist nunmehr einheitlich in § 70 ff FGG geregelt.

[901] Einzelheiten siehe *Weber*, Der Einfluß des Betreuungsrechts auf die freiheitsentziehende Unterbringung, S.134 ff.; *Zimmermann*, FamRZ 1990, 1308[1310]; *Erman/Roth*, 10.Aufl., § 1906 Rnr.48.

[902] *Keidel/Kuntze/Winkler-Kayser* § 70 e FGG Rnr.2. Das Gutachten ist auch dann nicht entbehrlich, wenn der Richter nach der Anhörung des Betreuten vom Vorliegen der Unterbringungsmaßnahmen überzeugt ist. Überflüssig ist es nur dann, wenn nach den bisherigen Ermittlungen die Voraussetzungen für eine Unterbringung nicht vorliegen. Vgl. *Zimmermann*, FamRZ 1990, 1308 [1313].

[903] *Zimmermann*, FamRZ 1990, 1308 [1312].

verspricht oder aber die Behandlung wegen bestehender Einwilligungsfähigkeit des Betroffenen nicht durchgeführt werden kann, hat es die Genehmigung zu versagen.[904] Eine zivilrechtliche Unterbringung (nach § 1906 Abs. 1 Nr.2 BGB) ist dann nicht möglich.

Hält das Gericht hingegen die Voraussetzungen des § 1906 Abs. 1 Nr.2 BGB für gegeben, erteilt es die Genehmigung zu einer freiheitsentziehenden Unterbringung zu „medizinischen Zwecken". Im Beschluss hat das Gericht die Unterbringungsmaßnahme näher zu bezeichnen[905] und den Zeitpunkt bestimmen, wann die Unterbringungsmaßnahme endet, § 70 f Abs. 1 FGG.

[904] Zu den Einzelheiten der Voraussetzungen von § 1906 Abs. 1 Nr.2 BGB siehe oben 1. Kapitel II. 4. f) 3) b).

[905] Allerdings wird der Name der Anstalt nicht genannt, da es Aufgabe des Betreuers ist, die konkrete Anstalt zu bestimmen, BayObLG, Beschluss v. 07.10.1993 – 3Z BR 222/ 93, FamRZ 1994, 320.

IV. Gebote und Verbote des Vormundschaftsgerichts

Erlangt das Vormundschaftsgericht von einer pflichtwidrigen Handlung (oder Unterlassung) des Betreuers Kenntnis, kann es dem Betreuer Ge- und Verbote auferlegen, § 1908 i Abs. 1 i.V.m. § 1837 Abs. 2 S.1 BGB. Im Zusammenhang mit genehmigungspflichtigen medizinischen Maßnahmen ist ein Einschreiten des Vormundschaftsgerichts in verschiedenen Konstellationen denkbar. Liegen beispielsweise die Voraussetzungen des § 1904 Abs. 1 S.1 BGB vor, holt der Betreuer aber keine gerichtliche Genehmigung ein, so stellt dies eine Pflichtwidrigkeit dar. Erlangt das Vormundschaftsgericht – auf irgendeine Art und Weise – Kenntnis von einer bevorstehenden gefährlichen Maßnahme, um deren Genehmigung der Betreuer nicht nachgesucht hat, kann das Gericht dem Betreuer die Einwilligung ohne Genehmigung verbieten und die Einholung einer Genehmigung gebieten, § 1837 Abs. 2 S.1 BGB.[906]
Aber auch bei Behandlungsmaßnahmen, die nicht unter das Genehmigungserfordernis des § 1904 Abs. 1 S.1 BGB fallen, kann das Vormundschaftsgericht bei Pflichtwidrigkeiten des Betreuers Verbote bzw. Gebote erlassen. So z.B., wenn die Wahl der Behandlungsmethode nicht den Wünschen des Betreuten entspricht und sein diesbezüglicher Wunsch gleichermaßen realisierbar ist.
Weiterhin ist eine gerichtliche Anweisung nach § 1837 Abs. 2 BGB denkbar, wenn der Betreuer die Einwilligung zu einer Behandlungsmaßnahme (ohne sachliche Gründe) verweigert, das Gericht – nach ärztlicher Aufklärung – eine Behandlung jedoch zum Wohle des Betreuten für erforderlich hält. In diesem Fall, kann das Gericht dem Betreuer gebieten seine Einwilligung zu einer Behandlung zu erteilen.[907]

Über die Verweisung des § 1908 i Abs. 1 BGB kommt auch die Möglichkeit der Anordnung von Zwangsgeld nach § 1837 Abs. 3 BGB in Betracht. Um seinem Verbot Nachdruck zu verleihen, kann das Gericht das Verbot mit der Androhung eines Zwangsgeldes verbinden.[908] Zu beachten ist dabei allerdings, dass es sich bei dem Zwangsgeld um ein Zwangs- und Beugemittel handelt und nicht um ein Strafe. Kann der Betreuer zu dem gewünschten Verhalten nicht mehr „gezwungen" werden, weil die verbotene Maßnahme bereits durchgeführt wurde, so ist auch

---

[906] Siehe HUK-BUR/*Rink* § 1904 Rnr.28. Halt hingegen das Gericht eine Gesundheitsmaßnahme fur erforderlich, in die der Betreuer nicht einwilligen will, so kann das Gericht - mangels Entscheidungskompetenzen – die Behandlung nicht selbst veranlassen; vgl. 4.Kapitel VI. 3.
[907] Vgl. *Erman/Roth*, 10.Aufl., § 1904 Rnr.24; *Soergel/Zimmermann* § 1904 Rnr.26.
[908] Nach § 33 Abs. 3 FGG ist das Zwangsmittel vor seiner Anordnung anzudrohen. Allerdings kann die Androhung mit dem Ge- oder Verbot verbunden werden, siehe *Soergel/Zimmermann* § 1837 Rnr.16.

eine Androhung von Zwangsgeld nach § 1837 Abs. 3 S.1BGB nicht mehr zulässig.[909]
Weiterhin ist zu berücksichtigen, dass nicht gegen jeden Betreuer die Festsetzung eines Zwangsgeldes zulässig ist. Gemäß § 1837 Abs. 3 S.2 BGB - der wiederum über § 1908 i Abs. 1 S.1 BGB Anwendung findet - kann weder gegen den Verein, noch gegen die Behörde, die als Betreuer bestellt wurde ein Zwangsgeld festgesetzt werden. Dies gilt Kraft ausdrücklicher Bestimmung des § 1908 g Abs. 1 BGB auch für den Behördenbetreuer. In diesen Fällen muss sich das Gericht an die Institution wenden, die ihrerseits auf den Mitarbeiter einzuwirken hat.[910]
Kann der Betreuer durch Ge- oder Verbote des Vormundschaftsgerichts nicht zu einer pflichtgemäßen Erfüllung seiner Aufgaben angehalten werden, besteht als ultima ratio die Möglichkeit der Entlassung.[911]

In der Praxis besteht freilich das Problem, wie das Vormundschaftsgericht von einer bevorstehenden gefährlichen Maßnahme Kenntnis erlangt. Hält weder der Arzt noch der Betreuer eine Genehmigung für erforderlich und können oder wollen sich weder der Betreute, noch Angehörige, Krankenhauspersonal oder Heimpersonal an das Vormundschaftsgericht wenden, so kann das Gericht mangels Kenntnis nicht einschreiten.
Eine Stärkung der Rechte des Betreuten ist im Falle eines Betroffenen, der zur eigenständigen Lebensführung nicht (mehr) in der Lage ist, demnach nur möglich, wenn sein soziales Umfeld aktiv an seinem Leben teilnimmt. Denn nur wenn das Gericht von Umständen Kenntnis erlangt, kann es den Rechten des Betreuten zur Durchsetzung verhelfen.

---

909 *MunchKomm/Schwab* § 1837 Rnr.32.
910 Vgl. *Soergel/Zimmermann* § 1837 Rnr.20, 31.
911 Zu den Entlassungsgrunden im Einzelnen siehe 1. Kapitel VI.; zur Entlassung durch einstweilige Anordnung siehe 4.Kapitel V. 3.

V. Eilmaßnahmen des Vormundschaftsgerichts

Sowohl das Verfahren der Bestellung eines Betreuers als auch seine Entlassung nehmen eine gewisse Zeit in Anspruch.[912] Diese Zeit steht im gesundheitlichen Bereich aber nicht immer zur Verfügung. Deshalb besteht gemäß § 69 f FGG die Möglichkeit, dass das Gericht durch einstweilige Anordnung eine vorläufige Entscheidung treffen kann.[913]

1. Die vorläufige Bestellung eines Betreuers

Kommt der Arzt im Vorfeld der Behandlung eines Patienten zu der Ansicht, dass diesem die notwendige Einwilligungsfähigkeit fehlt, benötigt er für eine rechtswirksame Behandlung die Einwilligung eines gesetzlichen Vertreters. Ist ein solcher nicht vorhanden, muss grundsätzlich ein Betreuer bestellt werden, wenn die Voraussetzungen des § 1896 BGB vorliegen. Abgesehen von den „vitalen" Notfällen, wo es „um Leben und Tod" geht und der Arzt ohne Einwilligung des Betroffenen oder seines Vertreters handeln kann, sind auch andere medizinische Maßnahmen vorstellbar, die zwar nicht unmittelbar lebensbedrohlich sind, bei denen ein Abwarten bis zum Abschluß eines Verfahrens jedoch eine erhebliche Gefahr für den Betroffenen darstellt. Genannt sei hier nur das Anlegen einer PEG-Sonde, ohne die der Patient innerhalb von Tagen oder Wochen verhungern würde. In einem solchen Fall liegt ein „medizinischer Notfall" (noch) nicht vor, da es nicht auf jede Minute ankommt.[914] Für derartige Behandlungsmaßnahmen, die zwischen den unaufschiebbaren vitalen Notfällen und den auf längere Zeit aufschiebbaren „Wahleingriffen" angesiedelt sind, kommt eine vorläufige Betreuerbestellung nach § 69 f FGG in Betracht.

Durch eine einstweilige Anordnung kann dann ein vorläufiger Betreuer bestellt werden oder der Aufgabenkreis eines Betreuers – der z.B. nur für die Vermögenssorge bestellt wurde – vorläufig erweitert werden, § 69 f Abs. 1 FGG. Je nach Dringlichkeit der Entscheidung hat das Ge-

---

[912] So muss u.a. der Betroffene gehort werden (§ 68 FGG) und ein Sachverständigengutachten eingeholt werden (§ 68 b FGG).

[913] Zuständig ist nach § 65 Abs. 1 FGG das Gericht, in dessen Bezirk der Betroffene seinen gewöhnlichen Aufenthalt hat. Gemaß § 65 Abs. 5 FGG ist im Falle einer einstweiligen Anordnung aber auch das Gericht zustandig, in dessen Bezirk das Bedürfnis der Fürsorge hervortritt. Da diese Zuständigkeit des Eilgerichts nur subsidiar ist, endet sie, wenn die erforderliche (vorläufige) Maßnahme getroffen ist. Das Eilgericht hat den Vorgang nach Erfüllung seiner Aufgabe an das nach § 65 Abs. 1 FGG zustandige Vormundschaftsgericht zu übersenden, vgl. BayObLG, Beschluss v. 15.06.2000 – 3Z AR 23/00, FamRZ 2000, 1442 [1443].

[914] Vgl. *Wolter-Henseler*, BtPrax 1996, 12 [13].

richt eine „gewöhnliche“ oder eine „eilige“ einstweilige Anordnung zu erlassen.[915]

a) Die gewöhnliche einstweilige Anordnung

§ 69 f Abs. 1 Nr.1 FGG regelt die formellen und materiellen Voraussetzungen für eine vorläufige Betreuerbestellung. [916] In formeller Hinsicht muss mit dem Aufschub einer Entscheidung Gefahr verbunden sein. Dies bedeutet, dass konkrete Umstände es nahelegen, dass das Abwarten der endgültigen Entscheidung für den Betroffenen erhebliche Nachteile zur Folge hätten.[917] In materieller Hinsicht müssen dringende Gründe für die Annahme Bestehen, dass eine Betreuerbestellung erforderlich ist.[918] Dies hat das Gericht im Rahmen einer summarischen, aber vollständigen Prüfung der Voraussetzungen der Hauptsacheentscheidung (§§ 1896 ff. BGB) zu entscheiden. Nicht ausreichend ist, dass sich der Betroffene einer medizinischen Problemlage verschließt, oder bei der Aufklärung seines Zustandes die Mitwirkung verweigert. Allein der Umstand, dass der Betroffene einer angeordneten Begutachtung fernbleibt, läßt nicht den Schluß auf die Notwendigkeit einer Betreuung zu.[919] Nach § 1896 Abs. 1 S.1 BGB kann eine Betreuung nur angeordnet werden, wenn ein Volljähriger aufgrund einer psychischen Krankheit oder einer geistigen oder seelischen Behinderung seine Angelegenheiten nicht besorgen kann. Eine psychische Krankheit allein rechtfertigt keine Betreuerbestellung, wenn nicht gleichzeitig festgestellt wird, dass der Betroffene nicht in der Lage ist, seine Angelegenheiten ganz oder teilweise selbst zu besorgen.[920] Zwar muss die nach § 1896 Abs. 1 S.1 BGB notwendige Situation für eine einstweilige Anordnung noch nicht endgültig eingetreten, aber bei Fortbestand der gegebenen Sachlage mit hoher Wahrscheinlichkeit zu erwarten sein.[921] Nach der Ansicht des KG Berlin, müssen überzeugende Anhaltspunkte dafür bestehen, dass eine Betreuerbestellung geboten erscheint. Wegen der einschneidenden Folgen der Betreuerbestellung – in diesem Fall in Verbindung mit einer zivilrechtlichen Unterbringung – für den Betroffe-

---

[915] Zwar werden vom Gesetz die Begriffe „gewöhnlich“ oder „eilig“ nicht verwendet, jedoch können nach § 69 f Abs. 1 S.4 FGG in bestimmten Ausnahmefällen unter geringeren Voraussetzungen eine einstweilige Anordnung erlassen werden, so dass klarstellend die verschiedenen Arten auseinanderzuhalten sind.

[916] Fur die Erweiterung des Aufgabenkreises gilt dies über § 69 i Abs. 2, 3, 5 FGG.

[917] BayObLG, Beschluss v. 09.04.1997 – 3Z BR 75, 85/97, FamRZ 1997, 1288 [1289].

[918] Siehe *Erman/Holzhauer*, 10.Aufl., § 1896 Rnr.90.

[919] So OLG Koln, Beschluss v. 13.02.1995 – 16 Wx 26/95, FamRZ 1995, 1083 [1084].

[920] OLG Köln, Beschluss v. 12.04.2000 – 16Wx 56/00, FamRZ 2001, 311.

[921] BayObLG, Beschluss v. 09.04.1997 – 3Z BR75, 85/97, FamRZ 1288; OLG Köln, Beschluss v. 13.02.1995 – 16Wx 26/95, FamRZ 1995, 1083 [1084].

nen, ist das Gericht verpflichtet, die Äußerungen von Sachverständigen kritisch auf ihre Überzeugungskraft hin zu überprüfen. [922]

Zwingende Voraussetzung ist weiterhin, dass ein ärztliches Zeugnis über den Zustand des Betroffenen vorliegt (§ 69 f Abs. 1 S.1 Nr.2 FGG). Zwar ist kein Gutachten nach § 68 b FGG erforderlich, jedoch muss es sich um ein aussagekräftiges ärztliches Zeugnis handeln, das nicht nur den Zustand des Betroffenen als solchen beschreibt, sondern sich zur Krankheit oder Behinderung und der sich hierauf gründenden Unfähigkeit der Besorgung der eigenen Angelegenheiten, sowie der Notwendigkeit der Eilmaßnahme, äußert.[923] Auch ist eine persönliche Untersuchung des Betroffenen durch den Arzt vor Erstellung des Zeugnisses nicht ausdrücklich vorgeschrieben; es erscheint jedoch äußerst fraglich, ob ein Zeugnis ohne vorherige Untersuchung die notwendige Überzeugungskraft besitzt.[924]

Ferner ist im Falle des § 67 FGG dem Betroffenen ein Verfahrenspfleger zu bestellen, § 69 f Abs. 1 S.1 Nr.3 FGG; und der Betroffene ist persönlich anzuhören, § 69 f Abs. 1 S.1 Nr.4 FGG.[925] Wie im Hauptsacheverfahren, kann auch hier von einer Anhörung des Betroffenen Abstand genommen werden, wenn durch die Anhörung erhebliche Nachteile für die Gesundheit des Betroffenen zu befürchten sind, oder der Betroffene offensichtlich verständigungsunfähig st, § 69 f Abs. 1 S.3 i.V.m. § 69 d Abs. 1 S.3 FGG.

Die Auswahl des Betreuers hat auch im Eilverfahren grundsätzlich nach § 1897 BGB zu erfolgen.[926] Das bedeutet, dass der (zumindest) vom natürlichen Willen des Betroffenen getragene Vorschlag vorrangig zu beachten ist (§ 1897 Abs. 4 BGB) und eine Behörde nur dann zum Betreuer bestellt werden darf, wenn keine geeignete natürliche Person oder ein Betreuungsverein zur Verfügung steht (§ 1900 Abs. 4 BGB).

---

[922] KG Berlin, Entscheidung v. 28.11.1995 – 9U 6782/94, R & P 1996, 86.

[923] Allgem. Meinung, siehe *Zimmermann*, FamRZ 1991, 270 [277], der darauf hinweist, dass nach dem Wortlaut zwar ein Zeugnis über den „Zustand" ausreicht, die Vorschrift aber dahingehend auszulegen ist, dass ein Zeugnis vorzulegen ist, das sich zur Notwendigkeit der Betreuung äußert; *MünchKomm/Schwab* § 1896 Rnr.120 mit Verweis auf Zimmermann; *Bienwald* § 69 f FGG Rnr.14; *Keidel/Kuntze/Winkler-Kayser* § 69 f FGG Rnr.6; *Ruhl*, FuR 1994, 254 [257].

[924] So *Damrau/Zimmermann* § 69 f FGG Rnr.5; ähnlich auch *Keidel/Kuntze/Winkler-Kayser* § 69 f FGG Rnr.6.

[925] Das Vormundschaftsgericht erfullt seine Amtsermittlungspflicht (§ 12 FGG) in der Regel erst dann, wenn vor der Anordnung einer vorlaufigen Betreuung ein Verfahrenspfleger bestellt, ein ärztliches Zeugnis einholt und der Betroffene dazu in Anwesenheit seines Verfahrenspflegers persönlich gehort worden ist. OLG Koln, Beschluss v. 13.02.1995 – 16Wx 26/95, FamRZ 1995, 1083 [1084], zur alten Fassung des § 69 g FGG ergangen.

[926] BayObLG, Beschluss v. 16.02.2000 – 3Z BR 4/00, FamRZ 2001, 316 [317]; BayObLG, Beschluss v. 22.09.2000 – 3Z BR 220, 221/00, BtPrax 2001, 37; LG Regensburg, Beschluss v. 22.12.1992 – 7T 377/92, FamRZ 1993,597.

Im Rahmen einer Eilentscheidung bemisst sich allerdings der Umfang der entsprechenden Ermittlungspflicht nach der jeweiligen Eilbedürftigkeit des Einzelfalles.[927] Je dringender die Bestellung eines Betreuers für die Besorgung der Angelegenheiten des Betroffenen ist, desto geringer sind die Anforderungen an die Ermittlungspflicht hinsichtlich der Betreuungsperson.

b) Die eilige einstweilige Anordnung

Bei Gefahr im Verzug kann das Gericht auf bestimmte Verfahrenshandlungen zunächst verzichten und damit noch schneller eine Entscheidung treffen. So kann schon vor der Anhörung des Betroffenen, sowie vor Bestellung eines Verfahrenspflegers, eine einstweilige Anordnung getroffen werden, § 69 f Abs. 1 S.4 FGG. Allerdings müssen diese Verfahrenshandlungen dann unverzüglich nachgeholt werden, § 69 f Abs. 1 S.4, 2.HS FGG, denn das Gesetz gestattet nur eine zeitliche Verschiebung der Verfahrenshandlungen. Die Voraussetzungen des § 69 f Abs. 1 S.1 Nr.1 und 2 FGG müssen gleichwohl vorliegen.

Gefahr im Verzug ist dann anzunehmen, wenn die Gefahr für den Betroffenen nur durch sofortiges Handeln des Gerichts abgewendet werden, eine Anhörung des Betroffenen und des Verfahrenspflegers also nicht abgewartet werden kann.[928] Dies ist etwa der Fall, wenn eine notwendige Behandlung unmittelbar bevorsteht und die in § 69 f Abs. 1 S.4 FGG aufgeführten Verfahrenshandlungen zuvor zeitlich nicht mehr vornehmbar sind, ohne die Gesundheit des Betroffenen zu gefährden. In einem solchen Fall muss das Gericht auch nicht auf Wünsche des Betroffenen hinsichtlich der Wahl des Betreuers Rücksicht nehmen, § 69 f Abs. 1 S.5 FGG.[929] Vielmehr ist in einem solchen Ausnahmefall der nächste zur Verfügung stehende Betreuer zu bestellen.

2. Die Dauer der Einstweiligen Anordnung

Damit in die Rechte des Betroffenen aufgrund eines summarischen Verfahrens mit verminderten Verfahrensgarantien nicht über ein unvermeidbares Maß hinaus eingegriffen wird, gilt eine einstweilige Anordnung nach § 69 f Abs.1 FGG nur für einen begrenzten Zeitraum. Gemäß § 69 f Abs. 2 FGG darf eine einstweilige Anordnung die Dauer von sechs Monaten nicht überschreiten. Dieser Zeitraum muss ausreichen, um die erforderlichen Ermittlungen im Rahmen des Hauptverfahrens

[927] BayObLG, Beschluss v. 16.02.2000 – 3Z BR 4/00, FamRZ 2001, 316 [317].
[928] Vgl. *Schmidt*, Handbuch der Freiwilligen Gerichtsbarkeit, 2. Rnr.585.
[929] Siehe LG Regensburg, Beschluss v. 22.12.1992 – 7T 377/92, FamRZ 1993, 597; ähnlich auch BayObLG, Beschluss v. 16.02.2000 – 3Z BR 4/00, FamRZ 2001, 316.

durchzuführen. In Ausnahmefällen kann, nach Anhörung eines Sachverständigen, der Zeitraum bis zu insgesamt einem Jahr Dauer verlängert werden, § 69 f Abs. 2, 2.HS FGG.[930]

3. Die Entlassung des Betreuers durch einstweilige Anordnung

Ein Betreuer kann auch durch eine einstweilige Anordnung entlassen werden, § 69 f Abs. 3 FGG.
Voraussetzung ist, dass dringende Gründe für das Vorliegen der Entlassungsvoraussetzungen gegeben sind und mit dem Aufschub der Entlassung Gefahr verbunden ist.
Die Entlassung eines Betreuers ist immer als ultima ratio anzusehen. Sie kommt also erst dann in Betracht, wenn andere Maßnahmen - z.B. nach § 1837 Abs. 2 BGB - nicht ausreichen. Ist die Eignung des Betreuers, die Angelegenheiten des Betreuten zu besorgen, nicht mehr gewährleistet oder liegen andere wichtige Gründe vor, kann das Vormundschaftsgericht den Betreuer entlassen, § 1908 b Abs. 1 S.1 BGB.

Für die Entlassung im Rahmen einer einstweiligen Anordnung ist weiterhin Voraussetzung, dass mit dem Aufschub der Entlassungsentscheidung Gefahr verbunden ist. Dies ist dann der Fall, wenn der Betreuer Maßnahmen ankündigt, vorbereitet oder fortzusetzen gedenkt, die eine Gefahr für die Person des Betroffenen darstellen und er durch Aufsichtsmaßnahmen nicht von seinem Vorhaben abgebracht werden kann.[931]

Hat beispielsweise das Gericht eine Genehmigung zu einer gefährlichen ärztlichen Maßnahme zum Wohle des Betreuten verweigert und kündigt der Betreuer an, dennoch seine Einwilligung zu dieser Behandlung zu erteilen, so kann ihm das Gericht dies gemäß § 1837 Abs. 2 BGB verbieten. Ist jedoch absehbar, dass sich der Betreuer an das Verbot nicht hält, kann der Betreuer als ungeeignet (im Wege einer einstweiligen Anordnung) entlassen werden.
Eine Entlassung kommt aber nicht nur in Betracht, wenn der Betreuer eine (pflichtwidrige) Maßnahme vornehmen möchte, sondern auch dann, wenn er in pflichtwidriger Weise seine Einwilligung zu einer Behandlungsmaßnahme verweigert und das Unterlassen der Behandlung eine Gefahr für den Betreuten darstellt. Hat ein Gebot gemäß § 1837 Abs.2 BGB keine Aussicht auf Erfolg, bleibt nur die Möglichkeit einer Entlassung. Eine eigene Entscheidung des Vormundschaftsge-

[930] Eine derartige Verlängerung erfolgt durch eine „weitere einstweilige Anordnung". Sie setzt also ein erneutes Verfahren nach Abs. 1 voraus. Siehe *Ruhl*, FuR 1994, 254 [258]; *Keidel/Kuntze/Winkler-Kayser* § 69 f FGG Rnr.16.

[931] Vgl. *Ruhl*, FuR 1994, 254 [258]; *Damrau/Zimmermann* § 69 f FGG Rnr.17a.

richts ist mangels Vorliegen der Voraussetzungen des § 1846 BGB nicht möglich.[932]
Ist die anstehende Behandlung dringend erforderlich, oder aber deren Verhinderung zum Wohle des Betreuten umgehend geboten, würde ein Aufschub der Entlassungsentscheidung eine Gefahr für die Gesundheit des Betreuten darstellen. Folglich ist eine Entlassung im Wege einer einstweilige Anordnung zulässig.

Wurde der Betreuer für mehrere Aufgabenkreise bestellt und ist er nur für den einen als ungeeignet anzusehen, kann er lediglich hinsichtlich dieses Aufgabenkreises durch einstweilige Anordnung entlassen werden.[933] Denn wenn schon die vollständige Entlassung des Betreuers durch einstweilige Anordnung möglich ist, dann muss auch als minus die teilweise Entlassung aus einem Aufgabenkreis möglich sein. Weigert sich der Betreuer, der sowohl für die Gesundheitsfürsorge als auch für die Vermögenssorge bestellt ist, seine Einwilligung zu einer Behandlung zu erteilen, so kann er dennoch im Bereich der Vermögenssorge - mangels Beanstandungen - ein geeigneter Betreuer sein.

Anders als die vorläufige Bestellung des Betreuers, ist die Entlassung des Betreuers im Wege einer einstweiligen Anordnung eine endgültige Entlassung. Sie wird gemäß § 69 f Abs. 4 FGG sofort wirksam. Dem Betreuer steht zwar das Rechtsmittel der sofortigen Beschwerde zu, § 69 g Abs. 4 Nr.3 FGG, jedoch hat dieses grundsätzlich keine aufschiebende Wirkung, § 24 Abs. 1 S.1 FGG.

---

[932] Vgl. HUK-BUR/*Rink* vor § 1904 Rnr.5.
[933] So *Damrau/Zimmermann* § 69 f FGG Rnr.17b; a.A. *Bienwald* § 69 f FGG Rnr.1.

VI. Eigene Entscheidungen des Vormundschaftsgerichts

Grundsätzlich steht dem Vormundschaftsgericht nicht das Recht zu, eine zum Aufgabenkreis eines Betreuers gehörende Entscheidung selbst zu treffen. Nach den Regelungen des Betreuungsgesetzes, hat nur der Betreuer für den Betreuten zu handeln. Er vertritt den Betreuten und erledigt die ihm übertragenen Angelegenheiten selbständig.[934] Das Vormundschaftsgericht ist hingegen nur zur Beaufsichtigung des Betreuers berufen.[935]
Um aber eine umfassende Betreuung sicherzustellen, kann das Vormundschafts-gericht in wenigen Ausnahmefällen die in einer Betreuungsangelegenheit erforderlichen Maßnahmen selbst treffen, § 1908 i Abs. 1 i.V.m. § 1846 BGB.
§ 1846 BGB ermöglicht es dem Vormundschaftsgericht, die im Interesse des Betroffenen erforderlichen Maßnahmen zu treffen,

- wenn entweder noch kein Betreuer bestellt worden ist,
- oder der Betreuer aus rechtlichen oder tatsächlichen Gründen an der Erfüllung seiner Pflichten verhindert ist.

Zu bedenken ist hierbei, dass das Vormundschaftsgericht nicht nur *berechtigt* ist, die geeigneten Maßnahmen selbst zu treffen, sondern dass es hierzu auch *verpflichtet* ist, wenn die Voraussetzungen des § 1846 BGB vorliegen. Dies hat zur Folge, dass nicht nur dann Staatshaftungsansprüche nach Art. 34 GG, § 839 BGB des Betroffenen begründet werden können, wenn das Gericht ungerechtfertigter Weise diese Kompetenzen an sich zieht, sondern auch dann, wenn es pflichtwidrig ein Eingreifen nach § 1846 BGB unterlässt.[936]

1. Das Dringlichkeitserfordernis

Maßgebliches Kriterium für eine eigene Entscheidung des Vormundschaftsgerichts ist jedoch, dass es sich um eine dringende Angelegenheit handelt. Ist noch genügend Zeit, um einen vorläufigen Betreuer nach § 69 f FGG zu bestellen, ist ein Tätigwerden des Gerichts nach § 1846 BGB nicht zulässig.[937] Ob ein dringender Fall vorliegt, entscheidet das Vormundschaftsgericht nach pflichtgemäßem Ermessen.[938] Dabei hat es zu berücksichtigen, wie lange ein Betreuer fehlt bzw. verhindert ist und wie hoch die Gefahr eines Schadeneintritts bei Aufschub ist.

---

[934] Siehe *Soergel/Zimmermann* § 1846 Rnr.3.
[935] BT-Drucks. 11/4528 S.114.
[936] Siehe *MunchKomm/Schwab* § 1846 Rnr.4, *Palandt/Diederichsen* § 1846 Rnr.1.
[937] *MunchKomm/Schwab* § 1846 Rnr.3; *Soergel/Zimmermann* § 1846 Rnr.3; *Palandt/Diederichsen* § 1846 Rnr.3
[938] *MunchKomm/Schwab* § 1846 Rnr 3.

Nach Ansicht von *Holzhauer* dürften bei dringenden medizinischen Maßnahmen die Voraussetzungen für eine mutmaßliche Einwilligung oder eine berechtigte Geschäftsführung ohne Auftrag vorliegen, so dass die Einschaltung des Vormundschaftsgerichts gerade wegen der Dringlichkeit der Maßnahme weder tauglich noch erforderlich sei.[939]

Dem kann in dieser Allgemeinheit aber nicht gefolgt werden.[940] Eine mutmaßliche Einwilligung oder eine berechtigte Geschäftsführung ohne Auftrag ist nur dann ausreichendes Rechtfertigungskriterium, wenn es sich um einen Notfall handelt, bei dem jede weitere Verzögerung eine Gefahr für den Patienten darstellen würde. Bleibt die Zeit, das Vormundschaftsgericht anzurufen, muss von dieser Möglichkeit auch Gebrauch gemacht werden. Zweck des Betreuungsrechtes ist es, die Rechte des Betroffenen zu stärken. Dazu gehört beispielsweise, dass der Betreuer den einwilligungsunfähigen Betreuten bei der Entscheidung für oder gegen eine Behandlungsmaßnahme vertritt. Ist der Betroffene einwilligungsunfähig, hat aber noch keinen Betreuer, oder ist sein Betreuer verhindert, so ermöglicht gerade die Ausnahmevorschrift des § 1846 BGB, dass das Vormundschaftsgericht insoweit diese Aufgabe übernimmt. Nur wenn die Angelegenheit so dringlich ist, dass auch diese Entscheidung nicht mehr abgewartet werden kann, ist ein alleiniges Handeln des Arztes zulässig.

Neben der Dringlichkeit ist für eine Entscheidung nach § 1846 BGB erforderlich, dass entweder noch kein Betreuer bestellt ist, oder der Betreuer verhindert ist.

2. **Maßnahmen vor Betreuerbestellung**

Gerade in Anbetracht der ersten Alternative – dass noch kein Betreuer bestellt ist – erscheint fraglich unter welchen Voraussetzungen das Vormundschaftsgericht selbst tätig werden darf.

Nach einer Ansicht ist § 1846 BGB eng auszulegen. Danach dürfen Maßnahmen nach § 1846 BGB nicht vor der förmlichen Anordnung einer Betreuung angeordnet werden,da sonst vor einer Betreuung Maßnahmen getroffen würden, ohne zu wissen, ob es überhaupt zu einer Betreuung komme. Eine eigene Entscheidung des Vormundschaftsge-

---

[939] *Erman/Holzhauer*, 10.Aufl., § 1846 Rnr.2.

[940] Siehe AG Hamburg-Wandsbek, Beschluss v. 16.02.2001 – 708 N 528, BtPrax 2001, 131 zu einer Entscheidung nach § 1846 BGB in Gesundheitsangelegenheiten. Bei der hier notwendigen Dialysebehandlung handelte es sich um keinen „medizinischen Notfall", bei dem es auf jede Minute ankam.

richts könne demnach nur dann getroffen werden, wenn zumindest gleichzeitig und sofort wirksam ein vorläufiger Betreuer bestellt wird.[941]

Nach der herrschender Meinung in Rechtsprechung und Literatur[942], ist auch schon vor der Einleitung eines Betreuungsverfahrens eine eigene Entscheidung des Vormundschaftsgerichts nach § 1846 BGB möglich. Dafür spricht auch, dass durch das Betreuungsgesetz das Wort „Mündel" durch das Wort „Betroffener" ersetzt wurde. Damit sollte klargestellt werden, dass § 1846 BGB auch dann schon anwendbar ist, wenn noch kein Vormund, Pfleger oder Betreuer bestellt worden ist.[943]
Voraussetzung ist dann allerdings, dass dringende Gründe für die Annahme bestehen, dass die Voraussetzungen einer Betreuerbestellung (§ 1896 ff. BGB) vorliegen.[944] Denn nur wenn der Betroffene betreuungsbedürftig ist, kann es sich um Maßnahmen handeln, die zu den Pflichten eines Betreuers gehören.

3. **Maßnahmen bei Verhinderung des Betreuers**

Ist ein Betreuer zwar schon bestellt, in der konkreten Situation aber an der Erfüllung seiner Pflichten verhindert, kann in Eilfällen gleichfalls eine Maßregel durch das Vormundschaftsgericht ergehen. Der Betreuer kann sowohl aus rechtlichen als auch aus tatsächlichen Gründen verhindert sein.
Allerdings darf die Weigerung eines Betreuers, in einem bestimmten Sinne tätig zu werden nicht als Verhinderung angesehen werden.[945] Die Vorschrift des § 1846 BGB soll ausschließen, dass der Betroffene dadurch rechtliche Nachteile erleidet, dass er zeitweise keinen gesetzlichen Vertreter hat.[946] Vertritt der Betreuer lediglich eine andere Auffassung im Hinblick auf die Besorgung einer konkreten Angelegenheit, wird der Betreuer ja gerade in seiner Funktion als gesetzlicher Vertreter tätig. Die

---

941 Dieser Ansicht *Wiegand*, FamRZ 1991, 1022, OLG Frankfurt, Beschluss v. 13.11.1992 – 20W 429/92, R & P 1993, 37; siehe auch *Erman/Holzhauer*, 10.Aufl., § 1846 Rnr.4.

942 So OLG Schleswig, Beschluss v. 30.09.1992 – 2W 123/92, NJW 1992, 2974; BayObLG, Beschluss v. 31.10.2000 – 3Z BR 272/00, FGPrax 2001, 44. Siehe auch bei *Zimmermann*, Bayerisches Unterbringungsgesetz, Teil A., Rnr.150; *Erman/Holzhauer*, 10.Aufl., § 1846 Rnr.4; *Ruhl*, FuR 1994, 254 [258].

943 BT-Drucks. 11/4528 S.114, 211, 229. Der Streit wurde allerdings nicht bzgl. gesundheitlicher Angelegenheiten, sondern im Hinblick auf die Zulässigkeit von Unterbringungsmaßnahmen geführt. Eine Unterbringung nach § 1846 BGB ist allerdings sinnvoll, da in Eilfällen sonst nur die Möglichkeit einer öffentlichen Unterbringung verbleiben würde. Siehe hierzu *Zimmermann*, Bayerisches Unterbringungsgesetz, Teil A., Rnr.146 ff; siehe nunmehr auch den Vorlagebeschuß des BayObLG, Beschluss v. 31.10.2000 – 3Z BR 272/00, FGPrax 2001, 44. Auch das BayObLG sieht eine gleichzeitige Betreuerbestellung für nicht als notwendig an, sah sich aber durch die Entscheidung des OLG Frankfurt v. 13.11.1992, R & P 1993, 37 an einer Entscheidung gehindert.

944 BayObLG, Beschluss v. 27.09.2000 – 3Z BR 279/00, R & P 2001, 50 [51].

945 Siehe *Soergel/Zimmermann* § 1846 Rnr.3 m.w.N. A.A *Kuhlmann*, Einwilligung in die Heilbehandlung alter Menschen, S.211.

946 *MünchKomm/Schwab* § 1846 Rnr.1.

Nothilfebefugnis des § 1846 BGB darf das Vormundschaftsgericht aber nicht dazu verwenden, Angelegenheiten, in denen der Betreuer eine andere Auffassung vertritt, gegen den Willen des Betreuers selbst anderweitig zu regeln.[947] Verweigert der Betreuer die Einwilligung in eine notwendige Behandlung, stellt dies keine Verhinderung nach § 1846 BGB dar. Dies hat zur Folge, dass das Gericht in derartigen Fällen nicht an Stelle des Betreuers einwilligen kann.[948] Dem Gericht bleibt dann nur die Möglichkeit, den Betreuer (vorläufig) zu entlassen, § 69 f Abs. 3 FGG.
Wurde der Betreuer nach § 69 f FGG entlassen, kommt eine eigene Entscheidung des Vormundschaftsgerichts nach § 1846 BGB in Betracht, da nunmehr kein Betreuer für den Betroffenen vorhanden ist und folglich § 1846 1.Alt. BGB eingreifen kann.

Zu bedenken ist allerdings, dass § 1846 BGB als subsidiäre Norm erst dann eingreifen kann, wenn keine gleichfalls erfolgversprechende andere Regelung gegeben ist. Folglich ist bei einer vorläufigen Entlassung auch immer zu prüfen, ob vor einer eigenen Entscheidung des Vormundschaftsgerichts, nicht genügend Zeit für eine vorläufige Bestellung eines neuen Betreuers (§ 69 f Abs. 1 FGG) zur Verfügung steht.
Verschlimmert sich der Zustand des Betreuten während dieser vormundschaftsgerichtlichen Maßnahmen derart, dass eine Entscheidung nicht mehr abgewartet werden kann, kann der Arzt – gestützt auf die allgemeinen Rechtfertigungsgründe – auch ohne Einwilligung eines Betreuers oder des Gerichts behandeln.

Ist der Betreuer aus tatsächlichen Gründen verhindert, z.B. infolge Krankheit oder Urlaub, und ist in diesem Zeitraum eine Entscheidung auf gesundheitlichem Gebiet nicht ohne Gefahr aufschiebbar, kann das Gericht auch selbst nach § 1846 BGB tätig werden.

---

[947] So auch OLG Düsseldorf, Beschluss v. 19.08.1994 – 3Wx 423/94, FamRZ 1995, 637 (für einen Vormund). Siehe auch *Staudinger/Engler* § 1846 Rnr.5.

[948] Abzulehnen ist folglich die Ansicht des AG Nettetal, Beschluss v. 19.10.1995 – 9X 119/95, FamRZ 1996, 1104, wonach das Vormundschaftsgericht eine notwendige Bluttransfusion anordnen kann, wenn der die Zustimmung verweigernde Elternteil aus religiösen Gründen an der Erfüllung seiner Pflichten gegenüber dem Betroffenen im Sinne § 1846 BGB verhindert ist.

C. Schlusswort

Die Betreuung mit Aufgabenkreis Gesundheitsfürsorge ist ein Bereich, in dem die rechtliche Sichtweise einem steten Wandel unterliegt.
War vor kurzer Zeit noch umstritten, ob eine gewillkürte Stellvertretung im gesundheitlichen Bereich überhaupt zulässig ist, geht das Gesetz nunmehr in § 1904 Abs. 2 BGB wie selbstverständlich hiervon aus. Auch die Fragen der Verbindlichkeit von antizipierten Erklärungen und der immer stärker werdende Wunsch der Menschen, Sorge für denn Fall der „Betreuungsbedürftigkeit" zu tragen, zeigt dies deutlich.[949]

Infolge des veränderten Altersaufbaus steigt auch die Zahl der älteren Menschen, die nicht mehr in der Lage sind, ihre Gesundheitsangelegenheiten selbst zu regeln. Auch die Zahl der psychischen Erkrankungen nimmt zu. Dies hat zur Folge, dass auch die Anzahl der Betreuungen mit Aufgabenkreis Gesundheitssorge ansteigen wird.[950] Vor diesem Hintergrund werden Bestrebungen verständlich, Alternativen zur Betreuerbestellung für den Fall der Betreuungsbedürftigkeit zu finden.[951] So begrüssenswert derartige Bemühungen um eine anderweitige Hilfestellung – etwa in Form von Vollmachten – sind, kann dadurch nicht allen, im gesundheitlichen Bereich Betreuungsbedürftigen eine Alternative geboten werden. Auch in Zukunft wird in einer Vielzahl von Fällen eine Betreuung mit Aufgabenkreis Gesundheitssorge unumgänglich sein.

Selbst wenn mit der Einführung des Betreuungsrechts gerade auf dem Gebiet der Gesundheitssorge eine Stärkung der rechtlichen Stellung des Betroffenen (Betreuten) herbeigeführt wurde, darf nicht übersehen werden, dass eine persönliche Betreuung nur dann im Sinne des Betreuungsrechts zum Wohle des Betreuten geführt werden kann, wenn das Selbstbestimmungsrecht und die Fähigkeiten des Betreuten berücksichtigt werden.[952]
Der Aufgabenkreis Gesundheitssorge ist ein Bereich, in dem das Zusammenwirken der beteiligten Personen eine besondere Bedeutung erlangt.

---

[949] Zu denken ist nur an die zahlreichen Reportagen und Artikeln in Bild- und Printmedien. Zur Stärkung anderweitiger Hilfen und zur Verhinderung von Betreuungen siehe auch den „Entwurf eines Eckpunktepapiers zur Strukturreform des Betreuungsrechts" v. 23.10.2000 (Renessepapier 2).

[950] Eingehend zur „Betreuungsstatistik" siehe www ruhr-uni-bochum de/zme/Lexikon/zahlen1 html, HK-BUR/*Rink/Deinert/Klie* § 1904 Rnr.33 ff; *Coeppicus*, Rpfleger 2000, 50; *Brill*, R & P 2001, 123..

[951] Siehe u.a. „Entwurf eines Eckpunktepapiers zur Strukturreform des Betreuungsrechts" v. 23.10.2000 (Renessepapier 2); BT-Drucks. 14/5746 v. 02.04.2001 Antwort der Bundesregierung auf die Kleine Anfrage der Fraktion der PDS; nachzulesen unter www ruhr-uni-bochum de/zme/Lexikon/betreuungsreform.

[952] Zur Kritik an der jetzigen Praxis der Gesundheitsbetreuungen siehe Meinolfius u.a., R & P2001, 385.

Nur wenn der **Betreuer**

- die Wünsche des Betreuten kennt,
- bereit ist herauszufinden, was der Betreute noch selbst zu besorgen in der Lage ist,
- den Betreuten nicht nur formal informiert, sondern in seinen Entscheidungsfindungsprozess miteinbezieht,
- die Behandlungsvorschläge des Arztes kritisch hinterfragt und andere Behandlungsformen diskutiert
- und am Lebensende des Betreuten, seinem Willen zur Umsetzung verhilft,

nur wenn der **Betreute** im Rahmen seiner Fähigkeiten

- die Betreuung als Hilfestellung und nicht als Bevormundung ansieht,
- seine Wünsche und seinen Willen zum Ausdruck bringt
- und bei missfallenden Entscheidungen des Betreuers auf das Vormundschaftsgericht zugeht,

nur wenn der **Arzt**

- engagiert aufklärt und nicht vorschnell von der Einwilligungsfähigkeit/unfähigkeit ausgeht,
- offen mit dem Betreuer und Betreuten Behandlungsalternativen diskutiert,
- den Betreuer nicht nur formal über eine Operation informiert, sondern ihn in die Entscheidungsfindung miteinbezieht
- und bei (vermeindlichen) Pflichtwidrigkeiten des Betreuers den Sachverhalt dem Vormundundschaftsgericht mitteilt,

nur wenn das **Vormundschaftsgericht**

- durch Information dem Betreuer und dem Arzt zur Seite steht,
- Hinweisen auf Pflichtwidrigkeiten gewissenhaft nachgeht
- und seine Kontrollfunktion wahrnimmt,

ist das Ziel des Betreuungsrechts, das weitestgehend eigenverantwortliche Leben des Betreuten, zu verwirklichen. Die vom Gesetzgeber an vielen Stellen anklingende Verpflichtung, den Willen des Betreuten vorrangig zu achten und zu seinem Wohle tätig zu sein, ist im persönlichen Bereich nur dann in die Praxis umsetzbar, wenn alle an einer Gesundheitssorge Beteiligten über ihre Rechte und Pflichten informiert und gewillt sind, die Intention des Betreuungsrechtes zu verwirklichen.

Es mag für den behandelnden Arzt – zumal im Krankenhausalltag – oft wesentlich einfacher sein, „über den Kopf des Patienten hinweg“ selbst zu entscheiden. Mit der gegenwärtigen Rechtslage ist ein solches Verhalten aber nicht zu vereinbaren. Auch ein Rückgriff auf die Figur der

mutmaßlichen Einwilligung kann nicht alle, in der Arbeit angesprochenen Probleme der Einwilligungsfähigkeit lösen. Vielmehr führt diese Rechtsfigur geradezu in ein „Labyrinth von ungelösten Problemen".[953]
Wie gezeigt wurde, bietet das Betreuungsrecht auf dem Gebiet der Gesundheitssorge, *rechtlich* gesehen, ein Modell für den Umgang mit kranken und behinderten Menschen, die nicht mehr in der Lage sind ihre gesundheitlichen Angelegenheiten selbst zu regeln. Ein anderes, weit größeres Problem stellt allerdings die praktische Umsetzung der mit dem Betreuungsrecht festgesteckten Ziele dar. Die Frage bleibt, wie eine zeitaufwendige „persönliche Betreuung", eine eingehende Befassung des Arztes mit seinem (unter Umständen, in der konkreten Situation doch einwilligungsfähigen) Patienten und eine intensive Pflege durch das Heim- oder Krankenhauspersonal[954] sichergestellt werden kann, wenn hierfür die finanziellen Mittel nicht zur Verfügung stehen. Die vom Gesetzgeber gewollte und zu befürwortende Stärkung des Selbstbestimmungsrechts des Betroffenen im Rahmen einer Gesundheitsbetreuung ist für die Zukunft nur dann realisierbar, wenn diese Ziele im Bewusstsein der Bevölkerung verankert sind und die am Verfahren der Betreuung beteiligten Personen und Institutionen in die Lage versetzt werden, die gestellten Anforderungen und Aufgaben auch zu erfüllen.

---

[953] So *Höfling*, JuS 2000, 111 [116].
[954] Etwa ein kontinuierliches Schlucktraining trotz PEG-Sonde.

Literaturverzeichnis:

Ackermann Brunhilde
Zwischen Hoffnung und Resignation. Zweieinhalb Jahre Praxis mit dem Betreuungsrecht aus Sicht einer Betreuungsbehörde, FuR 1994, 280

Alperstedt Ralf
Gefahrbegriff und Gefährlichkeitsfeststellung im Unterbringungsrecht, FamRZ 2001, 467

Dauerergänzungsbetreuung bei tatsächlicher Verhinderung?, BtPrax 2001, 106

Amelung Knut
Vetorechte beschränkt Einwilligungsfähiger in Grenzbereichen medizinischer Intervention. Schriftenreihe der Juristischen Gesellschaft zu Berlin Heft 140, Verlag Walter de Gruyter, Berlin New York 1995
Zit.: Amelung, Vetorechte

Probleme der Einwilligungsfähigkeit, R & P 1995, 20

Assion Rudolf
„Sterbehilfe" und „sterben lassen" nach aktueller Rechtslage, BtPrax 1998, 162

Bach Wolfgang
Kostenregelung für Betreuungspersonen. Erläuterungen der Anspruchsgrundlagen und Verfahrensregelungen, 2. Auflage, Carl Heymanns Verlag KG, Köln Berlin Bonn München 1999
Zit.: Bach, Kostenregelung für Betreuungspersonen

Zur Entschädigung und Vergütung von Betreuerpersonen unter Berücksichtigung der Auswirkungen des KostRÄndG 1994, BtPrax 1995, 8

Bassenge Peter / Herbst Gerhard
Gesetz über die Angelegenheiten der freiwilligen Gerichtsbarkeit. Rechtspflegergesetz. Kommentar, 8., überarbeitete Auflage, C.F. Müller Verlag, Heidelberg 1999
Zit.: Bassenge/Herbst

Bauer Axel u.a.
Heidelberger Kommentar zum Betreuungs- und Unterbringungsrecht. HK-BUR, Gesetzessammlung zum Betreuungsrecht, Loseblatt-sammlung,Verlag Müller, Heidelberg 2000
Zit.: HK-BUR/Bearbeiter

Bauer Axel, Hasselbeck Wolfgang
Fürsorglicher Zwang zum Wohle des Betreuten. Ein Gespräch zwischen Vormundschaftsrichter Axel Bauer und Dr. Wolfgang Hasselbeck, medizinisch-psychiatrischer Sachverständiger, FuR 1994, 293

Baur Fritz Rudolf
Der BGH und das Einsichtsrecht in Krankenakten, R & P 1983, 10

Baumann Wolfgang
Generalvollmachten als Vorsorgevollmachten, MittRhNotK 1998, 1

Bender Albrecht
Das Verhältnis von ärztlicher Schweigepflicht und Informationsanspruch bei der Behandlung, MedR 1997, 7

Bernsmann, Klaus
Der Umgang mit irreversibel bewußtlosen Personen und das Strafrecht, ZRP 1996, 87

Betra A, Bartels M., Foerster K.
Zur Frage der Genehmigungspflicht von Elektrokrampftherapie im Rahmen einer Betreuung, Der Nervenarzt 1999, 657

BGB-RGRK
Das Bürgerliche Gesetzbuch. Mit besonderer Berücksichtigung der Rechtsprechung des Reichsgerichts und des Bundesgerichtshofes. Kommentar, Verlag Walter de Gruyter, Berlin
Band IV, 4. Teil: §§ 1741 – 1921, 12., neubearbeitete Auflage, 1999
Band II, 5. Teil: §§ 812 – 831 (Anhang nach § 823: I. Verletzung des Persönlichkeitsrechts, II. Arzthaftungsrecht), 12., neubearbeitete Auflage, 1989
Zit.: BGB-RGRK/Bearbeiter

Bienwald Werner
Betreuungsrecht. Gesetz zur Reform des Rechts der Vormundschaft und Pflegschaft für Volljährige (Betreuungsgesetz - BtG) und Gesetz über die Wahrnehmung behördlicher Aufgaben bei der Betreuung Volljähriger (Betreuungsbehördengesetz - BtBG), 3. neu bearbeitete Auflage, Verlag Ernst und Werner Gieseking, Bielefeld 1999
Zit.: Bienwald

Anmerkung zum Beschluß des OLG Frankfurt a.M, FamRZ 1998, 1138

Brill Karl-Ernst
Brauchen wir eine Reform des Betreuungsrechts?, R & P 2001, 123

Brucker Uwe
Erfahrungen aus der Fortbildung zum Betreuungsgesetz, FuR 1994, 285

Bumiller Ursula / Winkler Karl
Beck`sche Kurzkommentare Band 33. Freiwillige Gerichtsbarkeit. Gesetz über die Angelegenheiten der freiwilligen Gerichtsbarkeit, 7., überarbeitete Auflage, C.H. Beck`sche Verlagsbuchhandlung, München 1999
Zit.: Bumiller/Winkler

Capell Eckhard / Gitschmann Peter
Die kommende Pflegeversicherung und die Folgen für die Betroffenen in der Altenhilfe, BtPrax 1994, 194

Coen Christoph
Die Aufsicht des Betreuungsvereins über Vereinsbetreuer nach § 1908 f Nr.1 BGB, NJW 1999, 535

Coeppicus Rolf
Durchführung und Inhalt der Anhörung in Betreuungs- und Unterbringungssachen, FamRZ 1991, 892

Verschaffung des unmittelbaren Eindrucks vom Betroffenen, Anhörung in der üblichen Umgebung und Anhörung durch den ersuchten Richter nach dem BtG, FamRZ 1992, 16

Die Betreuung mit dem Aufgabenkreis der Aufenthaltsbestimmung, das Selbstbestimmungsrecht der Betroffenen und ihr Wohl, FamRZ 1992, 741

Behandlungsabbruch, mutmaßlicher Wille und Betreuungsrecht, NJW 1998, 3381

Faszinierende Zahlen im Betreuungsrecht, Rpfleger 2000, 50

Das Betreuungsrechtsänderungsgesetz, FamRZ 1998, 3073

Das Betreuungsgesetz schützt Betroffene nicht, FamRZ 1993, 1017

Betreuungsrechtliche Auswirkungen der Pflegeversicherung, BtPrax 1995, 16

Freiheit zur Krankheit?, BtPrax 1999, 130

Sachfragen des Betreuungs- und Unterbringungsrecht, Verlag W. Kohlhammer, Stuttgart, Berlin, Köln 2000

Coester Michael
Von anonymer Verwaltung zur persönlichen Betreuung – Zur Reform des Vormund- und Pflegschaftsrechts für Volljährige -, Jura 1991, 1

Crefeld Wolf
Was müssen Sozialarbeit und Medizin zu einer besseren Anwendungspraxis des Betreuungsrechts beitragen?, BtPrax 1993, 3

Der Sachverständige im Betreuungsverfahren, FuR 1990, 272

Die Begutachtung im Entmündigungsverfahren, R & P 1986, 82

Damrau Jürgen/ Zimmermann Walter
Betreuung und Vormundschaft. Kommentar zum formellen und materiellen Recht, 2. überarbeitete und erweiterte Auflage, Verlag W. Kohlhammer, Stuttgart Berlin Köln 1995
Zit.: Damrau/Zimmermann

Deinert Horst
Handbuch der Betreuungsbehörde. Leitfaden für behördliche Aufgaben im neuen Betreuungsrecht. 2., vollständig überarbeitete und erweiterte Auflage, Carl Heymanns Verlag KG, Köln Berlin Bonn München, 1994
Zit.: Deinert, Handbuch der Betreuungsbehörde

Neue Zahlen zur Praxis des Betreuungsrechts, FamRZ 1998, 934

Die Heranziehung des Betreuten, seiner Familienangehörigen und Erben zu den Betreuungskosten, FamRZ 1999, 1187

Derleder Peter
Die Betreuung alter Menschen im Widerstreit der beteiligten Interessen, FuR 1996, 309

Deutsch Erwin
Medizinrecht. Arztrecht, Arzneimittelrecht und Medizinprodukterecht. Eine zusammenfassende Darstellung mit Fallbeispielen und Texten, 4. neu bearbeitete Auflage, Springer Verlang, Berlin Heidelberg 1998
Zit.: Deutsch, Medizinrecht

Diederichsen Uwe
Die Veränderung der Rolle des psychiatrischen Sachverständigen durch das Betreuungsgesetz. In Festschrift für Wolfram Henckel, S.125 –143, Verlag Walter de Gruyter, Berlin 1995
Zit.: Diederichsen, FS für Henckel

Dodegge Georg
Freiheitsentziehende Maßnahmen nach §1906 IV BGB, MDR 1992, 437

Warum bestellen die Gerichte so viele Betreuer?, BtPrax 1996, 8

Die Elektrokrampftherapie, FamRZ 1996, 74

Das Betreuungsrechtsänderungsgesetz, NJW 1998, 3073

Die Entwicklung des Betreuungsrechts bis Anfang Juni 1998, NJW 1998, 2710

Die Entwicklung des Betreuungsrechts bis Anfang Juni 1999, NJW 1999, 2709

Die Entwicklung des Betreuungsrechts bis Anfang Juni 2000, NJW 2000, 2704

Die Entwicklung des Betreuungsrechts bis Anfang Juni 2001, NJW 2001, 2758

Leserbrief zum Beitrag von Alix Hubert-Fehler u. Dr. Angela Hollmann in Heft 14/1998, Deutsches Ärzteblatt 95 (1998), A-1754

Dörner Klaus
Elektrokrampftherapie „Schocktherapie" oder ein differenziertes Behandlungsverfahren. Zum Beitrag von Dr. med. Here Folkerts in Heft 6/1995, Deutsches Ärzteblatt 93 (1996), A-193

Meine Patienten dürfen die Akten sehen, R & P 1983, 13

Dose Matthias
Medikamentöse Versorgung als Heilbehandlung nach § 1904 BGB, FamRZ 1993, 1032

Dröge Michael
Patientenverfügung und Erforderlichkeit einer Betreuungsmaßnahme, BtPrax 1998, 199

Die Betreuungsanordnung gegen den Willen des Betroffenen, FamRZ 1998, 1209

Eberbach Wolfram H.
Die ärztliche Aufklärung unheilbar Kranker, MedR 1996, 180

Staatliche Genehmigung zum Sterben? Zur Anwendbarkeit von § 1904 Abs.1 Satz 1 BGB auf den Behandlungsabbruch, MedR 2000, 267

Eisenbart Bettina
Patienten-Testament und Stellvertretung in Gesundheitsangelegenheiten. Alternativen zur Verwirklichung der Selbstbestimmung im Vorfeld des Todes, 2.Auflage, Nomos Verlagsgesellschaft, Baden-Baden 2000
Zit.: Eisenbart, Patienten-Testament und Stellvertretung in Gesundheitsangelegenheiten

Die Stellvertretung in Gesundheitsangelegenheiten, MedR 1997, 305

Elzer Oliver
Die Grundrechte Einwilligungsunfähiger in klinischen Prüfungen – ein Beitrag zum EMRÜ-Biomedizin, MedR 1998, 122

Epple Dieter
Einfluß der Betreuungsverfügung auf das Verfahren, die Führung und Überwachung der Betreuung, BtPrax 1993, 156

Erman
Bürgerliches Gesetzbuch. Handkommentar mit AGBG, EGBGB, HausratsVO, HausTWG, ProdHaftG, SachenRBerG, SchuldRAnpG, VerbrKrG, Verlag Aschendorff Münster,
Zit.: Erman/Bearbeiter
1. Band, 10. Neubearbeitete Auflage 2000
2. Band, 9. neubearbeitete Auflage, 1993
2. Band, 10. neubearbeitete Auflage, 2000

Esch Heike
Der Patientenanwalt. Zur Vertretung einwilligungsunfähiger Patienten bei medizinischen Entscheidungen durch gewillkürte und gesetzliche Stellvertreter, Dissertation Bochum 1999, Verlag Peter Lang, Frankfurt am Main 2000
Zit.: Esch, Der Patientenanwalt

Freund Georg, Heubel Friedrich
Forschung mit einwilligungsunfähigen und beschränkt einwilligungsfähigen Personen, MedR 1997, 347

Folkerts Here
Elektrokrampftherapie „Schocktherapie" oder ein differenziertes Behandlungsverfahren. Schlußwort zum Beitrag von Dr. med. Here Folkerts in Heft 6/1995, Deutsches Ärzteblatt 93 (1996), A-193

Fritze Eugen
Die ärztliche Begutachtung. Rechtsfragen, Funktionsprüfungen, Beurteilungen, Beispiele. Fünfte, vollständig überarbeitete und erweiterte Auflage, Verlag Steinkopff, Damstadt 1996
Zit.: Fritze, Die ärztliche Begutachtung

Fröhlich Uwe
Forschung wider Willen? Rechtsprobleme biomedizinischer Forschung mit nichteinwilligungsfähigen Personen, Springer Verlag, Berlin 1999 (Diss. Univ. Mannheim 1998)
Zit.: Fröhlich, Forschung wider Willen?

Frost Andreas
Arztrechtliche Probleme des neuen Betreuungsrechts. Eine Betrachtung der §§ 1901, 1904 und 1905 BGB unter besonderer Berücksichtigung der Einwilligung in ärztliche Maßnahmen. Diss. Univ. Tübingen 1994, Springer Verlang, Heidelberg 1994
Zit.: Frost, Arztrechtliche Probleme des neuen Betreuungsrechts

Füllmich Reiner
Zur Ablehnung künstlich lebensverlängernder medizinischer Maßnahmen durch nicht einwilligungsfähige Patienten, NJW 1990, 2301

Giesler Hartmut
Leitlinien der Betreuervergütung, FuR 1994, 260

Gregersen Anke
Rechtliche Betreuung – Was ist das?, BtPrax 1999, 211

Gregersen Anke / Deinert Horst
Die Vergütung des Betreuers – ein Leitfaden für Vormünder und Pfleger zu den neuen Vergütungs- und Aufwendungsregelungen. Rechtsstand 1. Oktober 1999, 2. aktualisierte Auflage 2000, Bundesanzeiger Verlag, Köln 2000
Zit.: Gregersen/Deinert, Die Vergütung des Betreuers

Harm Uwe
Die „Angelegenheiten" einer volljährigen Person im Sinne des Betreuungsgesetzes, Rpfleger 1998, 89

Heim Eva
Elektrokrampftherapie „Schocktherapie" oder ein differenziertes Behandlungsverfahren. Zum Beitrag von Dr. med. Here Folkerts in Heft 6/1995, Deutsches Ärzteblatt 93 (1996), A-193

Helle Jürgen
Patienteneinwilligung und Zwang bei der Heilbehandlung untergebrachter psychisch Kranker, MedR 1993, 133

Höfling Wolfram
Forum: „Sterbehilfe" zwischen Selbstbestimmung und Integritätsschutz, JuS 2000, 111

Höfling Wolfram / Demel Michael
Zur Forschung an Nichteinwilligungsfähigen, MedR 1999, 540

Hoffmann Birgit
Das Leben ist voller Risiken –Lebensrisiken und Betreuung, BtPrax 2001, 60

Holzhauer Heinz
Zur klinischen Prüfung von Medikamenten an Betreuten, NJW 1992, 2325
Der Umfang gerichtlicher Kontrolle privatrechtlicher Unterbringung nach § 1906 BGB i. d. F. des Betreuungsgesetzes, FuR 1992, 249

Betreuungsrecht in der Bewährung, FamRZ 1995, 1463

Holzhauer Heinz/ Reinicke Michael
Betreuungsrecht. Eine Kommentierung der bürgerlich-rechtlichen und verfahrensrechtlichen Vorschriften des neuen Betreuungsrechts, Verlag Aschendorff, Münster 1993
Zit.: Holzhauer/Reinicke

Hubert-Fehler Alix, Hollmann Angela
Entscheidung des Betreuers für oder gegen P E G, BtPrax 1996, 210

Ernährung durch eine Magensonde (PEG). Eine Entscheidung mit rechtlichen Konsequenzen, Deutsches Ärzteblatt 95 (1998), A-805

Jürgens Andreas (Hrsg.)
Betreuungsrecht. Kommentar zum materiellen Betreuungsrecht, zum Verfahrensrecht und zum Betreuungsbehördengesetz, 2., überarbeitete Auflage, C.H. Beck`sche Verlagsbuchhandlung, München 2001
Zit.: Jürgens/Bearbeiter

Ist der Tod genehmigungsfähig? Zum Beschluß des OLG Frankfurt vom 15.07.1998 (20 W 224/98), BtPrax 1998, 159

Jürgens Andreas, Kröger Detlef, Marschner Rolf, Winterstein Peter
Das neue Betreuungsrecht. Systematische Darstellung mit den Änderungen zum 1.Januar 1999, 4. neubearbeitete Auflage, Verlag C.H. Beck, München 1999
Zit.: Jürgens u.a., Das neue Betreuungsrecht

Kaminski Andrea
Betreuen statt bevormunden. Betreuerin und Betreuer im neuen Recht, R & P 1988, 16

Keidel Theodor /Kuntze Joachim / Winkler Karl
Freiwillige Gerichtsbarkeit. Teil A. Kommentar zum Gesetz über die Angelegenheiten der freiwilligen Gerichtsbarkeit, 13., neubearbeitete Auflage, C.H. Beck`sche Verlagsbuchhandlung, München 1992
Zit.: Keidel/Kuntze/Winkler-Bearbeiter

Kemper Rainer
Das Betreuungsrecht in der gerichtlichen Praxis. Übersicht über die von Juni 1992 bis Juni 1994 veröffentlichte Rechtsprechung, FuR 1994, 267

Kern Bernd-Rüdiger
Die Bedeutung des Betreuungsgesetzes für das Arztrecht, MedR 1991, 66

Arzt und Betreuungsrecht, MedR 1993, 245

Fremdbestimmung bei der Einwilligung in ärztliche Eingriffe, NJW 1994, 753

Kern Bernd-Rüdiger / Laufs Adolf
Die ärztliche Aufklärungspflicht. Unter besonderer Berücksichtigung der richterlichen Spruchpraxis, Springer-Verlag, Berlin Heidelberg New York 1983
Zit.: Kern/Laufs, Die ärztliche Aufklärungspflicht

Kesselheim H.
Aktuelle Probleme bei Pflegebedürftigkeit – juristische Aspekte, MED SACH 2000, 40

Klie Thomas / Krahmer Utz (Hsg.)
Soziale Pflegeversicherung. Lehr- und Praxiskommentar (LPK-SGB XI), mit Kommentierung der wichtigsten BSHG-Regelungen sowie Anhang Verfahren und Rechtsschutz, 1.Auflage, Nomos Verlagsgesellschaft, Baden-Baden 1998
Zit.: Bearbeiter in LPK-SGB XI

Kloppenborg Josef
Ärztliche Aufklärungspflicht beim alten Menschen, MedR 1996, 18

Klüsener Bernd / Rausch Hans
Praktische Probleme bei der Umsetzung des neuen Betreuungsrechts, NJW 1993, 617

Knieper Judith
Inhalt und Auswirkungen der Sterbehilfeentscheidung, BtPrax 1998, 160

Knittel Bernard
Betreuungsrecht: Textsammlung – BGB, BVormVG, FGG, KostO, RPflG, ZSEG, BtBG mit Einführung in das Betreuungsrechtsänderungsgesetz, 2.Auflage, Stand 1.Januar 1999, Bundesanzeiger-Verlag, Köln 1999
Zit.: Knittel

Köhler Michael
Europäische Bioethikkonvention – Beitritt unter Vorbehalt, ZRP 2000, 8

Konrad Norbert
Welche Bedeutung hat die Genehmigungspflicht gemäß § 1904 BGB in der stationären psychiatrischen Versorgungspraxis?, R & P 1996, 76

Kröber H.-L.
Psychiatrische Kriterien zur Beurteilung der Einwilligungsfähigkeit, Rechtsmedizin (1998) 8, 41

Kuhlmann, Jens-M.
Einwilligung in die Heilbehandlung alter Menschen, Verlag Peter Lang GmbH, Frankfurt a. M. 1996

Kutzer Klaus
Strafrechtliche Überlegungen zum Selbstbestimmungsrecht des Patienten und zur Zulässigkeit der Sterbehilfe, MDR 1985, 710

Wir brauchen keine neuen Gesetze zur Sterbehilfe. In besonderen Ausnahmefällen könnte auch eine Tötung auf Verlangen straffrei sein, ZRP 1997, 117

Sterbehilfeproblematik in Deutschland: Rechtsprechung und Folgen für die klinische Praxis, MedR 2001, 77

Lachwitz Klaus
Die Pflegeversicherung – Ein Fortschritt für Menschen mit geistiger Behinderung?, BtPrax 1994, 110

Das neue Betreuungsrecht. Perspektiven für Menschen mit geistiger Behinderung, FuR 1990, 266

Lammersmann Birgit
Medizinische Eingriffe an einwilligungsunfähigen Personen: Die Position der Biomedizin – Konvention des Europarates im Spannungsfeld zwischen Forschungsbedarf der Medizin und Selbstbestimmungsrecht des Patienten, R & P 1999, 157

Langenfeld Andrea
Vorsorgevollmacht, Betreuungsverfügung und Patiententestament nach dem neuen Betreuungsrecht, Hartung-Gorre Verlag, Konstanz 1994 (Univ. Konstanz Diss. 1994)
Zit.: Vorsorgevollmacht, Betreuungsverfügung und Patiententestament

Langenfeld Gerrit
Anmerkungen zum Beschluß des LG Hamburg vom 12.07.1999, DnotZ 2000, 222

Langholf Reinhard
Zur Reform des Betreuungsrechts – eine kleine Bestandsaufnahme, BtPrax 2000, 54

Larenz Karl / Canaris Claus-Wilhelm
Methodenlehre der Rechswissenschaft, 3. Neu bearbeitete Auflage, Springer-Verlag, Berlin, Heidelberg 1995

Laufs Adolf / Uhlenbruck Wilhelm
Handbuch des Arztrechts, 2., neubearbeitete Auflage, C. H. Besk`sche Verlagsbuchhandlung, München 1999

Laufs Adolf
Selbstverantwortetes Sterben?, NJW 1996, 763

Medizinrecht im Wandel, NJW 1996, 1571

Zivilrichter über Leben und Tod?, NJW 1998, 3399

Leimbach Dieter, Jungkurth Harald
Das neue Betreuungsrecht: Reformanspruch und Praktikabilität. Eine Stellungnahme. FuR 1994, 276

Leipziger Kommentar
Strafgesetzbuch. Großkommentar, Zehnte, völlig neu bearbeitete Auflage Verlag Walter de Gruyter, Berlin 1989
Fünfter Band: §§ 185 bis 262
Zit.: LK-Bearbeiter

Lipp Volker
Freiheit und Fürsorge: Der Mensch als Rechtsperson. Zu Funktion und Stellung der rechtlichen Betreuung im Privatrecht, 1. Auflage, Verlag Mohr Siebeck, Tübingen 2000
Zit.: Lipp, Freiheit und Fürsorge

Lippert Hans-Dieter
Rechtsfragen bei Forschungsprojekten am Menschen, VersR 1997, 545

Marschner Rolf
Was bringt das neue Betreuungsrecht, R & P 1991, 146

Wem nützt ein gutes Gutachten?, R & P 1994, 74

Rechtsgurndlagen zur Zwangsbehandlung, R & P 1985, 3

Zum Problem der Vollmachtserteilung bei ärztlicher Behandlung und freiheitsentziehenden Maßnahmen, R & P 1995, 138

Rechtliche Aspekte der Behandlungsvereinbarung, R & P 1997, 171

Anmerkungen zum Urteil des BGH, R & P 2000, 149

Gewalt im Betreuungsrecht, R & P 2001, 132

May Arnd, Brink Alexander, Baumann Eva
Stellungnahme: Kritik der Kompetenzverlagerung beim OLG-Beschluß Frankfurt, BtPrax 1998, 213

Mayer Karl-Georg
Medizinische Maßnahmen an Betreuten - §§ 1904, 1905 BGB – Eine Untersuchung aus zivilrechtlicher Sicht, Ergon Verlag, Würzburg 1995 (Univ. Würzburg, Diss. 1995)
Zit.: Mayer, Medizinische Maßnahmen an Betreuten

Müller Gabriele
Auswirkungen des Betreuungsrechtsänderungsgesetzes (BtÄndG) auf die Vorsorgevollmacht in Angelegenheiten der Personensorge, DnotZ 1999, 107

Müller U., Klimke A, Jänner M, Gaebel W.
Die Elektrokrampftherapie in psychiatrischen Kliniken der Bundesrepublik Deutschland 1995, Der Nervenarzt 1998, 15

Müller-Bohlen Lutz, Paape Ines
PEG- Über die Notwendigkeit einer künstlichen Ernährung als Entscheidungshilfe für die betreuungsrechltiche Praxis, BtPrax 2000, 183

Münchener Kommentar
Münchener Kommentar zum Bürgerlichen Gesetzbuch, Beck`sche Verlagsbuchhandlung, Berlin
Zit.: MünchKomm/Bearbeiter
Band 1: Allgemeiner Teil §§ 1-240 AGB-Gesetz, 3.Auflage, 1993
Band 5: Schuldrecht Besonderer Teil III §§ 705-853 Partnerschaftsgesell-schaftsrecht, Produkthaftungsgesetz, 3. Auflage, 1997
Band 8: Familienrecht II §§ 1589 –1921 KJHG, 3. Auflage, 1992

Nedopil Norbert
Die medikamentöse Versorgung als Heilbehandlung gemäß § 1904 BGB. Erwiderung auf den Beitrag von Schreiber FamRZ 1991, 1014 ff, FamRZ 1993, 24

Neuner Jörg
Die Stellung Körperbehinderter im Privatrecht, NJW 2000, 1822

Olzen Dirk
Selbstbestimmung über das Ende des Lebens, ArztRecht 2001, 116

Ortner Franz-Josef, Geis Ivo
Die elektronische Patientenakte. Rechtsfragen medizinischer Dokumente in digitalen Dokumentationssystemen und digitalen Netzen, MedR 1997, 337

Paehler Hans
Zur Zulässigkeit des Sterbenlassens, BtPrax 2000, 21

Pardey Karl-Dieter
Wider die Formulare zur Bestimmung von Aufgabenkreisen. Zur Anordnung und Abgrenzung der Aufgabenkreise von Betreuern für Volljährige, Rpfleger 1988, 451

Vollzugsdefizite oder Fortschreibungsbedarf im Betreuungsrecht, Rpfleger 1995, 393

Rechtsgrundlagen ärztlichen Handelns bie der Unterbringung Erwachsener (§ 70 FGG), BtPrax 1999, 83

Alltagsprobleme im Betreuungsrecht, insbes. Zu §§ 1904 und 1906 IV BGB, BtPrax 1995, 81

Peters Uwe Henrik
Wörterbuch der Psychiatrie, Psychotherapie und medizinischen Psychologie. Mit einem englich-deutsch Wörterbuch als Anhang, 5., vollst. überarb. und erw. Aufl., Verlag Urban & Schwarzenberg, München 1999
Zit.: Peters

Probst Martin, Knittel Bernhard
Gesetzliche Vertretung durch Angehörige – Alternative zur Betreuung?, ZRP 2001, 55.

Pschyrembel
Klinisches Wörterbuch. Mit 2052 Abbildungen und 250 Tabellen, 258., neu bearbeitete Auflage, Verlag Walter de Gruyter, Berlin 1998
Zit.: Pschyrembel

Raack Wolfgang / Thar Jürgen
Betreuungsrecht: ein Leitfaden für Betroffene, Angehörige, Richter, Rechtspfleger, Betreuer, Rechtsanwälte, Ärzte, ambulante Hilfskräfte, Altenpflege- und Krankenpflegepersonal, 1.Auflage, Bundesanzeiger Verlagsges. mbH, Köln 1995
Zit.: Raack/Thar, Betreuungsrecht

Rakete-Dombek Ingeborg
Vorsorgevollmacht – ein wichtiges und nützliches Rechtsinstrument?, R & P 2000, 168

Rausch Hans
Praktische Probleme bei der Umsetzung des neuen Betreuungsrechts, NJW 1993, 617

Reinhardt-Gilmour Antje
Rechtsfragen der Elektrokrampftherapie. Eine medizinrechtliche Studie mit Bezugnahme auf § 1904 BGB und weiteren vergleichenden Betrachtungen, Peter Lang Europäischer Verlag der Wissenschaften, Frankfurt am Main 2001 (Univ. Jena, Diss. 2000)
Zit.: Reinhardt-Gilmour, Rechtsfragen der Elektrokrampftherapie

Richardi Reinhard
Verabreichung eines Arzneimittels an Einwilligungsunfähige, Festschrift für Dieter Medicus zum 70. Geburtstag, Carl Heymanns Verlag KG, Köln 1999, S.449
Zit.: Richardi, FS für Medicus

Rink Jürgen
Kritische Anmerkungen zum Verfahren in Betreuungs- und Unterbringungssachen, R & P 1991, 148

Rogalla Catharina A.
Die Verfahrenspflegerin – eine Identitätskriese im Verlauf. Probleme der Verfahrenspflegschaft in Betreuungs- und Unterbringungsverfahren, R & P 1996, 130

Röttgen Sven
Das Betreuungsrecht. Grundlagen und Probleme, Diss. Bonn 2000
Zit: Röttgen, Das Betreuungsrecht

Röver Julia
Einflußmöglichkeiten des Patienten im Vorfeld einer medizinischen Behandlung. Anzizipierte Erklärung und Stellvertretung in Gesundheitsangelegenheiten, Diss. Heildelberg, Verlag Peter Lang, Frankfurt am Main 1997
Zit.: Röver, Einflußmöglichkeiten des Patienten im Vorfeld einer medizinischen Behandlung

Rudolf Michael / Bittler Jan
Vorsorgevollmacht, Betreuungsverfügung, Patientenverfügung, Deutscher Anwaltsverlag, Bonn 2000

Ruhl Werner
Einstweilige Anordnung im Betreuungs- und Unterbringungsrecht, FuR 1994, 254

Sachsen Gessaphe Karl August Prinz von
Der Betreuer als gesetzlicher Vertreter für eingeschränkt Selbstbestimmungsfähige. Modell einer mehrstufigen Eingangsschwelle der Betreuung und des Einwilligungsvorbehalts, Verlag Mohr Siebeck, Tübingen 1999
Zit.: Prinz von Sachsen Gessaphe, Der Betreuer als gesetzlicher Vertreter

Sander Axel
Arzneimittelrecht. Kommentar für die juristische und pharmazeutische Praxis zum Arzneimittelgesetz mit Hinweisen zum Medizinprodukte- und zum Betäubungsmittelgesetz, Verlag W. Kohlhammer, Stuttgart
Band 1: § 1 – 46 AMG, 37. Lieferung, Stand: Juli 2000
Zit.: Sander

Sandlos Frank
Die Organisation der ambulanten psychiatrischen Behandlung Betreuter. Aufgabe und Herausforderung für Betreuer, BtPrax 2001, 91

Scharf Volker Edwin, Wedel Claudia, Strähling Meinolfus
63. Deutscher Juristentag. Juristentag berücksichtigt Bedenken der Ärzteschaft, Dt. Ärztebl. 2001; 98: A 162 [Heft 4]

Schellhorn Walter / Jirasek Hans / Seipp Paul
Das Bundessozialhilfegesetz. Ein Kommentar für Ausbildung, Praxis und Wissenschaft, 15., völlig überarbeitete Auflage, Luchterhandverlag, Neuwied, Kriftel, Berlin 1997
Zit.: Schellhorn/Jirasek/Seipp

Schloemer Ursula
Warum regen Krankenhäuser, Altenheime und soziale Dienste so viele Betreuungen an?, BtPrax 1996, 15

Schmidt Gerd
Handbuch der Freiwilligen Gerichtsbarkeit. Mit zahlreichen Mustertexten, 2. Auflage,Verlag Jehle-Rehm, München 1996
Zit.: Schmidt, Handbuch der Freiwilligen Gerichtsbarkeit

Schreiber Hans
Die medikamentöse Versorgung als Heilbehandlung gemäß § 1904 BGB n.F. im zukünftigen Betreuungsgesetz, FamRZ 1991, 1014

Schlußwort zur Erwiderung von Nedopil, FamRZ 1993, 26

Schwab Dieter
Das neue Betreuungsrecht. Bericht über die verabschiedete Fassung des Betreuungsgesetzes (BtG), FamRZ 1990, 681

Probleme des materiellen Betreuungsrechts, FamRZ 1992, 493.

Stellvertretung bei der Einwilligung in die medizinische Behandlung – Ein Aufriss der Probleme, Festschrift für Dieter Henrich zum 70. Geburtstag, S.511
Zit.: Schwab, FS für Henrich

Schweitzer, Karl-Heinz
Heilbehandlung und Selbstbestimmung. – Zur Frage der Zulässigkeit ambulanter Zwangsbehandlung psychisch Kranker -, FamRZ 1996, 1317

Soergel
Bürgerliches Gesetzbuch mit Einführungsgesetz und Nebengesetzen, Verlag W. Kohlhammer, Stuttgart
Zit.: Soergel/Bearbeiter
Band 20: Familienrecht 4. §§ 1741-1921, 13. Auflage, 2000

Sonnenfeld Susanne
Betreuungs- und Pflegschaftsrecht, Verlag Ernst und Werner Gieseking, 2. Auflage Bielefeld 2001.
Zit.: Sonnenfeld, Betreuungs- und Pflegschaftsrecht

Spickhoff Andreas
Die Patientenautonomie am Lebensende: Ende der Patientenautonomie? Zur Feststellbarkeit und Durchsetzbarkeit des realen oder hypothetischen Willens des Patienten, NJW 2000, 2297

Medizin und Recht zu Beginn des neuen Jahrhunderts. Die Entwicklung des Medizinrechts 2000/2001, NJW 2001, 1757

Die sog. Patientenverfügungen. In Groll (Hrsg.) Praxis-Handbuch Erbrechtsberatung, 1. Auflage, Otto Schmidt Verlag, Köln 2001

Spranger Tade Matthias
Fremdnützige Forschung an Einwilligungsunfähigen, Bioethik und klinische Arzneimittelprüfung, MedR 2001, 238

Stalinski Dirk
Gerichtlich genehmigte Sterbehilfe, BtPrax 1998, 43

Die einvernehmliche Zwangsbehandlung, BtPrax 2000, 59

Vertrauen ist gut, Kontrolle ist besser. Das Einsichtsrecht des Betreuers in psychiatrische Krankenunterlagen, BtPrax 2001, 54

Staudinger
Kommentar zum Bürgerlichen Gesetzbuch mit Einführungsgesetzen und Nebengesetzen, Verlag Sellier - de Gruyter, Berlin
Zit.: Staudinger/Bearbeiter
Viertes Buch: Familienrecht §§ 1773 – 1895 Anhang zu §§ 1773 – 1895 (KJHG), 13. Auflage 1999
Viertes Buch: Familienrecht §§ 1896 - 1921, 13. Auflage, 1999

Stephan C., Bosch U., Tscherne H.
Das präoperative Aufklärungsgespräch. Worauf ist besonders zu achten? Der Orthopäde 2000, 281

Sternberg-Lieben Detlev
Strafbarkeit des Arztes bei Verstoß gegen ein Patienten-Testament, NJW 1985, 2734

Stolz Konrad
Betreuungsgesetz: Umsetzungsdefizite im Bereich Heilbehandlung und freiheitsenziehende Maßnahmen bei Heimbewohnern, FamRZ 1993, 642

Medikamentöse Versorgung von Heimbewohnern nach dem Betreuungsgesetz, BtPrax 1994, 49

Es funktioniert nicht! – Bericht eines „Gesundheitsbetreuers“, BtPrax 1999, 98

Strätling Meinolfus, Eisenbart Bettina, Scharf Volker Erwin
Stellvertreterentscheidungen in Gesundheitsfragen unter epidemiologisch-demographischen Gesichtspunkten: Wie realistisch sind die Vorgaben des deutschen Betreuungsrechts? Zur medizinrechtlichen Problematik der Behandlung nicht einwilligungsfähiger Patienten, MedR 2000, 251

Strätling Meinolfus, Scharf Volker Erwin, Wedel Claudia, Oemichen Frank, Eisenbart Bettina
Möglichkeiten zur Vermeidung rechtlicher und ethischer Probleme bei der Behandlung nicht einwilligungsfähiger oder von Entscheidungsunfähigkeit bedrohter Patienten, MedR 2001, 385
Zit.: Strähling u.a., MedR 2001, 385

Taupitz Jochen
Von der entrechtenden Bevormundung zur helfenden Betreuung: Das neue Betreuungsgesetz, Jus 1992, 9

Taupitz Jochen, Fröhlich Uwe
Medizinische Forschung mit nichteinwilligungsfähigen Personen – Stellungnahme der Zentralen Ethikkommission -, VersR 1997, 911

Thar Jürgen
Einwilligung in Heilbehandlung - durch den Betreuten, - durch den Betreuer, BtPrax 1994, 91

Uhlenbruck Wilhelm
Vorab-Einwilligung und Stellvertretung bei der Einwilligung in einen Heileingriff, MedR 1992, 134

Zur Rechtsverbindlichkeit des Patiententestaments, MedR 1983,16

Die Altersvorsorge-Vollmacht als Alternative zum Patiententestament und zur Betreuungsverfügung, NJW 1996, 1583

Brauchen wir in Deutschland ein Gesetz zur aktiven Sterbehilfe?, NJW 2001, 2770

Ukena Gert
Aufklärung und Einwilligung beim ärztlichen Heileingriff an untergebrachten Patienten, MedR 1992, 202

Veit Barbara
Das Betreuungsverhältnis zwischen gesetzlicher und rechtsgeschäftlicher Vertretung, FamRZ 1996, 1309

Vennemann U. / Linnhoff B.
Die Problematik des § 1904 BGB – Genehmigung von Heilbehandlungen – anhand eines Falles, BtPrax 1993, 89

Verrel Thorsten
Zivilrechtliche Vorsorge ist besser als strafrechtliche Kontrolle. Zum Stellenwert von Patientenverfügung, Betreuungsverfügung, Vorsorgevollmacht und vormundschaftsgerichtlicher Genehmigung, MedR 1999, 547

Vogel Dörte
„Soll ich denn jetzt einwilligen?“ – Von der Lappalie zur Gewissensfrage des Betreuers, BtPrax 1999, 141

Voigt Thomas
Die Pflichten des Betreuers, Diss., Hamburg 1994

Voll Doris
Die Einwilligung im Arztrecht. Eine Untersuchung zu den straf-, zivil- und verfassungsrechtlichen Grundlagen, insbesondere bei Sterilisation und Transplantation unter Berücksichtigung des Betreuungsgesetzes, Verlag Peter Lang, Frankfurt 1995 (zugl. Heildelberg, Univ., Diss 1995)
Zit.: Voll, Die Einwilligung im Arztrecht

Vollmann J.
Einwilligungsfähigkeit als relationales Modell. Klinische Praxis und medizinethische Analyse, Der Nervenarzt 2000, 709

Vormundschaftsgerichtstag e.V.
Leitlinien zur rechts- und sozialpolitischen Diskussion um die Weiterentwicklung des Betreuungsrechts, BtPrax 1999, 123

Wagenitz Thomas, Engers Martin
Betreuung – Rechtliche Betreuung – Sozial(rechtliche) Betreuung. Über ein Rechtsgebiet im Wandel, FamRZ 1998, 1273

Wagner Hans Jürgen
Zur Umsetzung des Betreuungsrechts in Nordrhein-Westfalen. Erfahrungsbericht eines Betreuungsvereins, FuR 1994, 284

Waibel Stephanie, Novak Peter, Roller Susanne
Patientenverfügungen. Der Arzt als Gesprächspartner, DtÄrztebl 1999; 96 A-836 [Heft 13]

Walter Ute
Die Vorsorgevollmacht. Grundprobleme eines Rechtsinstituts unter besonderer Berücksichtigung der Frage nach Vorsorge im personalen Bereich, Diss. Regensburg, Verlang Ernst und Werner Gieseking, Bielefeld 1997
Zit.: Walter, Die Vorsorgevollmacht

Die Organentnahme nach dem Transplantationsgesetz: Befugnisse der Angehörigen, FamRZ 1998, 201

Das Betreuungsrechtsänderungsgesetz und das Rechtsinstitut der Vorsorgevollmacht, FamRZ 1999, 685

Walther Guy
Ambulante Zwangsbehandlung und fürsorglicher Zwang, BtPrax 2001, 96

Weber Thomas
Der Einfluß des Betreuungsgesetzes auf die freiheitsentziehende Unterbringung, Springer-Verlag, Berlin Heidelberg New York 1995 (Univ. Tübingen, Diss. 1995)

Wesche Otto
Persönliche Pflegeleistungen des Vormundes, Rpfleger 1987, 284

Wiebach Konrad, Kreußig Michael, Peters Heidi, Wächter Klaus, Winterstein Peter
Was ist „gefährlich"? – Ärztliche und juristische Aspekte bei der Anwendung des § 1904 BGB, BtPrax 1997, 48

Wiegand Ernst
§ 1846 BGB als allgemeine Ermächtigungsgrundlage des Vormundschaftsrichters für eine zivilrechtliche geschlossene Unterbringung hilfloser Erwachsener?, FamRZ 1991, 1022

Winkler-Wilfurt, Andrea
Betreuung und Heilbehandlung. Diss. Universität Regensburg, 1992

Wojnar Jan
Der Einsatz von Psychopharmaka in der Betreuung demenzkranker Menschen, BtPrax 1999, 11

Wojnar Jan / Bruder Jens
Ärztliche Tätigkeit und das Betreuungsgesetz, BtPrax 1993, 50

Wolter-Henseler Dirk
Betreuungsrecht und Arzneimittel – wann ist eine medikamentöse Behandlung genehmigungspflichtig i. S. des § 1904 BGB? Erwiderung auf den Beitrag von Schreiber, FamRZ 1991, 1014 ff., BtPrax 1994 183

Gefährliche medizinische Maßnahme? „Fragen des Betreuers an den Arzt" – Ein Leitfaden (nicht nur) für die Fragen der Genehmigungspflicht gemäß § 1904 BGB, BtPrax 1995, 168

Warum regen die Krankenhäuser so viele Betreuungen an?, BtPrax 1996, 12

Zenk J., Waldfahrer F., Petsch S., Iro H.
Langzeiterfahrungen mit der perkutanen endoskopisch kontrollierten Gastrostomie (PEG) bei HNO-Tumorpatienten, HNO 1998, 660
Zit.: Zenk u.a.

Zimmermann Theodor
Die Auswirkungen des Betreuungsrechts in der ärztlichen Praxis: Einwilligung, Vormundschaftsgerichtliche Genehmigung, Forschung, Europäischer Verlag der Wissenschaften, Frankfurt am Main 1997 (Univ. Heidelberg, Diss. 1997)
Zit.: Theodor Zimmermann, Die Auswirkungen des Betreuungsrechts in der ärztlichen Praxis

Zimmermann Walter
Bayerisches Unterbringungsgersetz. Praxiskommentar, Verlag Richard Boorberg, Stuttgart München Hannover Berlin Weimar Dresden 1994
Zit.: Zimmermann, Bayerisches Unterbringungsgesetz

Zivilprozeßordnung mit Gerichtsverfassungsgesetz und Nebengesetzen. Kommentar anhand der höchstrichterlichen Rechtsprechung, 5., neubearbeitete Auflage, C.F. Müller Verlag, Heidelberg 1998
Zit.: Zimmermann

Das neue Verfahren in Unterbringungssachen, FamRZ 1990, 1308

Das neue Verfahren in Betreuungssachen, FamRZ 1991, 270

Das neue Betreuungs- und Unterbringungsrecht, NJW 1991, 583

Das Wahlrecht des Betreuten, FamRZ 1996, 79

Vergütungsfähige Stunden im Betreuungsrecht, FamRZ 1998, 521

Probleme des neuen Betreuervergütungsrechts, FamRZ 1999, 630

Betreuervergütung und Bundesverfassungsgericht (zugleich Besprechung der Entscheidung des BVerfG vom 15.12.1999, BtPrax 2000, 77), BtPrax 2000,47

Zinkler Martin
Vorsorgevollmacht versus Behandlungsvereinbarung und Patientenverfügung, R & P 2001, 165

Zinkler Martin / Schneeweiß Betram
Zur Vormundschaftsgerichtlichen Genehmigungspflicht der Elektrokrampftherapie nach § 1904 BGB, R & P 2000, 12